AF493831

LA LINGUISTIQUE DÉVOILÉE

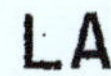

LA LINGUISTIQUE DÉVOILÉE

PAR

L. LÉVY-BING

« Mais puisqu'une induction pénétrante nous révèle toujours de plus en plus les secrets intimes du langage, et que chaque année de nouvelles découvertes viennent couronner les travaux des linguistes, nous n'avons aucune raison de douter que l'analyse grammaticale ne donne, avec le temps, des résultats aussi complets que l'analyse chimique. »

MAX MÜLLER, *La Science du Langage*, 6e Leçon, p. 234.

PARIS
F. VIEWEG, LIBRAIRE-ÉDITEUR
67, RUE DE RICHELIEU, 67

1880

OUVRAGES DU MÊME AUTEUR :

1. *Méditations religieuses.* 1 vol. in-12 de 283 pages. — Prix 3 fr. 50

2. *Le Développement de l'idée religieuse dans le Judaïsme, le Christianisme et l'Islamisme*, par L. Philippson, traduit de l'allemand. 1 vol. in-8 de 355 pages. — Prix : 6 fr.

3. *Etude sur l'Inscription de Grave-Creek* (*Ohio U. S. A.*), lue au Congrès international des Américanistes, assemblé à Nancy en juillet 1875. Brochure. Prix : 1 fr.

4. *Discours d'installation* comme Président annuel, prononcé à Paris, le 3 juillet 1876, à l'ouverture de la séance de l'Athénée Oriental. Brochure. Prix : 50 c.

5. *Discours* prononcé à Saint-Etienne, au Congrès des Orientalistes, en octobre 1875. Brochure. Prix 50 c.

SOUS PRESSE :

La Grammaire Phénicienne en français, traduite en anglais, en allemand, en hollandais, en russe, en italien, en espagnol, en portugais, en roumain.

Dictionnaire de la Langue Française, avec la justification de l'origine phénicienne pour tous les mots.

Même Dictionnaire pour le grec, le latin, et pour chacune des langues indiquées ci-dessus.

Argenteuil. — Imprimerie P. WORMS.

LA LINGUISTIQUE DÉVOILÉE

PAR

L. LÉVY-BING

« Mais puisqu'une induction pénétrante nous révèle toujours de plus en plus les secrets intimes du langage, et que chaque année de nouvelles découvertes viennent couronner les travaux des linguistes, nous n'avons aucune raison de douter que l'analyse grammaticale ne donne, avec le temps, des résultats aussi complets que l'analyse chimique. »

MAX MÜLLER, *La Science du Langage*, 6e Leçon, p. 234.

PARIS
F. VIEWEG, LIBRAIRE-ÉDITEUR
67, RUE DE RICHELIEU, 67

1880

INTRODUCTION

Ce livre, sans jamais quitter le terrain de la science, est destiné à faire connaître les moyens successifs que l'humanité a primitivement employés pour la communication de la pensée soit par des gestes, soit par des cris, soit par l'image plus ou moins exactement dessinée des objets ; à relater les progrès par lesquels divers peuples sont parvenus, à des degrés différents, au phonétisme, c'est-à-dire de la peinture des objets par le dessin à la peinture de ces mêmes objets par le son de la voix, jusqu'à ce que le génie des Phéniciens ou Chananéens eût créé cet instrument libérateur qu'on appelle l'alphabet.

La science démontre aujourd'hui que les alphabets usités dans le monde entier procèdent tous, et sans exception, de l'alphabet phénicien.

On verra dans le cours de cet ouvrage comment les Phéniciens, après leur admirable découverte, ont établi d'une façon toute mathématique les principes de leur langue, de sorte que, contrairement à l'histoire de toutes les langues, la langue des inventeurs de l'alphabet ne supporterait pas la moindre modification, et, qu'en effet, elle n'en a subi aucune depuis son origine jusqu'à nos jours.

Mais, nous dira-t-on, où est-elle cette langue des Phéniciens? Montrez-nous les œuvres littéraires de ce peuple. Nous répondrons que ces œuvres n'existent plus, mais que la langue des Phéniciens a été adoptée et conservée par le peuple juif, et que nous retrouvons cette langue tout entière dans le texte de la Bible.

Les inscriptions de Tyr, de Sidon et de Carthage, déposées

dans les différents musées de l'Europe, ont été examinées; et les mots qui les composent ont été reconnus, par la science, comme exactement identiques à ceux de la langue biblique.

Les Phéniciens, peuple navigateur, industriel et commerçant par excellence, ont communiqué leur invention à tous les pays connus; ils avaient de nombreuses colonies et ils entretenaient des relations avec tout le monde civilisé d'alors.

L'ALPHABET, par son seul nom, indique suffisamment la source d'où il émane, puisque ce mot, formé de deux éléments phéniciens, implique les vingt autres lettres, dont chacune exprime un objet désigné par un nom uniquement phénicien.

Nous ajoutons, qu'avec l'alphabet, les Phéniciens ont nécessairement fourni partout le vocabulaire de leur langue. Il est certain, d'ailleurs, que les Phéniciens ont également communiqué leurs écrits aux nations; nous en donnons des preuves évidentes. Il n'est pas douteux qu'ils attribuaient à leur invention le caractère universel, et ils devaient espérer que tous les peuples à qui ils s'adressaient et qui ignoraient l'écriture, s'empresseraient de s'assimiler cette prodigieuse découverte.

Les Phéniciens avaient partout des résidants qui ont dû expliquer aux divers peuples avec lesquels ils étaient en relation et en contact, leurs mots, leur alphabet, leur grammaire. Chacun de ces peuples, qui, pour toute écriture, ne possédait que l'hiéroglyphie, mais qui avait su se créer un langage *parlé*, chacun de ces peuples, disons-nous, renonçant à son idiome *parlé* jusqu'alors, s'est emparé du vocabulaire et des écrits des Phéniciens pour la confection de sa langue nouvelle, désormais alphabétique. Est-ce à dire qu'il ait pris chaque mot phénicien pour en faire un mot identique dans cette langue nouvelle? Pour cela il aurait fallu qu'il fût en état de comprendre le génie et le mécanisme de la langue phénicienne. D'ailleurs, chaque peuple conçoit un phénomène quelconque selon son tempérament et son intelligence. — Pour en donner une idée, indiquons ici, en citant M. Renan, le mot *tonnerre*, dont nous nous occupons longuement, au chapitre VII de ce livre : « Un même objet se présente aux sens sous mille faces, entre lesquelles chaque famille de langues choisit à son gré celle qui lui paraît caractéristique. Prenons, par exemple, le *tonnerre*. Quelque bien déterminé que soit un pareil phénomène, il frappe diversement l'homme et peut être également dépeint ou comme un bruit sourd, ou comme un craquement, ou comme une subite explosion de lumière. De là une multitude d'appellations : Adelung dit en avoir rassemblé plus de 350, toutes empruntées aux langues indo-européennes et toutes évidemment formées sur la nature (1). »

Quant à la grammaire phénicienne, les peuples n'avaient pas à l'appliquer, puisqu'ils créaient chacun une langue nouvelle. Cependant la grammaire phénicienne renfermait tout : article, nom, pronom, adjectif, verbe, participe, adverbe, préposition, conjonction, interjection, genre, nombre, déclinaison, conjugaison; et la littérature biblique témoigne que les règles devaient y être formulées d'une admirable manière. Tandis que pour la confection de la grammaire grecque il a fallu le concours des grands philosophes joint aux efforts des professeurs qui, au sein de la Grèce, enseignaient les langues étrangères. Certainement la composition des grammaires sanscrite, latine, zend, slave, allemande, celtique, n'a pas été moins péniblement élaborée.

Tous ces motifs nous donnent le droit d'affirmer ici — et nous en accumulons les preuves dans ce livre — que les langues de ces peuples ne font que reproduire la langue des Phéniciens, mais défigurée, faussée et généralement augmentée de plus de moitié. Donc, nous tous, Indo-Européens, nous parlons la langue phénicienne plus ou moins corrompue, et l'on comprend que la vraie langue phénicienne s'impose à nous avec ses linéaments exceptionnels, avec le pittoresque et l'énergie que les langues, ses filles, n'ont pas su s'approprier.

Disons-le tout de suite : l'antiquité n'a rien entendu à la question des langues; la science moderne, surtout depuis la décou-

(1) E. Renan, *De l'Origine du Langage*, p. 139.

verte du sanscrit, vers la fin du siècle dernier, a été frappee de la parenté de la langue sacrée des Indiens avec les langues grecque, latine, zend, allemande, slave et celtique, et voilà pour quoi elle a supposé que tous les peuples qui parlaient ces langues devaient avoir eu une origine et une patrie communes. Négligeant l'histoire générale du langage, elle a cherché et continuerait vainement à chercher la mère de ces différentes langues qu'elle a classées sous la dénomination d'aryennes ou d'indo-européennes. Quant aux langues qu'elle nomme sémitiques, elles remonteraient à une source différente. Nous reconnaissons que les langues dites touraniennes ou tartares n'ont pas la même origine que les langues dites aryennes; nous en avons déterminé le caractère particulier dans un chapitre spécial intitulé : *Désinences.*

On n'a pas compris jusqu'à présent que les langues qui ont l'alphabet pour principe procèdent *nécessairement* de la première langue alphabétique, comme nous venons de le dire, et que le secret de l'essence des mots, secret qui fait le désespoir de la science, ne peut se découvrir que dans le sein même de cette première langue.

Il faut bien le reconnaître en effet : ce qu'on appelle encore de nos jours la science du langage consiste uniquement dans la recherche des transformations, par exemple, d'un mot latin devenu français, et dans l'examen de toutes les étapes que ce mot latin a parcourues pour arriver dans le français à sa forme définitive. Mais personne ne s'est avisé de rechercher l'essence du mot, la cause qui l'a produit; et, nous consacrons tout le chapitre VII, intitulé *Aveux de la science*, à constater les efforts inutiles des philologues pour arracher à ce sphinx son secret jusqu'ici impénétrable. Afin que le lecteur se prononce en toute connaissance de cause dans ce grand procès intenté ici à la science philologique ancienne et moderne, nous avons produit toutes les pièces de conviction les plus authentiques. Nous ne contournons pas les déclarations des linguistes ; nous les citons, au cours même de ce livre, fidèlement, *in-extenso*, les réfutant ou nous appuyant sur elles, au fur et mesure qu'il est nécessaire.

A la suite de cet ouvrage paraîtra La Grammaire Phénicienne, rétablie par nous dans sa simplicité primitive, d'une extrême facilité, au lieu que la science ne connaît que la méthode hébraïque, qui a l'inconvénient de dénaturer la belle prononciation de cette langue et d'en compliquer les règles au point d'en rendre l'étude presque impossible.

Jusqu'ici, dans l'enseignement public, on s'est attaché exclusivement à la littérature biblique, sans s'occuper de la langue biblique; aucun rapport n'ayant été aperçu entre les langues dites sémitiques et les langues dites aryennes, on ne pouvait songer à introduire dans le domaine courant de la pédagogie l'étude d'une langue qui semblait n'avoir aucune relation avec les autres. Ce rapport étant démontré, l'étude du phénicien devient obligatoire.

La langue phénicienne, en effet, répand la véritable lumière sur tout ce qui a été parlé et écrit jusqu'à nos jours, depuis la tradition quarante fois séculaire du langage commun jusqu'aux immortelles productions de l'esprit humain chez tous les peuples civilisés. Cette langue réunit tous les avantages : elle s'apprend aisément; sa concision est prodigieuse; en un mot, elle est le type du génie phonétique.

Et d'ailleurs, au point de vue politique comme au point de vue économique, elle offre un instrument de communication universel dont les nations possèdent, à leur insu, tous les éléments constitutifs dans leur propre langue.

Dans la première partie de ce livre, nous traitons de la marche progressive accomplie par l'humanité avant de parvenir au plus haut degré de perfection dans la science de la parole et de l'écriture, c'est-à-dire à l'alphabétisme. Puis nous procédons par voie inductive : les mots des langues dérivées sont ramenés à leur source, soit directement, soit en passant par les langues intermédiaires.

Dans la deuxième partie, nous procédons par voie déductive : un seul mot de la langue primitive donne naissance à une quantité prodigieuse de mots dans les langues dérivées. Pour forcer la conviction des esprits, nous avons eu soin d'appuyer les mots originels d'une citation ou de plusieurs citations d'auteurs bibliques, avec indication du chapitre et du verset.

Depuis quelques années le savant professeur M. Maurice Douay, helléniste distingué, nous prête un concours aussi intelligent que dévoué. Nons sommes heureux de lui donner ici un témoignage de notre estime particulière.

CHAPITRE I

LA LANGUE UNIVERSELLE

Aujourd'hui, tous les peuples civilisés, malgré la diversité des langues, des religions, des mœurs et des gouvernements, se rencontrent dans un même esprit de solidarité, qui fait surtout explosion toutes les fois qu'un malheur public est signalé sur un point de l'univers. Le besoin de s'entr'aider, non seulement par l'exercice de la bienfaisance, mais encore par la communication et l'échange des ressources commerciales, industrielles, littéraires, scientifiques et artistiques s'est manifesté dans ces derniers temps avec un éclat extraordinaire; et cela ne doit pas nous étonner, car un instinct secret nous révèle qu'un même sang coule dans nos veines, que la famille humaine est une et indivisible.

De même que la fraternité et les nobles émulations ont abaissé ou franchi les frontières, la vapeur et l'électricité ont supprimé les distances. La pensée, qui traverse l'espace avec la rapidité de l'éclair, ne serait plus arrêtée par aucune entrave, si elle avait une forme unique qui permît de la saisir aussitôt qu'elle est transmise. — Dans un seul jour, le voyageur franchit des pays où le langage diffère essentiellement; et comme il n'a pu se consacrer longtemps à l'étude des langues, il est condamné au mutisme, réduit à chercher des interprètes, ce qui lui enlève toute initiative et tous moyens d'action directs.

Ainsi, il est évident que ce qui sépare le plus les nations, c'es la différence des langues; et nous sommes parvenus à une époque où cet inconvénient est devenu si insupportable que, de tous côtés, on fait des efforts pour arriver à la création d'une langue internationale. Cependant toutes les tentatives qu'on a successivement renouvelées dans ce but devaient infailliblement échouer. En effet, loin de résoudre le problème si important de la linguistique, ceux qui ont imaginé une langue universelle n'ont fait que compliquer ce problème, et voici, à cet égard, l'opinion et la sage réflexion du président Desbrosses *(a)* :

« On ne s'occupe pas (ici), ainsi que l'ont fait quelques grammairiens, à fabriquer par art une langue factice qui, par l'usage universel qu'on en pourrait faire, tant verbalement que par écrit, tiendrait, dans le commerce et dans les connaissances de toutes les nations, le même lieu que l'algèbre tient dans les sciences numérales ; projet qu'on ne peut espérer de faire jamais adopter aux hommes dans la pratique. On se borne à montrer ici que ce fond de langage universel existe en effet. Au lieu de perdre le temps à essayer, sans fruit, ce que l'art pourrait faire, on y met à découvert ce qu'a fait la nature. Il y a au moins plus de réalité dans le résultat de ce travail, qu'il n'y en aurait dans l'autre (1). »

Or, si la solution n'en peut être trouvée dans des systèmes de langage absolument artificiels, elle doit nécessairement se rencontrer dans la constatation d'une langue existante.

Cette langue, c'est la langue alphabétique primitive.

Nous invoquons encore ici l'autorité du président Desbrosses :

« Que le système de la première fabrique du langage humain et de l'imposition des noms aux choses n'est donc pas arbitraire et conventionnel, comme on a coutume de se le figurer ; mais un vrai système de nécessité déterminé par deux causes. L'une est la construction des organes vocaux qui ne peuvent rendre que certains sons analogues à leur structure : l'autre est la nature et la propriété des choses réelles qu'on veut nommer. Elle oblige d'employer à leur nom des sons qui la dépeignent, en établissant entre la chose et le mot un rapport par lequel le mot puisse exciter une idée de la chose.

« Que la première fabrique du langage humain n'a donc pu consister, comme l'expérience et les observations le démontrent,

(*a*) Nous avons respecté l'orthographe de l'auteur.

(1) Présid. Desbrosses, *Traité de la Formation méchanique des langues et des principes physiques de l'étymologie* ; Discours préliminaire, p. XXIV-XXV.

qu'en une peinture plus ou moins complette des choses nommées; telle qu'il était possible aux organes vocaux de l'effectuer par un bruit imitatif des objets réels.

« Que cette peinture imitative s'est étendue de degrés en degrés, de nuances en nuances, par tous les moyens possibles, bons ou mauvais, depuis les noms des choses les plus susceptibles d'être imitées par le son vocal, jusqu'aux noms des choses qui le sont le moins ; et que toute la propagation du langage s'est faite, de manière ou d'autre, sur ce premier plan d'imitation dicté par la nature ; ainsi que l'expérience et les observations le prouvent encore.

« Que les choses étant ainsi, il existe une langue primitive organique, physique, nécessaire, commune à tout le genre humain, qu'aucun peuple au monde ne connaît ni ne pratique dans sa première simplicité; que tous les hommes parlent néanmoins, et qui fait le premier fond du langage de tous les pays : fond que l'appareil immense des accessoires dont il s'est chargé laisse à peine appercevoir (*a*).

« Que ces accessoires sortis les uns des autres de branches en branches, d'ordres en sous-ordres, sont tous eux-mêmes sortis des premiers germes organiques et radicaux, comme de leur tronc; qu'ils ne sont qu'une ample extension de la première fabrique du langage primitif tout composé de racines : extension établie par un système de dérivation suivi pas à pas, d'analogies en analogies, par une infinité de routes directes, obliques, transversales, dont la quantité innombrable, les variétés prodigieuses et les étranges divergences constituent la grande diversité apparente qu'on trouve entre tous les langages : que néanmoins toutes les routes, malgre la diversité de leur tendance apparente, ramènent toujours enfin, en revenant sur ses pas, au point commun dont elles se sont si fort écartées (1). »

(*a*) On verra à la page suivante qu'une partie essentielle du système proposé par l'auteur n'est conforme ni aux procédés scientifiques ni à la réalité des faits.

(1) Prés. Desbrosses, *liv. cité*, t. I, Disc. prélim., p. XIII-XVII.

L'auteur a magnifiquement dépeint la première *fabrique du langage*, et il fait pressentir, sans s'en douter, la découverte de la première langue alphabétique et son infiltration dans les langues dites aryennes. Mais on voit bientôt qu'il n'a pas même aperçu la marche progressive du monosyllabisme, de l'hiéroglyphie, *qui ont conduit au phonétisme*. Il suppose que cette langue primitive a été parlée dès les premiers temps de l'humanité et que *toutes les langues du monde en dérivent*. Ce qu'il n'a pas vu, c'est que les Phéniciens, profitant des progrès des Egyptiens, ont eu la fortune et le génie de créer l'alphabet et la langue dont l'auteur parle si bien. Il n'a pas reconnu qu'il y a des idiomes très nombreux qui ne tirent nullement leur origine de la première langue phonético-alphabétique des Phéniciens, idiomes que nous avons classés parmi les langues agglutinantes (voir notre chapitre VI). La formation des langues, selon M. Desbrosses, doit être attribuée aux efforts de la nature. On voit aussitôt dans quelle voie il s'engage, et le doute n'est plus permis dès le sixième chapitre de son ouvrage, chapitre intitulé : « De la langue primitive et de l'onomatopée. »

Après avoir dit : « Si en remontant de degrés en degrés la filiation généalogique des langages, on parvenait à en rapporter toutes les branches à une seule souche ou langue primitive, c'est là sans doute qu'il faudrait chercher les véritables racines des mots, » il déclare « qu'il n'est plus possible à présent de reconnaître quelle est la plus ancienne langue sur laquelle toutes les autres se sont formées. » Enfin il conclut aussitôt après en ces termes : « Il n'y a nulle preuve en faveur soit de l'hébreu, soit d'aucun autre langage connu qui soit la langue primitive (1). »

Ainsi, on ne peut pas créer une autre langue sans s'égarer dans les fantaisies d'un nouveau langage qui ne repose ni sur la tradition, ni sur la raison. Toute la question se résume donc : 1° à prouver que cette langue alphabétique primitive existe réellement ; 2° à démontrer que toutes les autres langues qui en

(1) Prés. Desbrosses, *liv. cité*, t. I, p. 209.

découlent, c'est-à-dire les langues dites aryennes ou indo-européennes, sont comme autant de dérivations qu'on peut suivre aisément à travers les temps et les générations, et faire remonter jusqu'à la source commune.

Avant de déterminer le caractère essentiel de cette langue primitive, nous croyons fort à propos de citer un passage de Descartes, relatif à cette grande question :

« Et si quelqu'un avait bien expliqué quelles sont les idées simples qui sont en l'imagination des hommes, desquelles se compose tout ce qu'ils pensent, et que cela fût reçu par tout le monde, j'oserais espérer ensuite une langue universelle fort aisée à apprendre, à prononcer et à écrire, et, ce qui est le principal, qui aiderait au jugement, lui représentant si distinctement toutes choses, qu'il lui serait presque impossible de se tromper ; au lieu que, tout au rebours, les mots que nous avons n'ont quasi que des significations confuses, auxquelles l'esprit des hommes s'étant accoutumé de longue main, cela est cause qu'il n'entend presque rien parfaitement. Or, je tiens que cette langue est possible, et qu'on peut trouver la science de qui elle dépend, par le moyen de laquelle les paysans pourraient mieux juger de la vérité des choses que ne font maintenant les philosophes. Mais n'espérez pas de la voir jamais en usage ; cela suppose de grands changements en l'ordre des choses, etc. (1) »

Descartes, en effet, dont le sublime esprit ne s'était pas attaché à l'étude spéciale de la linguistique, ne pouvait, surtout dans la situation où se trouvait alors cette science, espérer qu'un jour on écarterait le voile qui couvrait depuis tant de siècles la véritable langue qu'il désire. Et précisément cette langue renferme dans son sein tous les éléments d'une langue *qui explique les idées simples qui sont en l'imagination des hommes*, d'une *langue universelle fort aisée à apprendre, à prononcer, à écrire,* et qui

(1) René Descartes, lettre datée d'Amsterdam, le 20 novembre 1629, au R. P. Mersenne, lettre 222, t. III de l'édit. in-4°.

selon Leibnitz, *si elle existait, ferait gagner au genre humain le tiers de la vie employé à l'étude des langues* (1).

Or, elle existe : C'est bien la LANGUE PHÉNICIENNE, seule onomatopique, par conséquent seule rationnelle.

Il est regrettable que cette force native de l'onomatopée ait été diminuée, parfois presque détruite, dans les mots des langues dérivées : cela tient à ce que, tout en conservant la forme originelle des radicaux, les Indo-Européens l'ont diversement défigurée, soit en modifiant les lettres du mot, soit en le surchargeant de lettres parasites, de préfixes, de suffixes, de flexions, qui en dérobent, mais n'en peuvent supprimer la marque authentique attestant la provenance phénicienne.

Un des obstacles qui a aussi empêché les érudits de reconnaître la langue phénicienne comme la langue mère de toutes les langues alphabétiques, c'est qu'ils n'avaient pas songé à l'identité de la langue phénicienne et de celle des Hébreux, identité qu'ils admettent aujourd'hui ; c'est qu'ils n'avaient pas compris qu'après la longue route parcourue par le langage monosyllabique et hiéroglyphique pour arriver à la perfection du phonétisme, c'est-à-dire à l'alphabétisme, l'humanité, par le génie des Phéniciens, a obtenu le type de toutes les langues qui ont l'alphabet pour principe. Ajoutons à ces dificultés l'altération subie par la langue dite hébraïque. Le témoignage du prophète Isaïe (chap. XIX, v. 18) atteste suffisamment le caractère de la langue adoptée par le peuple juif : il la nomme langue de Chanaan, ce qui veut dire langue des Phéniciens.

L'addition arbitraire des signes diacritiques, sur lesquels nous reviendrons souvent, a produit une prononciation et une méthode vicieuses qui ont dénaturé le caractère et l'aspect de cette admirable langue, et lui ont enlevé sa ressemblance avec les langues qu'elle a engendrées. De là la diversité des systèmes : on a supposé que les langues, bien qu'alphabétiques, remontaient à des

(1) *Si una lingua esset in mundo, accederet in effectu generi humano tertia pars vitæ, quippe quæ linguis impenditur.* — Leibnitz, tom. I, 6e édition de Gênes 1768, p. 297.

sources différentes ; on a admis un système dit sémitique, un système dit aryen ou indo-européen et même un troisième système dit touranien.

La science, par ses organes les plus illustres, a laissé de côté la seule division qu'elle aurait dû établir : IDÉOGRAPHISME, PHONÉTISME ; et, à cause de cette omission, elle a été réduite à l'impuissance qu'elle déplore (1). De plus, si elle avait procédé logiquement, en partant du système monosyllabique pour la parole, du système hiéroglyphique pour l'écriture, si elle avait traversé le symbolisme, le moyen du rébus, pour parvenir au phonétisme, au syllabisme et enfin à l'alphabétisme, elle aurait été nécessairement conduite et s'en serait tenue à la première langue alphabétique, qui dévoile l'essence et la formation de tous les mots des langues auxquelles elle a donné naissance.

Dans toutes les langues, la langue phénicienne exceptée, on s'est servi, et on se sert encore des mots machinalement ; ils n'avaient, chez les anciens, et ils n'ont encore qu'une valeur de convention ; leur substance est une véritable énigme pour tout le monde. Il sera bientôt manifeste que tous les mots des langues dites aryennes, que nous appellerons langues *scientifiques*, dans leur forme et par leur sens, ne font que rappeler et perpétuer leur type originel. Nous le prouverons surabondamment dans le cours de cet ouvrage.

Les princes de la science, on ne saurait trop le répéter, ont déclaré formellement et unanimement que l'origine des mots dits aryens est encore introuvable. Il fallait donc ou s'arrêter avec eux devant cette muraille qui, élevée jusqu'au ciel, formait une enceinte infranchissable dans laquelle était gardé depuis tant de siècles le secret des langues indo-européennes, ou bien il fallait faire une brèche, s'élancer hors de l'enceinte, pénétrer dans une région nouvelle, l'explorer dans toutes ses parties, reconnaître avec certitude chacune des attaches qui la relie à la région an-

(1) Nous citerons au chap. VII, *Aveux de la science*, les paroles mêmes par lesquelles les plus grands linguistes reconnaissent cette impuissance.

cienne, et montrer que ce qu'on a cru deux mondes absolument séparés ne forme qu'un seul et splendide univers.

Parmi ceux qui nous avaient précédé dans la lutte se trouve M. l'abbé Latouche. Il a publié une grammaire et un dictionnaire hébraïques. Dans son dictionnaire hébreu-français, il cherche à montrer le rapport de la langue dite hébraïque avec les autres langues. Malheureusement, il établit des comparaisons douteuses et en néglige d'autres extrêment importantes. Dans sa grammaire à l'usage des Français, il a compris que les *points-voyelles* et les *accents toniques* ne font pas partie de la langue hébraïque. Il admet comme nous que cette langue possède les cinq lettres-voyelles ordinaires, ce qui est nié par tous les grammairiens.

Voici ces cinq lettres-voyelles : ע, י, ו, ה, א de droite à gauche, dont la correspondance, de gauche à droite, en lettres romaines, est *a*, *e*, *u*, *i*, *o*.

Mais en admettant la valeur fixe et absolue de ces cinq voyelles et en ne tenant plus aucun compte des signes diacritiques, comme le phénicien renferme une foule de mots et de parties de mots dans lesquels ne figure aucune voyelle, M. Latouche renversait tout le système de lecture et toute la méthode grammaticale sans rien mettre à la place. La prononciation des mots hébreux ou phéniciens qui ne contiennent aucune voyelle n'a pas été résolue par lui. La même difficulté arrête les chercheurs depuis les trois derniers siècles. Quelques jours de réflexion nous ont suffi pour nous expliquer cette anomalie apparente.

Tous ceux qui se sont occupés de l'étude de la grammaire hébraïque peuvent témoigner des embarras insurmontables de la méthode grammaticale en usage, qui a pour base cet élément étranger qu'on appelle points-voyelles, accents toniques et autres signes diacritiques, qu'une nécessité historique a intro duits dans la langue des Hébreux.

En effet, à la veille de la dispersion du peuple juif, les savants ont pris leurs précautions pour que la langue sacrée pût toujours être employée dans l'exercice du culte. Une telle prévoyance fut bientôt justifiée, car par suite de cette dispersion et des persécutions opiniâtres dont le peuple juif fut l'objet, la langue hébraïque serait devenue indéchiffrable pour le vulgaire, si on n'avait pas inventé cette série de signes additionnels qui permirent aux plus ignorants de lire et même de phraser. Dans notre chapitre IV, notamment page 68, nous prouvons amplement que ces points diacritiques, dont on a fait une science si considérable et si ardue, sont complètement étrangers à la langue phénicienne.

CHAPITRE II

L'ORIGINE DU LANGAGE

L'Académie des Inscriptions et Belles Lettres proposa, en 1858, la question suivante :

« Rechercher les plus anciennes formes de l'alphabet phéni-
« cien ; en suivre la propagation chez les divers peuples de
« l'ancien monde ; caractériser les modifications que ces peuples
« y introduisirent afin de l'approprier à leurs langues, à leur
« organe vocal, et peut-être aussi quelquefois en le combinant
« avec des éléments empruntés à d'autres systèmes graphiques. »

C'est sur ce sujet que, sans avoir encore épuisé la matière, M. F. Lenormant a publié un premier volume en 1872, un second en 1873, où il traite de la marche progressive des peuples depuis le monosyllabisme et l'hiéroglyphisme jusqu'au phonétisme et à l'alphabétisme pur.

Nous le citons textuellement :

« Tous les hommes, dès qu'ils ont vécu en société, — et l'on ne saurait admettre la conception de l'homme vivant dans un isolement absolu, en dehors d'un état de société, quelque sauvage qu'il soit, — ont éprouvé l'impérieux besoin de fixer par quelque procédé matériel leurs idées et leurs souvenirs. Tous les hommes également ont été conduits, par un instinct naturel que nous voyons se développer de très-bonne heure et d'une manière tout à fait spontanée chez l'enfant, à essayer d'imiter par le dessin les objets animés ou inanimés qui frappaient leur vue. Combiner ce besoin et cet instinct ; employer, au lieu de moyens mnémoniques résultant d'une convention tout à fait arbitraire, la représentation plus ou moins grossière des objets matériels au moyen desquels on voulait conserver tel ou tel souvenir, éveiller telle ou telle idée, était une tendance non moins naturelle que celle de la simple imitation sans but déterminé. C'est d'elle que naquit l'hiéroglyphisme.

« Entendu dans un sens aussi général, l'hiéroglyphisme tenait si bien aux instincts les plus naturels de l'homme, que nous le voyons se montrer chez tous les sauvages à son état rudimentaire. Les peintures à moitié figuratives et à moitié mnémoniques que les indigènes de l'Amérique du Nord tracent sur les peaux qui forment leurs tentes ou brodent sur leurs vêtements, pour rappeler leurs exploits personnels ou ceux de leur race, montrent de quelle manière il débuta.

« Mais à cet état rudimentaire, l'hiéroglyphisme ne constitue pas encore une véritable écriture. Pour l'élever à cette qualité, il fallait un notable progrès de civilisation, amenant un développement à la fois dans les idées et dans les besoins de relations sociales plus grand que ne le comporte la vie sauvage. La plupart des peuples ne sont point parvenus spontanément à ce progrès de civilisation qui pouvait donner naissance à l'écriture; ils y ont été initiés par d'autres peuples qui les avaient précédés dans cette voie, et ils ont reçu de leurs instituteurs l'écriture toute formée avec la notion des autres arts les plus essentiels. Aussi, lorsqu'on remonte aux origines, toutes les écritures connues se ramènent-elles à un très-petit nombre de systèmes, tous hiéroglyphiques au début, qui paraissent avoir pris naissance d'une manière absolument indépendante les uns des autres.

Ce sont :

1° Les hiéroglyphes égyptiens;
2° L'écriture chinoise;
3° L'écriture cunéiforme anarienne;
4° Les hiéroglyphes mexicains;
5° L'écriture caculiforme ou *Katouns* des Mayas du Yucatan.

« Ces cinq systèmes, tout en restant essentiellement idéographiques, sont parvenus au phonétisme. Mais, en admettant ce nouveau principe, ils ne l'ont pas poussé jusqu'au même degré de développement. Chacun d'eux s'est immobilisé et comme cristallisé dans une phase différente des progrès du phonétisme, circonstance précieuse et vraiment providentielle, qui permet à la science de suivre toutes les étapes par lesquelles l'art d'écrire a passé pour arriver de la peinture des idées à la peinture exclusive des sons, de l'idéographisme à l'alphabétisme pur, terme suprême de son progrès (1). »

Le caractère hiéroglyphique consiste dans la représentation de l'objet lui-même. Par exemple, l'objet *soleil* est représenté par la figure du soleil, plus ou moins exactement dessinée : c'est l'idéogramme *direct*.

Il fallut aussi exprimer l'idée abstraite. Ainsi, la clarté est représentée par l'image de l'objet qui produit la clarté, par exemple du *soleil*, de *la lune*, ou bien, comme chez les Chinois, par la peinture du soleil et de la lune ensemble : c'est l'idéogramme *indirect* ou le *symbolisme*. Le *symbole complexe* consiste dans la réunion de plusieurs images dont le rapprochement et la combinaison expriment une idée que le symbole simple n'aurait pas suffi à rendre : pour représenter un *ermite*, on peignait *un homme sur une montagne* ; le *chant* était représenté par *une oreille et un oiseau* ; le *mois*, par *un croissant renversé et une étoile*.

Ces dessins qui imitaient tant bien que mal les objets représentés, perdirent peu à peu leur forme ; ils furent remplacés par des signes qui ne ressemblaient plus du tout au dessin primitif, et qui ne furent plus que de pure *convention* ; on appelle *tachygraphie* (simplification) ces signes conventionnels ; elle constitue l'écriture *hiératique* et l'écriture *démotique*. Telle fut la méthode des Egyptiens, des Assyriens, des Chinois, etc.

Cependant « avec l'emploi exclusif de l'idéographisme on ne pouvait qu'accoler des images ou des symboles les uns à côté des autres, mais non construire une phrase et l'écrire de manière

(1) F Lenormant, *Essai sur la propagation de l'Alphabet Phénicien dans l'ancien monde*, t. I, p. 9.

que l'erreur sur sa marche fût impossible. Il n'y avait aucun moyen de distinguer les différentes parties du discours ni les termes de la phrase, aucune notation pour les flexions des temps verbaux ou des cas et des nombres dans les noms. Sans doute, quelques règles de position respective entre les caractères idéographiques pouvaient jusqu'à un certain point, dans la langue écrite, remplacer tant bien que mal les flexions de la langue parlée, et le chinois classique a conservé pendant toute la durée de son existence littéraire des vestiges de cet état de choses; mais la ressource était bien imparfaite et ne pouvait fournir qu'un bien faible secours.

« En outre, le progrès des idées et des notions à exprimer par l'écriture tendait à faire de cet art un chaos inextricable à force d'étendue et de complication, si un nouvel élément ne s'y introduisait pas, et si on continuait à vouloir représenter chaque idée, chaque notion, chaque objet nouveau par une image spéciale ou par un symbole, soit simple, soit complexe

« Pour obvier à ces deux inconvénients, dont il fallait à tout prix se délivrer, si l'on ne voulait pas laisser la pensée à jamais emprisonnée dans des entraves qui eussent étouffé son développement d'une manière irréparable, les hommes furent conduits par une pente naturelle à joindre la peinture des sons à la peinture des idées, à passer de l'idéographisme au phonétisme.

« De leur essence même, les écritures purement idéographiques des époques primitives ne peignaient aucun son. Représentant exclusivement et directement des idées, leurs signes étaient absolument indépendants des mots par lesquels les idiomes parlés des peuples qui en faisaient usage désignaient les mêmes idées. Ils avaient une existence et une signification propres, en dehors de toute prononciation ; rien en eux ne figurait cette prononciation, et la langue écrite était par le fait assez distincte de la langue parlée, pour qu'on pût très-bien entendre l'une sans con naître l'autre, et *vice versâ*.

« Mais l'homme n'a jamais écrit que pour être lu; par conséquent, tout texte graphique, quelque indépendant qu'il ait pu être par son essence de la langue parlée, a nécessairement été pro·

noncé. Les signes des écritures idéographiques primitives représentaient des idées et non des mots ; mais celui qui les lisait traduisait forcément chacun d'eux par le mot affecté dans l'idiome oral à l'expression de la même idée. De là vint, par une pente inévitable, une habitude et une convention constante d'après laquelle tout idéogramme éveilla dans l'esprit de celui qui le voyait tracé, en même temps qu'une idée, le mot de cette idée, par conséquent une prononciation.

« C'est ainsi que naquit la première conception du phonétisme, et c'est dans cette convention, qui avait fini par faire affecter à chaque signe figuratif ou symbolique, dans son rôle d'idéogramme, une prononciation fixe et habituelle, que la peinture des sons trouva les éléments de ses débuts (1). »

Supposons que pour notre langue française il n'existe pas d'alphabet, que nous ne connaissions d'autre écriture que l'hiéroglyphie, bien que nous ayons une langue *parlée*. Si nous avions, par exemple, à écrire un nom romain, celui de *Tarquin*, nous serions fort embarrassés.

Pour y parvenir, il nous faut supposer encore que dans notre langue française *parlée*, l'objet *hache* porte le nom de *Tar :* le signe phonétique *Tar* serait alors évidemment représenté par la peinture d'une *hache* ; que l'objet *épée* porte le nom de *quin*, le signe phonétique *quin* serait aussi nécessairement représenté par la peinture d'une *épée*. Toutefois, remarquons le bien, n'ayant plus qu'une valeur phonétique, ces images ne représenteraient plus ni l'idée d'une hache, ni celle d'une épée. Elles signifieraient uniquement les deux sons articulés qui composent le mot *Tarquin*.

Cette hypothèse donne une idée de l'application du monosyllabisme par une sorte de *rébus*. En effet, « le premier pas, le premier essai de phonétisme dut nécessairement être ce que nous appelons le *rébus*, c'est-à-dire l'emploi des images primitivement idéographiques pour représenter la prononciation atta-

(1) F. Lenormant, *liv. cité*, t. I, p. 21-22.

chée à leur sens figuratif ou tropique, sans plus tenir aucun compte de ce sens, de manière à peindre isolément des mots homophones dans la langue parlée, mais doués d'une signification tout autre, ou à figurer par leur groupement d'autres mots dont le son se composait en partie de la prononciation de tel signe et en partie de celle de tel autre.

« La logique et la vraisemblance indiquent qu'il dut en être ainsi, et des preuves matérielles viennent le confirmer (1). »

A l'appui de cette théorie vient la citation suivante :

« L'écriture hiéroglyphique des Nahuas de l'Anahuac (les Mexicains), née et développée spontanément, dans un isolement absolu et sans communication aucune avec les peuples de l'ancien monde, après avoir commencé par être exclusivement idéographique, fut conduite à recourir aux ressources du phonétisme par les mêmes besoins et la même loi de progrès logique et régulière, qui avaient conduit à un résultat semblable, à d'autres âges, les Egyptiens, les Chinois primitifs et les auteurs de l'écriture cunéiforme anarienne. Mais dans la voie du phonétisme elle s'est arrêtée au simple *rébus,* sans faire un pas de plus en avant, et elle est devenue ainsi un précieux monument de cet état du développement des écritures, auquel elle s'est immobilisée

« Un seul exemple suffira pour montrer comment on y passe de la prononciation des signes purement idéographiques, indépendants de tout son par leur essence, mais constamment liés dans l'usage à un mot de la langue parlée, au phonétisme réel par voie de *rébus.*

« Le nom du quatrième roi de Mexico, Itzcohuatl « le serpent d'obsidienne », s'écrit idéographiquement dans un certain nombre de manuscrits aztèques par l'image d'un serpent (*Cohuatl*) garni de flèches d'obsidienne (*Itzli*) :

(1) F. Lenormant, *liv. cité,* t. I, p. 59.

« Cette figure constitue un idéogramme complexe, peignant la signification même du nom royal, directement, sans tentative d'expression phonétique ; mais qui, lu dans la langue parlée, ne pouvait, par suite des idées qu'il figurait, être prononcé autrement que *Itzcohuatl*.

« Le même nom est écrit dans le célèbre manuscrit de Vergara :

« Il s'y compose de la flèche d'obsidienne (itzli—racine *itz*), d'un vase (*Comitl* — racine *co*), enfin du signe de l'eau (*atl*), qui, dans l'intention des scribes aztèques, représentait des *gouttes*. Dans cette nouvelle forme on ne saurait plus chercher d'idéographisme, ni de peinture symbolique de la signification du nom, mais bien un pur *rébus*, une peinture des sons par des images matérielles employées à représenter le mot complet auquels elles correspondaient dans la langue (1). »

« Les livres historiques ou religieux des anciens Mexicains, antérieurs à la conquête, se composaient exclusivement de tableaux figuratifs où l'écriture n'était employée qu'à former de courtes légendes explicatives à côté des personnages. Aussi l'élément phonétique, tel que nous venons de le montrer, n'y est-il guère appliqué qu'à tracer des noms propres. Mais, dans les premiers temps de la conquête, ce phonétisme par *rébus* reçut une extension toute nouvelle, lorsque les missionnaires franciscains s'efforcèrent de doter les indigènes de l'Anahuac de traductions des prières chrétiennes, écrites au moyen du système graphique national (2). »

(1) Aubin, *Mémoire sur la peinture didactique et l'écriture figurative des anciens Mexicains*, dans la Revue orientale américaine, t. IV, p. 23, 24 et suiv., et F. Lenormant, *liv. cité*, p. 25 et suiv.

(2) F. Lenormant, *liv. cité*, t. I, p. 25.

« Quoique les historiographes et les hiérogrammates mexicains, dit le saint et illustre Las-Casas dans son *Historia apologitica de las Indias Occidentales*, n'eussent point une écriture comme nous, ils avaient toutefois leurs figures et caractères à l'aide desquels ils entendaient tout ce qu'ils voulaient, et de cette manière ils avaient leurs grands livres composés avec un artifice si ingénieux et si habile, que nous pourrions dire que nos lettres ne leur furent pas d'une grande utilité.

« Nos religieux ont vu de ces livres, et moi-même j'en ai vu également de mon côté, bien qu'il y en ait eu de brûlés sur l'avis des moines, dans la crainte qu'en ce qui touchait la religion ces livres ne vinssent à leur être nuisibles. Il est arrivé quelquefois que quelques-uns d'entre les Indiens, oubliant certaines paroles ou particularités de la doctrine chrétienne qu'on leur enseignait, et n'étant pas capables de lire notre écriture, se mettaient à l'écrire en entier avec leurs propres figures et caractères, d'une manière fort ingénieuse, mettant la figure qui correspondait chez eux à la parole et au son de notre vocable ; ainsi, pour dire *amen*, ils peignaient quelque chose comme de l'eau (qui se dit en mexicain *a*, racine de *atl*), avec la plante agave (*metl)*, ce qui, dans leur langue, se rapproche de *amen*, parce qu'ils disent *ametl*, et ainsi du reste. Quant à moi, j'ai vu une grande partie de la doctrine chrétienne ainsi écrite en figures et en images, qu'ils lisaient comme je lis nos caractères dans une lettre, et c'est là une production peu commune de leur génie. On possède encore un certain nombre de ces prières et de ces catéchismes écrits avec les hiéroglyphes des anciens Nahuas (1). »

Quant à l'écriture calculiforme ou *Katouns* des Mayas du Yucatan, la science ne s'en est occupée que dans la première moitié de ce siècle, et les noms de Stephens, Catherwood, prirent place à la tête de ces études où ils sont suivis de Waldeck, Brasseur de Bourbourg et M. Léon de Rosny.

(1) Brasseur de Bourbourg, *Histoire des nations civilisées du Mexique et de l'Amérique centrale*, t. I, p. 30 et suiv. Paris, 1864, chez Maisonneuve, et F. Lenormant, *liv. cité*, t. I, p. 26.

A la suite de l'évêque espagnol Landa, qui vécut au XVIe siècle, l'abbé Brasseur de Bourbourg, ne connaissant plus de bornes, s'est lancé dans des recherches fantastiques ; il prétendait tout déchiffrer, lire l'écriture Maya comme il lirait l'anglais. Il est prouvé aujourd'hui qu'il n'a absolument rien lu, et que de ses prétendus déchiffrements il ne reste plus un iota. Sur le bruit qui se faisait autour de Brasseur de Bourbourg, une commission du Mexique fut nommée par le gouvernement français en 1864, et les recherches de cette commission n'ont abouti à aucun résultat.

M. de Rosny, dans le mémoire qu'il a lu à Nancy, au Congrès des américanistes, en 1875, a peut-être pénétré plus avant dans ce labyrinthe, tout en déclarant qu'il serait prématuré de se servir de ces nouveaux faits pour aborder la traduction des Inscriptions du Yucatan. Il résulte des travaux de M. de Rosny, et il est à souhaiter que bientôt il puisse en donner des preuves positives, si précieuses pour la science, que de même qu'en Egypte et chez les Assyriens, il y a eu au Yucatan trois sortes d'écritures hiéroglyphiques : les hiéroglyphes, écriture sacrée, l'hiératique, écriture vulgaire des prêtres, et le démotique, écriture du peuple. Il n'existe encore aucune preuve, dit M. de Rosny, que les Mayas soient arrivés à l'alphabet. Cinq ans se sont écoulés depuis le Congrès de Nancy, et nous n'avons pas eu connaissance de la suite des travaux de M. de Rosny.

Les langues *parlées* des anciens peuples étaient ou monosyllabiques ou polysyllabiques. Celle des Chinois était monosyllabique. Aussi l'emploi du *rébus* devait nécessairement amener du premier coup à la découverte de l'écriture syllabique. « Chaque signe idéographique, dans son emploi figuratif ou tropique, répondait à un mot monosyllabique de la langue parlée qui en devenait la prononciation constante ; par conséquent, en le prenant dans une acception purement phonétique pour cette prononciation complète, il représentait une syllabe isolée. L'état du *rébus* et l'état d'expression syllabique dans l'écriture se sont donc trouvés identiques à la Chine, et c'est à cet état de développement du phonétisme que le système graphique du

Céleste Empire s'est immobilisé, sans faire un pas de plus en avant, depuis trente siècles qu'il a franchi de cette manière le premier degré de la peinture des sons.

« Mais en chinois, ce n'est que dans les noms propres que nous rencontrons les anciens idéogrammes simples ou complexes employés isolément avec une valeur exclusivement phonétique, pour leur prononciation dans la langue parlée, abstraction faite de leur valeur originaire comme signe d'idée (1). »

Par exemple, s'ils veulent écrire le nom d'un personnage s'appelant *Lin*, dont la traduction française est *forêt*, ils recourent à un signe hiéroglyphique représentant une *forêt*, mais dont le dessin tachygraphique ou simplifié ne ressemble plus du tout à celui d'une forêt. S'agit-il d'un personnage se nommant *Lin-Tchu*, dont la traduction française est *Forêt rouge* (une forêt rouge), ils se servent de deux signes hiéroglyphiques conventionnels, dont nous avons indiqué le premier, et dont le second doit représenter la couleur rouge.

La prononciation et l'hiéroglyphe étant identiques, on se sert d'idéogrammes pour écrire des mots étrangers à la langue chinoise : « par exemple *anglais* se prononce par *ing-ki-li*, *jésuite* par *ya-sou-hoei-sse*, *christianus* ou *chrétien* par *ki-li-sse-tang* (ils n'ont pas la lettre *r*). Chacun de ces mots se compose de monosyllabes, qui sont à leur tour des mots chinois, et qui ont abandonné dans cette combinaison leurs significations primitives (2). »

« Le nombre des syllabes possibles à former par la combinaison d'une articulation ou consonne simple initiale et d'un son vocal venant après pour y servir de motion, même en admettant comme élément de formation les diphthongues et les terminaisons nasales, est nécessairement restreint. La langue chinoise en admet 450, que la variation des accents ou *tons* porte à 1203. Mais une langue douée d'une littérature étendue et correspon-

(1) F. Lenormant, *liv. cité*, t. I, p. 35.

(2) A. Schleicher, *Les Langues de l'Europe moderne*, trad. Ewarbeck Paris, Ladrange, Garnier frères, 1852, p. 64.

dant à un développement considérable d'idées et de civilisation ne saurait limiter son vocabulaire à 1203 mots. De là résulte nécessairement que dans tout idiome monosyllabique, et particulièrement en chinois, on rencontre une très grande quantité de mots exactement homophones. Comme tous les mots de la langue se composent d'une seule syllabe, chaque syllabe dont l'organe est susceptible représente un certain nombre d'acceptions sans rapport les unes avec les autres. Une confusion presque inextricable résultant de ce fait ne peut donc être évitée que si l'on a, pour distinguer les mots homophones, les acceptions diverses d'une même syllabe, recours à quelque moyen d'éclaircissement particulier, à quelque élément étranger à la prononciation phonétique.

« Dans la langue parlée cet élément est le geste, dans la langue écrite une combinaison constante de l'idéographisme et du phonétisme, qui est tout à fait propre au chinois. Cette combinaison constitue ce qu'on appelle le système des *clefs*, système analogue dans son principe à celui des *déterminatifs* dans les hiéroglyphes égyptiens, mais dont les Chinois ont seuls fait une application aussi étendue et aussi générale, en même temps qu'ils le mettaient en œuvre par des procédés à eux spéciaux.

« Le point de départ de ce système est la faculté, propre à l'écriture chinoise, de former indéfiniment des groupes complexes avec plusieurs caractères originairement distincts. Un certain nombre d'idéogrammes simples — 214 en tout — ont donc été choisis parmi ceux que comprenait le fond premier de l'écriture avant l'introduction du phonétisme, comme représentant des idées générales et pouvant servir de rubriques aux diverses classes entre lesquelles se répartiraient les mots de la langue. Et il faut noter en passant que les Chinois admettent comme idées génériques des notions qui pour nous ont bien peu ce caractère, car on trouve parmi les clefs celles des *grenouilles*, 黽, des *rats*, 鼠, des *nez*, 鼻, des *tortues*, 龜, etc. Les idéogrammes ainsi choisis sont ce qu'on appelle les *clefs*. Ils se combinent avec des signes originairement simples ou complexes, pris uniquement pour leur prononciation phonétique, abstraction faite de tout vestige de leur valeur idéographique, de manière à représenter toutes les syllabes de la langue. Ainsi sont formés des groupes nouveaux, à moitié phonétiques et à moitié idéographiques, dont le premier élément figure le son de la syllabe qui constitue le mot, et le second, la *clef*, indique dans quelle catégorie d'idées doit être cherché le sens de ce mot. Les trois quarts des signes de l'écriture chinoise doivent leur origine à ce mode de formation.

« Un exemple en fera mieux connaître le mécanisme.

« La syllabe *pâ* est susceptible en chinois de huit acceptions absolument différentes, ou, pour parler plus exactement, il y a dans le vocabulaire des habitants de l'Empire du Milieu huit mots homophones, bien que sans rapport d'origine entre eux, dont la prononciation se ramène à cette syllabe. Si donc le chinois s'écrivait au moyen d'un système exclusivement phonétique, en voyant *pâ*, dans une phrase, l'esprit hésiterait entre huit significations différentes, sans indication déterminante qui pût décider à choisir l'une plutôt que l'autre. Mais avec le système des *clefs*, avec la combinaison de l'élément idéographique et de l'élément phonétique, cette incertitude, cause permanente des plus fâcheuses erreurs, disparaît tout à fait. Le signe adopté dans l'usage ordinaire pour représenter phonétiquement la syllabe *pâ* est 巴, dont la valeur idéographique primitive s'est complétement oblitérée, comme il est arrivé plus d'une fois pour les signes d'un usage habituel comme phonétiques. Le signe 巴 isolé ne se rencontre que dans les noms propres d'hommes et de lieux, où il représente purement et simplement la syllabe *pâ*. Si l'on y ajoute la clef des *plantes*, 芭, il devient, toujours en gardant la même prononciation, le nom du « bananier »; qu'on remplace cette clef par celle des *roseaux*, en conservant le signe radical et phonétique, 笆, on obtient la désignation d'une sorte de « roseau épineux ». Avec la clef du *fer* 鈀, le mot *pâ* est caractérisé comme le nom du « char de guerre »; avec la clef des *vers*, 蚆, comme celui d'une espèce de coquillage; avec la clef du *mouton*, 羓, comme celui d'une préparation particulière de viande séchée. La clef des *dents*, 䶕, lui donne le sens de « dents de travers »; celle des *maladies*, 疤, lui fait signifier « cicatrices »; enfin, celle de la *bouche*, 吧, un « cri ».

« On voit par cet exemple combien la combinaison des éléments phonétiques et idéographiques, qui constitue le système des *clefs*, est ingénieusement calquée sur les besoins et le génie propre de la langue chinoise, et quelle clarté elle répand dans l'expression graphique de cette langue, impossible à peindre d'une manière intelligible avec un système de phonétisme exclusif. Sans doute la faculté presque indéfinie de créer de nouveaux signes complexes, par moitié phonétiques et par moitié idéographiques, paraît dans le premier abord effrayante à un étranger, car, avec les idéogrammes simples et complexes, elle donne naissance à plus de 80,000 groupes différents. Mais il est toujours facile d'analyser ces groupes, dont les éléments se réduisent à 450 phonétiques et 214 déterminatifs idéographiques ou *clefs*, et la méthode qui les produit était la seule par laquelle pût être évité l'inconvénient, bien autrement grave, qui serait résulté de la multiplicité des mots homophones.

« Mais ce dernier point, mis en lumière de la façon la plus spirituelle par Abel de Rémusat, n'intéresse pas directement notre sujet. Ce que nous cherchons à suivre, ce sont les progrès successifs par lesquels le phonétisme s'introduisit dans les écritures primitivement idéographiques et les étapes qui conduisirent la peinture des sons de l'emploi du pur et simple *rébus* à l'invention de l'alphabet proprement dit. Dans cet ordre de recherches, le seul point qu'il nous importait de constater était que, par suite de la nature même de l'idiome qu'elle était appelée à tracer, la part phonétique de l'écriture chinoise constitue à la fois un phonétisme par voie de *rébus*, puisqu'elle se compose de caractères originairement idéographiques pris pour la représentation de leur prononciation complète et un système d'écriture syllabique, puisque par le fait chacun de ces caractères ne peint qu'une seule syllabe (1). »

Les Japonais ont réalisé un grand progrès sur leurs instituteurs, les Chinois, en parvenant à créer une sorte d'alphabet qui repose sur le système syllabique, et sous le nom de Syllabaire *Kata-Kana* et de *Fira-Kana*, ils ont composé 47 syllabes et une 48e indiquant la nasale, au moyen desquelles ils écrivent tous leurs textes.

Ce progrès consiste dans le remplacement de l'hiéroglyphisme par le système *phonético-syllabique*. Cependant leurs signes figuratifs peuvent encore être pris dans le sens hiéroglyphique. Par exemple, « il est tel hiéroglyphe chinois (*Actes de la Société d'Ethnographie*, t. VII, p. 179) signifiant *ciel*, et qui peut conserver cette valeur en japonais ; au moyen de la tachygraphie, il peut devenir le caractère syllabique *Te* du *Fira-Kana*. »

Nous avons vu que chez les Chinois le système hiéroglyphique était purement monosyllabique. Il n'en était pas de même chez les Egyptiens et les Assyriens, dont la langue *parlée* était polysyllabique, et l' « identité de l'état de *rébus* et de l'état de syllabisme, qui confond en un seul deux des degrés ordinaires du développement de l'élément phonétique dans les écritures originairement idéographiques et hiéroglyphiques, n'était possible qu'avec une langue à la constitution monosyllabique comme le Chinois (2). »

Donc pour les Egyptiens et les Assyriens, « le système du rébus ne donnait pas du premier coup les moyens de décomposer les mots en leurs syllabes constitutives et de représenter chacune de ces syllabes séparément par un signe fixe et invariable. Il fallait un pas de plus pour s'élever du rébus au syllabisme.

(1) F. Lenormant, *liv. cité*, p. 35-38.

(2) Id., *ibid.*, p. 39.

« Ce pas fut fait également dans les deux systèmes des hiéroglyphes égyptiens et de l'écriture cunéiforme; mais les habitants de la vallée du Nil surent pousser encore plus avant et atteindre jusqu'à l'analyse de la syllabe, décomposée en consonne et en voyelle, tandis que ceux du bassin de l'Euphrate et du Tigre s'arrêtèrent au syllabisme et laissèrent leur écriture s'immobiliser dans cette méthode imparfaite de l'expression des sons.

« Chez les uns comme chez les autres, ce fut le système du *rébus*, première étape du phonétisme, qui servit de base à l'établissement des valeurs syllabiques. Elles en furent tirées par une méthode fixe et régulière, que nous désignerons sous le nom d'*acrologique* (1). »

Le système cunéiforme, d'après la tradition, a été transmis au peuple assyrien-babylonien par un ancien peuple que les philologues appellent touranien, accadien ou sumérien et dont la langue a laissé des traces. On ne saurait se faire une idée des complications où ce système a conduit les Assyriens qui l'ont adopté et dont ils n'ont pu sortir pendant plus de quinze siècles. Ils n'en ont été délivrés que par l'introduction de l'alphabet chez eux.

L'origine du système cunéiforme n'a été que l'abréviation, la tachygraphie ou l'hiératique de l'idéographie. Mais tandis que les Egyptiens, au moyen de *l'acrologie*, parvinrent à la décomposition de la syllabe en voyelles et en consonnes, les Assyriens s'immobilisèrent dans le pur syllabisme.

Répétons-le : les Egyptiens, comme les Assyriens, eurent recours à l'acrologie, avec cette différence que les premiers, comme nous le verrons tout à l'heure, arrivèrent par là à former une lettre alphabétique, au lieu que les derniers ne s'en servirent que pour produire une syllabe.

Supposons que les Assyriens eussent voulu former le mot imaginaire ANKAPI. Ils se seraient servis d'un signe cunéiforme ainsi

(1) F. Lenormant, *liv. cité*, p. 39.

composé, dont l'hiéroglyphe primitif représentait une étoile. Ce signe idéographique voulait dire « Dieu » et était prononcé ANnap. Ils auraient donc eu, par la méthode acrologique, la première syllabe AN. Pour la seconde syllabe, ils auraient employé un autre signe cunéiforme, dont l'hiéroglyphe primitif était un « poisson » et était prononcé KAl. Ils avaient ainsi, par la méthode acrologique, leur deuxième syllabe KA ; donc jusqu'à présent, ANKA. Pour la troisième syllabe, ils auraient fait usage d'un troisième signe cunéiforme, dont l'hiéroglyphe primitif était une « oreille » ; ce signe idéographique voulait dire également « oreille » et était prononcé PIl. Ils avaient, par conséquent, leur troisième syllabe PI, et enfin le mot ANKAPI.

CHAPITRE III

ALPHABÉTISME

Il est certain que ce qui a forcé les peuples, les Assyriens et les Egyptiens surtout, à s'avancer vers le phonétisme, c'est l'obligation où ils se sont trouvés d'écrire les noms propres étrangers qui n'avaient pas dans leurs langues parlées de mots dont la prononciation reproduisît celle de ces noms propres.

« J'ai déjà fait pressentir que, pour rendre les *sons* et les *articulations*, et former ainsi une écriture phonétique, les Eyptiens prirent des hiéroglyphes figurant des objets physiques ou exprimant des *idées* dont le nom ou le mot correspondant en langue parlée commençait par la voyelle ou la consonne qu'il s'agissait de représenter (1). » C'est encore le système acrologique, mais cette fois par l'emploi de la première consonne ou de la première voyelle pour former un caractère alphabétique.

Qu'on veuille, par exemple, écrire en égyptien le nom propre imaginaire : BAKOL. On prendra un objet de la nature, ayant dans la langue parlée des Egyptiens un nom dont la première articulation est *b*. Nous aurions à choisir entre les mots *bahsi*, vache; *baampé*, chevreau; *bareit*, bouc; *baschor*, renard; *bonsch*, chacal, pour en former la première lettre. Pour former la seconde lettre de notre mot, nous prendrions l'objet *azom*, aigle; pour la troisième lettre nous choisirions entre les objets *kelol*, bassin; *kooh*, angle; *kalibi*, enceinte entourée de murs; *képé*, plafond;

(1) Champollion, *Précis du système hiéroglyphique des Anciens Egyptiens*, p. 73.

klaft, capuchon; pour la quatrième, *oké*, roseau ; pour la cinquième, nous nous servirions de *labo*, lion.

Donc, pour figurer le nom BAKOL, nous peindrions les cinq objets suivants :

1° Une vache, 2° Un aigle, 3° Un bassin, 4° Un roseau, 5° Un lion.	Nous faisions remarquer plus haut que peu à peu on a abandonné la peinture exacte des objets, et que, sous le nom d'hiératique et de démotique, on a fait des dessins d'abord simplifiés, puis tout à fait méconnaissables.

On peut se rendre compte des grands obstacles que le monde ancien rencontrait pour exprimer une pensée et la fixer d'une manière durable. Outre la difficulté de l'imitation de l'objet par le dessin, il fallait choisir parmi les objets dont les noms commençaient par la lettre nécessaire. Chacun prenait ces objets selon son caprice, et l'on ne doit pas s'étonner des embarras que présentait la lecture de ces hiéroglyphes.

Les Egyptiens, tout en s'élevant à l'alphabétisme, n'en ont pas moins fait usage des hiéroglyphes, comme moyen phonétique par le *rébus* et comme moyen de formation *de syllabes*. Les Assyriens de même, ou plutôt les inventeurs des caractères cunéiformes, avant d'arriver au *syllabisme*, se sont servis du *rébus* comme moyen phonétique (*a*).

Nous arrivons à cet immense progrès accompli dans l'art graphique, et qui a consommé l'émancipation de l'humanité.

C'est aux Chananéens, c'est-à-dire aux Phéniciens, que revient l'honneur de cette bienheureuse révolution.

« Nous ne connaissons aucun alphabet proprement dit antérieur à celui des Phéniciens, et tous ceux dont il existe des monuments, ou qui se sont conservés en usage jusqu'à nos

(*a*) Il serait trop long de rapporter ces détails ; mais nous recommandons aux curieux la lecture des pages 30-35 et 43-45 du livre cité de M. F. Lenormant. Lire aussi, dans ce livre, les pages 61-79 sur la polyphonie, nouvelle source des plus grandes difficultés chez les Assyriens et chez les Egyptiens.

jours, procèdent plus ou moins directement du premier alphabet, combiné par les fils de Chanaan et répandu par eux sur la surface du monde entier (1). »

« Pour affirmer que l'alphabet sémitique, tel que nous le connaissons, toujours semblable à lui-même, est réellement une création des Sémites, il n'est point nécessaire de soutenir que les Sémites, en le créant, ne se sont appuyés sur aucun essai antérieur. Il suffit que l'idée de l'alphabétisme, cette merveilleuse décomposition de la voix humaine, leur appartienne en propre. Or, ceci ne peut être mis en doute (2). »

« Les plus anciennes inscriptions de l'alphabet hindou ont été gravées sur des rochers vers le troisième siècle avant notre ère ; l'origine de cette écriture paraît connue aujourd'hui et l'on s'accorde généralement à la rattacher à l'ancien alphabet sémitique dont nous avons parlé (3). »

Il reste à savoir par quels développements successifs les Phéniciens sont parvenus à cet admirable résultat. Chose bien digne de remarque : la science, comme nous venons de le voir, nous entretient des timides et pénibles essais tentés dans l'art du langage par les Mexicains, les Chinois, les Assyriens, les Egyptiens, etc., et elle est complètement muette sur la marche progressive de cet art chez les Phéniciens. Il est à regretter que la paléographie n'ait pu signaler aucun vestige des travaux graphiques qui certainement ont dû être accomplis par eux pour les rendre aptes à réaliser ce progrès que les Egyptiens n'ont pu faire.

Nous ne signalerons pas les obstacles qu'on attribue au caractère sacré de la langue égyptienne, appelée « écriture des divines paroles », et au contraire à l'avantage qui est résulté pour les Phéniciens d'être peu religieux et « au fond presque athées »; cette appréciation peut être juste, mais il n'en est pas

(1) F. Lenormant, *liv. cité*, p. 85.
(2) E. Renan, *Histoire des langues sémitiques*, p. 104.
(3) A. Hovelacque, *La Linguistique*, p. 270.

moins certain que le genre humain doit aux Phéniciens l'invention de l'alphabet.

« Ainsi les Phéniciens seuls étaient capables de tirer un dernier progrès de la découverte des Egyptiens, et de pousser la conception de l'alphabétisme à ses dernières conséquences pratiques, en inventant l'alphabet proprement dit. Ce fut en effet ce qui arriva, et la gloire du dernier et du plus fécond progrès de l'art d'écrire appartient en propre aux fils de Chanaan.

« Le témoignage de l'antiquité est unanime pour leur attribuer cette gloire.

« Qui ne connaît les vers tant de fois cités de Lucain, épigraphe toute trouvée pour ceux qui traitent la question dont nous avons fait, quant à présent, le sujet de nos études ?

Phœnices primi, famæ si creditur, ausi
Mansuram rudibus vocem signare figuris.
Nandum flumineas Memphis contexere biblos
Noverat; et saxis tantum, volucresque feræque,
Sculptaque servabant magicas animalia linguas. .

Lucan., *Pharsal.*, III, v, 220-224.

Pline dit également : *Ipsa gens Phœnicum in magna gloria litterarum inventionis.*

Hist. Nat., V, 12 ,13.

Clément d'Alexandrie :

Φοίνικας και Σύρους γράμματα ἐπινοῆσαι πρώτους.

Stromat., I, 16,75.

Pomponius Mela se sert des termes suivants : *Phœnicen illustravere Phœnices, solers hominum genus, et ad belli pacisque munia eximium ; ,itteras et litterarum opera, aliasque etiam artes, maria navibus adire, ,la ssere confligere, imperitare gentibus, regnum prœliumque commenti !*

De Sit. Orb., I, 12.

Enfin, pour nous borner aux témoignages considérables, et laisser de côté ceux d'une valeur secondaire, on se souvient des expressions de Diodore de Sicile :

Σύροι εὑρεταὶ τῶν γραμμάτων εἰσί.

V, 74.

« Ici les témoignages littéraires sont pleinement confirmés par les découvertes de la science moderne (1). »

Maintenant est-il vrai que la figure des lettres phéniciennes ait été puisée en Egypte ? Nous en doutons et nous n'en voulons pour preuve que la signification de chacune de ces lettres dans la langue phénicienne. Elles n'ont aucun rapport avec la signification des signes hiératiques de la langue égyptienne. Appuyons-nous à cet égard sur l'opinion de Gesenius, cité par M. F. Lenormant lui-même, en ces termes : « Il tendait à considérer les lettres phéniciennes comme sans rapport avec les autres systèmes graphiques des âges primitifs et découlant d'un hiéroglyphisme dont les figures originaires seraient expliquées par les appellations de la nomenclature conservée à la fois chez les Grecs et chez les Hébreux (2). »

On sait que le grand mérite des Phéniciens, outre qu'ils ont écarté de l'écriture tout signe hiéroglyphique, en tant qu'idéogramme ou syllabe, a été de s'arrêter à un objet unique de la nature pour signifier chacune des vingt-deux lettres de l'alphabet, tandis que les Egyptiens figuraient la même lettre par des objets différents. Par exemple, les Egyptiens, pour représenter le son

Traduction littérale des citations ci-contre :

Les Phéniciens ont les premiers, si l'on en croit la tradition, osé désigner d'une manière stable les mots par des caractères grossiers. Memphis n'avait pas encore joint ensemble les feuilles du papyrus qui croît aux bords du Nil, et se contentait de conserver la langue hiéroglyphique au moyen d'oiseaux, de bêtes sauvages et d'animaux gravés dans la pierre.

Lucain, *Pharsal* III, V, 220-224.

La nation elle-même des Phéniciens a eu la grande gloire d'inventer les lettres.

Pline, *Hist. nat.*, V, 12, 13.

Les Phéniciens et les Syriens ont les premiers inventé les lettres.

Clément d'Alexandrie, *Stromat.*, I, 16, 75.

Les Phéniciens ont illustré leur fondateur, race d'hommes industrieux, remarquables dans les fonctions de la guerre et de la paix. Ils ont imaginé les lettres et les œuvres produites par les lettres et même d'autres arts, la navigation, les batailles navales, l'art de commander aux nations, de gouverner et de combattre.

Pomponius Méla, *De Sit. orb.*, I, 12.

Les Syriens sont les inventeurs des lettres.

Diodore de Sicile, V, 74.

(1) F. Lenormant, *liv. cité*, t. I, p. 83-85.

(2) Id., *ibid.*, p. 85-86.

a, prenaient indistinctement dans la nature un objet dont le nom, dans le langage parlé, commençait par le son *a*. Ainsi, ils employaient indifféremment la figure du roseau qu'ils appelaient *ake*, ou bien celle d'un aigle qu'ils nommaient *azom*, ou encore celle de tout autre objet dont le nom commençait par le son *a*. Pour la lettre *b*, nous l'avons indiqué plus haut, ils prenaient tantôt une vache, qu'ils appelaient *bahsi*, tantôt un chevreau, appelé *baampé*, ou un bouc, appelé *bareit*, et d'autres signes.

Les Phéniciens, au contraire, qui ont compris les graves inconvénients et la grande obscurité d'un tel système, ont eu le génie de choisir pour désigner chaque son un objet unique et *toujours le même*. Ainsi pour le son *a*, ils ont adopté le bœuf (la tête du bœuf, une partie pour le tout), qu'ils appelaient *alp*. Pour la lettre *b*, ils ont pris la maison (une partie de la maison) qu'ils appelaient *bit*, et ils ont procédé de la même façon pour les vingt autres lettres de l'alphabet *(a)*.

Et, loin de figurer leurs signes alphabétiques par des signes acrologiques représentant des mots égyptiens, ils ont puisé ces mots dans leur propre vocabulaire. Quant à la ressemblance des caractères hiératiques égyptiens avec les caractères phéniciens archaïques, nous avons le regret de ne pouvoir partager l'opinion du comte de Rougé et de M. F. Lenormant, et nous rangeons plutôt au sentiment de Gesenius.

Qu'on en juge par le tableau ci-après, copie exacte de la planche I contenue à la fin du premier fascicule du tome premier du livre cité par M. F. Lenormant.

(a) Au point de vue de la forme des 24 lettres qui composent leur alphabet, les Grecs ont modifié les lettres correspondantes de l'alphabet phénicien selon la méthode de βουστροφηδόν, d'après laquelle ils ont retourné les lettres de gauche à droite. C'est ainsi que 𐤌 phénicien archaïque est devenu *μ*, *m*. Il va sans dire que ce retournement a passé de la direction des lettres à celle de l'écriture, qui a marché de gauche à droite. Les autres peuples indo-européens ont fait comme les Grecs, excepté les Persans, qui dans leur écriture zend ont conservé la marche phénicienne, de droite à gauche. Nous faisons observer — ce qui est d'une importance capitale — que les noms donnés par les Grecs à chacune des lettres de leur alphabet reproduisent exactement, ou plutôt servilement, les noms des mêmes lettres phéniciennes : *Alp*, bœuf en phénicien, a été appelé par les Grecs *Alpha*, mot qui dans leur langue n'a aucun rapport avec le sens de bœuf. Il en est de même pour toutes les autres lettres : *Bit* en phénicien, *Béta* en grec, etc.

PLANCHE I.

Origine de l'Alphabet Phénicien.

Hiératique Egyptien.	*Phénicien Archaïque.*

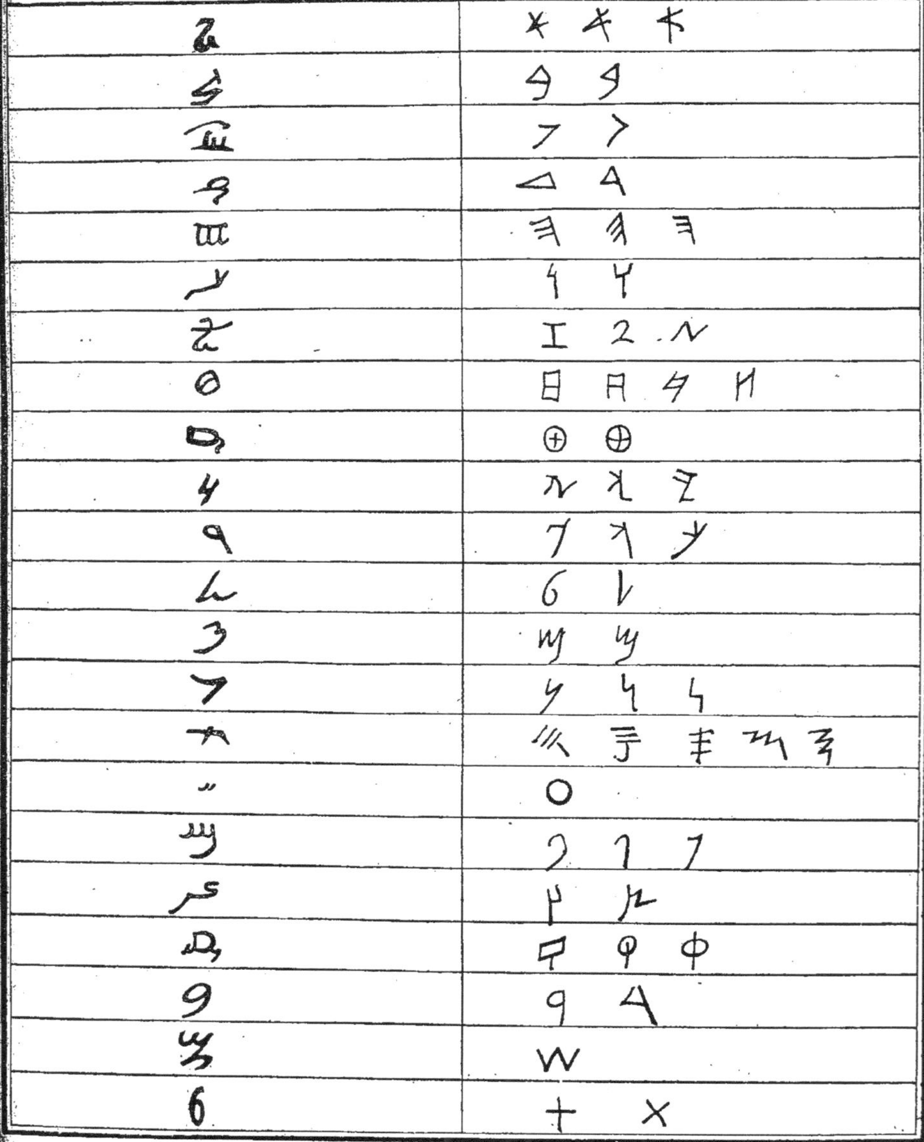

Quelques-unes de ces figures n'offrent entre elles qu'une ressemblance lointaine, et le mouvement rectiligne des Phéniciens tranche avec le mouvement curviligne des Egyptiens.

Cependant, s'il fallait choisir entre le système de Charles Lenormant et celui du comte de Rougé, nous préférerions celui du premier. En effet, d'après Ch. Lenormant, les Phéniciens auraient fait un choix parmi la masse des hiéroglyphes égyptiens dont ils auraient changé la puissance phonétique, en suivant, comme les Egyptiens, la méthode acrologique appliquée à leur propre langue. On aurait donc emprunté aux Egyptiens le dessin d'une *tête de bœuf*, et, sans tenir compte de ce que cette figure pouvait signifier dans l'hiéroglyphe égyptien, on en aurait fait la lettre אלף *alp* ou *alf*, *a* du système phénicien, parce que le mot « bœuf » *alp* en phénicien, commençait par cette lettre. La lettre *b*, dont le caractère phénicien représentait un segment de maison, aurait été formée dans les mêmes conditions à cause du mot phénicien בית *bit* « maison ».

Donc les Phéniciens :

1° auraient emprunté à l'Egypte le principe de l'alphabétisme et la méthode acrologique ;

2° de même, le système d'après lequel sont tracées les figures affectées au rôle de lettres ;

3° mais en même temps, valeurs nouvelles pour les figures, valeurs puisées dans la langue phénicienne, d'après la même méthode et le même principe qui avait fait puiser par les Egyptiens, dans leur propre langue, les valeurs des images qu'ils employaient alphabétiquement.

Le comte de Rougé pose le principe que voici :

Non seulement les Phéniciens ont emprunté à l'Egypte le système de l'alphabétisme et de l'acrologisme, mais, pour la formation de leurs caractères alphabétiques, ils ont originairement eu recours aux hiéroglyphes hiératiques égyptiens eux-mêmes, ayant la même valeur phonétique et représentant les mêmes objets de la nature. Seulement les Phéniciens ont fait choix d'un objet unique parmi ceux dont la lettre initiale avait, chez les Egyptiens, la même valeur phonétique ; et ce n'est que dans la suite qu'ils ont abandonné ces signes hiératiques pour mettre à la place d'autres signes dont le nom avait, dans leur langue, la même initiale. Par exemple, pour la lettre *a*, ils ont remplacé la figure égyptienne de l'aigle — dont le nom prononcé en égyptien est *azom* et dont le premier son est *a* — par une autre image dont le nom, prononcé chez eux, a la même initiale, par le bœuf ou plutôt par la tête du bœuf, en phénicien *alp*. Pour former la lettre *b*, ils ont substitué à la figure égyptienne de la grue — dont le nom prononcé en égyptien nous est inconnu, mais qui commençait par un *b* — la figure d'un autre objet, dont le nom prononcé en phénicien, a la même initiale, une maison ou un segment de maison, *bit*. Et de même pour toutes les autres lettres, (*a*).

Il est bien possible que les Phéniciens, voisins des Egyptiens, aient eu connaissance des progrès accomplis par eux dans l'art graphique, et qu'ils aient été instruits dans le moyen de se servir de l'image d'objets de la nature pour figurer chacun des caractères de leur alphabet. Mais d'après le système de M. de Rougé, les Phéniciens auraient abandonné la figure représentant un nom égyptien pour la remplacer par l'image d'un objet dont le nom, dans la langue parlée de la Phénicie, commençait par un son identique au son initial du nom égyptien. Cette hypothèse est purement gratuite, et fait peu d'honneur au peuple qui a inventé le seul et vrai système alphabétique, accepté successivement par toutes les nations.

On a reconnu, nous n'en doutons pas, le peu de ressemblance qui existe entre les caractères hiératiques égyptiens et les lettres phéniciennes archaïques. En adoptant le système de Charles Lenormant, ce peu de ressemblance est tout justifié, et il suffit à condamner l'opinion du comte de Rougé et celle de

(*a*) Lire dans F. Lenormant, *liv. cité*, les pages 85-94, où sont exposés sur ce sujet, les principes de Gesenius, de Rougé et de Ch. Lenormant.

M. F. Lenormant. Encore une fois, si les Phéniciens ont réellement été les disciples des Égyptiens, le système de Charles Lenormant peut, selon nous, être seul accepté.

Avant d'initier le lecteur au Génie de la langue phénicienne, il est nécessaire de produire ici le sentiment du seul écrivain qui ait cherché partout ce qui pouvait rester de la littérature des Phéniciens ou Carthaginois. Voici en quels termes M. Paul Schröder, dans son livre : « La Langue Phénicienne », rend compte de cette exploration difficile et des résultats obtenus : « La littérature des Phéniciens remonte au temps les plus reculés; ce peuple, partout où il s'établit, répandit la lumière, et le monde civilisé tout entier lui est redevable de son système graphique. Et cependant, de cette riche littérature rien ou presque rien n'est parvenu jusqu'à nous. Quelques fragments de l'histoire phénicienne de Sanchoniaton et des Périples de Hanno ont été conservés par la traduction grecque, mais tous les monuments littéraires des Phéniciens et des Carthaginois ont disparu sans laisser la moindre trace. Nous sommes donc le seul et unique explorateur de la langue phénicienne, au moyen des Inscriptions et des Légendes Numismatiques récemment trouvées, et au moyen des mots phéniciens qui ont été transmis par les auteurs grecs et romains (noms propres et gloses) et des textes du Pœnulus de Plaute (*a*).

« Ces fragments de la langue phénicienne nous offrent une source inférieure à celle des Inscriptions, parce que, avec la meilleure volonté du monde, il n'est pas toujours possible d'exprimer dans un autre idiome les sons d'une langue qu'on n'a eu ni la faculté ni le soin d'étudier suffisamment, de façon à les rendre exactement en grec et en latin : souvent, en effet, les traducteurs ont arbitrairement omis ou ajouté des lettres..... Par exemple, la forme קרת חדשת (*b*), c'est-à-dire *Villeneuve, Neapolis,*

(*a*) Tous ces écrits sont entièrement dépourvus de signes diacritiques.

(*b*) Qu'il faut prononcer Q*a*R*a*T H*a*D*a*CH*a*T.

est devenue Καρχηδών, et en latin *Carthago*; אפא אחרת (*a*) — c'est-à-dire *l'autre Hippo* — est devenue Ἱππάγρετα en grec, et *Ippo acheret* en latin.....'(1). » — Malgré ces altérations, on reconnaît sans peine dans les textes du Pœnulus les origines phéniciennes, et des mots phéniciens dans leur intégrité, semblables pour le fond et la forme au texte biblique.

(*a*) Qu'il faut prononcer APA AH*a*R*a*T.

(1) P. Schröder, *La Langue Phénicienne*, Halle, 1869, p. 40-41.

CHAPITRE IV

GÉNIE DE LA LANGUE PHÉNICIENNE

Après avoir traité sommairement de l'origine du phonétisme et de l'alphabétisme, il nous reste à parler du génie tout particulier de la langue des Phéniciens, de cette langue alphabétique primitive dont toutes les langues alphabétiques tirent leur origine (*a*). Nous allons prouver par des démonstrations nombreuses l'infiltration de cette langue dans le sanscrit, le zend, le grec, le latin, l'allemand, le slave et le celtique ; ce sera en même temps prouver que la division des langues en langues sémitiques, aryennes et touraniennes, division adoptée par la science, n'est pas fondée.

Nous avons dit dans notre chapitre I que la langue phénicienne est une langue toute *onomatopique* et par conséquent *rationnelle*. La constatation de ce fait est d'une importance capitale : c'est le trait essentiel du génie de cette langue, et notre affirmation à ce sujet est déjà une réponse à la science.

La science déclare en effet que « nulle lumière n'existe sur la matière du langage, sur l'origine du son, sur la cause des faits ; les différents groupes humains emploient des sons différents pour désigner les mêmes aperceptions, les mêmes notions » ; elle déclare ignorer pourquoi, par exemple, « la racine *i* signifie *aller* et non *s'arrêter*, et pourquoi le groupe phonique *stah* ou *sta* veut dire *s'arrêter* et non *aller*. » Elle demande pourquoi telle racine a été choisie plutôt que telle autre pour rendre une

(*a*) Nous renvoyons le lecteur à notre chapitre VI ci-après ; il y verra que par langues alphabétiques nous entendons les langues *scientifiques*, dites aryennes. Il y trouvera également la manière dont l'alphabet a été introduit dans les langues connues sous le nom de langues *agglutinantes*.

pensée. Encore une fois, ce n'est pas le hasard qui a présidé à la formation des mots originels, mais l'esprit le plus ingénieux a trouvé dans les sons qui composent le mot la représentation la plus frappante possible de l'objet désigné par ce mot.

Dans notre Introduction, ainsi que dans le chapitre I, il est indiqué que la science moderne a complètement séparé la source des langues dites sémitiques et la source des langues dites aryennes ou indo-européennes. Et cependant les principaux philologues, dont nous allons citer les témoignages, semblent hésiter sur cette distinction ; et l'on verra que, frappés eux-mêmes de la parenté de ces deux classes de langues, ils sont quelque peu embarrassés pour expliquer ce phénomène.

« A côté de ces recherches systématiques et téméraires, il en est d'autres, moins ambitieuses, dont les auteurs, sans aspirer à révéler le mode primitif d'éclosion des langues sémitiques et indo-européennes, se contentent de signaler entre les deux familles, soit des analogies générales, soit des rapprochements de détail, et concluent de ces rapprochements, non à une dérivation positive, comme le voudraient MM. Furst et Delitzch, mais à un air général de parenté, à une affinité anté-grammaticale. Les philologues dont nous parlons supposent que les peuples sémitiques et indo-européens, sortis d'un même berceau, auraient d'abord parlé en commun une même langue rudimentaire, analogue à la langue chinoise, dont les éléments se retrouveraient dans les radicaux bilitères de l'hébreu ; ce sont, en effet, ces radicaux bilitères qui offrent avec les langues indo-européennes les rapprochements les plus acceptables.

« Les deux races se seraient séparées avant le développement complet des radicaux, et surtout avant l'apparition de la grammaire. Chacune aurait créé à part ses catégories grammaticales, sans autre rapport qu'une certaine similitude de génie. Telle est l'opinion à laquelle semblent se ranger MM. Bopp, G. de Humboldt, Ewald, Lassen, Lepsius, Benfey, Pott, Keil, Bunsen, Kunik, etc. Elle obtenait, jusqu'à un certain point, l'assentiment de M. E. Burnouf, bien que cet excellent esprit hésitât dans une voie aussi périlleuse, et n'ait pas peu contribué à m'inspirer, sur ce point, une réserve qu'au début de mes études philologiques je ne gardais pas autant qu'aujourd'hui (1). »

« Ainsi l'anthropologie n'aurait pas été amenée à la distinction des peuples indo-européens et des peuples sémitiques, si l'étude des langues n'avait démontré que l'hébreu, le syriaque, l'arabe, d'une part, le sanscrit, le grec, les langues germaniques, etc., d'autre part, constituent deux ensembles irréductibles. L'hypothèse la plus naturelle qui se présente pour expliquer un tel phénomène est de supposer qu'une race unique, sortie d'un même berceau, s'est scindée en deux branches avant de posséder un langage définitif. Ce qui semble confirmer cette hypothèse, c'est que les deux systèmes de langues dont nous parlons, quoique tout à fait distincts, ne laissent pas d'offrir un certain air de famille, à peu près comme deux jumeaux qui auraient grandi à une petite distance l'un de l'autre, puis se seraient séparés tout à fait vers l'âge de quatre ou cinq ans (2). »

« Nous admettons volontiers que les langues sémitiques et indo-européennes ont en réalité un assez grand nombre de racines communes, en dehors de celles qui proviennent d'un emprunt fait à une époque historique. Seulement est-on en droit de conclure de l'existence de ces racines l'unité primitive ou anté-grammaticale de deux familles ? Ici le doute commence, et il n'est guère permis d'espérer que la science arrive jamais sur ce point à des résultats démonstratifs (3). »

« Un problème s'est souvent offert à nous dans les livres précédents : la distinction des langues sémitiques et des langues indo-européennes est-elle une distinction radicale, absolue, impliquant nécessairement une diversité d'origine et de race ?...... Klaproth essaya le premier, depuis la création de la philologie comparée, de rapprocher les racines sémitiques des racines indo-germaniques, et crut avoir démontré que les deux familles de langues, si différentes sous le rapport grammatical, possé-

(1) E. Renan, *Histoire des langues sémitiques*, p. 427-428.
(2) E. Renan, *De l'Origine du Langage*, p. 17-18.
(3) E. Renan, *Histoire des langues sémitiques*, p. 433.

daient un certain nombre de racines, dont la présence de part et d'autre, ne pouvait s'expliquer par un emprunt. Klaproth n'avait qu'un sentiment très médiocre de la vraie méthode comparative ; son essai laissa beaucoup à désirer : cependant la distinction qu'il établit entre la comparaison des procédés grammaticaux et la comparaison des éléments lexicographiques, la première n'amenant qu'à voir des différences entre les deux familles, la seconde révélant des analogies inattendues, devait rester dans la science. Bopp et Norberg essayèrent des rapprochements du même genre, mais avec aussi peu de succès. M. Lepsius, de son côté, aborda le même sujet avec une méthode plus originale que sûre, et crut découvrir dans le sanscrit et l'hébreu des traces d'un genre commun, antérieur au plein développement de ces deux idiomes.

« Gesenius et son école portèrent une méthode meilleure dans ces obscures et dangereuses recherches. Les rapprochements des racines sémitiques avec celles du sanscrit, du persan, du grec, du latin, du gothique occupent une place importante dans les derniers travaux de l'illustre professeur de Halle. Ce ne sont plus cette fois des parallélismes superficiels et satisfaisants seulement pour l'oreille : ce sont de vraies analyses étymologiques, conduites d'après la méthode qui a mené les études indo-européennes à de si beaux résultats. Persuadé de la séparation radicale des deux familles, et cherchant beaucoup moins à les fondre l'une dans l'autre qu'à suivre leurs analogies respectives, Gesenius se préserva des exagérations où d'autres devaient tomber après lui. Les rapprochements qu'il tente dans le *lexicon manuale* sont, en général, assez judicieux ; seulement il faut avouer qu'ils prouvent peu de chose pour la thèse qu'il s'agit d'établir. La plupart tombent sur des racines dont la ressemblance s'explique, soit par l'onomatopée, soit par des raisons tirées de la nature même de l'idée. Gesenius pensait, du reste, que pour trouver les analogies démonstratives, il fallait dépouiller les racines sémitiques de leur forme trilitère, et remonter jusqu'au thème primordial bilitère, d'où les racines actuelles sont dérivées par l'addition d'une troisième consonne accessoire ; hypothèse hardie dont la valeur a été discutée précédemment (1). »

« La patrie primitive de l'une était si peu éloignée de celle de l'autre race (sémitique et indo-européenne), qu'on peut très bien par ce simple fait géographique expliquer beaucoup de leurs ressemblances et de leurs coïncidences en mythes, en contes populaires, en dénominations, etc. (2). »

« Le cadre grammatical est complètement différent dans ces deux familles ; ce qui n'exclut pas, cependant, la possibilité d'une origine commune, et la comparaison des racines des langues sémitiques, réduites à leur plus simple forme, avec celles des langues aryennes, est venue confirmer l'opinion des savants qui croient à l'identité primitive des éléments matériels d'où toutes ces langues sont sorties (3). »

« Les coïncidences qu'on a souvent signalées avec la famille sémitique, où l'on a, par exemple, l'hébreu *shésh*, six, *shebà*, sept, devaient dès lors être expliquées comme remontant à une époque anté-grammaticale où les deux familles étaient encore confondues en une seule (4). »

C'est au peuple juif que le monde est redevable de la précieuse conservation de la langue phénicienne, car il ne reste nul vestige de monuments littéraires des Phéniciens et des Carthaginois (*a*). Il a suffi des nombreuses inscriptions sur pierre ou sur métal, dont la garde est confiée aux divers Musées de l'Europe, pour la constatation de l'identité parfaite de la langue phénicienne et de la langue hébraïque. Il est à remarquer que ces inscriptions ne présentent *aucune trace de signes diacritiques*. Nous mentionnerons notamment la pierre tumulaire du roi de Sidon *ACHaMaNOZaR*, appartenant au Musée du Louvre, qui contient un millier de lettres, et le Tarif des Sacrifices de Carthage, conservé au Musée de Marseille, contenant une même quantité de lettres.

(1) E. Renan, *Histoire des langues sémitiques*, 418-422.
(2) A. Schleicher, trad. Ewerbeck, *Les lang. de l'Europe*, p. 160.
(3) Max Müller, *La Science du Langage*, 8e Leçon, trad. franç., 1864, p. 305.
(4) Michel Bréal, *Mélanges de Mythologie et de Linguistique*, p. 385.
(*a*) Revoir page 48.

A l'appui de cette identité, nous citons les auteurs ci-après :

« On est obligé de supposer qu'avant les Israélites d'autres nations sémitiques possédaient l'écriture et des écrits. Nulle part, en effet, si ce n'est dans des traditions modernes sans aucune valeur, les Hébreux ne se donnent comme ayant inventé l'écriture : ils l'ont donc empruntée à quelqu'un des peuples avec lesquels ils étaient en rapport, sans doute les Phéniciens (1). »

« De nouvelles découvertes, dans le domaine de l'épigraphie phénicienne, ont démontré avec évidence, que Phéniciens et Hébreux parlèrent essentiellement la même langue. . . . . . Les tribus nomades hébraïques, qui, sous Abraham et d'autres chefs, émigrèrent du pays nord-est pour habiter la terre de Chanaan, adoptèrent la langue de leurs nouveaux compatriotes, et finirent par désapprendre leur langue maternelle (2). »

Abraham, en effet, antérieurement à l'an 2000 avant notre ère, était venu habiter la terre de Chanaan ; et voici la parole d'un illustre philologue sur l'intéressante question qui nous occupe :

« Lorsque les enfants d'Israël immigrèrent en Egypte, ils apportaient avec eux la connaissance de l'écriture alphabétique. Leurs plus anciens documents contiennent des passages qu'il est permis de supposer avoir été écrits avant le départ pour l'Egypte ; il y a d'autres passages rédigés avant la présence de Moïse en Egypte. Si au contraire, ils étaient arrivés dans la terre du Nil sans connaître l'écriture, ils n'auraient pas manqué, pendant leur séjour dans ce pays, de s'approprier le système hiéroglyphique, ce qui n'a pas eu lieu (3). »

N'avons-nous pas d'ailleurs la preuve que Moïse, en Egypte, avait une profonde connaissance de l'idiome phénicien ? Son magnifique chant de triomphe, après la traversée de la mer Rouge,

(1) E. Renan, *Histoire des langues sémitiques*, p. 102-103, s'appuyant de Gesenius et d'Ewald.

(2) Schröder, *liv. cité*, p. 7. L'auteur s'autorise de Joseph Scaliger, Albert Schultens, saint Augustin, saint Jérôme, Priscien, Gesenius, Movers, Gruber, qui tous reconnaissent l'identité du phénicien punique et de l'hébreu, à une époque où les Inscriptions phéniciennes étaient encore inconnues.

(3) H. Wuttke, *L'Origine de l'Ecriture* (*Die Entstehung der Schrift*), Leipzig, 1872, p. 723.

en témoigne amplement. Il est évident que les Israélites ne comprenaient pas le langage des Egyptiens, puisqu'un interprète était nécessaire entre Joseph et ses frères avant qu'il ne se fît connaître à eux (1). Plus tard le peuple israélite fit la conquête du pays de Chanaan, qui devint son propre pays, comme la langue de Chanaan devint sa propre langue (2) ; la Bible est écrite en cette langue : l'immortalité de ce Livre immortalise la langue.

Nous avons indiqué plus haut par quelle nécessité historique des signes diacritiques ont été introduits dans la langue hébraïque ou phénicienne. Nous disions également que ces signes diacritiques appelés *points-voyelles, accents toniques et autres*, avaient créé pour cette langue une méthode grammaticale extrêmement compliquée et d'une étude très difficile. Mais ce qui tout d'abord prouve le caractère étranger de ces signes, c'est qu'ils sont *rigoureusement* bannis de l'écriture sacrée des rouleaux de parchemin renfermés dans l'arche sainte des synagogues. La science, d'ailleurs, reconnaît que ces signes n'ont été mis en usage qu'à l'époque de la destruction de la nationalité juive. Citons à l'appui le passage ci-après :

« Lorsque la prise de Jérusalem eut détruit la constitution du corps sacerdotal hébraïque et consommé la dispersion de la nation juive, on craignit que la tradition, qui s'était jusqu'alors conservée dans le sacerdoce et chez les docteurs, ne vînt à s'oblitérer et en se perdant ne finît par faire oublier le sens des livres de la Loi. Dès lors on chercha les moyens de la fixer et on commença à établir une notation de la prononciation (3). »

(1) *Genèse*, XLII, 23.

(2) שפרת כנען [*Isaïe* XIX, 18], La langue de Chanaan. (Le vrai nom est
chp-t cnon
Cnon; nous démontrerons à satiété la substitution de la lettre *y o* à la lettre *a*, dans les langues dérivées).

Schröder, *La Langue phénicienne*, p. 9, cite le même verset où Isaïe inspire à Aben-Esra ces paroles :

בזה נלמד כי הכנענים
בלשון הקדש דברו

Par là nous apprenons que les Chananéens s'exprimaient en langue sacrée.

(3) F. Lenormant, *liv. cité*, t. I, p. 315.

On voit que la notation des voyelles remonte à l'époque de la destruction de la nationalité juive, et qu'elle ne peut être attribuée qu'*à la crainte que la tradition, qui s'était jusqu'alors conservée dans le sacerdoce et chez les docteurs, ne vînt à s'oblitérer, et en se perdant ne fît oublier le sens des livres de la loi.*

M. F. Lenormant avait déjà très nettement insisté sur l'intégrité de la langue chananéenne ou phénicienne, avant de raconter dans quelles circonstances on avait introduit les signes diacritiques :

« D'abord, pour ce qui regarde l'alphabet chananéen lui-même, tant qu'il fut en usage dans quelques-unes des contrées de son domaine, comme en Afrique encore vers le temps de saint Augustin, il n'admit jamais aucune annotation de voyelles....... Quant aux premiers alphabets sémitiques dérivés de la source phénicienne, aucun d'eux ne présente de traces d'une expression de voyelles par des signes spéciaux, ni l'hébraïque primitif, ni les trois alphabets communs à tous les Araméens (1). »

La tradition israélite n'est pas moins explicite sur l'absence de notation de voyelles pendant le temps de la nationalité juive. Voici ce que nous lisons dans un travail récent, écrit en langue hébraïque, *sans annotation de signes diacritiques*, analysé en langue française par un de nos savants bien connus :

« Mais qui a imaginé ces voyelles (les points-voyelles), et les accents toniques ? Qui en a fixé les figures, telles que nous les possédons maintenant ?......... Les uns attribuent à l'époque d'Ezra (Esdras) l'usage d'écrire les voyelles et de les représenter sous cette forme, en s'appuyant sur *Néhémie*, VIII, 8, et l'exégèse talmudique *Méguilla*, *3*[a]; Ezra aurait fixé tout ce qui est relatif aux voyelles et aux accents, comme il a fait pour le Targoum, pour les prières et bénédictions (*a*). D'autres font remonter la convention plus haut. Il est bien entendu que nous parlons seulement de la figure et des noms des voyelles et des accents ; car la

(1) F. Lenormant, *liv. cité*, p. 308.

(*a*) Nous doutons qu'Esdras ait jamais songé à annoter quoi que ce soit ; et quant au verset cité de *Néhémie*, il n'a aucun trait aux voyelles et aux

vocalisation et l'accentuation furent enseignées oralement, et données à Moïse sur le Sinaï. *Les mots d'un verset étaient écrits sans voyelles, ni accents, tels qu'on les avait prononcés*, et ils étaient lus correctement, comme on les avait entendus de Moïse, en élevant ou baissant ou soutenant le son, selon l'exigence du sens. *La tradition continuait jusqu'au commencement de l'exil où le langage s'altérait, et il fallait se mettre à l'œuvre, établir des signes, les fixer et les introduire dans les pentateuques.* Tout le monde pouvait de cette façon s'instruire rapidement, et conserver la prononciation pure de la langue sacrée selon la grammaire et comme elle avait été entendue de Moïse sur le Sinaï. Il n'y a que le rouleau sacré qui sert aux lectures de la synagogue, qui soit resté sans points-voyelles, et *tel que la loi avait été donnée sur le Sinaï*, de même que ce rouleau n'est pas accompagné du targoum (1). »

L'analysateur ajoute, en note :

« *Les grammairiens rabbanites reconnaissent généralement l'origine moderne des points-voyelles et des accents* (2). »

Nous avons souligné quelques passages de ces citations, dont il est aisé de voir l'importance.

Dans le même ouvrage, M. le Rabbin Jacob Sappir parle ainsi de l'origine des vingt-deux lettres de la langue hébraïque : « Le langage tout entier repose sur les vingt-deux lettres, révélées par l'intermédiaire de Moïse « l'humble » par excellence, gravées sur les deux tables du Décalogue, etc. (3). »

D'abord, l'alphabet n'a jamais été gravé sur les deux tables du Décalogue, et l'étrange assertion de ce rabbin montre qu'il s'est placé à un point de vue étroit, qu'il n'a aperçu nulle part ce fait retentissant de l'invention de l'alphabet par les Phéniciens.

accents; il dit purement et simplement : « Ils lurent dans le livre de la doctrine de Dieu, clairement, appliquant leur intelligence, et ils comprirent la lecture. »

(1) Rabbin Jacob Sappir. *Manuel du lecteur*, analysé par J. Derenbourg, de l'Institut, *Journal Asiatique*, octobre-novembre-décembre 1870, p. 467-468.

(2) Id., *ibid.*, p. 468.

(3) Id. *ibid.*, p. 459.

Il semble du reste que le savant analysateur n'est pas absolument convaincu de cette révélation directe, car dans l'Avant-Propos de son analyse, il dit :

« La valeur de ces études micrologiques sur la grammaire hébraïque n'échappera pas à ceux qui savent combien l'histoire des commencements de cette science est encore couverte de ténèbres, malgré les excellents travaux de plusieurs savants, tels que Rapaport, Geiger, Munk, Stern, Neubauer, et malgré les publications importantes d'ouvrages anciens qui ont été faites depuis une vingtaine d'années (1). »

N'est-ce pas là une sorte de confirmation de l'erreur où le monde savant est tombé sur la question des points diacritiques, *introduits* dans la langue primitive alphabétique, et des conséquences qu'ils ont eues pour la méthode grammaticale de la langue hébraïque ?

On ne saurait croire, en examinant l'ouvrage même que nous venons de citer, à quel tissu de difficultés et de complications on a abouti, pour une langue dont le caractère et les règles, comme on le verra, sont d'une extrême simplicité.

Et cependant M. F. Lenormant ne craint pas de déclarer que :

« Le premier système de notation des voyelles, dont nous venons de repasser les traces, constituait déjà un grand progrès sur l'état précédent de l'écriture. C'était un précieux élément de clarté, mais il n'était pas suffisant. Il était, en effet, trop incomplet pour pouvoir rendre toutes les nuances de la prononciation, et, par conséquent, il laissait encore place à bien des incertitudes. Au bout de peu de temps on dut sentir le besoin de le perfectionner, et des efforts faits dans ce sens naquit la ponctuation actuellement en usage, que l'on appelle d'ordinaire ponctuation massorétique (2). »

Ainsi la notation des voyelles et la ponctuation massorétique qui ont compliqué la langue phénicienne au point de la dénaturer, *constituaient un grand progrès !*

(1) J. Derenbourg, Avant-propos du *Manuel du lecteur*, par Jacob Sappir, *Journal Asiatique*, octobre-novembre-décembre 1870, p. 313.
(2) F. Lenormant, *liv. cité*, p. 315-316.

Voici le tableau de l'ALPHABET PHÉNICIEN :

Archaïque avec indication de la prononciation de l'objet représentant chaque lettre.			Alphabet actuel	Valeur en français
𐤀	*Alap*,	Bœuf (la tête du bœuf),	א,	A a.
𐤁	*Bit*,	Maison (plan de la maison),	ב,	B b.
𐤂	*Gamal*,	Chameau (forme réduite),	ג,	G g.
𐤃	*Dalat*,	Porte, (en forme de *delta*),	ד,	D d.
𐤄	*E (eh !)*,	Main (main qui appelle),	ה,	E e.
𐤅	*U (ou)*,	Crochet,	ו,	U u.
𐤆	*Zin*,	Marteau (petit marteau ou petite arme),	ז,	Z z.
𐤇	*Hith* (H gutturale)	Haie (entourage), n'est pas employé dans la Bible ; mais חוט, *Huth* en chaldéen et חאט *Hath* en arabe signifiaient entourer,	ח,	H h.
𐤈	*Thith*,	Serpent (serpent enroulé sur lui-même); le mot n'est pas employé dans la Bible ; mais nous le retrouvons dans l'arabe : *Thith* (serpent),	ט,	Th th.
𐤉	*Id*,	Main (main indicatrice),	י,	I i.
𐤊	*Cap*,	Main recourbée en forme de C retourné,	כ, (*a*),	K C c.
𐤋	*Lamad*,	Aiguillon (pour faire marcher les bœufs),	ל,	L l.
𐤌	*Mim*,	Eau (vagues),	מ (ם final),	M m.
𐤍	*Nun*,	Poisson,	נ (ן final),	N n.
𐤎	*Samac*,	Support,	ס,	S s.
𐤏	*Oïn*,	Source, œil,	ע,	O o.
𐤐	*Pé*,	Bouche,	פ (ף final),	P p.
𐤑	*Tsat*,	Trait (des chasseurs),	צ (ץ final),	Ts ts.
𐤒	*Qup*,	Nœud,	ק,	Q q.
𐤓	*Rich*,	Rayon (brisé),	ר,	R r.
𐤔	*Chan*,	Dent,	ש,	Ch ch.
𐤕	*Tau*,	Marque (d'une limite),	ת,	T t.

(*a*) La valeur de l'articulation כ sera indiquée par notre C, toujours dur, même suivi d'un *e* ou d'un *i* : *ce, ci* équivaudront à ***ke, ki***.

Guidés par l'organisation même de l'instrument vocal, les inventeurs de l'alphabet se sont arrêtés à cinq manières d'émettre les sons de la voix : la première, sans aucune contraction de la bouche, les quatre autres avec une contraction plus ou moins grande. Ces cinq voyelles sont les seules authentiques, les seules indiquées par la nature ; toutes les autres voyelles, admises par les langues dérivées, ne sont qu'une superfétation tout artificielle.

Les Phéniciens ont fixé à dix-sept les diverses manières d'articuler ces sons au moyen de la gorge, du palais, des dents, de la langue, des lèvres. Ainsi, l'alphabet phénicien se compose de vingt-deux lettres, trois de moins qu'en français.—Remarquons que notre *x* est composé de *cs*, que notre *j* n'est qu'une répétition légèrement articulée de *i* et de *y* employé pour un seul *i* ; *j*, d'ailleurs, est semblable, dans son articulation, à *g* devant *e* et *i*. Le lecteur observera que les lettres *f* et *v* manquent dans l'alphabet phénicien ; c'est que ces deux lettres ne sont qu'un affaiblissement de *p* et de *b*. La Massore (tradition israélite) a trouvé moyen de compliquer l'alphabet de ces deux lettres, en les désignant par la ponctuation ; elle a également introduit un second *s* en donnant parfois à ש *ch* la valeur de *s*. Nous soutenons que les vingt-deux lettres suffisent, et qu'elles répondent à toutes les nécessités.

Les Phéniciens, après avoir inventé l'alphabet, ont dû ramener leur langue à des principes sévères, à une précision qui fût en harmonie avec le caractère même de leur alphabet; et en effet, nous voyons qu'ils ont créé une double série de syllabes : la première, bilitère ; la seconde, qui comprend infiniment plus de mots, trilitère. Quelle admirable logique, quelle simplicité, et combien cette sage économie vaut mieux que la déraisonnable prodigalité de lettres et de syllabes dans les mots des langues dérivées !

Donc, les mots de la langue phénicienne sont composés de deux ou de trois lettres. On rencontre bien dans cette langue des mots qui renferment un plus grand nombre de lettres, mais ces lettres qui augmentent le mot sont agglutinées et n'en font pas partie intégrante. Voici les causes générales de cette augmentation dans les mots : 1° la lettre des déclinaisons ; 2° les lettres préfixes et suffixes des verbes ; 3° la lettre conjonctive ו *u* ; 4° la lettre ou les deux lettres du suffixe possessif ; 5° le préfixe ou le suffixe prépositifs ; 6° la lettre préfixe indiquant l'idée de *faire* avant un autre verbe : *faire* manger ; 7° le préfixe composé de deux lettres, qui caractérise le verbe réfléchi ; 8° le préfixe de une ou deux lettres, qui exprime dans le verbe le pronom pluriel déterminé, complément direct du verbe ; 9° la lettre suffixe ה *e* ou ת *t* exprimant le féminin ; 10° les lettres préfixes ל *l*, מ *m*, נ *n*, et ת *t*, la lettre suffixe ן *n* pour former des mots congénères ; 11° la réduplication des lettres qui composent le mot bilitère pour lui donner plus de force. Nous l'avons dit : les mots phéniciens sont composés de deux ou trois lettres ; le vocabulaire hébraïque ou phénicien contient environ 3,200 mots principaux : il faut y ajouter les mots congénères dont nous venons de parler.

Il serait trop long de donner ici la liste complète des 3,200 mots primitifs. Nous nous contentons de présenter au lecteur, pour la série bilitère, les mots qui sont formés par les trois premières lettres et par les trois dernières lettres de l'alphabet.

Les trois dernières lettres de l'alphabet :

תו	*tu*	שב	*chb*	רב	*rb*
תל	*tl*	שך	*chc*	רך	*rc*
תם	*tm*	שלן	*chl*	רם	*rm*
תף	*tp*	שם	*chm*	רן	*rn*
תר	*tr*	שן	*chn*	רע	*ro*
		שק	*chq*	רק	*rq*
		שר	*chr*	רש	*rch*
		שש	*chch*		
		שת	*cht*		

Les trois premières lettres de l'alphabet :

גב	*gb*	בא	*ba*	אב	*ab*
גג	*gg*	בב	*bb*	אד	*ad*
גד	*gd*	בג	*bg*	אה	*ae*
גה	*ge*	בד	*bd*	או	*au*
גו	*gu*	בז	*bz*	אז	*az*
גז	*gz*	בל	*bl*	אח	*ah*
גי	*gi*	בן	*bn*	אט	*ath*
גל	*gl*	בץ	*btz*	אי	*ai*
גם	*gm*	בר	*br*	אך	*ac*
גן	*gn*	בת	*bt*	אל	*al*
גף	*gp*			אם	*am*
גר	*gr*			אן	*an*
				אף	*ap*
				אר	*ar*
				אש	*ach*
				את	*at*

Si le tableau était complet, il y aurait 484 mots bilitères, tandis qu'il y en a à peine 290. L'oreille, sans doute, a fait justice des racines qui manquent. Peut-être aussi y a-t-il dans la Bible quelques lacunes de mots, que nous pouvons retrouver dans le Talmud et dans l'idiome arabe. Pour la série trilitère, il suffit de donner la lettre א *a*, à cause du trop grand nombre de mots contenus dans cette série.

אבב	*abb*
אבד	*abd*
אבה	*abe*
אבח	*abh*
אבך	*abc*
אבל	*abl*
אבס	*abs*
אבר	*abq*
אבק	*abr*
אגד	*agd*
אגז	*agz*
אגל	*agl*
אגם	*agm*
אגן	*agn*
אגף	*agp*
אגר	*agr*
אדב	*adb*
אדם	*adm*
אדן	*adn*
אדש	*adch*
אהב	*aeb*
אהה	*aee*
אהי	*aei*
אהל	*ael*
אוב	*aub*
אוד	*aud*
אוה	*aue*
אוי	*aui*
אוח	*auh*
אול	*aul*
און	*aun*
אוץ	*auts*
אור	*aur*
אות	*aut*
אזב	*azb*
אזל	*azl*
אזן	*azn*
אזר	*azr*
אחד	*ahd*
אחו	*ahu*
אחז	*ahz*
אחר	*ahr*
אטד	*athd*
אטם	*athm*
אטן	*athn*
אטר	*athr*
איב	*aib*
איד	*aid*
איך	*aic*
איל	*ail*
אים	*aim*
אין	*ain*
איף	*aip*
איש	*aich*
אית	*ait*
אכל	*acl*
אכן	*acn*
אכף	*acp*
אכר	*acr*
אלה	*ale*
אלח	*alh*
אלל	*all*
אלם	*alm*
אלף	*alp*
אלץ	*alts*
אמל	*aml*
אמן	*amn*
אמץ	*amts*
אמר	*amr*
אמש	*amch*
אמת	*amt*
אנה	*ane*
אנח	*anh*
אנך	*anc*
אנן	*ann*
אנס	*ans*
אנף	*anp*
אנק	*anq*
אנש	*anch*
אסך	*asc*
אסם	*asm*
אסן	*asn*
אסף	*asp*
אסר	*asr*
אפד	*apd*
אפה	*ape*
אפל	*apl*
אפן	*apn*
אפס	*aps*
אפע	*apo*
אפף	*app*
אפק	*apq*
אפר	*apr*
אצל	*atsl*
אצר	*atsr*
אקו	*aqu*
ארב	*arb*
ארג	*arg*
ארה	*are*
ארז	*arz*
ארח	*arh*
ארך	*arc*
ארם	*arm*
ארן	*arn*
ארע	*aro*
ארץ	*arts*
ארר	*arr*
ארש	*arch*
אשד	*achd*
אשה	*ache*
אשך	*achc*
אשל	*achl*
אשם	*achm*
אשר	*achr*
אשש	*achch*
אתא	*ata*
אתה	*ate*

Il est aisé de se figurer la suite du tableau. Il y a, comme dans la première série, des lacunes de racines qui auront été rejetées parce qu'elles semblaient également contraires à l'euphonie. Tout bien compté, il devrait y avoir environ dix mille mots à trois lettres, et il n'y en a guère que trois mille.

Cet ensemble de mots constitue précisément *le clavier par lequel il faut nécessairement passer pour prononcer un mot alphabétique quelconque dans toutes les langues.*

Dans les circonstances particulières où se trouvait le peuple juif, il était nécessaire d'inventer des signes diacritiques, à cause du grand nombre de mots sans lettres-voyelles que renferme sa langue. Cette absence de lettres-voyelles ne concerne absolument que la lettre א *a*, qui tantôt est écrite, tantôt, et le plus souvent, n'est pas écrite, et cependant doit se prononcer après la consonne avec laquelle elle compose une syllabe.

Mais ce qui préoccupait surtout le sacerdoce et les docteurs israélites, lors de l'imminence de la dispersion de la nation, c'est le danger où la langue sacrée allait être exposée, si les communautés juives ne pouvaient plus s'en servir pour l'usage du culte. Afin de parer à ce danger, on inventa d'abord les points-voyelles, qui facilitèrent la lecture aux ignorants. Cependant voici l'inconvénient qui a dû se produire : à l'aide des points-voyelles on pouvait lire sans doute, mais d'une manière inintelligente, en engageant les phrases les unes dans les autres; pour indiquer le commencement et la fin de chaque phrase, on créa une série de signes musicaux régulateurs, c'est-à-dire les accents toniques.

Toutefois, pour éviter la confusion, si on avait maintenu les *lettres*-voyelles, on ne reconnut plus comme voyelles que les *signes*-voyelles; de là, le préjugé que la langue hébraïque n'avait pas de lettres *vocales*.

Malheureusement la science, en général, a admis le principe des signes diacritiques; tous les philologues s'y sont conformés, et M. F. Lenormant tout le premier. Voici encore ce qu'il dit à ce sujet :

« ... de là, l'absence de voyelles proprement dites, dans l'alphabet de vingt-deux lettres (1). »

Comment admettre que les Phéniciens, inventeurs et propagateurs de l'alphabet, n'aient pas eu conscience de la valeur et de la nécessité des voyelles, cinq signes parmi les vingt-deux, indispensables à l'expression des sons? Comment supposer que les Indiens, les Grecs, les Latins, les Allemands, etc., instruits par les Phéniciens, et gratifiés de leur alphabet, aient mieux compris que leurs maîtres et initiateurs l'emploi et la fixité des cinq *lettres-voyelles*, sans lesquelles le son n'est pas émis?

Et comment croire que les sublimes écrivains, les grands historiens et les poètes incomparables, qui ont composé cette œuvre merveilleuse, connue dans le monde entier sous ce seul nom *Le Livre*, aient pu manier une langue sans voyelles fixes?

Et pourtant les philologues les plus célèbres ont adhéré à la grammaire hébraïque basée sur les signes diacritiques; nous en citerons quelques-uns :

« L'étude exclusive des langues sémitiques ne pouvait enfanter de grands linguistes, pas plus que le spectacle de l'histoire de la Chine ne saurait inspirer de grands historiens. Ajoutons que l'habitude de ne point écrire les voyelles, effaçant les nuances légères dans lesquelles consiste toute l'individualité des dialectes, réduit les textes sémitiques à une sorte de squelette, excellent pour l'étude anatomique du langage, mais qui n'est guère propre à l'étude du mouvement et de la vie.

« D'un autre côté, la philologie sémitique présente un grand avantage, qui dans l'état actuel de la linguistique, mérite d'être surtout apprécié. Incontestablement moins féconde que la philologie indo-européenne, *elle est aussi plus assurée, moins sujette aux déceptions. La matière de la philologie sémitique n'a pas cette fluidité, cette aptitude aux transformations* qui caractérise la matière de la philologie indo-européenne. *Elle est plus*

(1) F. Lenormant, *liv. cité*, t. I, p. 307.

métallique, si j'ose le dire, et *a conservé depuis la plus haute antiquité, et peut-être depuis les premiers jours de l'apparition du langage, la plus frappante identité* (1). »

Nous avons souligné des passages de cette citation, comme nous nous permettrons de le faire quelquefois, afin de mettre en relief les arguments les plus favorables au principe que nous défendons.

« G. de Humboldt, signalant les différences qui, à ses yeux, ouvrent un abîme entre le système indo-européen et le système sémitique, place en premier lieu la trilitérité des racines, et en second lieu la propriété qu'ont les langues sémitiques d'exprimer le fond de l'idée par les consonnes et les modifications accessoires de l'idée par les voyelles, si bien qu'on peut dire que les langues sémitiques sont des langues dont les flexions se font par l'intérieur des mots. Ce sont là, en effet, deux traits essentiels, qui se rattachent eux-mêmes à un fait plus général, à la manière abstraite dont les Sémites ont conçu une sorte de racine imprononçable, attachée à trois articulations et se déterminant par le choix des voyelles; tandis qu'au contraire, la racine indo-européenne est un mot complet et existant par lui-même (2). »

« Sous le point de vue technique, l'organisme des idiomes sémitiques est peut-être *supérieur à tout autre. Quelle rigueur pleine de conséquences ! Quelle simplicité pleine de grâce! Quelle accommodation raisonnée du son à l'idée !* Et pourtant, ces idiomes ont deux défauts graves, qui sont tout à fait en dehors de ce qu'on doit demander rationnellement à une langue. Les idiomes sémitiques, *au moins tels qu'ils existent aujourd'hui*, exigent trois consonnes pour chaque radical, mais de sorte que les consonnes et les voyelles ensemble ne contiennent point *la signification;* la signification appartient exclusivement aux consonnes, la *relation* appartient exclusivement aux voyelles. Il en résulte,

(1) E. Renan, *Hist. des lang. sémit.*, préface, p. IV-V.

(2) G. de Humboldt, *Ueber die verschiedenheit des menschliches sprachbaues*, § 23, ch. CCCXXIV et suiv. de l'*Introd. à l'Essai sur le Kawi*, rapporté par E. Renan, *liv. cité*, p. 428-429.

pour la forme du mot, une gêne insupportable à laquelle on préférera sans hésiter la liberté telle qu'elle se trouve surtout dans nos langues indo-germaniques... Trois consonnes donnent à un radical une étendue, un volume, pour ainsi dire, qui invite à marquer les *relations* à l'aide des voyelles; tandis que, après avoir une fois destiné les voyelles à remplir cette tâche, il ne reste pour exprimer les *significations* que de s'adresser aux consonnes.

« Ainsi donc, chez les Sémites, le radical ne saurait se manifester isolément; il se compose de trois consonnes. Là, où ce ce radical se montre avec une voyelle ou avec plusieurs (chose évidemment nécessaire pour la prononciation humaine), ce radical a déjà revêtu la forme d'un mot exprimant une signification spéciale. Les trois consonnes hébraïques *qtl,* par exemple, composent un radical qui a la *signification* du verbe « tuer »; mais toute forme prononçable, dans laquelle les trois consonnes en question se montrent, exprime déjà une *relation* spéciale: *qtol*, par exemple, c'est l'infinitif « tuer »; *qotel*, le participe de l'actif « tuant »; *qatal*, la troisième personne du passé « il a tué ». Cela est bien différent d'un radical grec, par exemple, λιπ, qui se transforme en λειπω, « je laisse », ελιπον, « je laissai (1). »

« La nature et le caractère particulier des racines verbales sanscrites se dessinent encore mieux par la comparaison avec les racines des langues sémitiques. Celles-ci exigent, si loin que nous puissions les poursuivre dans l'antiquité, trois consonnes; j'ai montré ailleurs que ces consonnes représentent par elles-mêmes, sans le secours des voyelles, l'idée fondamentale, et qu'elles forment à l'ordinaire deux syllabes; elles peuvent bien, dans certains cas, être englobées en une seule syllabe, mais alors la réunion de la consonne du milieu avec la première ou la dernière est purement accidentelle ou passagère. Nous voyons, par exemple, que l'hébreu *kâtûl* « tué » se con-

(1) G. de Humboldt, *liv. cité*, rapporté par A. Schleicher, trad. Ewerbeck, *Les Langues de l'Europe*, p. 156-158.

tracte au féminin en *ktûl*, à cause du complément *âh (ktûlâh)*, tandis que *kôtêl* « tuant », devant le même complément, resserre ses consonnes de la façon opposée et fait *kôtlâh*. On ne peut donc considérer comme étant la racine, ni *ktûl* ni *kôtl* ; on pourra tout aussi peu chercher la racine dans *ktôl*, qui est l'infinitif à l'état construit ; en effet, *ktôl* n'est pas autre chose que la forme absolue *kâtôl* abrégée, par suite de la célérité de la prononciation, qui a hâte d'arriver au mot régi par l'infinitif, mot faisant en quelque sorte corps avec lui. Dans l'impératif *ktôl*, l'abréviation ne tient pas, comme dans le cas précédent, à une cause extérieure et mécanique : elle vient plutôt d'une cause dynamique, à savoir la rapidité qui caractérise ordinairement le commandement. Dans les langues sémitiques, contrairement à ce qui se passe dans les langues indo-européennes, les voyelles n'appartiennent pas à la racine ; elles servent au mouvement grammatical, à l'expression des idées secondaires et au mécanisme de la structure du mot : c'est par les voyelles qu'on distingue, par exemple, en arabe, *katala* « il tua » de *kutila* « il fut tué », et, en hébreu, *kôtêl* « tuant » de *kâtûl* « tué ». Une racine sémitique ne peut se prononcer : car du moment qu'on veut y introduire des voyelles, on est obligé de se décider pour une forme grammaticale, et l'on cesse d'avoir devant soi l'idée marquée par une racine placée au dessus de toute grammaire. Au contraire, dans la famille indo-européenne, si l'on consulte les idiomes les plus anciens et les mieux conservés, on voit que la racine est comme un noyau fermé et presque invariable, qui s'entoure de syllabes étrangères dont nous avons à rechercher l'origine, et dont le rôle est d'exprimer les idées secondaires, que la racine ne saurait marquer par elle-même (1). »

Voici la cause de l'erreur où sont tombés ces philologues : jusqu'ici, la science ne s'est pas rendu compte de cette loi essentielle de la langue phénicienne, qui consiste dans l'insertion mentale de la voyelle *a* chaque fois qu'il s'agit d'articuler

(1) Bopp, trad. Bréal, *Grammaire comparée*, 1er volume, p. 223-224.

deux consonnes qui se suivent *dans le même mot*. Nous avons été plus heureux en reconnaissant, comme il arrive dans le sanscrit, le son *a* prononcé entre deux consonnes, sans qu'il soit exprimé par la lettre phénicienne correspondante א ; la raison en est que ce son *a* est le plus facile à émettre. L'oubli de cette loi en a entraîné un autre non moins grave : les mots, quelque soit leur rôle grammatical, conservent toujours la même prononciation, et l'on va voir, par les divers emplois qui sont faits en phénicien de ce même verbe « tuer », que les différents sens qui lui sont attribués n'en ressortent pas avec moins d'évidence.

C'est la lettre ט, représentée par *th*, qui est la médiale du radical קטל *QaTHaL* « tuer ». Or, nous avons à distinguer entre cette lettre et ת, qui est le *t* pur; קטל, par conséquent, est représenté par *qthl* et se prononce *QaTHaL*. Cependant si nous consultons les dictionnaires hébreux, l'infinitif *QaTHaL* est présenté sous la forme *qothaül*, et le substantif *QaTHaL* « tuerie » sous celle de *qethel*. Mais ces altérations ne sont pas les seules : par la loi générale des affixes de lettres, pronominales dans les verbes, et prépositives ou conjonctives dans les noms, une nouvelle variété de prononciation se produit :

VERBE

Le psalmiste s'adresse à Dieu, le supplie de le délivrer des méchants et des hommes de sang ; il dit :

אם תקטל אלוה רשע (Psaum. CXXXIX, 19). O oui, mon Dieu, tu
Am t-*qtl* alue rcho *tueras* le méchant.

Le texte est clair : c'est la seconde personne du singulier avec addition pronominale. La prononciation du radical étant stable, le son *a* sous-entendu entre deux consonnes, nous prononçons *TaQaTHaL*. Et pourtant, d'après le système admis, on prononce *tiqthol*.

Job, parlant de Dieu, à ses visiteurs :

הן יקטלני לא איחל (Job, XIII, 15). Certes, il me *tuera*, c'est ce
En i-*qthl*-ni la a-ihl que je demande.

Même clarté : c'est la troisième personne du singulier avec

addition du pronom préfixe et suffixe. La prononciation du radical étant stable, le son *a* sous-entendu entre deux consonnes, et le suffixe *ni* étant *détaché* (*a*), nous prononçons *I-QaTHaL-NI*. Et pourtant, d'après le système admis, on prononce *iqtheleini*.

SUBSTANTIF

Il s'agit de *tuerie* ou de *carnage;* et voici la parole du prophète :

למען יכרת איש מהר עשו מקטל
Lmon i-crt aïch m-er ochu m-*qthl*

(Obadia, chap. unique, v. 9). Afin que la population de la montagne d'Esaü soit exterminée dans un *carnage*.

Le texte est précis : c'est le nom, précédé de l'instrumentale מ *m*, signifiant dans ce cas *par* ; exemple : que la population soit exterminée *par* carnage ; le son *a* entre deux consonnes sous-entendu, nous prononçons *MaQaTHaL*. Et pourtant d'après le système admis, on prononce *miqqothel*. A propos de ce dernier mot, remarquons que la Massore au moyen du point appelé par elle *daguesch* et placé au centre d'une lettre, ici, par exemple, dans ק, *q*, double cette lettre sans raison aucune.

Nous avons dit tout à l'heure que dans le mot יקטלני *i-qthl-ni*, la syllabe pronominale ני *ni* est *détachée*.

Conformément à notre système, d'après lequel deux consonnes, *dans le même mot*, ne s'articulent pas sans être séparées par l'insertion mentale de la voyelle א *a*, le mot *iqthlni* devrait se prononcer *IQaTHaLaNI;* mais après un verbe, le pronom personnel suffixe, complément direct, toujours composé d'une lettre ou de deux lettres, *se détache* de ce verbe, lorsque ce prénom a deux lettres dont la première est une consonne, c'est-à-dire que, entre la dernière lettre *consonne* du verbe et la première lettre *consonne* du pronom suffixe, il n'y a pas lieu d'intercaler mentalement la voyelle *a*. Ce *détachement*

(*a*) On va voir ce que signifie la syllabe *ni* détachée.

se produit toujours à la première personne du singulier, à la première et à la seconde personne du pluriel et à la troisième personne du pluriel féminin, lorsque le pronom féminin est de deux lettres. Il n'y a donc pas de raison pour insérer la lettre *a* entre *l* de *QaTHaL* et *n* de *ni*. Le pronom *ni* est un mot *détaché* (*a*). Donc יקטלני qui, nous le répétons, ne peut être *IQaTHaLaNI*, est réellement *IQaTHaLNI*.

L'adjectif possessif, suffixe déterminatif, *se détache* du nom dans les mêmes conditions où le pronom personnel *se détache* du verbe, mais seulement à la première et à la seconde personne du pluriel possesseur.

EXEMPLE :

SINGULIER			PLURIEL		
שאלתי	(*b*) *CHALaTI*	ma demande,	שאלתנו	*CHALaT-NU*	notre demande,
שאלתך	*CHALaTaC*	ta demande,	שאלתכם	*CHALaT-CaM*	votre demande,
שאלתו	*CHALaTU*	sa demande, m.	שאלתם	*CHALaTaM*	leur demande, m.
שאלתה	*CHALaTE*	sa demande, f.	שאלתן	*CHALaTaN*	leur demande, f.

Dans les verbes réfléchis, en général, à toutes les personnes, à tous les nombres, à tous les temps, à tous les modes, la particule pronominale préfixe de ces verbes est la lettre ת *t* combinée avec les pronoms personnels : cette particule composée est *détachée* : ainsi, le verbe קשר *QaCHaR, lier*, produit à l'infinitif התקשר *ET-QaCHaR, se lier* ; le pronom réfléchi en ת *t* précédé d'un des pronoms personnels *est constamment détaché* : on ne prononcera donc pas *ETaQaCHaR* mais bien *ET-QaCHaR*. On dira, par la même raison, *AT-QaCHaR*, je me lie, *TaT-QaCHaR*, tu te lies, etc.

Parmi les protestations qui se sont élevées contre l'incroyable préjugé qui admet l'absence de voyelles fixes dans la langue des

(*a*) Faisons observer que la lettre *n* de *ni* est purement euphonique, et que la seule lettre *i* traduit le pronom *me*.

(*b*) Ce même mot, en tant que prem. pers. sing. du passé du verbe שאל *chal, demander*, se prononce *chal-ti, je demandai;* notre grammaire expliquera ce fait et tant d'autres.

Phéniciens, nous nous bornerons à rapporter celles de deux éminents philologues.

« La décomposition des mots nécessaires à l'invention de l'alphabet, ainsi que nous l'avons fait ressortir plus haut, ne pouvait être tentée sans que les voyelles fussent placées *à côté* des consonnes. Beaucoup de syllabes, d'ailleurs, ne résultent que d'une voyelle unique. A cet égard, il faut admettre la probabilité que l'inventeur de l'alphabet était au courant du système graphique des Chaldéens ou de celui des Egyptiens, sinon de tous les deux, parce qu'il avait vécu dans leur voisinage. On doit, par conséquent, supposer que c'est l'état défectueux et insuffisant de l'écriture qui l'a excité au perfectionnement de l'art graphique. Chacun de ces peuples a su distinguer la voyelle. *Un « alphabet » sans voyelles ne serait pas un alphabet. Le premier alphabet contenait évidemment les principales voyelles fondamentales* (1). »

« Et vraiment celui qui mit au jour le premier alphabet était un homme d'un génie extraordinaire, un des plus méritants parmi ceux qui ont paru sur la terre. Cette haute perfection de l'alphabet originel prouve en même temps que, avant son invention, de nombreux et longs efforts ont dû être faits pour arriver à la constitution de l'écriture syllabique, qui n'a fait que la préparer.

« Il a distingué les sons d'une manière bien autrement exacte que les Egyptiens et les Assyriens. On sera plus disposé à excuser les imperfections inhérentes au plus ancien alphabet, si l'on considère que les prétendues améliorations qu'on y a introduites n'ont abouti, pour la plupart, qu'à des *détériorations.* » (2)

Nous avons souligné une phrase de ces dernières citations : elle a une importance capitale. Puis, nous extrayons du livre dialogué de Herder, L'ESPRIT DE LA POÉSIE HÉBRAÏQUE, le passage ci-après :

(1) H. Wuttke, *liv. cité*, p. 711.
(2) Id., *ibid.*, p. 712-713.

« Eutyphron. — Vous avez appelé la langue hébraïque une langue d'hiéroglyphes sans vie, privée de voyelles et dépourvue de la clef des significations. Croyez-vous donc que les Orientaux aient écrit sans le secours des voyelles?

Alciphron. — Beaucoup le disent.

Eutyphron. — Ceux qui tiennent ce raisonnement tombent dans une étrange contradiction ; c'est là une thèse insoutenable, car on ne saurait prononcer de lettres sans le souffle qui les anime.

Alciphron. — Mais où sont ces voyelles?

Eutyphron. — Quelques voyelles, *en petit nombre*, étaient indispensables, et, selon moi, on en trouve quelques restes dans les *Matres lectionis, car celles que nous avons actuellement sont dues à l'œuvre factice des rabbins* (1). »

Nous regrettons d'être en désaccord avec les érudits qui ont traité de cette matière, et avec M. F. Lenormant lui-même, lorsqu'il dit :

« Le plus considérable et le plus frappant parmi ces changements de valeurs est celui qui, lorsque l'alphabet inventé chez les Chananéens fut transmis à des peuples de race indo-européenne, dans les idiomes desquels les voyelles avaient un caractère fixe et radical, tandis que les aspirations étaient beaucoup moins multipliées que chez les Sémites, transforma les signes des aspirations douces, et même quelquefois fortes, en signes de sons vocaux (2). »

Aspirations douces, aspirations fortes, semi-voyelles, lettres quiescentes, etc., ne sont que la conséquence de l'intrusion des signes diacritiques. Quiconque a fait usage des méthodes grammaticales hébraïques actuelles, connaît les inextricables difficultés qu'elles présentent. Dans NOTRE NOUVELLE GRAMMAIRE on n'entendra plus parler des mots *qal, piel, hiphil, hophal, hitpaël*, etc., pas plus que de *qéri*, de *kétib* et de quelques signes qui s'appellent *mappik, daguesch, métheg, ràfê*, ni des points-voyelles

(1) Herder, *Vom Geist der Ebraischen Poesie*, t. I, p. 24-25.
(2) F. Lenormant, *liv. cité*, t. I, p. 121-122.

et accents toniques en général. Nous déclarons que tous ces noms et tous ces signes sont factices.

En sanscrit, en grec, en latin, en zend, les flexions pour les noms, les pronoms, les adjectifs, les participes, changent à chacune des déclinaisons, à chacun des cas, des genres, des nombres; dans les verbes, les flexions varient à chaque personne, à chaque nombre, à chaque temps, à chaque mode, et, de plus, le radical, en grec spécialement, est modifié à plusieurs temps. Le sanscrit, outre ses points diacritiques, prodigue les formes flexionnelles. Six déclinaisons, dont chacune a huit cas, dix classes de verbes, neuf temps pour chacun, voilà une disproportion énorme avec l'économie des formes particulières dans les mots variables de la langue phénicienne. Le zend offre des déclinaisons irrégulières ; il emploie sept cas.

En grec, il n'y a que trois déclinaisons; mais là nous avons les déclinaisons contractes avec leurs règles et leurs exceptions: la conjugaison est très diverse et très irrégulière. Les Latins nous présentent un système chargé de cinq déclinaisons, sans parler des déclinaisons irrégulières; ils ont quatre conjugaisons différentes, et de plus un grand nombre de verbes irréguliers. La grammaire des langues vivantes n'est guère moins compliquée.

Les Grecs ont un article qui varie à tous les cas pour les trois genres et pour les trois nombres. En français l'article varie; il en est de même en allemand, en italien, en espagnol, en portugais, en roumain. L'article est invariable en anglais.

En phénicien, il n'y a qu'un seul article, des deux genres et des deux nombres; il est préfixe enclitique. Même quand le nom est employé dans le sens déterminé, souvent l'article n'est pas exprimé. Les Phéniciens n'ont qu'une seule déclinaison pour tous les noms; les noms sont de deux genres, le masculin et le féminin; ils ont deux nombres, le singulier et le pluriel. Quant au duel, que les Massorètes ont introduit *à tort* et désigné par des points diacritiques, *en réalité il n'existe pas dans la langue phénicienne*. Tous les cas, au singulier comme au pluriel, sont semblables au nominatif pour la terminaison.

La déclinaison du pronom, quoique moins simple que celle du nom, n'offre aucune difficulté. L'adjectif varie pour le genre et pour le nombre dans les mêmes conditions que le nom. L'adjectif possessif est indiqué par une ou deux lettres pronominales ajoutées et incorporées au nom.

Il n'y a qu'un seul type de verbe. Les modifications verbales affectent le nombre, les personnes, les temps, les modes ; mais elles sont d'une extrême simplicité : ainsi, au présent de l'indicatif, le verbe ne change pas de forme pour les trois personnes du singulier qui sont seulement différenciées par le préfixe abréviatif des pronoms; au pluriel, la terminaison ne change qu'à la seconde et à la troisième personne par l'addition d'une seule lettre. Le passé, qui n'a qu'une forme, se distingue par l'addition du pronom suffixe.

Le verbe phénicien n'a que trois temps : le présent, le futur et le passé, et encore le présent et le futur se confondent-ils dans une forme commune ; bien plus, le préfixe ו *u* donne au futur le sens du passé, au passé celui du futur.

Il n'y a que quatre modes : l'indicatif, l'impératif, l'infinitif, le participe. Ces trois temps et ces quatre modes suffisent à toutes les exigences verbales, ainsi qu'on le verra dans notre grammaire : c'est le contexte et le sens de la phrase qui fournissent aisément la traduction du verbe employé, avec la même sûreté que les formes si multiples du verbe dans les langues dérivées.

En phénicien, il n'y a ni verbes irréguliers ni verbes composés de radicaux différents, comme en grec, par exemple, où ὁρᾶν, *voir*, a le futur οψέσθαι, l'aoriste second ἰδεῖν, par conséquent trois radicaux différents ; comme en latin *ferre*, porter, qui fait au parfait *tuli* et au supin *latum ;* comme en français *aller*, *je vais*, *j'irai*. Inutile de démontrer ici que chacun de ces radicaux a une origine phénicienne.

Notre grammaire indique les insertions, les retranchements, les substitutions de lettres dans les verbes : ces modifications, nées de l'euphonie, ne constituent pas de véritables irrégularités.

Le verbe *être* est presque toujours sous-entendu, toutes les fois que le sens de la phrase ne souffre pas de cette suppression ;

ainsi, il ne se répète plus dans la série des propositions qui composent la phrase dans laquelle il a été exprimé une fois. Dans I Samuel, chap. I, v. 1-2, nous lisons : « Il *était* un homme de *Ramatim Tsupim,* de la montagne d'*Aparim* (a) et son nom *AL-QaNE*, fils d'*IRaHaM*, fils d'*Alieua,* fils de *Teu,* fils de *Tsup* l'APaRIT (l'Ephraïmite), et à lui deux femmes : le nom de l'une *HaNE* (Anna), le nom de la seconde *PaNaNE* (Penina), et il *était* à *PaNaNE* des enfants et à *HaNE* pas d'enfants. » Dans cette phrase, le verbe *être* est deux fois exprimé et quatre fois sous-entendu.

La langue phénicienne a de plus cet extraordinaire avantage de ne contenir *aucun mot* synthétique ou composé, excepté pour les noms propres. Elle offre si peu de désinences ou de flexions qu'on peut dire, heureusement pour elle, qu'elle en est dépourvue : cette indigence constitue réellement une richesse. Enfin, elle n'a pas d'accents toniques, par la raison que les syllabes des mots ne sont ni longues ni brèves.

Quant aux mots invariables, indiquons sommairement que l'adverbe est fixe dans sa forme, que l'adverbe de manière est semblable à l'adjectif correspondant : sa nature adverbiale est toujours suffisamment indiquée par le contexte. La préposition marque les divers rapports des mots — qu'elle précède en français — par l'addition suffixe ou préfixe d'une seule lettre. La conjonction n'offre rien de particulier, sinon que *et* en français, ו *u* en phénicien, est enclitique et s'appuie sur la *première* lettre du mot suivant. Les autres conjonctions sont invariables et se détachent des autres mots. L'interjection ne varie pas.

Ce rapide exposé nous identifie déjà avec la simplicité *unique* de la langue phénicienne. Quelle différence avec toutes les complications, dans les mots variables et jusque dans les mots invariables, qui surchargent les langues dérivées !

(a) Nous appliquons notre système de lecture : אפרים *APaRIM* et non pas *Ephraïm*; nous disons de même אפרתי *APaRaTI* et non pas *Ephrati*. En général, dans les qualificatifs de pays, la désinence est י *i* pour le masculin, ית *it* ou יה *ie* pour le féminin.

Les premiers grammairiens hébreux, suivis d'ailleurs par tous leurs successeurs, ont cru à la nécessité d'un grand nombre de temps et de modes; ils les ont créés au moyen de changements de voyelles; ce procédé leur était facilité par l'annotation des points-voyelles. S'agit-il, par exemple, du verbe דבר *dbr*, parler, on procède ainsi : à l'infinitif on prononce *daber;* à l'impératif *debor;* au participe *dober;* à la 3e personne du passé *dobar*, etc. Le même mot, comme substantif, a d'autres significations: la parole, la chose, la peste. On n'est nullement embarrassé, et l'on prononce *dobor*, *deber*. Dans notre système, jamais un mot, quel que soit son rôle, substantif, verbe, adjectif, adverbe, ne varie dans sa prononciation; le contexte indique suffisamment la pensée, et le lecteur comprend à merveille.

Sauf les cas spéciaux, facilement explicables par l'addition de la lettre נ *n*, qui produit le passif en נ *n*, l'actif et le passif se confondent en phénicien; c'est encore là le contexte qui les fait distinguer l'un de l'autre. Par exemple, lorsque dans la Genèse il est dit: ותמת שרה ותקבר *u-t-mt chre u-t-qbr*, sans les points-voyelles, cela veut dire: *Et* Sara mourut et enterra. Or, Sara n'a pu s'enterrer elle-même: donc *elle fut enterrée.* De même dans la Genèse on lit: ויגדל יצחק ויגמל *u-i-gdl itshq u-i-gml;* sans les points-voyelles, la phrase signifie: Et Isaac grandit et sevra. Il est clair qu'Isaac n'a pu se sevrer: donc *il fut sevré.*

Nous avons des phrases plus développées où le contexte ne fournit pas toujours immédiatement le sens exact; toutefois, il n'y a pas de difficulté, comme, par exemple, dans ce passage: (*a*) ושם איש ישראל המכה אשר הכה את המדינית זמרי *u-chm aïch ichral e-mc-e achr ece at e-mdinit zmri.* Cette phrase étant isolée, tout le monde sera disposé à la traduire ainsi: Et le nom de l'Israëlite frappant, qui frappa la Madianite, c'est Zamari. Cependant, il n'en est pas ainsi: cela signifie réellement: *Et le nom de l'Israëlite frappé, qui fut frappé avec la Madianite, c'est Zamari.* (1). On ne peut évidemment se tromper dans cette tra-

(a) את « *at* » est également la préposition « *avec* » et le signe de de l'accusatif de l'article.

(1) *Nombres*, XXV, 14.

duction, puisque le fait dont il est question ici est expliqué par le contexte même. Remontez à six versets plus haut, au verset 8 du même chapitre XXV des Nombres, et vous trouvez le récit de Phinéas transperçant un Israélite et une Madianite pris en flagrant délit d'adultère.

Tel est le caractère élevé et concis de la langue phénicienne : elle s'attache plutôt à la pensée de la phrase qu'à la signification isolée des mots qui la composent. Elle exerce par conséquent toutes les facultés de l'intelligence, elle élève le niveau de l'esprit humain.

A l'appui de cette observation, il faut citer un des hommes les plus versés dans la science du langage.

« Je me propose de montrer qu'il est dans la nature du langage d'exprimer nos idées d'une façon très incomplète, et qu'il ne réussirait pas à représenter la pensée la plus simple et la plus élémentaire, si notre intelligence ne venait constamment au secours de la parole, et ne remédiait, par les lumières qu'elle tire de son propre fonds, à l'insuffisance de son interprète. Nous avons une telle habitude de remplir les lacunes et d'éclaircir les équivoques du langage, qu'à peine nous sentons ses imperfections.

« Mais si, oubliant pour un instant ce que nous devons à notre éducation, nous examinons un à un les éléments significatifs dont se composent nos idiomes, nous verrons que nous faisons honneur au langage d'une quantité de notions et d'idées qu'il passe sous silence, et qu'en réalité nous suppléons les rapports que nous croyons qu'il exprime. J'ajoute que c'est parce que le langage laisse une part énorme au sous-entendu, qu'il est capable de se prêter au progrès de la pensée humaine. Une langue qui représenterait exactement tout ce qui, à un moment donné, existe dans notre entendement, et qui accompagnerait d'une expression tous les mouvements de notre intelligence, loin de nous servir, deviendrait pour nous une gêne, car il faudrait qu'à chaque notion nouvelle la langue se modifiât, ou que les opérations de notre esprit restassent toujours semblables à elles-mêmes, pour ne pas briser le mécanisme du langage (1). »

Mais voici les paroles d'un autre grand maître de la science philologique, particulièrement applicables au chapitre qui nous occupe :

« A partir de David et de Salomon, la langue hébraïque nous apparaît irrévocablement fixée, et n'éprouve plus que d'insignifiantes modifications. Le fait d'une telle immobilité, durant près de cinq siècles, est sans doute extraordinaire. Mais il n'a rien d'incroyable pour celui qui s'est fait une idée juste de la fixité des langues sémitiques. Ces langues, en effet, ne vivent pas comme les langues indo-européennes : elles semblent coulées dans un moule d'où il ne leur est pas donné de sortir. . . . . .

« La littérature hébraïque, limitée jusque là au récit historique, au cantique et à la parabole, s'enrichit ainsi d'un genre nouveau, intermédiaire entre la prose et la poésie, et auquel nul autre peuple n'a rien à comparer. Joel, vers 860, est le plus ancien de ces étonnants publicistes dont les ouvrages nous soient parvenus. Après lui, viennent Amos et Osée, dont la manière originale et individuelle contraste singulièrement avec la physionomie si impersonnelle de l'ancien style hébreu. Isaïe, enfin (750-700), donna dans ses écrits le type de la plus haute perfection que la langue hébraïque ait jamais atteinte. Tout ce qui constitue les œuvres achevées, le goût, la mesure, la perfection de la forme, se rencontre dans Isaïe, et atteste chez lui un degré de culture littéraire inconnu aux psalmistes et aux voyants des âges plus anciens. . . . .

« Si nous envisageons dans son ensemble le développement de l'esprit hébreu, nous sommes frappés de ce haut caractère de perfection absolue, qui donne à ses œuvres le droit d'être envisagées comme *classiques*, au même sens que les productions de la Grèce, de Rome, et des peuples latins. Seul entre tous les peuples de l'Orient, Israël a eu le privilège d'écrire pour le monde entier. C'est certainement une admirable poésie que

(1) Michel Bréal, *Mélanges*, p. 300-301.

celle des Védas, et pourtant le recueil des premiers chants de la race à laquelle nous appartenons ne remplacera jamais, dans l'expression de nos sensations religieuses, les Psaumes, œuvres d'une race si différente de la nôtre. Les autres littératures de l'Orient ne sauraient être lues et appréciées que des savants; la littérature hébraïque est la *Bible,* le livre par excellence, la lecture universelle : des millions d'hommes répandus sur le monde entier ne connaissent pas d'autre poésie. Il faut faire, sans doute, dans cette étonnante destinée, la part des révolutions religieuses qui, depuis le XVIe siècle surtout, ont fait envisager les livres hébreux comme la source de toute révélation. Mais on peut affirmer que si ces livres n'avaient pas renfermé quelque chose de profondément universel, ils ne fussent jamais arrivés à cette fortune. Israël eut, comme la Grèce, le don de dégager parfaitement son idée, de l'exprimer dans un cadre réduit et achevé ; la proportion, la mesure, le goût furent en Orient le privilège exclusif du peuple hébreu, et c'est par là qu'il réussit à donner à la pensée et aux sentiments une forme générale et acceptable par tout le genre humain (1). »

« D'un autre côté, la philologie sémitique présente un grand avantage, qui, dans l'état actuel de la linguistique, mérite d'être surtout apprécié. Incontestablement moins féconde que la philologie indo-européenne, elle est aussi plus assurée, moins sujette aux déceptions. La matière de la philologie sémitique n'a pas cette fluidité, cette aptitude aux transformations qui caractérise la matière de la philologie indo-européenne. Elle est métallique, si j'ose le dire, et a conservé depuis la plus haute antiquité, et peut-être depuis les premiers jours de l'apparition du langage, la plus frappante identité (2). »

« Les langues sémitiques ont, au point de vue de la philologie comparée, l'avantage d'offrir à l'observation un développement complet et définitivement achevé. Les langues indo-eu-

(1) E. Renan, *Hist. des lang. sémit.*, p. 120-124

(2) Id., *ibid.*, préf., p. v.

ropéennes continuent encore leur vie de nos jours sur tous les points du globe, comme par le passé; les langues sémitiques, au contraire, ont parcouru le cercle entier de leur existence (1). »

« Les hébraïsants se sont demandé si la langue hébraïque était une langue riche ou pauvre, et ont diversement répondu, en donnant chacun d'assez bonnes preuves en faveur de leur opinion. Toutes les langues, en effet, sont riches dans l'ordre d'idées qui leur est familier; seulement, cet ordre d'idées est plus ou moins étendu ou restreint. L'hébreu, malgré le petit nombre de monuments qui nous en restent, peut sembler, à quelques égards, une langue d'une grande richesse. Il possède, pour les choses naturelles et religieuses, une ample moisson de synonymes, qui offrent aux poëtes d'inépuisables ressources pour le parallélisme. Il suffit de citer ce psaume alphabétique (Ps. CXIX), divisé en vingt-deux octaves ou cent soixante-seize versets, dont chacun, sans en excepter un seul, renferme l'expression toujours diversifiée de la *loi de Dieu* (2). »

« Les langues sémitiques, envisagées dans leur ensemble, sont des langues essentiellement analytiques. Au lieu de rendre dans son unité l'élément complexe du discours, elles préfèrent le disséquer et l'exprimer terme à terme. Elles ignorent l'art d'établir entre les membres de la phrase cette réciprocité qui fait de la période comme un corps dont les parties sont connexes, de telle sorte que l'intelligence de l'un des membres n'est possible qu'avec la vue collective du tout. Elles n'ont pas eu à secouer le joug que la pensée compréhensive des pères de la race arienne imposa à l'esprit de leurs descendants. La clarté merveilleuse avec laquelle la race sémitique aperçut tout d'abord la distinction du moi, du monde et de Dieu, excluait cette vaste et confuse intuition des rapports. La phrase hébraïque est un chef-d'œuvre d'analyse logique, et on est surpris d'y trouver à chaque pas les tours explicites, les *gallicismes*, si j'ose le dire, qui sem-

(1) E. Renan, *Hist. des Lang. sémit.*, p. 389.
(2) Id., *ibid.*, p. 128.

blent le partage des langues les plus positives et les plus réfléchies (1). »

« Les racines des langues se montrent à nous, non pas comme des unités absolues, mais comme des faits constitués, au delà desquels il n'est pas permis de remonter. Dans les langues sémitiques, bien plus encore que dans toute autre famille, il faut s'en tenir à cette prudente réserve. Nulle part, en effet, la racine ne nous apparaît comme plus inattaquable, plus saine, plus entière, si j'ose le dire. C'est un tuf dans lequel aucune infiltration n'a pu pénétrer. Depuis plus de mille ans avant l'ère chrétienne, les racines sémitiques n'ont pas subi d'atteinte : les radicaux de l'arabe le plus moderne répondent, consonne pour consonne, à ceux de l'hébreu le plus ancien. Il ne s'agit pas ici de ces langues vermoulues, en quelque sorte, où les radicaux, fatigués par un long usage, ont perdu presque toute empreinte, comme des monnaies sans effigie, il s'agit de langues d'acier, restées exemptes de toute altération (2). »

Nous étions fortement disposé à souligner les passages essentiels de ces citations ; nous y avons renoncé, préférant respecter les textes en ne soulignant que ce que l'auteur a lui-même souligné. Mais nous recommandons à l'attention du lecteur cette magistrale exposition de la langue de Chanaan. Une langue d'*acier !* Comment hésiter désormais à universaliser cette langue ?

Pour compléter le tableau, nous transcrivons encore ce remarquable alinéa :

« Tandis que les langues du Midi abondent en formes variées, en voyelles sonores, en sons pleins et harmonieux, celles du Nord, comparativement plus pauvres et ne recherchant que le nécessaire, sont chargées de consonnes et d'articulations rudes. On est surpris de la différence que produisent à cet égard quelques degrés de latitude. Les trois principaux idiomes sémiti-

(1) E. Renan, *Hist. des lang. sémit.*, p. 402.
(2) Id., *ibid.*, p. 424.

ques, par exemple, l'araméen, l'hébreu et l'arabe, bien que distribués sur un espace peu considérable, sont dans un rapport exact, pour la richesse et la beauté, avec la situation climatérique des peuples qui les ont parlés. L'araméen, usité dans le Nord, est dur, pauvre, sans harmonie, sourd dans ses constructions, sans aptitude pour la poésie. L'arabe, au contraire, placé à l'autre extrémité, se distingue par une admirable richesse. Nulle langue ne possède autant de synonymes pour certaines classes d'idées, nulle ne présente un système grammatical aussi compliqué ; de sorte qu'on serait tenté quelquefois de voir surabondance dans l'étendue presque indéfinie de son dictionnaire et dans le labyrinthe de ses formes grammaticales. L'hébreu enfin, placé entre ces deux extrêmes, tient également le milieu entre leurs qualités opposées. Il a le nécessaire, mais rien de superflu ; il est harmonieux et facile, mais sans atteindre à la merveilleuse flexibilité de l'arabe (1). »

C'est que l'hébreu, c'est le phénicien, le type alphabétique par excellence. On voit que l'arabe a un *système grammatical très compliqué*, que c'est un *labyrinthe de formes grammaticales*, qu'il est d'une *flexibilité merveilleuse*. C'est précisément le reproche qu'on fait aux langues dites indo-européennes. L'hébreu seul, c'est-à-dire le phénicien, est une *langue métallique ;* il a le *nécessaire*, mais *rien de superflu*, et il est *harmonieux et facile*.

Nous assistions, en 1875, au Congrès des Américanistes tenu à Nancy, et, considérant la multiplicité et l'importance des réunions scientifiques destinées à toutes les branches des notions humaines, nous exprimâmes cette pensée, qui d'ailleurs était dans tous les esprits : « Pourquoi ce besoin de scruter le passé et le présent des grands peuples comme des peuplades les plus infimes? » Or, la recherche la plus importante, c'est assurément celle qui a pour objet le langage. Il nous semblait que toutes les sociétés humaines, toutes les peuplades, toutes

(1) E. Renan, *De l'Origine du Langage*, p. 188-189.

les nations disséminées sur la surface du globe, par leurs instincts et par leurs aspirations, sont invinciblement attirées vers l'assentiment aux notions morales, telles que le mosaïsme et le christianisme les ont révélées et répandues avec une souveraine autorité ; que, par une conséquence rigoureuse, tous les peuples devaient tendre à se rencontrer un jour dans le même courant d'idées, dans l'impérieux désir de communiquer entre eux au moyen d'un langage uniforme.

M. Max Müller, dans sa quatrième leçon (*La Science du Langage*, p. 132), après avoir mis en parallèle les paradigmes de *habeo* latin et de *haba* gothique, déclare que « c'est par le christianisme que furent abaissées les barrières qui séparaient les Juifs et les Gentils, les Grecs et les Barbares, la race blanche et la race noire. . . . .

« L'idée de l'humanité, ajoute-t-il, formant une seule famille, composée des enfants d'un même Dieu, est une idée chrétienne, et, sans le christianisme, la science de l'humanité et des langues qu'elle parle n'aurait jamais pris naissance. Quand on eut appris à regarder tous les hommes comme des frères, alors, et alors seulement, la variété du langage humain se présenta comme un problème qui exigeait une solution aux yeux des observateurs intelligents. » . . . .

M. Max Müller oublie que cette *science de l'humanité et des langues qu'elle parle* n'est pas née du christianisme ; qu'elle se trouve entièrement contenue dans le mosaïsme. En effet, dès le commencement de la Genèse, nous voyons que l'humanité est *une* puisqu'elle est issue du même père et de la même mère. Nous sommes heureux de reconnaître que le christianisme a puissamment contribué à répandre dans le monde cette idée de la fraternité universelle et de l'unification future du langage.

A l'appui de notre importante assertion nous invoquons les témoignages les plus irrécusables. Nous lisons dans le prophète Sophonie :

כי אז אהפך אל עמים שפה ברורה לקרא כלם בשם יהוה לעבדו שכם אחד

« Car alors j'accorderai aux nations *une langue pure* pour que *toutes* elles invoquent le nom de Jéhovah pour le servir avec *unanimité* (III, 9). »

Écoutons maintenant le sublime Isaïe :

באה לקבץ את כל הגוים והלשנות ובאו וראו את כבודי

« Elle viendra (l'époque), de *réunir tous les peuples et les langues;* ils viendront et verront ma gloire (LXVI, 18). »

Ce résultat gigantesque apparaîtra comme facile à produire du jour où l'on reconnaîtra la réalité de la langue phénicienne et l'offre qu'elle semble faire d'elle-même à tous les peuples qui lui ont pris la substance de leur langage.

Il y a dans ces deux dernières citations, dans une foule d'autres que nous épargnons au lecteur, une marque vraiment providentielle !

Les seuls procédés scientifiques suffisent à démontrer que les principales langues du monde, c'est-à-dire les langues indo-européennes, dérivent du phénicien. Les prédictions de Sophonie et d'Isaïe ne peuvent manquer de s'accomplir : lorsque les autres peuples de l'univers pourront apprécier la langue phénicienne, ils l'adopteront successivement.

Quand on aura lu notre chapitre VI « DÉSINENCES » on tirera forcément les deux conclusions suivantes :

1° Tous les radicaux des mots indo-européens variables ou invariables ont été empruntés à des mots phéniciens, tantôt qu'ils traduisent directement, tantôt dont le sens leur a fourni un des caractères essentiels qui les distingue;

2° Pour donner à ces radicaux des marques spéciales appropriées aux diverses circonstances dans lesquelles ils sont employés, c'est-à-dire pour former les différentes terminaisons ou flexions, les peuples dits aryens ont recouru quelquefois aux pronoms phéniciens, plus souvent, presque toujours, aux deux verbes phéniciens qui signifient *être*, היה *eie* et יש *ich* (*is*). Quelle heureuse imagination, quelle sublime harmonie! Par là ils ont voulu affirmer la puissance de l'*être* et comme en animer les radicaux qui, en somme, ne font qu'exprimer les conditions distinctes et constitutives de chaque mot variable, concret ou abstrait.

On peut reconnaître enfin que cette force flexionnelle de היה *eie, être,* et יש *ich* (*is*) *il est*, a la plus auguste origine. En effet, l'*Etre* suprême a été nommé יהוה *Jeue* (Jéhovah) du mot phénicien יהיה *ieie, il est;* dans l'Ecriture, Dieu dit de lui-même : אהיה אשר אהיה *aeie achr aeie* « *Je suis qui Je suis.* » L'*être* créé qui se rapproche le plus de l'*Etre* Créateur, l'homme, s'exprime par איש *aïch* (*aïs*) qui en phénicien signifie homme, l'*être* disant de lui-même : א-יש *a-ïs* « *j'ex-*IS*-te.* »

CHAPITRE V

NÉCESSITÉ DE LA LANGUE PHÉNICIENNE

L'emploi de la langue phénicienne comme langue universelle s'impose nécessairement.

Tout le monde est d'accord sur les difficultés de l'orthographe et de la prononciation de notre langue française. Un mot s'écrit d'une façon et se prononce d'une autre ; l'on peut, à peu de chose près, en dire autant des autres langues modernes et même de toutes les langues anciennes dérivées.

Trouver le moyen de prononcer comme on écrit, de telle sorte qu'un signe représente un son unique et que chaque son soit représenté par un signe unique, voilà ce qui fait l'objet des recherches des meilleurs écrivains français, et dont les efforts sont constatés dans un excellent livre publié en 1868 (1). Les lignes suivantes donnent l'idée générale de l'esprit de ce livre :

« Que d'efforts et de fatigues quelques réformes pourraient encore épargner aux mères et aux professeurs ! que de larmes à l'enfance ! que de découragements aux populations rurales ! Tout ce qui peut économiser la peine et le temps perdus à écrire des lettres inutiles, à consulter sa mémoire, souvent en défaut, profiterait à chacun. Car, avouons-le, personne d'entre nous ne saurait s'exempter d'avoir recours au Dictionnaire pour s'assurer s'il faut soit l'*y*, soit l'*i*, dans tel ou tel mot ; soit un ou deux

(1) Ambroise Firmin Didot, imprimeur de l'Académie française : *Observations sur l'orthographe ou Ortografie française, suivie d'une Histoire de la Réforme orthographique, depuis le XVe siècle jusqu'à nos jours.*

l, ou *n* ou *p* dans tel autre ; soit un *ph* ou un *th;* un accent grave ou un accent circonflexe, un tréma ou un accent aigu, un trait d'union ou même la marque du pluriel, l'*s* ou le *x*, dans certains mots (1). »

Ce livre nous révèle les noms des plus illustres écrivains qui n'ont tenu aucun compte de la rigueur de l'orthographe, et l'on serait étonné si nous rapportions ici toutes les libertés qu'ils ont prises dans leur style, toutes les infractions qu'ils se sont permises. Nous citerons Corneille, Bossuet, l'abbé de Saint-Pierre, de Wailly, Voltaire, Volney, La Fontaine, Racine, etc., etc.

Nous trouvons dans le même livre des citations de Sainte-Beuve, de MM. Littré et Quicherat, qui, eux aussi, tout en ne s'écartant pas des règles académiques, ont signalé l'arbitraire de l'orthographe.

« . . . .

Il y a, d'ailleurs, quantité de corrections à introduire dans le nouveau dictionnaire et qui ne sauraient faire doute un moment. Pourquoi, dans le verbe *asseoir*, ne met-elle l'*e* qu'à l'infinitif, et pourquoi, dans le verbe *surseoir*, met-elle l'*e* à l'infinitif et de plus au futur et au conditionnel ? — Pourquoi écrit-elle *abattement, abattoir* avec deux *t* et *abatis* avec un seul ? Pourquoi *charrette, charretier* avec deux *r* et *chariot* avec un seul ? Pourquoi *courrier* encore avec deux *r* et *coureur* avec un seul ? Pourquoi *banderole* avec un seule *l* et *barcarolle* avec deux ? Pourquoi *douceâtre* et non *douçâtre*, comme si l'on n'avait pas le *c* avec cédille, etc. (2). »

« L'habitude commune dans les anciens textes de ne pas écrire les consonnes doublées qui ne se prononcent pas et de mettre *arester, doner, apeler,* etc., mériterait d'être transportée dans notre orthographe. On écrit dans les anciens textes, au pluriel, sans *t* les mots *enfans*, *puissans*, etc.; cette orthographe, depuis longtemps proposée par Voltaire, est un archaïsme bon

(1) Ambroise Firmin Didot, *liv. cité*, p. 3.
(2) Sainte Beuve, voir *Moniteur universel* du 2 mars 1868, et A. Firmin-Didot, *liv. cité*, p. 73.

à renouveler. Ceux qui s'effraieraient du changement d'orthographe ne doivent pas se faire illusion sur l'apparente fixité de celle dont ils se servent. On n'a qu'à comparer l'orthographe d'un temps bien peu éloigné, le XVIIe siècle, avec celle du nôtre, pour reconnaître combien elle a subi de modifications. Il importe donc, ces modifications étant inévitables, qu'elles se fassent avec système et jugement. Manifestement, le jugement veut que l'orthographe aille en se simplifiant, et le système doit être de combiner les simplifications de manière qu'elles soient graduelles et qu'elles s'accordent le mieux possible avec la tradition et l'étymologie (1). »

« . . . .

J'ai suivi presque toujours son autorité (de l'Académie Française) sous le rapport de la grammaire et de l'orthographe, bien que parfois je ne fusse pas satisfait de ses solutions. Ainsi je faisais tout bas mes réserves quand j'indiquais comme étant du masculin le mot *quadrige,* et du féminin le mot *exemple* (d'écriture). Je trouvais assez singulier qu'on écrivît *dyssenterie* quand on écrit tout de suite après *dysurie*. Je ne m'explique point par quelle subtilité on a établi entre *zephire* et *zéphyr* une distinction que l'étymologie condamne et dont les poètes ne tiennent aucun compte. Je ne comprends rien à la bizarrerie qui conserve l'adjectif invariable dans cette locution : Ils se faisaient *fort* de, elle se fait *fort* de (2). »

Parmi les nombreux réformateurs que cite le même livre, nous remarquons le nom d'un éminent publiciste (3) et d'un autre publiciste moins connu (4). En 1867, M. Emile de Girardin avait accepté la dédicace de l'ouvrage de M. Albert Hétrel, correcteur d'imprimerie, contenant *la solution de toutes les diffi-*

(1) Littré, *Histoire de la langue française,* t. I, p. 327, et A. Firmin Didot, *liv. cité,* p. 163-164.

(2) L. Quicherat, *Dict. français-latin,* 1864, préface, et A. Firmin Didot, *liv. cité,* p. 165-166.

(3) M. Emile de Girardin.

(4) M. Alexandre Erdan, correspondant en Italie du journal *le Temps,* mort en 1878.

cultés de la langue française; il écrivit à l'auteur une lettre véritablement prophétique et dont M. Firmin Didot nous donne le texte. Voici cette lettre :

« Je n'accepte pas l'expression de votre reconnaissance, mais j'accepte la dédicace de votre livre. Il est curieux, ce qui le rendra instructif. Du désir qu'il donne de le parcourir naîtra bientôt l'habitude de le consulter.

« Que d'innombrables fautes journellement commises il relève ! Que d'inexplicables contradictions, passant généralement inaperçues, il signale !

« Mais ce qu'il révèle surtout, c'est à quel point l'arbitraire règne encore, en France, dans le langage. Où les exceptions à la règle sont si nombreuses, ne peut-on pas dire de la règle qu'elle n'est qu'une exception à l'exception et qu'il n'y a pas de règle? Le langage est un art ; il n'est pas encore une science. Ce qu'il faudrait, c'est qu'il en devînt une. L'art vaut ce que vaut l'artiste ; la science vaut par elle-même. Ce qui caractérise l'art, c'est la personnalité, c'est la diversité ; ce qui caractérise la science, c'est l'universalité, c'est l'unité. Ce qui la caractérise encore, c'est d'être essentiellement progressive, c'est de tendre constamment à convertir les obstacles en moyens et les problèmes en solutions. Si au lieu d'être un art, le langage était une science, il n'épargnerait rien pour devenir de plus en plus simple, de plus en plus précis, de plus en plus facilement correct. La règle ne fléchirait plus sous l'exception ; ce serait l'exception qui disparaîtrait sous la règle. Si la science du langage était moins imparfaite, croit-on que l'art du langage y perdît? Je ne le crois pas.

« Partout, en Europe, les peuples abaissent maintenant les barrières qu'ils s'appliquaient autrefois à rendre infranchissables... Une barrière qui ne s'est pas abaissée, c'est celle que met entre les nations la différence des langues. Arrivera-t-on, un siècle ou l'autre, à l'adoption d'une langue universelle ? Je n'en doute point... Chemins de fer et télégraphes électriques, ces inventions d'hier, mènent chacune des grandes parties du monde à l'unité d'usages et de lois, de mœurs et de modes, de mesures et de monnaies. A son tour, cette unité mènera à l'unité de langue, comme une conséquence mène à une autre conséquence. Cette langue commencera par n'être qu'une langue auxiliaire, deviendra la langue internationale, et finira par être la langue définitive. De cette langue, que la nécessité s'appliquera à rendre aussi simple que possible, disparaîtront tous les mots qui n'ont plus de sens, tous les mots qui n'ont pas de sens, tous les mots qui ont plusieurs sens. Il y aura un mot pour chaque chose, mais pour chaque chose il n'y aura plus qu'un seul mot. Formation, déclinaison, genre, orthographe et prononciation des mots, conjugaison des verbes, seront assujétis à des règles invariables, faciles à apprendre, faciles à retenir.

« Il fut un temps où généralement le paysan français ne savait parler que le patois de sa province. Il est rare maintenant, et il devient de plus en plus rare, que ce paysan ne sache pas à la fois et le patois de « son pays » et la langue de sa patrie. On peut même ajouter que, depuis que le paysan apprend l'une, il désapprend l'autre. Les patois s'en vont ; je me trompe, il faut dire : ils se succèdent ; car un temps viendra où, l'Europe ayant sa langue commune, parler allemand, parler anglais, parler espagnol, parler français, parler italien, ce sera parler patois. Mais jusqu'à ce que ce temps arrive, temps qui peut être proche, mais temps aussi qui peut être loin, tout ce qui aura pour but et pour effet de dévoiler les difficultés et les irrégularités dont les langues actuelles sont hérissées, méritera d'être hautement et chaudement encouragé (1). »

Parler de M. Alexandre Erdan, c'est parler encore de M. de Girardin, car c'est dans le journal *La Presse* que parut, en 1852, une série d'articles sur la question linguistique, et que l'auteur, en 1854, réunit en volume sous le nom de LES RÉVOLUTIONNAIRES DE L'*A, B, C.* La pensée de la langue universelle y est déve-

(1) A. Firmin Didot, *liv. cité*, p. 369 370.

loppée avec beaucoup de poésie ; elle témoigne de la vive sollicitude de M. Erdan pour la cause de l'humanité et pour la langue universelle comme agent suprême de l'unification du monde. Mais il ne se doutait guère de quelle manière un tel vœu pourrait un jour se réaliser. Partisan d'une réforme sérieuse de notre orthographe, il songeait plutôt à la diffusion générale de la langue française et il abondait ainsi dans le sentiment des phonographes et des néographes, dont nous allons parler.

Dans son vif désir d'atteindre à la langue et à l'alphabet universels, qu'il nommait « une sorte de méthode sténographique (1) », ce novateur fit appel à un congrès de linguistes, et conclut en ces termes :

« Toute institution de cette nature qui n'offre pas aux intelligences quelque lointain philosophique, quelque échappée d'idéal et d'infini, ne fait que végéter obscurément, sans influence et sans avenir (2). »

C'est au XVIe siècle, époque de la renaissance des lettres en France, qu'on s'aperçut de l'anomalie qui existait entre l'orthographe et la prononciation de notre langue ; et nous trouvons, dans le livre de M. Firmin Didot, les noms des écrivains ci-après, dont les tentatives de réformes orthographiques sont plus ou moins prononcées : Ronsard, d'Ablancourt, Corneille, Bossuet, Dangeau, Choisy, l'abbé Girard, l'abbé de Saint-Pierre, Duclos, Beauzée, de Wailly, Voltaire, Neufchateau, Domergue, Volney, de Tracy, Andrieux, Daunou, Quicherat, Tory, du Wes, Palsgrave, Jacques Dubois, Dolet, Robert Estienne, Meigret, du Bellay, Pelletier, Perion, Garnier, La Ramée dit Ramus, Pasquier, Henry Estienne, Rambaud, Laurent Joubert, Saint-Lien, Montaigne, Palliot, Poisson, E. Simon, Godart, Ch. Saurel, Oudin, Chiflet, Port-Royal, Francis Wey (les Précieuses), Moinet, Lesclache, Lartigaut, Ménage, Charpentier, Richelet, des

(1) M. Schröder, dans *La Langue Phénicienne*, p. 14, compare l'écriture phénicienne à la sténographie, tellement elle est concise.

(2) A. Erdan, *Les Révolut. de l'A, B, C*, p. 25.

Marais, Buffier, Grimarest, le Père Vaudelin, Trévoux (mémoire de), de Longue, Jacquier, Du Marsais, Dumas, Donchet, l'abbé Cherrier, Viard, Roche, Boinvilliers, Batet, Marle, Vanier, Faure, Malvin Cazal, Féline, Poitevin, Raoux, Hétrel, B. Jullien, Fournel, A. Bernard, L. Noël et Liévin.

Volney, qui attachait la plus grande importance à la formation d'un alphabet universel, a fondé un prix académique pour l'auteur du meilleur alphabet. Il songeait à l'alphabet latin pouvant s'appliquer aux langues asiatiques.— Nous dirions bien que c'est le contraire qu'il convient de faire, qu'il faut appliquer l'alphabet asiatique à toutes les langues qui ont l'alphabet pour base, s'il ne nous fallait démontrer que forcément nous devons revenir à la langue originaire alphabétique, puisque toutes les langues qui en dérivent n'en sont qu'un pâle reflet; nous le prouverons à satiété.

Nous avons raconté les efforts successifs qui ont conduit l'humanité à la merveilleuse invention de l'alphabet. Les Egyptiens, pour se rappeler les noms étrangers qui n'avaient aucune expression dans leur langue parlée, ont eu très ingénieusement recours à des objets de la nature qui, dans leur langage parlé, étaient exprimés par un mot. Et abandonnant la signification même de ce mot, ils lui empruntaient le premier son pour en former une lettre, et ils représentaient cette lettre unique par l'image tout entière de l'objet : ainsi, pour exprimer le nom d'Alexandre, ils le décomposaient en dix sons; ces dix sons étaient figurés chacun par un objet différent, et constituaient dans leur ensemble la prononciation du mot Alexandre : pour nous faire mieux comprendre, disons que la voyelle *A*, dans Alexandre, était représentée par un aigle, parce que, dans la langue parlée de l'Egypte, aigle se disait *Azom*, dont le premier son a fourni *A*. Pour la seconde lettre, *l*, ils ont peint un lion, *labo*, et ainsi de suite.

Les Egyptiens n'auraient pas songé à mettre sur l'aigle, sur le lion un point ou un signe quelconque. Un aigle est un aigle et un lion est un lion. Et lorsque les Phéniciens, qui adoptèrent le même système graphique qu'ils surent amener à sa perfection, décidèrent que la tête de bœuf formerait pour tout le monde le son *a*, la maison le son *b*, le chameau le son *g*, etc., ils ne pouvaient prévoir toutes les perturbations dont leur belle invention serait un jour l'objet; qu'auraient-ils dit si on leur avait montré le bœuf avec un accent grave au-dessus de la tête? Lorsqu'ils ont désigné le son *e* par une main ouverte, ils ne pensaient pas que leur lettre *e* deviendrait un jour *é* fermé, *è* ouvert avec l'accent grave, *ê* long avec l'accent circonflexe, et encore moins *e* muet. Les autres voyelles ne sont guère plus épargnées.

Pour eux chaque signe vocal n'exprime qu'un son; un même son n'est exprimé que par une seule figure (*a*), tandis que dans les langues dérivées on se joue des signes qui représentent des sons, et nous avons l'exemple des substitutions suivantes : *a* devient *e* en anglais (le bœuf devient une main), dans to *take*, to *rate; o* devient *u* dans le mot *to* (l'œil devient un crochet); *oo* deviennent *ou* dans *too,* dans *goose* (deux yeux changés en un crochet); *ea* deviennent *i* dans to *speak,* to *read* (la main et le bœuf changés en la figure de l'index); *g* devient *f* dans *enough,* to *laugh.* En français, *au* deviennent *o* dans *autel, autorité*; *ai* deviennent *è* dans *faire, polaire*, comme d'ailleurs en anglais dans to *fail,* to *gain; t* devient *s* en français, dans *attention, prétention; c* devient *s* dans *garçon, citoyen; g* devient *j* dans *giron, giberne, gêner, germer*. De nombreuses lettres en français ne se prononcent pas, comme *c* dans *tabac*, comme *t* dans il *bat*. Ainsi en est-il des lettres *s, e, r, t* à la fin des mots et souvent au milieu des mots. Cela existe en anglais dans to *know*, dans *knife* où *k* est muet, et dans to *talk* où la lettre *l* ne se prononce pas.

Dans d'autres langues, comme l'allemand, le latin, qui ont la prétention de parler comme on écrit, on trouve, en allemand, le verbe *singen*, qui se prononce à peu près comme le mot français *signer*, avec lequel il n'a aucun rapport étymologique; ni l'un

(*a*) Voir à la page 60, chapitre IV, le tableau de l'alphabet phénicien.

ni l'autre ne se prononcent comme ils sont écrits, car il faudrait dire *sin-gen*, tandis qu'il devient impossible d'indiquer par des signes la manière dont en effet on prononce le mot *singen*, et il nous faudrait prononcer *sin-ier* le mot *signer*.

Il en est ainsi du mot français *sang* et du mot allemand *gesang*, également sans rapport étymologique, et d'une foule d'autres mots français et allemands, renfermant un son nasal impossible à peindre. Prenons maintenant le mot *sieg*, où la lettre *e* est complètement passée sous silence. Il en est de même de tous les mots allemands où *e* est précédé de *i*, comme *sie*, *die*, *wie*, *gierd*, *ziehen*, etc.

Le *g* s'articule de deux manières différentes : tantôt comme notre *j*, par exemple dans der *evige*, der *heilige*, tantôt comme notre *g*, devant toute autre lettre, que *e*, *i*, par exemple dans *gehn*, *grob*, etc. Il y a même une troisième et une quatrième façon de le prononcer : dans *jagd*, en entend le son guttural ח *h* des Phéniciens, son que possèdent également les Espagnols ; et les Berlinois font du *g* un *i*, en disant *jewesen*, *jejessen* pour *gewesen*, *gegessen*.

Vient ensuite le *ch*, articulé quelquefois comme en français dans *recht*, et parfois avec le son guttural dont il vient d'être parlé, dans *macht*. *Ei* se prononce *aï* dans *reiter*, *seine*, *schneiden*, *speisen*; *eu* devient une diphtongue, comme en français, dans *euch*, *eule*, au lieu qu'il ne doit pas y avoir de diphtongue, chaque son vocal devant être indiqué par lui-même : *freude* se prononcerait *fre-ude*; *au* ne se prononce pas comme en français *o*, mais il ne se prononce pas non plus *a-u* dans *aus*; il y a là un son bâtard que représente aussi bien *ou* que *au*. Nous avons ensuite *th*, qui n'est pas plus nécessaire qu'en français : *fluthen* serait aussi bien compris si on écrivait *fluten*. Et les lettres redoublées? La langue originelle n'admet pas de lettres redoublées, sans que chacune d'elles soit prononcée séparément. Ich *will* serait compris par Ich *wil*, *mann* par *man*, *meer* par *mer*; *ck* n'a pas de raison d'être, pas plus qu'en français *cq* : on dirait *deken*, en gagnant un c, comme on dirait *aquitter* en gagnant un *c*; *führen* renferme un *h* qui ne se prononce pas; *schmetteren*, un *t* qui ne se prononce pas davantage.

En allemand et en français, l'*s* entre deux voyelles s'adoucit, et s'articule comme notre *z*, que pourtant les Allemands ne possèdent pas, et que l'on trouve dans l'alphabet primitif sous la forme d'un petit marteau ז qu'on nomme *zin* (prononcez *zinn*). Le Français et l'Allemand ne se doutaient guère qu'en adoucissant leur *s* ils transformaient un *support* en un *marteau*.

Pour obtenir le son de notre *ch*, la langue allemande a besoin de le faire précéder d'un *s*, ce qui fait *sch*, trois lettres pour une, ש. Puis viennent les signes diacritiques, dont, en thèse générale, nous avons fait justice : dans *thür*, outre qu'il y a un *h* de trop, la voyelle *ü* surmontée de deux petits traits, devient une sorte d'*i*; *gewässer*, avec son *ä* surmonté de deux petits traits, fait *gewesser*, *a* est devenu *e*; *ö* surmonté de deux petits traits devient *eu*, dans *hören* et dans *völker*, etc. La langue latine offre une perturbation moindre; toutefois les anomalies ne sont pas rares. Elle s'écarte aussi bien de ce principe : un seul son = un seul signe; *g* se prononce de deux manières différentes comme en français, dans *Virgilius*, *magis*, et dans *figulum*, *magno*, *gravis*. De même *c* se prononce *s* devant *e* et *i*; exemples : *cerno*, *accedo*, *facile*, *dicere*, et se prononce *k* devant les autres lettres; exemple : *cujus*, *crassus*, *caluisse*, *locus*, *depactus*; *œ et œ* se prononcent comme *e* dans *prœcipue*, *rosœ*, etc. Les Latins ont des signes diacritiques, comme dans *rosâ* à l'ablatif, tandis que le son *a* ne change pas plus que *o* n'est changé dans *illicò*, que *e* n'est changé dans *facilè*, et *u* dans *faciliùs*. Remarquons cependant que les nouvelles éditions des auteurs latins prouvent la tendance à diminuer les signes diacritiques; ainsi on y a déjà supprimé l'accent circonflexe sur la lettre *a*, terminaison de l'ablatif. Les syllabes contractées, les adverbes au positif, au comparatif et au superlatif, la conjonction *cum* et quelques autres mots, ont généralement perdu l'accentuation.

La lettre latine *x* représente *cs*; c'est une lettre double, par conséquent *saxa* est pour *sacsa*. Les Latins ont *ph* pour *f*: *philo-*

sophia, Daphnis; ch se prononce comme *c* dur dans *stomachus pulcher*. Nous passons sur *au* qu'on prononce *ô* dans *haud, augeo;* car il est probable qu'on prononçait l'une et l'autre de ces voyelles, de même qu'on pouvait prononcer *t* dans *initio*, quand nous prononçons *s*.

En grec, il y a deux lettres doubles ψ, ξ : ψύχη pour πσύχη, ξύλον pour κσύλον ; ζ, classé parmi les lettres doubles, est en réalité une consonne simple, puisqu'il correspond exactement à la lettre phénicienne *zin-n*, ז, dont nous parlions tout à l'heure. Il y a deux voyelles *o* : ο, ω — φόνος, φώνη ; αυ se prononce *o* : αὔτος. Les signes diacritiques abondent dans cette langue : tréma, accent aigu, accent grave, accent circonflexe, esprit doux, esprit rude.

Dans toutes les langues dérivées, et particulièrement dans les langues slaves, la même irrégularité et les mêmes complications existent à des degrés différents. D'ailleurs, le livre de M. A. Firmin Didot est plein de ces anomalies et de ces inconséquences, qui ont embarrassé tant d'écrivains distingués : *lettres doubles, trait d'union*, mots en *ant* et en *ent*, en *ance* et en *ence*, etc., etc.

Les savants de Port-Royal, dans leur GRAMMAIRE GÉNÉRALE posaient ces principes :

« 1° Que toute figure marquât quelque son, c'est-à-dire qu'on n'écrivît rien qui ne se prononçât (critique des mots *eau, chaud, plomb*, etc.) ;

« 2° Que tout son fût marqué par une figure, c'est-à-dire qu'on ne prononçât rien qui ne fût écrit (critique des diphtongues telles que *eu*, *ou*, qui sont de véritables sons simples et qui devraient avoir leurs caractères) ;

« 3° Que chaque figure ne marquât qu'un son, ou simple ou double (critique de *ph, th*, philosophie, thaumaturge) ;

« 4° Qu'un même son ne fût point marqué par différentes figures (critique des majuscules capitales, etc.) (1). »

(1) A. Erdan, *Les Révolut. de l'A. B. C*, p. 39.

Ces messieurs n'en tinrent pas compte dans la pratique, et cela se comprend, car, pour le faire, il leur aurait fallu écrire *o* au lieu d'*eau*, *cho* au lieu de *chaud*, *plon* au lieu de *plomb;* que deviendrait l'étymologie? Nous citons ici, fort à propos, les paroles de l'un de nos judicieux grammairiens contemporains :

«..... Tandis que des grammairiens isolés (l'abbé Dangeau, etc.), tentent, après Ramus au seizième siècle, Expilly au dix-septième, de conformer l'orthographe sur la prononciation, en un mot d'écrire comme l'on parle, — tentative absurde en elle-même, puisque l'orthographe du mot résulte de son étymologie, et que la changer, ce serait lui enlever ses titres de noblesse, etc. (1). »

Port-Royal sentait fort bien que cette réforme, ou plutôt cette réformation, ajouterait mille difficultés à l'étude déjà si difficile de la langue française, arracherait violemment les mots français de la source d'où ils dérivent, enfin détruirait absolument notre langue.

Ainsi, en écrivant *o* (eau) on perdrait toute trace du latin *ăqua*, qui a produit *aqueux*, *aquatique, aquarelle*, et qui, pour exprimer l'idée la plus simple du liquide même (eau), s'est dépouillé de la lettre *q,* ce qui a laissé subsister *aua;* la terminaison latine *a* étant retranchée, il est resté en français *au*, que l'usage a fait précéder d'un *e* muet qui n'ajoute rien au son, si ce n'est une sorte d'aspiration douce.

En écrivant *cho*, l'origine latine *calidus* disparaît absolument, et par suite la trace de *calorique* et *chaleur* serait perdue, tandis qu'elle est conservée par *chaud*, qui n'est autre chose que *cald*, où *ca* a été adouci en *cha*, *l* changé en *u*, comme dans *mau*conseil pour *mal*conseil. L'orthographe *plon*, au lieu de plom*b*, détruisait la parenté de *plomber*, *plombier*, et la remplaçait par celle de *ploner*, *plonier*.

C'est ici le lieu de rappeler ce procédé des langues indo-européennes qui consistait, pour créer un mot, non pas à le cal-

(1) A. Brachet, *Gramm. hist. de la lang. franç.*, p. 64.

quer sur un mot phénicien qui lui eût ainsi donné sa propre forme et sa propre signification, mais à former ce mot d'après un radical originel différent, qui lui imprimât l'un de ses caractères essentiels :

Ainsi, et pour ne citer qu'un exemple, *aqua* (eau) a pour expression directement correspondante en phénicien le mot מים *mim;* et cependant il n'y a aucune identité entre ces deux mots. Pour quel motif donc les Latins ont-ils choisi le mot *aqua* pour exprimer l'idée d'*eau?*

Nous avons en phénicien un mot qui signifie, entre autres sens, *affluer, confluer, confluent d'eau, canal.* Ce mot c'est קוה *que;* en voici des applications :

יקוו המים i-*qu*-u e-mim	(Genèse I, 9) que les eaux *confluent.*
ולמקוה המים u-l-m-que e-mim	(Genèse I, 10). Et au *confluent* d'eaux.....

J'afflue s'exprimerait par אקוה *aque;* c'est là l'origine de *aqua.*

On voit par là, nous tenons à le répéter, que les Latins, comme d'ailleurs les autres peuples qui doivent l'origine de leur langue aux Phéniciens, ne se sont pas assujétis à modeler servilement radical sur radical, mais qu'ils ont su choisir toujours dans le vocabulaire originaire d'autres radicaux renfermant au moins l'un des caractères essentiels de l'idée qu'ils voulaient exprimer. C'est ainsi encore que les Latins, abstrayant de l'idée d'*eau* la propriété de se *mouvoir facilement,* ont recouru à un autre radical primitif הלך *elc* ou לכה *lce* (*a*), qui signifie *aller, venir, s'écouler*, et dont ils ont formé les mots *liq*-uor, *liq*-uidus. Un autre mot originel בוא *bua*, au passé בא *ba*, *aller, venir*, etc., a produit chez les Allemands, à cause du même caractère essentiel contenu dans *eau,* le mot *wa*-sser, dont les Anglais ont fait *wa*-ter, et les Indiens *vâ*-ri.

(*a*) Les langues dérivées, comme on le verra constamment par la suite, substituent entre elles les articulations *q*, *k* ou *c dur*. Nous rappelons ici que notre *c* employé pour figurer une prononciation phénicienne s'articule toujours comme le *k*.

Chaud, nous l'avons indiqué, vient du latin *cal*-idus, dérivé lui-même de *cal*-ere, *être chaud, brûler*. Il faut y ajouter *cl*-arere, *briller*, être *clair*. Le mot originel est קלה *qle* qui signifie *brûler*, *enflammer*, *rôtir*, *griller*.

Par son onomatopée et par sa signification, קל *ql* désigne une chose *mince*. En effet, l'une des propriétés essentielles de la flamme, c'est de *s'amincir*, de devenir graduellement plus *exiguë*, jusqu'à ce qu'elle se termine en *pointe*. C'est pour cette raison que le même mot קל *ql* a été choisi par les Latins pour nommer cette partie plus *mince* du corps humain qui attache la tête au tronc, *col*-lum, *cou*.

Certains diminutifs affectent la terminaison *cul*-us, parce qu'ils expriment effectivement quelque chose de *réduit*: monti-*cul*-us, *monticule*, parti-*cul*-a, *particule*. *Cal*-vus, *chauve*, rentre évidemment dans cette catégorie ; le même mot est adopté par les Allemands, *kahl*, signifiant, comme *cal*-vus, une *dégarniture*, un *dépouillement* de cheveux, par conséquent un *amoindrissement*, une *diminution*.

C'est aussi pour désigner quelque chose de *restreint*, de *petit*, que קל *ql* ou קול *qul* signifie la *voix*, qui se forme dans un *étroit tuyau* du cou; d'où les Latins ont dit *cl*-amare, *crier*, *cl*-angere, *retentir*, *cal*-are, *appeler*.

Dans l'ordre de *dire*, de *crier*, d'*appeler*, de *bruire*, les Grecs ont καλ·ἕιν, *appeler*, κλ-άζειν, *crier*, κλ-αγγή, *cri aigu*, κὲλ-ομαι, *inviter* par la *voix*, κλ-ειν, *dire*, κλ-ύειν, *entendre*, *apprendre* par la *voix*; dans l'ordre de diminution, ils ont κλ-αειν, *amollir*, *affaiblir la voix*; κλ-ιμα, région, *fraction*, *partie amoindrie* de l'univers ; κλ-ίνειν, *coucher*, faire *plier*, rendre plus *petit*: c'est le mot *kl*-ein des Allemands. Nous nous sommes borné aux mots racines, dont les dérivés sont innombrables. Nous faisons de même pour l'allemand: dans l'ordre de *dire*, de pousser des *cris plaintifs*, on trouve *kl*-agen, *se plaindre*, *kl*-ingen, *rendre ou faire entendre un son*, *kl*-irren, *rendre un son aigu*; dans l'ordre de diminution, *kahl*, *dépouillé*, *amoindri*; dans l'ordre de *chaleur*, *kal*-k (*cal*-x en latin) *chaux*, *kohl*-e, *charbon*, *braise*.

Cependant קל *ql* a d'autres sens encore : *bas, vil, méprisé;* c'est la conséquence d'*amoindrissement*. Le verbe קלל *qll*, toujours dans le sens de *mépris*, signifie *maudire*. Chacun de ces mots signifie encore *léger*, *légèreté, agilité, promptitude, finesse, ruse, subtilité, malignité, perfidie*. De là une grande quantité de dérivations : en latin, *cal*-lidus veut dire *habile, ingénieux, astucieux, rusé, fin; cal*-lere, oc-*cal*-lescere, *cal*-lidus, *cal*-lens, *cal*-losus, *cal*-lum, signifient *durcir*, avoir des *durillons*, des *rugosités*, et, dans le sens moral, *force d'âme, capacité :* le *frottement* qui est l'une des significations de קלל *qll* (Ezéchiel I, 7 et Daniel X, 6), donne la *rugosité*, comme il donne l'*expérience*, c'est-à-dire l'*intelligence, la force d'âme*. Le mot allemand *kl*-ug *intelligent, perspicace,* tire de là son origine.

Plomb vient du latin *plumbum*. Voilà encore un de ces mots dont nous parlions tout à l'heure, qui ont été puisés dans la langue alphabétique primitive, sans rapport immédiat avec le mot identique de cette langue. Contrairement au mot précédent, c'est dans une autre racine qu'il faut aller chercher la cause de l'expression latine et de l'expression française.

En effet, *plumbum* et *plomb* n'ont rien de commun avec עפרת *opr-t*, qui en phénicien signifie plomb, dont la racine est עפר *opr*, *terre* ou *poussière*, parce que, sans doute, le plomb se trouve dans la terre. On objectera que le fer, le cuivre, l'argent, l'or se trouvent également dans la terre ; nous n'avons pas à scruter le motif du choix des Phéniciens, qui ont su nommer les autres métaux d'après certaines qualités essentielles qui les distinguaient entre eux dans leur esprit.

Or, voici le mot phénicien qui a donné son radical à *pl*-umbum, *pl*-omb. Ce radical est נפל n-*pl*, *tomber,* dont le primitif est פל *pl;* car la lettre נ *n* s'élide très souvent dans les formes verbales ; elle est plutôt le signe du passif. C'est uniquement la racine פל *pl* qui constitue l'onomatopée originelle et que l'on retrouve presque identique dans les mots français *pal,* instrument de fer qu'on enfonce dans la terre pour faire un trou destiné aux plantations, c'est-à-dire qu'on fait *tomber* violemment contre le sol pour l'y enfoncer ; *pil*-e, coup violent qui *tombe* sur quelqu'un; *pil*-e voltaïque, appareil qui peut foudroyer ou faire *tomber*; *pil*-on, instrument de fer, de bois, ou de pierre qui *tombe* dans le mortier. Tous ces noms se rapportent exactement à l'idée de *tomber* dessus ou dedans.

Ce rapprochement suffirait; mais cette même racine primitive a engendré une multitude innombrable de mots dans les langues dites aryennes, et l'on pourra juger par là de la prodigieuse fécondité d'une syllabe génératrice.

Prenons, par exemple, *pl*-acere, *pl*-aire; ce qui *plaît, tombe* sous le goût; nous comparons aussitôt l'allemand *fal*-len (1), *tomber* qui, avec l'augment *ge*, produit *ge-fal*-len, *plaire*. La Bible (*Jérémie* XXXVI, 7 et XXXVII, 20) nous offre une double application du mot נפל *n-pl* dans un sens identique. *Pl*-acide en est le dérivé : qualité d'être apaisé, adouci, disposé à *plaire*. Voici encore un rapprochement pour l'allemand : *fal*-l signifie *chute*, et avec la préposition *bei* produit *bei-fal*-l être de l'avis de quelqu'un c'est-à-dire *tomber* d'accord avec lui. *Pl*-aisir, *pl*-aisanter viennent naturellement de *pl*-acere. P*l*-acare, *apaiser* est encore le même mot puisqu'il veut dire faire *tomber* la colère. Et précisément dans la Bible (*Néhémie* VI, 16) le mot נפל *n-pl* est employé dans le sens d'*apaisement de colère*. *Pl*-ebs, *pl*-èbe, le *déchet* du peuple, cette partie de la population romaine *tombée* au dernier degré de l'échelle sociale. *Pl*-ectere, frapper, implique une peine corporelle, c'est-à-dire *tomber* sur quelqu'un. De même *pl*-angere, *pl-aindre,* mais qui signifie aussi frapper avec bruit : *plangere pectus* (Ovide) se frapper la poitrine, faire *tomber* avec effort sa main contre la poitrine. C'est l'équivalent de *pl*-orare (*pl*-curer) : *plorare aliquem,* pleurer quelqu'un, c'est-à-dire verser, faire *tomber* des larmes. En italien *piangerer* veut dire *plaindre* et *pleurer*. *Pl*-uere, *pl-euvoir*, c'est l'eau qui *tombe*; *pl*-uma, *pl-ume*, ce qui *tombe* de l'animal. *Pl*-icare, *pl*-ier, *pl*-oyer : un *pl*-i est une petite *chute;* ainsi un *pl*-i du front est produit par la peau qui se détend et *tombe,* de même qu'un *pl*-i de terrain est un *enfoncement* où une taupe peut se

(1) On verra tout à l'heure l'identité des lettres *p* et *f*.

cacher (DICT. LITTRÉ). *Pl*-audere, *ap-pl-audir*, faire *tomber* une main dans l'autre pour produire un bruit. Ce mot n'a pas uniquement cette signification; il veut surtout dire : *frapper*, *battre, fendre les eaux : plaudere natatu aquas* (Stat.), *fendre les flots en nageant*. *Pl*-onger : pour ce mot les lexicographes sont embarrassés. M. Bescherelle n'indique pas d'étymologie. M. Littré n'est pas mal inspiré en la trouvant dans le provençal *plombar* et dans l'italien *piombare* « tomber à plomb, » mais il ne se rend pas compte de l'essence et de la cause du mot. Donc *pl*-audere comme *pl*-onger, signifient *tomber* dedans. En grec, πάλ-αι, *autrefois, jadis ;* οἱ πάλ-αι, *les anciens*, et tous les dérivés simples et composés, expriment l'idée contenue dans le verbe παλ-αιόων, *rendre suranné, abolir ;* au passif, *tomber en désuétude*. Nous réservons pour nos Dictionnaires la série immense des mots dérivés en grec de notre racine פל *pl*, qui a circulé dans une multitude de mots sanscrits, latins, français, allemands et congénères, avec la signification originelle. Il nous faudrait comprendre, dans cette nomenclature, les radicaux dérivés en *pel, pil, pol, pul, pl-a, pl-e, pl-i, pl-o, pl-u*.

Toutefois, il est encore un mot, indiqué par M. Érdan, dont nous tenons à parler, parce qu'il démontre jusqu'à l'évidence l'impossibilité de réaliser le vœu des réformateurs. Ce mot c'est *peau*. Il vient du latin *pe l*-lis. Il rentre également dans la catégorie des mots issus de פל *pl* signifiant *tomber*, et dont il nous aurait été facile de grossir la liste. Les Grecs ont dit πέλ-α, les Latins *pel*-lis, pour désigner ce qui couvre l'animal, ce qui en *tombe*. En allemand, on dit *pel*-z et *fel*-l; en français, *pel*-isse, *pel*-leterie. Nous remarquons en passant les expressions allemandes *fel*-s, *roc, fel*-sen, *rocher*, qui désignent la pierre *tombante ;* et enfin, notre expression correspondante *fal*-aise.

Si l'on voulait conformer l'orthographe à la prononciation, *peau* devrait s'écrire *po ;* et ainsi disparaîtrait la physionomie, le signe étymologique du mot *peau*. D'ailleurs, *po* se confondrait avec *pot*, qu'il faudrait aussi écrire *po*.

Ce n'est pas tout : la lettre *f* n'existe pas en phénicien. La *Massore* ou tradition israélite a attribué à la lettre פ *p* tantôt la valeur de *p*, tantôt celle de *f*, en indiquant cette différence d'articulation par un signe de ponctuation. Cette lettre *f*, qui n'est qu'un affaiblissement de *p*, et la lettre *v*, également étrangère à l'alphabet phénicien, qui n'est qu'un affaiblissement de la lettre *b* (quand le *v* n'est pas le ו *u* phénicien), et souvent de la lettre *p*, sont toutes les deux entrées dans la combinaison alphabétique des langues dérivées. La lettre *f*, par exemple, a pris en grec la forme φ (*phi*); le *v* n'existe pas dans cette langue. Les Allemands possèdent la consonne *f*, de plus le *v* (*faü*). Cette dernière lettre tient souvent lieu de l'articulation *p* qui d'ailleurs fait partie de leur alphabet. L'alphabet sanscrit a la forme *v*, mais il n'a pas l'*f*.

Revenons aux dérivés de פל *pl* ou *fl*.

En latin signalons *fl*-ere, pleurer, et *fl*-etus, pleur, ce sont les larmes qui *tombent; fl*-ectere, fléchir, c'est *tomber; fl*-igere frapper, ou faire *tomber* des coups; *fl*-uere, dont voici les différentes significations d'après les Dictionnaires : *couler*, *fluer, découler, se fondre, devenir liquide* et tant d'autres à côté de *être pendant*, *descendre*, *tomber*, etc., etc.; *fl*-occus, *flocon* ou matière *tombante*.

Le grec nous donne φαλ-ακρός, chauve, dont les cheveux sont *tombés;* φελ-λός, liège, écorce, c'est-à-dire ce qui se détache ou *tombe* de l'arbre, a précisément pour racine πέλ-α, la *peau*. Ce mot justifie son étymologie et nous le retrouvons d'ailleurs dans l'allemand *pel*-z, *peau*, déjà cité.

Rappelons le verbe allemand, *fal*-len *tomber*, qui forme une très grande quantité de mots (Voir nos Dictionnaires).

Nous avons donné l'origine du mot *pl*-omb. Il y a un mot allemand *pl*-umb qui signifie *lourd*, *grossier*, chose qui *tombe* lourdement, grossièrement, et nous avons vu à quelle prodigieuse quantité de mots cette simple syllabe פל *pl* a donné naissance dans les langues dérivées. Ainsi, *pl*-omb veut dire une chose qui tend à *tomber*, qui *tombe :* fil à plomb est ainsi expliqué par M. Littré : « Masse pesante suspendue à l'extrémité d'un fil, indiquant la direction de la pesanteur ou de la ligne verticale et servant à mettre d'aplomb les ouvrages de charpente et de maçonnerie. Tomber à plomb, dit le Dictionnaire, signifie plonger. »

« Vers la fin du dix-septième siècle, dit M. Erdan (1), les idées de réforme orthographique furent adoptées par la moitié au moins des écrivains. » C'est ainsi que Molière, Bossuet, d'Ablancourt, etc., en étaient arrivés à écrire *efet* pour *effet*, *efectivement* pour *effectivement, indiférent* pour *indifférent*. On supprimait un *f*. Nous allons donner le sens de ces trois mots, et l'on verra qu'on aura fait peu de chose en mettant un *f* au lieu de deux.

Afin que le lecteur ne le perde jamais de vue, nous ne craignons pas de le redire encore : un mot d'une langue dérivée produit par un mot phénicien peut être tiré d'un mot originel qui n'a pas une signification exactement correspondante ; le sens du mot dérivé peut venir d'un autre mot phénicien qui dans une de ses acceptions exprime l'idée de ce mot dérivé. Par exemple, le mot *faire* en phénicien s'exprime par עשה *oche*. C'est dans le verbe פוק *puq* que nous trouvons la racine de *fac*-ere. On sait déjà que la lettre פ est représentée dans les langues dérivées, par *p*, *f* et *v*.

Le sens exact du verbe פוק *puq* ou *fuq* (racine פק *pc* ou *fc*) est *mettre en mouvement ;* on le trouve dans le sens de l'action *de tendre* le pain au pauvre (*Isaïe*, LVIII, 10); dans l'idée d'attacher solidement les clous pour qu'ils ne *bronchent* (*Jérémie*, X, 4); dans cette phrase : « Nous avons tant de provisions qu'elles *débordent* (*Psaum.*, CXLIII, 13) »; dans celle-ci : « Leurs genoux *chancellent* (*Nahum*, II, 11) ». L'idée de *mouvement* est également contenue dans *chanceler* dans le jugement (*Isaïe*, XXVIII, 7); *communiquer* la sagesse, c'est la *faire passer* de soi à autrui (*Prov.*, III, 13).

Mais voici des applications de פק *pc* ou *fc* dans le sens de *fac*-ere, *faire*, d'ef-*fic*-ere, *effectuer*, et de *vinc*-ere, *vaincre*. Quant à *vac*-illare *chanceler*, nous venons d'en donner des applications. Dans le mot *vinc*-ere, la racine פק *fc* se retrouve au supin *vic*-

(1) *Les Révolutionnaires de l'A, B, C*, p. 41.

tum et au passé *vic*-i. Ef-*fic*-ere est le même mot que *fac*-ere, précédé de l'*e* abréviatif de *ex*, c'est-à-dire *faire d'une chose une autre chose :*

אל תפק זממו al t-*pc* ou t-*fc* zmm-u	(Psaume CXL, 9) *N'effectue* pas, c'est-à-dire n'exécute pas son projet. Ne consilia *perficias* (Buxtorf).
טוב יפיק רצון מיהוה tub i-*fic* rtsun mnIeue	(Prov. XII, 2) L'homme de bien *acquiert* la faveur de Jéhovah. *Acquérir = Conquérir, = Vaincre.*
אשרי אדם יפיק תבונה achr-i adm i-*fic* t-bune	(Prov. III, 9) Heureux l'homme qui *acquiert* l'intelligence.

La preuve que notre racine פק *pc* exprime incontestablement le *mouvement* et l'*action*, c'est que nous la retrouvons dans l'allemand *pack-en* qui signifie *pétrir, conglober, empoigner, emballer, empaqueter, faire sa malle, quitter promptement la place.* Nos deux mots français *paq*-uet et em-*paq*-ueter contiennent la même idée. En anglais to *pack* a les mêmes significations que l'allemand *pack*-en; en gaélique et en bas-breton, *pac* veut dire *paquet.* Que de mots dérivés de פק nous pourrions indiquer encore!

A la place de ק *q* mettons ר *r* et nous aurons פור *pur* (racine פר *pr* ou *fr*) qui a produit l'élément principal du mot *indifférent.*

Indifférent est naturellement le contraire de *différent*, dont le verbe dif-*fér*-er vient du latin dif-*fer*-re, composé lui-même de *fer*-re, *porter, supporter, apporter*, et de *dis*, qui exprime la division, l'éparpillement de divers côtés, par conséquent *colporter, divulguer.* Si ce mot signifie aussi *tarder, retarder, ajourner*, c'est l'idée de *porter* avec soi pendant un certain temps une intention, un projet; s'il signifie également *distinguer*, être d'une *autre* qualité, c'est l'idée de porter son esprit de deux ou plusieurs côtés *distincts. Être indifférent*, par conséquent, veut dire *ne rien porter, ne rien colporter, ne rien distinguer.*

Un nombre infini de mots, dans les langues dérivées, doivent leur naissance à la racine פר *pr*, qui est l'onomatopée de la force et qui n'a d'autre signification que *taureau*, c'est-à-dire le *briseur*, le *déchireur*, le *destructeur*, et tout ce qui est *violent*. Comme verbe, dans sa forme trilitère, פור *pur*, פרר *prr*, où reparaît souvent la forme bilitère פר *pr*, a de nombreuses applications dans le sens de *briser*, *déchirer*, *détruire*, *renverser*, *rompre*, *ébranler*, *séparer*, *presser*, *dégager*, *détacher*, *bouleverser*, *enlever*, *creuser*, etc.

En voici quelques-unes :

את בריתי הפר at brit-i e-*pr*	(Genèse XVII ,14) Il a *rompu* mon alliance.
והפר את נדרה u-e-*pr* at ndr-e	(Nomb. XXX, 9) Il a *détruit* (annulé) son vœu.
כי יהוה יעץ ומי הפר ci Ieue iots u-mi e-*pr*	(Isaïe, XIV, 17) Le Seigneur a décidé : qui *brisera* (cette décision).
אתה פוררת בעזך ים ate *purr*-t b-ozc im	(Psaum. LXXIV, 13) Par ta force tu *déchiras* la mer.
שלו היתי ויפרפרני chlu ei-ti u-i-*prpr*-ni	(Job, XVI, 12) J'étais tranquille et il m'a *bouleversé*.
פור התפוררה הארץ *pur* et *purr*-e e-arts	(Isaïe, XXIV, 19) La terre fut rudement *ébranlée*.
פורה דרכתי לבדי *pur*-e drc-ti lbd-i	(Isaïe, LXIII, 3) Seul j'ai foulé le *pressoir*.

Le sanscrit, le grec, le latin, l'allemand, le français, pour ne parler que de ces langues, tirent de la racine פר *pr* un nombre immense de mots, comme nous venons de le dire. En sanscrit, *pur*-â, *jadis*, *pur*-âna, *chose antique*, *par*-âmi, *précéder*, *marcher devant*.

En grec, πρ-ιν veut dire *auparavant*, *avant que* ; πρ-ιειν, *couper*, *scier*, πρ-ό signifie *devant*, de même que le latin *pr*-o. Ce mot grec, radical de πρ-ῶτος, *premier*, a formé beaucoup de mots composés : πρ ο αγορεύω, *je prédis*, πρ-οϐάλλω, *je projette*, etc. ; παρ-ά, *devant*, *outre*, s'est réuni à une grande quantité de mots, par exemple dans παρ αϐαίνω, *je passe outre*, etc.

On se rappelle que la lettre *p* et les lettres φ et *f* correspondent à un même signe originel פ; donc, dans tous les mots grecs commençant par φ, le φ équivaut à π, comme dans le latin, *f* est l'équivalent de *p*; et dans l'allemand, la lettre *v* équivaut à *p*.

En grec, φέρ-ειν signifie *porter, supporter, apporter*, et il entre dans la composition d'une multitude de mots : φερ-έζυγος, qui *porte le joug;* φερ-έοικος, qui *porte sa maison* (*nomade*) φερ-έπτερος, qui *porte des ailes*, etc., φύρ-α, action de *porter* ou d'*apporter*, de *transporter, port.*

De même en latin on voit, 1° dans les mots commençant par *pr*, *pr*-emo, je *presse*, *pr*-etium, *prix*, *valeur*, *récompense*, *fruit*; *pr*-æ-cedo, *je précède*, *pr*-œ-bia, *préservatif*, *pr*-ior, *premier;* *pr*-o-duco, *je produis*, *pr*-udens (syncope de *pr*-ovidens), *prudent;* 2° dans les mots qui commencent par *per*, *per*-vado, je *vais outre*, je *pénètre*, je *traverse;* *per*-verto, je *renverse*, je *détruis*, etc.; 3° dans les mots qui commencent par *fr*, *fr*-audo, je *fraude*, *fr*-endo, je *brise* avec les dents, je *broie;* *fr*-eno, je *mets un frein*, c'est-à-dire je *presse* la bouche du cheval pour le retenir (Voir le Dict. Littré): « *Frein*, vieux mot de mer, vagues qui se *brisent* contre un obstacle », *fr*-etum, *détroit*, bras de mer : « *Sestos separat fretum.....* Ovid. » ; *fr*-igeo, j'ai *froid*, c'est-à-dire j'éprouve l'*interruption* de la chaleur; *fr*-io, je *brise*, je *concasse;* *fr*-ivolus, *frivole*, c'est-à-dire *détaché* de tout; *fr*-ondens, qui a des *feuilles* (les feuilles, partie de l'arbre qui se *détache* aisément) ; *fr*ons, *front* (*l'avant*-tête, *for*-head de l'anglais); *fr*-uctus, *fruit* (ce qui se *détache* de l'arbre); *fr*-ustro, je *frustre*, je *dépouille violemment*, *fr*-ustrum, *morceau;* 4° dans les mots commençant par *fer*, *fir*, *for:* *fer*-o, je *porte;* *fer*-rum, *fer*, ce qui *brise;* *fer*-us, *sauvage*, *fougueux*, *violent* (ce sont les attributs de l'animal qui, dans la langue originelle, se nomme פר *pr*, *taureau*); *fir*-mo, je *fortifie;* *for*-tis, fort.

En allemand, donnons d'abord les mots qui commencent par *v* (faü) : *vor* et *ver*. Le premier, comme préposition, signifiant *avant*, *devant*, a le même sens que πρ-ο en grec et que *pr*-æ, *pr*-o en latin. Il est entré dans la composition d'une foule de mots : *vor*-

gehn, *précéder; vor*-sitzen, *présider*; le second est un préfixe qui a le sens de *per* du latin, et qui s'unit à une multitude de mots pour les renforcer : *ver*-brennen, *consumer, brûler entièrement; ver*-schneiden, *couper en morceaux, dépecer*, tandis que *brennen* veut simplement dire *brûler; schneiden, couper*. Voici maintenant les mots qui commencent par *f*, ou plutôt par *fr* : *fr*-ei (nous copions dans le Dict. allemand) : « qui est débarrassé ou séparé d'une chose incommode ou gênante ; dégagé, exempt, quitte, libre » : *séparer, dégager*, être *libre*, exprime la *rupture* de tout lien ; *fr*-emd, *étranger*, c'est-à-dire *éloigné, séparé* des indigènes ; *fr*-euen (dont l'adjectif est *fr*-oh) ; *causer de la joie, faire plaisir*, c'est l'idée de *dégagement* de l'esprit ; *fr*-eund, *ami*, c'est-à-dire celui qui nous *réjouit*, qui *partage* nos sentiments ; *fr*-evel (nous citons encore d'après le Dict.) : « latin *frivolum*, violation audacieuse et volontaire de la loi » : c'est l'idée de *rompre* avec la loi ; *fr*-iede (citation du Dict.) : « dérivé de *frei*, proprement état de repos, de tranquillité, d'ordre, de sécurité ; règne des lois, ordre public, paix » : la principale signification du mot c'est *paix*, c'est-à-dire quiétude, par conséquent complet *dégagement* de l'esprit ; *fr*-ieren, c'est le *fr*-igere des Latins ; *fr*-isch, *frais, froid*, rentre dans la même catégorie ; *fr*-ucht, *fruit*, c'est le *fr*-uctus du latin ; *fr*-üh, *de bonne heure, tôt, auparavant*, etc., c'est le *pr*-ius.

En français, nous commençons également par les mots en *p*, soit *pr* : *pr*-airie (en latin *pr*-atum) : un *pr*-é, une *pr*-airie est un terrain, circonscrit, c'est-à-dire *fragmenté; pr*-emier, *pr*-esser (en latin *pr*-essare) ; *pr*-ince (en latin *pr*-inceps, formé de *primum caput, première tête*) ; *pr*-intemps (du latin *pr-imum tempus, premier temps*) ; *pr*-isme (du grec πρ-ίςμα, *coupé* de tous côtés par différents plans) ; *pr*-iver (du latin *pr*-ivare,) c'est-à-dire *couper* ou *séparer*, *pr*-ix.

Viennent les mots prépositifs en *pr-é, pr-i, pr-o* : *pré*-poser, *pri*-mordial (latin pr-i-m-ordialis), *pr-o*-poser. Puis les mots prépositifs en *par, per, pour* : *par*-courir, *per*-pétrer, *pour*-suivre.

Nous omettons à dessein les mots en *fr, far, fer, fir, for, fur*, qui sont trop nombreux ; on les trouvera dans notre Dictionnaire de la Langue française.

Nous voilà bien loin de la querelle entre *f* et *ff* de M. Erdan, et l'on a vu que l'économie d'un *f* ne simplifierait pas essentiellement les langues dérivées. Nous continuerions avec un vif intérêt à suivre M. Erdan dans les mots français qu'il passe en revue avec l'intention de les réformer, pour arriver à la conformité exacte de l'écriture avec la prononciation. Mais le cadre de cet ouvrage nous impose une réserve que le lecteur comprendra.

Nous ne pouvons mieux terminer ce chapitre qu'en rappelant l'étonnante concision de la langue phénicienne.

A ce sujet, l'un des phonographes les plus hardis, Féline, dans son DICTIONNAIRE DE LA PRONONCIATION, page 13, se livre à un curieux calcul sur les résultats économiques de la réforme phonétique. « J'ai cherché dans plusieurs phrases quelle serait la diminution des lettres employées, et celle que j'ai trouvée est de près d'un *tiers*. Supposons seulement *un quart*. Si l'on admet que sur 35 millions de Français un million, en terme moyen, consacrent leur journée à écrire; si l'on évalue le prix moyen de ces journées à 3 francs seulement, on trouve un milliard, sur lequel on économiserait 250 millions par année. La librairie dépense bien une centaine de millions en papier, composition, tirage, port, etc., sur lesquels on gagnerait encore 25 millions. Mais le nombre des gens sachant lire et écrire décuplerait; les livres coûtant un quart moins cher, il s'en vendrait, par cela seul, le double et le double encore, parce que tout le monde lirait. De sorte que ce profit de 275 millions serait doublé ou quadruplé, et l'économie imperceptible d'une lettre par mot donnerait un bien plus grand bénéfice que les plus sublimes progrès de la mécanique (1). »

S'il s'agit purement d'économie, à quelle somme n'atteindrait-on pas, et pour la France seulement, en adoptant la langue des Phéniciens! Ce ne serait plus seulement le *quart* de lettres économisé, mais certainement les *trois cinquièmes,* sinon quelque-

(1) A. Firmin Didot, *liv. cité*, p. 354.

fois les *trois quarts*. Le nombre de lecteurs décuplant, ce seraient non pas des millions, mais des milliards dont on bénéficierait annuellement. Or, les nations, grâce à tous les moyens de communication rapide qui existent, sont aujourd'hui promptes à saisir les découvertes signalées chez un peuple; et nous reculons devant le chiffre énorme réalisé par cette économie. — Mais il faut encore moins songer à l'économie d'argent qu'à l'économie de temps ; et cependant les Anglais disent avec raison : *Times is money*.

On nous demandera peut-être si cette langue primitive a pu suffire et peut suffire à tous les besoins des peuples, pour exprimer leurs idées au fur et à mesure que s'accomplissaient et que s'accomplissent leurs progrès dans toutes les connaissances humaines : il y a aujourd'hui des milliers d'objets qui n'existaient pas chez les Phéniciens et chez les Israélites, à l'époque où ils vivaient en nation. Sans doute; et alors, d'où a-t-on tiré les noms qui expriment cette multitude d'objets nouveaux? La réponse est facile : tous les peuples dont la langue est originaire de la langue phénicienne ont recouru à des radicaux phéniciens pour créer les mots nouveaux qu'ils étaient forcés d'employer. En des temps moins éloignés, et pour le français, par exemple, les mots nouveaux ont été tirés du grec, du latin, du celtique, de l'allemand, de l'anglais, etc. Or, chacune de ces langues ne renferme pas un seul mot qui ne dérive du phénicien. Nous ferons ressortir victorieusement l'évidence de ce fait, quand nous publierons les Dictionnaires de diverses langues dites indo-européennes.

A l'appui de cette vérité, il faut citer l'une de nos principales autorités linguistiques : « Mais si les langues ont été justement comparées à des monuments dont on renouvelle constamment les parties vieillies, il faut ajouter que les matériaux qui servent à réparer les brèches sont tirés de l'édifice lui-même (1). »

La langue des Phéniciens fait ses preuves au temps où nous

(1) Bopp, *Gramm. comparée des Langues indo-europ.*, Introd. du traduc. M. Michel Bréal, t. I, p. XL.

sommes : de nombreux journaux hébraïques existent depuis quelques années, journaux politiques et littéraires. On y traite de toutes les questions du jour avec une aisance, une lucidité à toute épreuve. N'a-t-on pas vu récemment l'un de nos orientalistes parisiens publier, dans cette langue, l'HISTOIRE DE LA GUERRE FRANCO-ALLEMANDE DE 1870-71, DU SIÉGE DE PARIS ET DE LA COMMUNE (1), avec un talent, une perfection au-dessus de tout éloge? On y trouve traduits tous les discours, toutes les proclamations de nos dignitaires, de nos généraux; là, par la comparaison des textes, le lecteur peut se faire une idée de la concision merveilleuse du phénicien.

Nous avons vu que des racines de deux et de trois lettres ont formé une foule de mots dans les langues alphabétiques. La langue française peut être ramenée à un nombre de racines très restreint, comme on en jugera dans notre Vocabulaire, dont les premières livraisons sont toutes prêtes.

(1) E. Roller, chez l'auteur, 130, boulevard Voltaire.

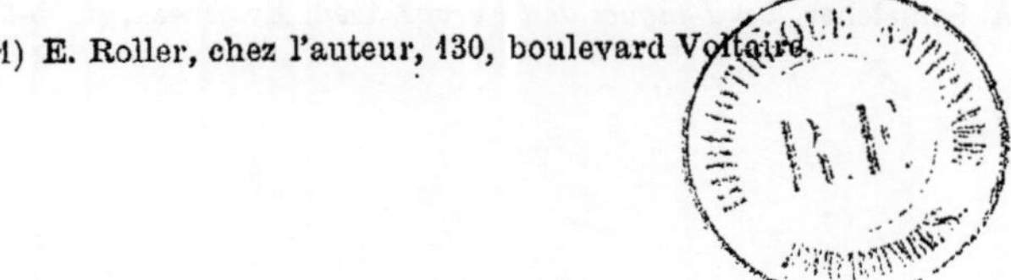

CHAPITRE VI

DÉSINENCES : — AGGLUTINATION — FLEXION

Après l'analyse d'un certain nombre de radicaux se place tout naturellement celle des terminaisons. Avant d'aborder cette grande question relative à l'origine des éléments flexionnels, dans les langues dites aryennes, nous traitons d'abord des langues *naturelles*, dites touraniennes ou tartares, dont les mots présentent non des flexions, mais des agglutinations.

L'agglutination est parfaitement définie par M. Schleicher :

« On peut établir une foule de divisions et de subdivisions dont la grande masse des langues, qui se trouvent placées entre la flexion d'un côté et la non-expression de la relation de l'autre. Nous entendons par agglutination, en général, l'adjonction légère de syllabes de *relation* au mot de *racine* ou de *signification*. Chez quelques-unes de ces langues la notion de *signification* est entendue plus largement, la *relation* y remplit un espace plus considérable que dans d'autres idiomes de cette classe ; la phrase entière s'y agglomère parfois en un seul mot, puisque le radical du verbe même y est capable de s'agglomérer quelques mots de *signification* indépendants. Guillaume de Humboldt appelle les langues de cette espèce des idiomes à *incorporation*.

» Dans ces langues incorporantes la signification du nom cède la place à celle du verbe : le nom joue le rôle d'une explication ajoutée au verbe, etc., etc. (1). »

C'est là, en effet, une bonne définition des langues agglutinantes. Mais voici une théorie du même auteur que nous ne saurions admettre :

(1) A. Schleicher, *Les Langues de l'Europe*, trad. Ewerbeck, p. 75-76.

« L'époque primitive ou antéhistorique ne saurait être reconstruite pour notre méditation que d'après l'essence des idiomes existants : ce n'est qu'alors que nous voyons clairement, en les observant et disséquant pour ainsi dire, que le *monosyllabisme* était l'élément primaire; puis est venue l'*agglutination*, et en dernier lieu la *flexion*. Les langues monosyllabiques se sont les premières arrêtées dans leur développement.

» On voit à la construction des langues agglutinantes qu'elles se sont développées du monosyllabisme; de même les langues à flexion. En d'autres termes, l'agglutination renferme le monosyllabisme, la flexion renferme à la fois le monosyllabisme et l'agglutination, comme des *momenta* disparus, qui n'y ont laissé qu'une trace plus ou moins perceptible (1). »

Nous avons suffisamment développé dans nos premiers chapitres l'histoire du monosyllabisme. L'auteur se trompe quand il fait procéder l'agglutination du monosyllabisme et la flexion de l'agglutination. On va voir : 1° que les langues agglutinantes n'ont eu aucun rapport avec le monosyllabisme, qu'elles sont purement des langues *naturelles*, et 2° que les langues à flexions ne sont autres que les langues dites aryennes ou indo-européennes, langues créées à la suite de l'invention de l'alphabétisme par les peuples qui étaient en communication avec les Phéniciens. M. Max Müller se trompe également lorsqu'il dit :

« J'appelle *période des désinences*, la seconde, où deux ou plusieurs racines s'agglutinent pour former un mot, l'une conservant son indépendance radicale et l'autre se réduisant à une simple désinence, ainsi que cela a eu lieu dans la famille *touranienne;* et les langues qui y sont comprises ont pris le nom d'*agglutinantes*, de *gluten*, glu. Enfin, j'appelle *période des flexions* la troisième, dans laquelle les racines se fondent de telle sorte qu'aucune d'elles ne conserve son indépendance (2). »

En appelant le système agglutinant la *seconde période*, on voit

(1) A. Schleicher, *Les Langues de l'Europe*, trad. Ewerbeck, p. 20-21.

(2) Max Müller, *La Science du Langage*, 8e Leçon, p. 311.

que l'auteur part également de l'idée de trois périodes : monosyllabisme, agglutination, flexion. Mais continuons à le citer :

« Tout le groupe touranien se compose de langues à *désinences* ou *agglutinantes*, et il comprend, à l'exception du chinois et des dialectes congénères (*a*), toutes les langues parlées en Asie et en Europe qui ne font pas partie des familles aryenne et sémitique. Sur le vaste continent de l'ancien monde, les langues sémitiques et aryennes n'occupent que ce qu'on peut appeler les quatre péninsules occidentales, à savoir : l'Inde avec la Perse, l'Arabie, l'Asie-Mineure, et l'Europe ; et nous avons lieu de supposer que ces mêmes contrées ont été habitées par des populations touraniennes avant l'arrivée des nations aryennes et sémitiques... Sans doute, notre attente serait trompée si nous pensions trouver dans cette multitude innombrable de langues le même air de famille qui rapproche les langues sémitiques ou aryennes ; mais l'absence même de cet air de famille constitue un des caractères des dialectes touraniens. Ce sont des langues de *nomades*, langues qui, par ce caractère, se distinguent profondément des langues aryennes et sémitiques (1). »

« Ce nom de Tartare (*b*) ne tarda pas à devenir la terreur de l'Europe comme de l'Asie, et il s'appliquait indifféremment à tous les guerriers nomades qui fondirent alors sur l'Europe. Primitivement il ne désignait que les races mongoles, mais à cause de leur prépondérance politique en Asie après Genkis Khan, on prit l'habitude de l'étendre à toutes les tribus qui se trouvaient sous leur domination. Dans les ouvrages de linguistique, *tartare* est pris dans deux significations différentes : suivant l'exemple des auteurs du moyen-âge, il a été adopté ainsi que *scythe* en grec, comme terme général comprenant *toutes* les langues par-

(*a*) L'auteur oublie ici que le chinois est une langue monosyllabique.

(1) Max Müller, *liv. cit.*, 8e leçon, p. 312-314.

(*b*) A. Schleicher insiste pour le nom de *Tatare* au lieu de *Tartare*, mais M. Max Müller est dans le vrai, car on verra au chap. VIII que *tour-anien* et *tar-tare* procèdent l'un et l'autre de תור *tur* et de תר-תר *tr-tr*.

lées par les tribus nomades de l'Asie, c'est-à-dire dans le sens où j'emploie le mot touranien (1). »

Autres citations :

« Qu'est-ce que l'agglutination? Tandis que dans les idiomes de la première forme (le chinois, le siamois et les langues analogues), les mots ne sont autre chose que des formes monosyllabiques invariables, placées à la suite les unes des autres (sans qu'il y ait cependant entre elles une juxtaposition très intime), il arrive dans les idiomes du second degré que plusieurs éléments se juxtaposent réellement, s'agglutinent, s'agglomèrent : de là, le nom de langues *agglutinantes* ou *agglomérantes* qui leur a été donné (*a*).

« Les divers éléments qui entrent dans la confection du mot ne possèdent plus chacun leur valeur propre, leur valeur première. Il n'y en a plus qu'un seul qui porte l'idée principale, l'idée de la signification, le sens. Les autres éléments perdent tout à fait leur valeur indépendante. A la vérité, ils possèdent bien encore une portée personnelle, individuelle; mais ce n'est qu'une portée toute relative. En effet, tandis que l'élément dont la signification aura persisté avec sa valeur primitive,—«frapper, prendre, garder,» et ainsi de suite — verra se grouper autour de lui des éléments qui détermineront les modes d'être ou les modes d'action, d'autres éléments, perdant de leur valeur primitive, s'accoleront à cet élément dont la signification est tout entière sauvée et auront pour rôle de déterminer les modes d'être d'action de l'élément en question (2). »

Puis le livre de M. Hovelacque passe en revue les *Langues de l'Afrique-Méridionale*, les *Langues des Nègres de l'Afrique*, les *Langues du groupe bantou*, le *poul*, les *Langues nubiennes*, les *Langues négritos*, les *Langues des Papous*, les *Langues austra-*

(1) Max Müller, *liv. cit.*, 8e Leçon, p. 321.

(*a*) On voit que l'auteur fait la même confusion que MM. A. Schleicher et Max Müller : *monosyllabisme, agglutination, flexion.*

(2) A. Hovelacque, *la Linguistique*, p. 57-58.

liennes, les *Langues maléo-polynésiennes*, le *japonais* (*a*), le *coréen*, les *Langues dravidiennes*, les *Langues ouralo-altaïques*, la *Langue basque*, les *Langues américaines*, les *Langues hyperboréennes*, les *Langues du Caucase* et *quelques autres idiomes classés parmi les Langues agglutinantes*. Nous ne citerons que les deux passages ci-après, avant de passer à quelques-unes de ses démonstrations, afin de montrer que *tous ces langages sont complètement étrangers les uns aux autres :*

« Le nombre des idiomes parlés par les Nègres d'Afrique, est assez important. Quelques-uns de ces idiomes se rattachent d'assez près les uns des autres et forment ensemble des groupes bien marqués, mais on ne peut assurer, avec preuves scientifiques en mains, que les différents groupes soient issus d'une seule et même souche. Ces différentes langues, sans doute, appartiennent les unes et les autres à la classe des langues agglutinantes, mais ceci ne préjuge en rien une communauté d'origine. Malgré bien des emprunts, le lexique de ces différents groupes d'idiomes est fort varié, et par dessus tout, leur grammaire est très diverse. Dans l'état actuel de nos connaissances, nous pouvons dire que l'on rencontre chez les Nègres d'Afrique, un certain nombre de langues ou de groupes de langues tout à fait distincts les uns des autres, tout à fait indépendants (1). »

« Deux faits semblent aujourd'hui parfaitement avérés : les langues maléo-polynésiennes ont toutes une origine commune ; elles sont indépendantes de toute autre famille linguistique. Bopp fit une tentative malheureuse pour les réunir aux langues indo-européennes ; d'autres auteurs voulurent les rattacher à une prétendue famille touranienne dont nous dirons quelques mots au paragraphe vingtième du présent chapitre (b). Ce fut peine perdue. Leur système phonétique est distinct et bien distinct de

(*a*) Nous ne parlons pas ici du japonais, le sujet ayant été traité au chap. II : *L'Origine du langage*.

(1) A. Hovelacque, *liv. cit.*, p. 68.

(*b*) Voir notre chap. VIII : *Langues dites Sémitiques, Aryennes, Touraniennes*.

tous les autres, leurs racines sont parfaitement originales et ne se prêtent à aucun rapprochement avec les racines du système indo-européen, du système ouralo-altaïque ou de toute autre famille de langues (1). »

« La question de l'origine des *Hottentots* est tout à fait obscure. L'origine de leur langue n'est pas mieux connue. On a cherché à la rattacher aux langues Khamitiques, à l'ancien égyptien, au copte; cette tentative n'a pas eu de succès. Telle quelle, la langue des Hottentots nous semble isolée, indépendante de tout autre idiome. Elle est d'ailleurs franchement agglutinante.

« Les dialectes hottentots sont au nombre de trois : le *nama*, le *kora*, le *hottentot du Cap* (2). »

« Les *Bochimans* : on ne connaît que fort peu de chose des divers idiomes parlés par les Bochimans. S'ils sont tous alliés les uns aux autres, il existe du moins de grandes différences entre tels et tels d'entre eux. On a voulu les assimiler aux dialectes hottentots, mais cette tentative n'a pas eu de succès; tels que nous les connaissons, les idiomes des Bochimans sont indépendants de la langue des Hottentots. En tout cas, ils appartiennent comme elle au système agglutinatif. Bochiman vient d'un mot hollandais qui veut dire *homme des bois* (3). »

« *Groupe bantou.* Cafres, Zanzibar, Zambèze, Zulu, Setchouana, Tékéza, Congo, Heréro, Mozambique.

« Ici, comme dans toutes les langues agglutinantes, il n'y a qu'une simple agglomération de racines juxtaposées, une dérivation pure et simple.

« La vraie caractéristique des langues appartenant à ce groupe, c'est la formation des mots au moyen de préfixes, d'éléments placés devant la racine; c'est sur ce seul et unique point qu'il était utile d'insister d'une façon particulière (4). »

(1) A. Hovelacque, *loc. cit.*, p. 92.
(2) Id., *ibid.*, p. 62.
(3) Id., *ibid.*, p. 67.
(4) Id., *ibid.*, p. 78 et 85.

« Le *poul* (centre de l'Afrique.)

« Le verbe est beaucoup plus simple. Les différents temps se forment, comme dans toutes les langues agglutinantes, par l'agglomération de divers éléments dont l'analyse demeure toujours assez claire (1). »

« *Langues nubiennes.* Les ethnologistes rattachent les uns aux autres les Nubiens et les Pouls, Peules ou Foulas, et en font une seule et même race, dont les premiers formeraient la division orientale, la seconde la division occidentale. En tout état de cause, les langues de ces deux populations paraissent différentes (2). »

« *Langues des Négritos.* On ne sait que bien peu de chose des idiomes parlés par les différents groupes de Négritos. Nous n'avons guère pour l'instant, qu'à signaler l'existence de ces idiomes.

« *Les Langues des Papous*, ne sont que très imparfaitement connues. Parlées à l'est du malai, au nord des idiomes australiens, dans la Nouvelle-Guinée et dans un certain nombre des îles environnantes, elles forment plusieurs dialectes assez différents les uns des autres.

« Ce que l'on en connaît montre qu'elles sont franchement agglutinatives (3). »

« *Langues australiennes.* Les différentes langues de l'Australie (et elles sont nombreuses) paraissent toutes apparentées les unes aux autres, mais elles ne se rattachent à aucune autre famille linguistique.

« Dans presque toutes ces langues, la notion même du nombre est peu développée; quant à celle du genre elle est totalement inconnue. Par contre, on trouve une certaine richesse dans le matériel des suffixes, chargés de déterminer les relations du nom, ce qu'on appelle improprement les cas dans les langues agglutinantes (4). »

(1) A. Hovelacque, *liv. cit.*, p. 85-86.
(2) Id., *ibid.*, p. 87.
(3) Id., *ibid.*, p. 88-89.
(4) Id., *ibid.*, p. 89.

« *Le coréen* possède un véritable alphabet composé de voyelles et de consonnes figurées individuellement; son écriture, en d'autres termes, est alphabétique.

» En coréen, de même que dans les autres langues agglutinantes, des postpositions viennent se joindre intimement au mot pour rendre les différentes idées de rapport, de relation, que les langues à flexion expriment par leurs cas. Le pluriel s'indique par la répétition du mot ou l'adjonction d'un autre mot dont le sens est celui de « tous » ou « beaucoup. » Dans le lexique coréen, il s'est introduit un très grand nombre de mots chinois que l'on peut reconnaître sans trop de difficulté, bien que leur mode de prononciation soit assez varié (1). »

« *Langues dravidiennes.* Ces langues occupent toute la partie méridionale de la péninsule cisgangétique, depuis les monts Vindhya et la rivière Narmadâ (les Anglais écrivent Nerbudia) jusqu'au cap Comorin. Dans cette vaste région, peuplée d'environ cinquante millions d'habitants, on trouve quelques colonies européennes ou musulmanes, mais le nombre des indigènes qui se servent exclusivement des idiomes dravidiens peut être évalué à quarante-cinq millions environ.

« M. Caldwell, dans son important ouvrage sur les langues dravidiennes, les divise en deux groupes, — nous ne disons pas deux familles, — selon qu'elles sont ou ne sont pas cultivées... Les langues littéraires, les seules dont nous ayons à nous occuper ici, sont le *tamoul,* le *malayâla*, le *télinga*, le *kanara,* le *toulou,* le *koudagou*...

« Ces langues sont agglutinantes. L'agglutination n'arrive à exprimer les relations, les rapports de la pensée que par l'adjonction d'un autre élément à la racine principale.

« Dans la famille dravidienne elle-même, une grande partie du vocabulaire de certains idiomes incultes est de provenance inconnue. Il faut donc, pensons-nous, n'accepter qu'avec une

(1) A. Hovelacque, *liv. cit.*, p. 102.

grande réserve tout ce que l'on peut dire de l'ancienne extension des langues dravidiennes.

« On peut avancer au moins, en toute sûreté, qu'elles ne se rattachent à aucune autre famille linguistique et qu'elles forment un groupe tout à fait indépendant (1). »

« *Langues ouralo-altaïques*. Disons tout d'abord qu'on s'accorde généralement à diviser en cinq groupes principaux les langues ouralo-altaïques : le groupe *samoyède*, le groupe *finnois*, le groupe *turc* ou tatare, le groupe *mongol*, le groupe *tongouse*.

« Nous leur devons une place importante dans cet écrit. Plusieurs d'entre elles ont ou ont eu une valeur littéraire réelle. On a souvent cité telle ou telle langue de la famille ouralo-altaïque (notamment le turc ou le magyar), lorsqu'il s'agissait d'exposer les procédés de l'agglutination. Elles se prêtent, en effet, on ne peut mieux à cette démonstration (2). »

Ces cinq groupes se divisent, à leur tour, en un grand nombre de langues, dont nous ne nommerons que les plus connues : le *samoyède ostiaque*, le *lapon*, l'*ougrim* (magyar, vogoul, ostiaque), le *suomi*, le *tschoude*, le *vepse*, l'*esthonien*, le *turc*, le *tongouse*, le *mandchou*, le *mongol*.

« En tous cas, que l'on arrive à les ramener à une origine commune, ou que l'on échoue dans cette tentative (soit en ce qui les concerne tous, soit en ce qui ne concerne que quelques-uns d'entre eux), il est certain qu'on ne pourrait les séparer les uns des autres, dans l'étude générale des langues agglutinantes, tant ils se trouvent rapprochés par les phénomènes de l'harmonie vocalique (3). »

L'harmonie vocalique consiste en ceci :

« Chez ces langues il existe une loi qu'on ne saurait, ce sem-

(1) A. Hovelacque, *liv. cité*, p. 105 et suivantes. Consulter également M. Julien Vinson : *Ouverture du cours d'Hindoustani et de la Langue Tamoule*, Paris, 1879.

(2) A. Hovelacque, *liv. cit.*, p. 117-118.

(3) Id., *ibid.*, p. 148.

ble, rencontrer nulle part ailleurs : la loi de l'harmonie des voyelles. Les voyelles des *syllabes de relation* sont forcées de se mettre en harmonie avec les voyelles des *syllabes de signification*. C'est là une manière toute particulière d'assurer à la fois et l'unité du mot, et la prédominance de la *signification* sur la *relation* qui s'exprime souvent (comme dans la conjugaison turque) par une longue file de syllabes. Ces deux avantages seraient difficiles à obtenir dans les langues agglutinantes, sans l'observation de la loi des voyelles.

« Voici comment les idiomes tatares ont résolu cette difficulté. Ils ont créé pour les radicaux des voyelles dures, molles et moyennes. Les dures sont *a, o, ou;* les molles *ai* (*e*), *eu*, *u*, et les moyennes sont *i* ou *e*. De là est provenue la loi d'harmonie suivante :

1° Avec des voyelles de radical *dures*, les voyelles de terminaison sont *dures* aussi;

2° Avec des voyelles de radical *molles*, les voyelles de terminaison sont *molles* aussi;

3° Les voyelles *moyennes* réclament presque toujours des voyelles de terminaison *molles*;

4° Des voyelles *dures* et *moyennes* du radical réclament des voyelles de terminaison *dures*;

5° Les voyelles *molles* et *moyennes* du radical réclament des voyelles de terminaison *molles*.

« Les exemples abondent dans les divers idiomes agglutinants :

1° Turc : *aghà*, maître; pluriel : *aghà-lar*.
Magyare : *youh* mouton, *youh-asz-nak* au berger.
Magyare : *haz* maison, *haz-bol* de la maison.

2° Turc : *er* homme; pluriel : *er-ler*.
Magyare : *kert* jardin, *kert-esz-nek* au jardinier.
Magyare : *kert* jardin, *kert-böl* du jardin.

3° Magyare : *sir* tombeau, *sir-nak* au tombeau.
Turc : *qiz* fille, *qiz-ler* filles.
Magyare : *indit-ok* je mets en mouvement.
Magyare : *szepit-ok* j'embellis.

4° Finnois : *papi* prêtre, *papi-lta* du prêtre.
Magyare : *mozdit-ok* je mets en mouvement.
5° Finnois : *terais* acier (la forme primitive est *teraikse*), *teraikse-ltai* de l'acier (1). »

« *Langue basque ou euskari.* Cet idiome, jadis fort répandu, ne subsiste plus que dans un petit espace entre les Pyrénées et le golfe de Biscaye; il se compose, de l'est à l'ouest, de trois dialectes qui ne diffèrent que peu entre eux : le labortan, le viscayen et celui de Guipuzcoa. C'est une langue unique, ce semble, et qui n'a point de sœurs. En général, son principe vital est celui de l'agglutination, etc. (2). »

« *Langues américaines.* On a beaucoup écrit, on écrit beaucoup sur les langues américaines. Il en est peu qui aient prêté à autant de théories excentriques et fantaisistes; elles partagent largement, sous ce rapport, le sort qui était réservé au basque et à l'étrusque (3). »

Ces langues sont en grand nombre : l'*algonquin* et l'*iroquois* y dominent. Voici une appréciation convenable du caractère général des langues américaines : « M. Frédéric Müller, dans son ETHNOGRAPHE GÉNÉRALE, dit : « Les langues américaines reposent, dans leur ensemble, sur le principe du polysynthétisme ou de l'incorporation. En effet, tandis que dans nos langues les conceptions isolées que la phrase relie entre elles se présentent sous la forme de mots détachés, elles se trouvent réunies, au contraire, dans les langues américaines, en une indivisible unité. Par conséquent, mot et phrase s'y confondent tout à fait (4). »

Cette forme polysynthétique, dont nous donnerons un peu plus loin quelques échantillons, inspire à M. Hovelacque ces paroles très justes, selon nous :

(1) A. Schleicher, *liv. cit.*, trad. Ewerbeck, p. 83-84 Voir aussi A. Hovelacque, *liv. cit.*, p. 147 et suivantes; Lucien Adam, *Harmonie des voyelles dans les langues ouralo-altaïques*, chez Maisonneuve, 1874.

(2) A. Schleicher, *liv. cit.*, p. 135-136

(3) A. Hovelacque, *liv. cit.*, p. 167.

(4) Id., *ibid.*, p, 173 174.

« Ainsi le polysynthétisme n'est point un caractère primordial; c'est une extension, ou si l'on veut, une seconde phase de l'agglutination, et il n'y a pas de raison pour faire des langues américaines un type spécial.

« Seulement, dans la série des idiomes agglutinants, ces langues viendront les dernières par ordre de progression croissante. L'on aura, par exemple, dans les premiers rangs, le dravidien, avec ses formes grammaticales si peu nombreuses, puis le mandchou plus développé, puis le turc, déjà incorporant, puis les idiomes finnois dans l'ordre suivant : suomi, magyar, vogoul, mordvin, tous incorporants; puis le basque, qui est incorporant avec des tendances au polysynthétisme. Mais cette succession, cette série ne prouve pas plus la parenté originelle des différents idiomes dont il s'agit que certains caractères communs qu'ils peuvent avoir entre eux ne prouvent la parenté originelle des amentacées et des conifères (1). »

Langues hyperboréennes et langues du Caucase, que M. Lepsius, dans le STANDARD ALPHABET, nomme *langues isolées*.

« On comprend, dit M. Hovelacque, sous ce nom géographique (hyperboréennes) l'ensemble des langues parlées dans les régions arctiques... Les langues du Caucase (ainsi appelés de la région où elles sont parlées) se divisent en deux groupes principaux, celui du nord, celui du sud... (2). »

Dans les langues hyperboréennes les principales sont celles du *youkaghir*, le *techouktche* asiatique et le *koriaque*; dans le Kamtchatka le *kamtchadal*, la langue des *Aïnos*, celle des *Ghiliaks*, le *iénissein*, le *kotte*, les dialectes *innuits* chez les Esquimaux, le *tschouktche* américain, les dialectes *aléoutiens*.

« Au surplus, le nom d'*hyperboréennes* ou *arctiques*, dans lequel on réunit ces différentes langues, ne doit pas donner le change sur leur plus ou moins d'affinité soit entre elles, soit avec d'autres idiomes... (3). »

(1) A. Hovelacque, *liv. cit.*, p. 178.
(2) Id., *ibid.*, p. 184-185.
(3) Id., *ibid.*, p. 184.

Dans les langues du Caucase « GROUPE SEPTENTRIONAL : le groupe *lesghien*, le groupe *kiste* ou *tchetchenze* à l'ouest du Daghestan, le groupe *tchetchenze* proprement dit. Le GROUPE MÉRIDIONAL est formé du *géorgien*, du *suane*, du *mingrelien*, du *laze*. Le *géorgien* serait parlé par près de trois cent cinquante mille individus. Le territoire du suane est situé au nord-ouest du géorgien.

Au sud du suane et à l'ouest du géorgien est parlé le *mingrelien*. Le *laze*, enfin, est parlé plus au sud encore, au sud-est de la mer Noire, dans le Lazistan, pays soumis aux Ottomans, etc. Il est évident qu'ils offrent le caractère très accusé des langues agglutinantes : ainsi la notion du cas est rendue par la suffixation de certains éléments ou thème même du mot. S'agit-il d'indiquer le pluriel, un élément particulier vient s'intercaler entre le thème et les suffixes en question (1). »

Le STANDARD ALPHABET comprend, dans les langues isolées, le *japonais*, le *tibétain*, le *tus*, l'*albanais*.

Il serait curieux d'initier le lecteur à tous les secrets des agglutinations auxquelles cette multitude de langues ont recours, d'indiquer les étranges complications de ces mots synthétisés sans aucun art, contenant non-seulement une idée principale avec un déterminatif, mais tout un arrangement de proposition grossie d'un adverbe, d'un complément circonstanciel.

Le plan de notre ouvrage ne nous permet pas de multiplier les citations; mais voici au moins quelques échantillons des mots composés ainsi dans ces idiomes :

« En *tamoul* : *çârndâykku* signifie « à toi qui t'es approché. »

Ce mot se décompose ainsi :

çâr, « atteindre, s'approcher, arriver » ; *n* euphonique; *d*, signe du passé; *ây*, « tu, toi », suffixe de la seconde personne; *k* euphonique et *ku* « à » (2). »

(1) A. Hovelacque, *liv. cit.*, p. 185-187.

(2) Id., *ibid.*, *liv. cit.*, p. 112.

« En *turc : sevischdirememek* signifie « ne pas pouvoir forcer à s'aimer réciproquement. »

Ce mot se décompose ainsi :

Sev-mek, aimer; *e* signifie pouvoir; *me* c'est la négation; *dir* forme le transitif; *isch* forme le réciproque (1). »

« En *groënlandais : aulisariartoarsuarpok* signifie « il s'est hâté d'aller à la pêche. »

Ce mot se décompose ainsi :

Aulisar, « pêcher », *peartor* « être à faire quelque chose », *pinnesuarpok* « il se hâte » (2). »

Tel est le caractère des langues que nous appelons *naturelles*. Toutes les langues dites agglutinantes sont autant de langues naturelles qui n'ont été alphabétisées que par les voyageurs et les missionnaires des pays civilisés. C'est ainsi que la langue *suomi* fut écrite pour la première fois en 1349; ce même procédé a été employé dans le pays des Esquimaux et dans tous les pays incultes; puis on a établi des règles grammaticales avec le système des juxta-positions, et l'on voit que ce système a été appliqué d'une manière tout à fait locale dans toutes les contrées de la terre. Ce qui concerne la langue *suomi* nous a été exposé par le jeune et déjà célèbre voyageur, M. Alphonse Pinart; nous tenons aussi de lui-même que pendant dix-huit mois, passés au milieu des Esquimaux, il a étudié leur idiome *parlé* et a pu l'écrire au moyen de l'alphabet.

Ajoutons les deux citations suivantes pour montrer le peu de cohésion des langues *naturelles* entre elles, et le peu de rapport qu'elles ont avec les langues que nous appelons *scientifiques :*

« Quant aux races inférieures de l'Afrique, de l'Océanie, du Nouveau-Monde et à celles qui précédèrent presque partout sur le sol l'arrivée des races de l'Hindokousch, un abîme les sépare des grandes familles dont nous venons de parler (3). »

(1) A. Schleicher, trad. Ewerbeck, *liv. cit.*, p. 94.

(2) A. Hovelacque, *liv. cit.*, p. 177.

(3) E. Renan, *Hist. des lang. sémit.*, p. 468.

« Telles sont les langues encore existantes qui constituent le groupe indo-européen. Si nous n'avons parlé ni du basque au sud-ouest de l'Europe, ni au nord-ouest, des idiomes finnois ainsi que du hongrois, qui en est dérivé, c'est qu'ils présentent une physionomie trop différente de celle de toutes les langues que nous venons de signaler pour pouvoir être classés dans le même système, quoique par les rapports mutuels des peuples les Finnois aient emprunté beaucoup de mots aux Germains et aux Slaves, de même que le basque, malgré son originalité africaine, laisse cependant entrevoir quelques traces du contact des Celtes et des Romains (1). »

Nous quittons les langues *naturelles* agglutinantes pour étudier le caractère des langues *scientifiques* flexionnelles, c'est-à-dire de toutes les langues créées à la suite de l'invention de l'alphabet phénicien.

Il nous a paru indispensable de rapporter, avant tout, l'opinion de plusieurs maîtres sur l'accentuation : les accents jouent, en effet, un rôle considérable dans une foule de mots. Plusieurs des langues indo-européennes ont attribué aux accents une valeur soit orthographique, soit phonétique. L'accent tonique ou prosodique n'a pas pour chaque mot des signes orthographiques dans toutes les langues dites aryennes. Dans les langues vivantes, on indique sa valeur et sa place par des règles qui concernent les syllabes et non par des signes toniques. Ainsi pour le mot anglais *time*, temps, la syllabe *ti* est dite accentuée parce que la voix s'y arrête en s'élevant plus que sur la syllabe *me* : c'est l'accentuation *tonique*, et ici elle n'est marquée par aucun signe. En français, le mot *livre* est accentuée toniquement sur la syllabe *li*, et l'orthographe du mot ne l'indique pas. Pour *sagen*, dire, les Allemands ne désignent pas par un signe spécial l'accentuation de la syllabe *sa*. C'est, en somme, une affaire de distinction entre les syllabes longues et les syllabes brèves; le rhythme, en prose comme en vers, est plus intéressé à cette ques-

(1) Eichhoff, *Parallèle des langues de l'Europe et de l'Inde*, p. 31-32.

tion que l'orthographe elle-même. Remarquons que le latin, dont chaque syllabe, longue ou brève, est réglée prosodiquement, n'offre pas d'accent tonique orthographique comme en grec, où l'accentuation exige une étude assez difficile.

Voici en premier lieu le sentiment de M. Renan sur ce sujet :

« Or, l'accent, loin de servir à la conservation d'une langue, est pour les radicaux et les finales, une cause de destruction, en ce sens que la syllabe accentuée dévore autour d'elle les syllabes plus faibles. Les étranges contractions de la prononciation anglaise, la chute des finales dans le français et dans l'italien du Nord n'ont pas d'autre origine. Cette prépondérance absorbante de certaines syllabes n'a pas lieu dans les langues sémitiques, dont la prononciation est, en général, égale et unie.

» Les langues sémitiques, d'ailleurs, échappèrent à la plus rude épreuve qu'une langue puisse traverser, je veux dire au changement de prononciation que subit un idiome, lorsqu'il est adopté par des peuples étrangers (1). »

L'auteur renvoie, pour l'accent, au livre de M. Egger, Notions Élémentaires de Grammaire Comparée, où nous lisons : « Outre le son qui leur est particulier, les lettres et les syllabes sont sujettes à divers changements dans la prononciation. »

« Le son de la lettre *e* n'est pas le même dans les trois syllabes du mot λέγετε, ou du mot *vétere* ou du mot *élevé*. De ces trois *e* il y en a un qui est *accentué*, c'est-à-dire prononcé avec plus de force, avec une certaine intonation que les Grecs appellent τόνος ou προσῳδία, et les Latins *accentus*, d'où sont venus le mot français *accent* et la locution *accent tonique*.

« Supposons, dans les mots ci-dessus, que les trois *e* soient émis avec la même intensité : λέγέτέ, *vétéré*, *élévé* ; supposons une ligne ou plusieurs lignes dans lesquelles toutes les syllabes soient ainsi prononcées avec le même accent, rien ne sera plus fatigant pour l'oreille. Il en serait de même, si aucune syllabe

(1) E. Renan, *Histoire des langues sémitiques*, p. 410-411.

n'était accentuée et si toutes étaient également faibles. Au contraire, dans un mot de plusieurs syllabes où une syllabe est accentuée, tandis que les autres ne le sont pas, ces dernières se subordonnent à la syllabe qui porte l'accent : au lieu de la monotonie qui nous choquait tout à l'heure, le mot prend une sorte d'unité.

« On comprend maintenant pourquoi tout peuple, tant soit peu sensible à l'harmonie du langage, donne aux mots de sa langue une certaine variété d'accent.

« Les Grecs, en effet, comme les Latins, ont un accent qui s'appelle tour à tour : *aigu,* lorsqu'il a toute son intensité; *grave*, lorsqu'il est un peu affaibli; *circonflexe*, lorsqu'il paraît double et qu'il porte sur une syllabe longue. Quant aux syllabes susceptibles d'être accentuées, les Grecs, en général, permettent à l'accent trois positions différentes : la dernière syllabe du mot, la pénultième et l'antépénultième, sauf d'assez rares exceptions. Or, ici se montre une preuve nouvelle de l'affinité du grec et du latin; car les Eoliens, l'une des plus anciennes branches, sinon la plus ancienne branche de la famille hellénique, suivaient, pour l'accent, les mêmes règles que la langue latine (1). »

Qu'on veuille bien relire ce que nous disons sur ce sujet au chap. V, et l'on sera convaincu de l'erreur du principe qui vient d'être posé. Une voyelle est une voyelle; elle cesse d'en être une dès qu'elle n'est pas prononcée. Dans le mot *élevé*, par exemple, le deuxième *e* est supprimé; et s'il n'en est pas tout à fait ainsi dans le mot grec et dans le mot latin qu'on vient de citer, il demeure incontestable, comme le dit M. Renan, que « la syllabe accentuée dévore les syllabes plus faibles, » et comme M. Egger l'affirme lui-même : « Dans un mot où une syllabe est accentuée, tandis que les autres ne le sont pas, ces dernières se subordonnent à la syllabe qui porte l'accent. » Or, une *syllabe dévorée* est une syllabe morte, comme une *syllabe subordonnée* est assujétie à une autre. La vraie cause de l'affaiblissement de

(1) E. Egger, *Notions Élém. de Gramm. Compar.*, chap. II, § 1er.

certaines syllabes, il faut le reconnaître, est dans l'instinct des créateurs des langues dérivées qui ont voulu indiquer par l'accentuation tonique la racine de la langue mère, et il nous serait aisé de prouver que les trois mots cités par M. Egger ont pour radicaux λεγ, *v-et* et *el*, tandis que les syllabes ετε, *ere* et *evé* sont des flexions. Il n'y a donc pas là de raison musicale, mais uniquement le respect de la racine. Si l'on y regarde de près, on reconnaît ici l'application du même principe dans toutes les langues indo-européennes, au lieu que dans la langue primitive tous les mots se bornent au radical, quand ils ne sont pas accompagnés d'affixes ou de suffixes pronominaux, prépositifs, conjonctifs ou interrogatifs.

On peut donc affirmer sans témérité que c'est l'esprit de conservation du radical, contenu dans la langue primitive alphabétique, qui a créé l'accentuation dans les langues dérivées, quelque compliquée qu'elle soit, et s'il en fallait une preuve, nous la trouverions dans ces paroles de l'éminent traducteur de Bopp : « Un mémoire de M. Boethlingk sur l'accentuation en sanscrit fournit à M. Bopp l'occasion de porter ses recherches sur un point encore inexploré de la philologie comparative. Il rapprocha de l'accent indien le système de l'accentuation grecque, et montra avec quelle merveilleuse fidélité certaines particularités de l'intonation se sont conservées dans la déclinaison et la conjugaison de l'une et l'autre langue. Il borna d'ailleurs ses observations au sanscrit et au grec, les analogies faisant défaut ou les renseignements étant trop rares pour les autres idiomes de la famille. L'histoire complète de l'accent tonique dans les langues indo-européennes demeure encore à l'heure qu'il est une tâche réservée pour l'avenir (1). »

Ainsi M. Renan déclare que « l'accent, loin de servir à la conservation d'une langue, est, pour les radicaux et les finales, une cause de destruction. » Nous ne nous lasserons pas de le répéter : les voyelles phénicennes, avant l'invention des signes diacriti-

(1) Bopp, *Gramm. Compar. des Langues indo-europ.*, introd. du traduc., M. Michel Bréal, t. I, p. L-LI.

ques, représentaient chacune un des cinq sons alphabétiques ; elles ne portaient aucun signe destiné à en nuancer l'émission ; quant à l'accent tonique, il ne pouvait pas non plus exister, puisqu'en phénicien pur il n'y a aucune distinction de syllabes longues et de syllabes brèves. Ici, M. Renan nous donne encore raison : « Cette prépondérance absorbante de certaines syllabes n'a pas lieu dans les langues sémitiques, dont la prononciation est, *en général, égale et unie.* »

Nous arrivons à l'étude des désinences flexionnelles.

On appelle désinence flexionnelle la partie d'un mot *variable* qui est mobile, qui change selon les conditions de nombre, de genre, de cas, de personne, de temps, de mode.

Si l'analyse des mots flexionnels avait donné aux linguistes un résultat définitif, ou tout au moins acceptable, nous n'aurions qu'à les signaler à nos lecteurs, et notre tâche se bornerait à celle d'un prosélyte satisfait. Malheureusement il n'en est pas ainsi, et, sur cette question, la science est résignée; elle nous condamne à l'incertitude. Nous allons le prouver.

« Si l'invention du langage humain a paru quelquefois un problème inexplicable, ce ne sont pas tant les noms donnés aux objets qui ont embarrassé le philosophe, que les syllabes additionnelles, ces suffixes, ces flexions, dépourvus en apparence de toute valeur propre, et dont le seul rôle semble être de modifier l'idée principale ou d'indiquer les relations que nos idées ont entre elles. On s'est demandé comment l'homme a pu inventer des exposants de rapports si bien combinés, et à l'aide de quel autre langage il en a fait comprendre l'usage à ses semblables. La grammaire comparée démontre que les désinences étaient, à l'origine, des racines ayant une existence individuelle : elle observe comment elles sont venues s'ajouter à d'autres racines, et elle parvient souvent à faire voir que ce qui est flexion dans une langue est resté préposition ou pronom dans une autre. Ces longues listes de désinences que nous apprenons au collège sous le nom de déclinaisons et de conjugaisons, ne sont pas pour la grammaire comparée une suite de signes algébriques s'adressant uniquement à la mémoire. Elle en pénètre la signification primitive :

elle montre que la déclinaison se compose d'une série de pronoms, ou de prépositions, exprimant des idées de localité, qui viennent s'ajouter tour à tour à une racine nominale; elle fait voir que la conjugaison consiste dans l'addition de pronoms personnels à une racine verbale, prises tantôt à l'état nu, et tantôt renforcée ou redoublée, ou augmentée d'une racine verbale auxiliaire (1). »

« Il est une contexture de mots antérieure à la contexture des mots, ou, en d'autres termes, une couche de formes plus anciennes où, dans les temps historiques, a pénétré l'usage des flexions et des radicaux. Mais quant à l'origine de ces additions (préfixes et suffixes), il ne nous reste guère, jusqu'à présent, du moins, qu'à reconnaître que *nous ne savons rien de leur origine*. Nous sommes là devant une frontière au delà de laquelle, jusqu'à présent, nos connaissances ne peuvent atteindre (2). »

« D'ailleurs, la science du langage n'a pas à s'occuper de simples hypothèses, qu'elles se puissent ou non concevoir. Elle recueille des faits, et son seul objet est d'en découvrir la raison et l'explication autant que cela est possible. Au lieu de regarder les flexions en général comme des signes de convention ou des excroissances naturelles, elle prend chaque désinence séparément, et quand, au moyen de la comparaison, elle en a établi la forme la plus ancienne, elle traite cette syllabe primitive comme elle traiterait n'importe quelle partie du langage, c'est-à-dire comme un mot qui a eu dans le principe sa signification propre. Quant à la possibilité de saisir la pensée qui a présidé à la *création première* de chacun des éléments du langage, c'est là une tout autre question; et il faut bien reconnaître que beaucoup de formes grammaticales *échappent encore à nos explications*, même après que nous en avons retrouvé le type le plus primitif (*a*). Mais

(1) Michel Bréal, *Mélanges de Mythologie et de Linguistique*, p. 238-239.

(2) G. Curtius, *Principes de l'Étymologie grecque*, Leipzig, 1873, 4e éd., p. 71.

(*a*) Nous verrons tout à l'heure, à propos du verbe, ce que l'auteur entend par *le type le plus primitif*.

puisqu'une induction pénétrante nous révèle toujours de plus en plus les secrets intimes du langage, et que chaque année de nouvelles découvertes viennent couronner les travaux des linguistes, nous n'avons aucune raison de douter que l'analyse grammaticale *ne donne avec le temps des résultats aussi complets que l'analyse chimique*. Sans doute quand nous considérons la grammaire telle que l'a faite le travail de tant de siècles, elle nous paraît parfois *bien compliquée* et *bien obscure;* MAIS ELLE ÉTAIT A L'ORIGINE BEAUCOUP PLUS SIMPLE et BEAUCOUP PLUS CLAIRE qu'on ne suppose communément (*a*). Qu'est-ce que la grammaire, après tout, si ce n'est la déclinaison et la conjugaison? Et, originairement, la déclinaison n'a pu être autre chose que la juxtaposition, à la fin d'un mot, de quelque autre mot (*b*) exprimant le nombre et les cas (1). »

« Que savons-nous du langage, après avoir appris la grammaire du grec et du sanscrit, ou après avoir jeté sur notre propre langue le réseau de la grammaire classique?

« Nous connaissons certaines formes du langage, qui répondent à certaines formes de la pensée. Nous savons que le sujet doit prendre la forme du nominatif, et le complément celle de l'accusatif; que le complément indirect peut être mis au datif, et que l'attribut (*c*), sous la forme la plus générale, peut être rendue par le génitif. On nous dit que, tandis qu'en anglais le génitif est marqué par une *s* finale ou par la préposition *of*, comme il l'est en français par la préposition *de*, ce cas est exprimé en grec par la désinence *os*, et en latin par désinence *is* (*d*) : mais que représentent cet *os* et cet *is*? D'où leur vient le pouvoir de

(*a*) C'est à ce sentiment que, dans notre Introduction, nous avons fait allusion en signalant la simplicité primitive de la grammaire. Nous avons souligné dans ces citations les mots les plus significatifs.

(*b*) On verra bientôt l'erreur de cette assertion.

(1) Max Müller, *La Science du langage*, 6e leçon, p. 234-235.

(*c*) M. Max Müller entend évidemment par *attribut* ce que les grammairiens désignent — en grec et en latin — pour compléments déterminatifs des noms, des adjectifs et par certains compléments circonstanciels exprimés par le génitif et une proposition *Montis instar*.

(*d*) Pour la troisième déclinaison.

changer un nominatif en un génitif, un sujet en un attribut? TOUT CELA RESTE UNE ÉNIGME POUR NOUS. Il va sans dire que toutes les langues, pour atteindre leur but, doivent pouvoir distinguer le sujet du complément, le nominatif de l'accusatif; mais qu'un simple changement de terminaison suffise pour exprimer une distinction aussi importante, c'est là un phénomène qui semble presque *incompréhensible* (1). »

« Ce que nous apprenons au collège, quand on nous dit que le nominatif *rex* fait *regem* à l'accusatif, n'est donc qu'une règle toute pratique. Nous savons dans quel cas il faut dire *rex* et dans quel cas il faut dire *regem* ; mais pourquoi le roi en tant que sujet, doit-il être appelé *rex*, et en tant que régime *regem*, c'est ce qui reste *sans aucune explication* (2). »

Le système de M. Renan, qui adopte l'opinion de Jacob Grimm, est parfaitement conforme à celui de M. Max Müller :

« La formation des flexions lui paraît (à Jacob Grimm) un second moment dans l'histoire du langage; les flexions sont toutes pour lui des mots exprimant des idées sensibles, qui se sont agglutinés à la fin des radicaux, et ont perdu leur sens primitif pour ne plus être que de simples indices de rapports (3). »

Avant d'expliquer l'énigme devant laquelle M. Max Müller s'est arrêté, analysons les mots variables dans les langues indo-européennes. L'étude du mot phénicien précédera, comme il est juste, celle du mot correspondant dans les langues dérivées.

ARTICLE.

En phénicien, l'article *le*, *la*, *les*, est ה *e;* il est invariable, et s'appuie sur la première lettre du nom : אח *ah*, frère, האח *eah*, le frère, אחים *ahim*, frères, האחים *eahim*, les frères, אם *am*, mère,

(1) Max Müller., *liv. cit.*, 4e Leçon, p. 120.
(2) Id., *ibid.*, 4e Leçon, p. 123.
(3) E. Renan, *De l'Origine du Langage*, p. 9.

האם *eam*, la mère, אמות *amut*, mères, האמות *eamut*, les mères. Même quand le nom est pris dans un sens déterminé, souvent l'article n'est pas exprimé.

Voici l'article grec :

Singulier.

	MASC.	FÉM.	NEUTRE.	
Nominatif.	ὁ,	ἡ,	τό,	le, la, le.
Génitif.	τοῦ,	τῆς,	τοῦ,	du, de la, du.
Datif.	τῷ,	τῇ,	τῷ,	au, à la, au.
Accusatif.	τόν,	τήν,	τό,	le, la le.

Pluriel.

Nominatif.	οἱ,	αἱ,	τά,	les.
Génitif.	τῶν,	τῶν,	τῶν,	des.
Datif.	τοῖς,	ταῖς,	τοῖς,	aux.
Accusatif.	τούς,	τάς,	τά,	les.

Duel.

Nomin. accus.	τώ,	τά,	τώ,	les deux.
Gén. dat.	τοῖν,	ταῖν,	τοῖν,	des, aux deux.

Il est bien évident qu'au nominatif ὁ, ἡ, reproduisent absolument l'article ה *e*, dans sa simplicité et dans sa forme ; toutes les formes de cet article précédées du τ sont empruntées au chaldéen דא *da*, *ce*, *celui-ci*. En phénicien דא *da* est modifié en זה *ze*, *celui-ci*, זאת *zat*, *celle-ci ;* on le retrouve dans l'arabe ה-דא *e-da*, *ce*, *cet*, ה-די *e-di*, *cette*. Cette lettre τ passe à tous les autres cas du singulier et du pluriel et à tous les cas du duel.

Observons avant tout que les Grecs possèdent trois grandes classes de noms, dont chacune se subdivise : la première, par exemple, contient cinq déclinaisons différentes. De plus, les noms varient selon les conditions des trois genres et des trois nombres. Or, le rôle de l'article étant de s'accorder avec le nom, il fallait au moins le modifier conformément au masculin, au féminin, au neutre, conformément au singulier, au pluriel, au duel.

Pour constituer ces variations nécessaires dans l'article, les Grecs n'avaient que l'article invariable phénicien ה *e*. Ils l'ont adopté avec la même signification pour leur féminin, en allongeant simplement ε en ἡ. Dans le seul dessein de distinguer l'article masculin, ils ont pris la voyelle ὁ. Enfin, l'article au neutre a conservé cette même voyelle ὁ, différenciée de la précédente par l'articulation initiale τ, dont nous avons indiqué l'origine.

Cette tendance à substituer les voyelles les unes aux autres se manifeste dans une foule de mots grecs : c'est ainsi que, au radical du même verbe l'ε devient α et même ο : τρΈπω, je tourne, ἔτρΑπον, je tournai, τέτρΟφα, j'ai tourné.

Examinons maintenant la source des autres formes de l'article : τά, τῇ, τῷ, τώ, τόν, τήν, τῶν, τάς, αἱ, οἱ, ταῖν, τοῖν, τοῖς, τούς. Parmi ces désinences, nous remarquons pour les trois premières l'α substitue à l'η, auquel se substitue aussi l'ω; la lettre ν se trouve ajoutée aux quatre formes τόν, τήν, τῶν, τοῖν. On verra tout à l'heure, dans l'analyse des noms, le rôle très considérable que joue la lettre phénicienne נ *n* comme consonne instrumentale et euphonique. Les Grecs l'ont prise pour donner le mouvement et la sonorité à plusieurs de leurs désinences.

La lettre ς, qui termine τάς, τῆς, ταῖς, τοῖς et τούς, imprime aux diphthongues qui les précèdent l'idée de *être*, contenue dans le verbe phénicien יש, *ich* (*is*), *il est*. On verra bientôt, et à satiété, que cette essence verbale יש *ich* (*is*) a été adoptée par les Indo-Européens à titre de désinence dans une quantité innombrable de mots variables, parce qu'elle exprime l'idée de *être*, et dans sa forme personnelle la plus générale, puisque ce verbe יש est à la troisième personne du singulier, du présent de l'indicatif.

Les Allemands ont deux articles : l'article défini *der*, *die*, *das*, le, la, le, et l'article indéfini *ein*, *eine*, *ein*, un, une, un. La déclinaison de chacun de ces articles est, comme en grec, variable, et elle a quatre cas, trois genres et deux nombres.

Or, voici les éléments communs ou particuliers que nous relevons dans l'analyse de ces deux mots :

Article défini : *das*, *des*, *die*, *den*, *der*. Dans *das* et *des* on reconnaît facilement l'identité de forme et d'origine avec τάς et τῆς ; la ressemblance de *das* et de *des* avec le chaldéen דא *da* et avec l'arabe ה-דא *e-da*, *ce*, *celui-ci*, est manifeste.

Die procède de דא *da* pour le *d*, et pour *ie* de היה *eie*, autre verbe phénicien qui signifie *être*. Des trois liquides *m*, *n*, *r* de *dem*, *den*, *der*, les deux premières se rattachent aisément aux instrumentales מ *m* et נ *n* que le phénicien, on le sait, adapte à une foule de ses mots. La liquide *r* se joint comme finale à une multitude de mots aryens; elle a été empruntée à l'ר *r* de עור *our*, verbe qui exprime l'idée de *être* compliquée de celle de *mouvement en haut ou en avant*, car עור *our* signifie *s'élever*, *croître*.

L'article indéfini *ein*, *eine*, *ein* qui, bien entendu, ne s'emploie qu'au singulier, offre très évidemment dans sa déclinaison les éléments de היה *eie*, יש *ich (is)*, ם *m*, ן *n* : *eine*s, *eine*M, *eine*N.

L'anglais a deux articles : l'article défini *the*, le, la, les, invariable; l'article indéfini *a*, un, une, devant les consonnes, *an*, devant les voyelles. L'article *the* est la reproduction de דא *da*, retrouvé déjà dans l'article allemand et dans l'article grec. L'article *a*, *an*, n'est qu'une corruption de l'allemand *ein*. Nous verrons le pronom allemand *uns*, à nous, nous, devenir en anglais *us*, à nous, nous, cette corruption de *ein* se rencontre même dans le langage populaire de l'Allemagne, où l'on dit, par exemple, *e sthul*, une chaise, pour *ein sthul; en ochs*, un bœuf, pour *ein ochs*.

L'article français *le*, *la*, *les*, n'offre rien de particulier, sinon que l'article phénicien ה *e* s'y trouve précédé de la motrice ל *l* que les Phéniciens ont prodiguée dans leurs mots.

Les articles contractés reviennent : *du*, au chaldéen דא *da; au*, pour *à le*, au phénicien אל *al*, qui a exactement la même signification. L'article indéfini est *un*, *une*, qui vient du latin *unus*, dont nous donnons l'explication à l'adjectif numéral et au pronom indéfini.

Les Italiens ont trois articles : *lo*, le; *gli*, les; *il*, le; *i*, les; *la*, la; *le*, les. L'article indéfini est *uno*, un, *una*, une. La déclinaison de l'article italien se compose de cinq cas modifiés seulement à partir du génitif, par l'addition d'un préfixe prépositif qui s'unit à l'article. Notre analyse ne doit porter que sur la forme de l'article au nominatif. Nous retrouvons ici l'article phénicien, soit avec toute sa simplicité dans *i*, les — *i* pour *e* —, soit précédé dans *lo*, *il*, *la*, *le*, de l'instrumentale ל *l* déjà expliquée; d'ailleurs, l'article phénicien, au datif, est אל *al*, ou simplement ל *l*. Quant à *gli*, il offre dans *gl* une articulation équivalente à celle qui est produite par nos deux *l* mouillées, par conséquent à iie dans le mot famille. C'est ainsi que le latin *clamare* a engendré l'espagnol *llamar* qui a le même sens, et se prononce *liamar*.

Dans l'article défini de l'espagnol constatons d'abord l'identité de *al*, au, avec le phénicien אל *al*, au. Le nomitif et l'accusatif *el* sont dans la même condition originelle.

Quant à *la* et à *lo*, qu'on se reporte à l'article italien. *Los* et *las* finissent en *s*, de יש *is*. L'article indéfini : *uno*, *una*.

En portugais, l'article défini *o*, le, *os*, les; *a*, la, *as*, les, n'est qu'une simplification de l'article espagnol neutre *lo*, du même article féminin *la;* ainsi en est-il pour *os*, abréviation du pluriel masculin *los;* pour *as*, pluriel féminin, provenant de *las*. Dans les autres cas de la déclinaison *l* disparaît également. L'article indéfini comme l'italien et l'espagnol, toutefois en transformant *uno* et *una*, en *um*, *uma*, qui se prononcent *un*, *una*.

En roumain, l'article s'ajoute au nom; dans ce mot c'est *l* qui domine au singulier; il disparaît au pluriel, sauf pour le génitif et le datif; les désinences de cette déclinaison sont en *i* et en *u*.

Le slave n'a pas d'article, pas plus que le sanscrit, le zend et le latin.

NOM OU SUBSTANTIF

Avant de commencer l'analyse des flexions des noms des langues dérivées, nous devons remarquer que le nom, comme tous les mots variables flexionnels, est composé de deux éléments très distincts; l'un, qui ne change pas, est le radical; l'autre, qui éprouve diverses modifications, est la terminaison ou flexion.

Gardons-nous aussi de confondre le radical d'un mot avec sa racine. Le radical est la partie placée immédiatement avant la terminaison; la racine est la partie du mot qui offre les éléments les plus restreints, communs à plusieurs dérivés de la même source. Ainsi, en grec, par exemple, dans γένος, *race, famille*, le radical est γέν; dans γένεσις, *naissance, génération*, il est γένες, et la racine commune de ces deux mots est γέν dont l'origine phénicienne — plus visible dans γόνε-υς, *parent* — est גו *gu*, et גויה *guie*, le *corps humain, l'être qui engendre.*

Nous nous sommes placé à cet égard, nous nous placerons encore sur le terrain des langues dérivées : mais voici une réserve très importante dont nous ne pouvons nous départir; c'est que, en phénicien, très souvent le radical et la racine se confondent. C'est ainsi que דרך *drc* signifie à la fois le nom *chemin*, et le verbe *cheminer*, et lorsque le dérivé ne conserve pas la forme du radical dans toute sa simplicité, il ne se complique que d'une seule lettre : דך *dc, pauvre,* דכא *dca, écraser, opprimer.*

Mais quelle est, dans les langues indo-européennes, la racine qui a produit les dérivés? Est-ce le verbe? est-ce le nom? est-ce l'adjectif? En grec, est-ce γίν ou γέν, élément verbal développé en γίνομαι, γίγνομαι, *naitre*, γένάω, *engendrer*, qui ont produit γένος, *race, famille*, γενετήριος, *qui engendre*? Il est rationnel de penser que le substantif γέν-ος est l'élément de γέν-νάω, *j'engendre*; que ΓΌΝ-ευς est celui de γέ-ΓΟΝ-α, *j'ai été produit, j'existe*. S'il en était autrement, γίγνομαι, *je suis engendré, je nais*, je *suis*, aurait produit la cause γόνευς, *parent, celui qui engendre*. Cela est contraire à toute idée reçue. C'est ainsi que γένος, *effet de la cause* γόνευς, a créé γένομαι ou γίνομαι, γίγνομαι, *naitre*, c'est-à-dire *se trouver dans l'état produit par l'être qui engendre*. Cet exemple de la filiation des mots dans la famille grecque γεν ou γον, ainsi que nous l'avons indiqué, est justifié par l'origine phénicienne : en effet, γου provient de גו *gu*, *le corps*, *l'être qui engendre*, par conséquent *l'être engendré*, *l'homme* ; גו *gu* a produit גוי *gui*, *génération*, *peuple*, *nation*. Peut-on douter de la légitimité de cette parenté, après avoir lu dans le Dictionnaire grec-français d'Alexandre : γυ-ῖον, *extrémité du corps*, *membre*, quelquefois *tout le corps*, ce mot γυῖον est calqué sur גויה *guie*, *le corps*, γύ-η, *sillon*, au figuré, *fécond* comme celui de la terre ! Nous ajoutons que γύ-νη, *femme*, *l'être qui engendre*, est de la même famille.

Si le rapport générique de גו *gu* et de γεν, γον, γυ-ν, avait été aperçu par les linguistes, ils ne seraient pas demeurés dans l'embarras, qu'ils sont bien obligés de reconnaître, quand ils se trouvent en face d'un élément radical indo-européen, dont l'origine leur est absolument inconnue.

Un philologue éminent, M. Ad. Régnier, exprime en ces termes son opinion sur les racines grecques : « Nous donnons aux racines le sens verbal, parce que nous ne trouvons aucun moyen de mieux rendre leur valeur abstraite et absolue ; mais il ne faut pas oublier que la racine n'est pas plus *verbale* que *nominale*, et que l'idée qu'elle exprime est à un degré d'abstraction où elle est intraduisible, puisque, pour la traduire, nous ne pouvons employer que des mots, et que les mots expriment tous des idées plus ou moins concrètes (1). »

Voilà donc à quoi on en est réduit, après être parvenu par l'analyse, à l'élément le plus simple et pour ainsi dire à l'atome du mot dans les langues dérivées ; la nuit la plus impénétrable se fait sur cet atome, qui semble dire au chercheur : « Tu n'iras pas plus loin. » Il faut alors se retrancher dans cet aveu que la racine d'un mot *est à un degré d'abstraction où elle est intraduisible*. Si elle est intraduisible, pourquoi en parler ; pourquoi ne pas s'arrêter à cet élément plus compliqué, soit verbal, soit nominal, qui est traduisible et constitue un radical ? Et ce qui est bien étrange, c'est que, après la déclaration d'impuissance

(1) *Traité de la formation des mots dans la langue grecque, adapté au jardin des racines grecques réunies par Lancelot, et mises en vers par de Sacy* : Notions préliminaires, p. XVIII.

qu'on vient de lire, M. Ad. Régnier donne des nomenclatures de mots obscurs. Mais ne vient-il pas d'avouer que l'obscurité qu'il signale s'étend à tous les mots grecs?

Cela bien entendu, nous allons étudier les flexions dans les noms des langues dérivées, et constater ainsi dans quelle mesure ils se rattachent aux flexions du nom phénicien.

DÉCLINAISON PHÉNICIENNE.

En phénicien, il n'y a qu'une seule déclinaison pour les noms masculins, une seule déclinaison pour les noms féminins ; en voici les deux modèles :

Singulier.

	MASCULIN.	FÉMININ.
Nominatif.	עם *om* (a), le peuple.	אם *am*, la mère.
Vocatif.	העם *eom*, ô peuple !	האם *eam*, ô mère !
Génitif.	עם, העם, לעם, du peuple.	אם, האם, לאם, de la mère.
Datif.	לעם *lom*, אל עם *al om*, au peuple.	לאם *lam*, אל אם *al am*, à la mère.
Accusatif.	את העם *at eom*, le peuple.	את האם *at eam*, la mère.
Ablatif.	מעם *mom*, מן העם *mn eom*, du peuple.	מאם *mam*, מן האם *mn eam*, de la mère.

Pluriel.

Nominatif.	עמים *omim*, les peuples.	אמות *amut*, les mères.
Vocatif.	העמים ô peuples !	האמות, ô mères !
Génitif.	עמים העמים לעמים, des peuples.	אמות האמות לאמות, des mères.
Datif.	לעמים *lomim*, אל עמים *al omim*, aux peuples.	לאמות *lamut*, אל אמות *al amut*, aux mères.
Accusatif.	את העמים *at eomim*, les peuples.	את האמות *at eamut*, les mères.
Ablatif.	מעמים *momim*, מן העמים *mn eomim*, des peuples.	מאמות *mamut*, מן האמות *mn eamut*, des mères.

(a) Les consonnes finales ם *m* et ן *n* ont la même sonorité que si elles étaient suivies de l'*e* muet français.

On voit, par la déclinaison de ces deux noms, que les mots עם *om* et אם *am* sont conservés dans leur intégrité à tous les cas du singulier; que les terminaisons ים *im* pour le masculin, ות *ut* ou simplement ת *t* pour le féminin, s'ajoutent au nominatif singulier pour former le pluriel, et figure à tous les cas du pluriel.

Au nominatif, comme aux autres cas, le nom est précédé de l'article ה *e* enclitique, lorsqu'il est déterminé : עם *om*, peuple, devient dans ce cas העם *eom*, le peuple. Le vocatif a pour signe distinctif l'article ה *e* : העם *eom*, ô peuple ! Le génitif est semblable au nominatif, עם *om*, du peuple ; lorsque le nom est déterminé il est précédé de l'article : העם *eom*, du peuple ; quelquefois il s'exprime par le signe du datif. Au datif, le nom est précédé, tantôt de אל *al* détaché, tantôt de la liquide instrumentale, préfixe enclitique ל *l* : אל עם *al om* ou אל העם *al eom*, au peuple, לעם *lom*, להעם *leom*, au peuple. La marque de l'accusatif est la particule את *at*, qui précède le nom accompagné de l'article : את העם *at eom*, le peuple ; cette particule, ainsi que l'article, sont souvent supprimés : עם *om*, le peuple. L'ablatif est désigné par la préposition מן *mn*, qui exprime divers rapports circonstanciels, et se détache du nom qu'elle précède : מן עם *mn om*, מן העם *mn eom*, du (pour de le) peuple, pour, d'entre, par, etc., le peuple. L'ablatif s'exprime également par la simple instrumentale מ *m* : מעם *mom* et מהעם *meom*, par le peuple. Les cas du pluriel se différencient par les mêmes préfixes et les mêmes particules que les mêmes cas du singulier.

Quant aux noms irréguliers comme בת *bt* ou הבת *ebt*, la fille, בנות *bnut* ou הבנות *ebnut*, les filles, ils sont peu nombreux ; l'usage les apprendra. On verra aussi que, par une raison tout euphonique, certains noms masculins ont au pluriel la terminaison féminine, et *vice versâ*. Toutes les modifications casuelles portent donc sur l'addition de quelques lettres et de quelques particules, que nous avons expliquées.

A la suite de cette déclinaison phénicienne, unique et si peu compliquée, nous allons exposer le système de la déclinaison du nom dans les langues dérivées : le lecteur fera la comparaison.

En sanscrit, il y a six déclinaisons régulières, dont les unes comprennent des noms masculins et des noms féminins, et les autres, des noms masculins, des noms féminins, des noms neutres. Chaque déclinaison renferme huit cas au singulier, ainsi qu'au pluriel et au duel.

Le zend n'a qu'une déclinaison régulière, compliquée de noms irréguliers.

En grec, les trois déclinaisons se compliquent de la déclinaison attique et des déclinaisons contractes; elles ont l'article, cinq cas au singulier, de même qu'au pluriel et au duel, sans parler des modifications dialectiques.

Pour le latin, nous voyons cinq déclinaisons régulières et six cas.

En russe, il y a deux classes de déclinaisons, que les grammairiens subdivisent à leur fantaisie. Chaque déclinaison a sept cas.

Les Serbes ont trois déclinaisons contenant des noms irréguliers et des noms défectifs.

En polonais, il y a trois déclinaisons régulières dont chacune contient des noms irréguliers. La déclinaison polonaise a sept cas.

La langue allemande a deux déclinaisons principales, quatre cas et l'article.

Les Anglais seuls ont imité les Phéniciens dans leur admirable simplicité : ils ont une déclinaison unique, avec l'article invariable; les cas se terminent comme au nominatif, pour le singulier de même que pour le pluriel, dont la forme s'éloigne fort peu de celle du singulier ; il y a pourtant des noms irréguliers.

En italien, en espagnol et en français, il n'y a qu'une déclinaison, dont les différents cas, sont, comme en anglais, indiqués par l'article.

Les noms portugais affectent une foule d'exceptions, sans

parler des formes multiples, des augmentatifs et des diminutifs.

En roumain, nous trouvons aussi des terminaisons nominatives très diverses, des particules diminutives et augmentatives.

Pour justifier le titre de ce chapitre, nous allons grouper toutes les flexions contenues dans les six déclinaisons sanscrites. Toutefois, avant d'aborder cette analyse, il est bon de rattacher à leur source phénicienne quelques radicaux sanscrits que les grammairiens nous offrent dans les modèles choisis pour la déclinaison du nom. *Pi-tr*, père, provient directement du mot phénicien פי *pi*, *la bouche*, l'instrument qui sert à la nutrition, comme on le voit dans ce passage de la Bible : ויאהב יצחק את עשו כי ציד בפיו *u-i-aeb Itshq at Ochu ci tsid b-*PI*-u.* « Et Isaac aimait Esaü, car il lui mettait le gibier dans la *bouche* (1). » C'est-à-dire il le *nourrissait* de gibier. D'ailleurs, פי *pi*, se trouve sous la forme פה *pe*, avec la même signification, et פא *pa*, veut dire *ouverture, souffle de la bouche ;* nous en trouvons la justification dans l'arabe פאה *pae*, verbe qui a le sens d'*exhaler des paroles*, et nous voyons (Dict. Fürst) la même signification attribuée au même verbe פאה *pae*, de l'hébreu. Gesenius exprime une opinion identique : « פאה *qui non dubitans* FLANDI *significatum tribuo, ut vicinis* פחח, פיה *it.* פוא, פוה, פוח *quæ cuncta onomatopoëtica sunt et flandi donum imitantur. Pae* a, sans aucun doute, le sens de *souffler*, parce qu'il est voisin de *phe*, de *pie*, de *pua, pue, puh*, qui par l'onomatopée imitent le bruit du souffle (2). » Le même auteur venait de dire : « פא..... Nomen hujus elementi probabiliter os notabat i, q, פה *pa*..... un nom dont les éléments désignent probablement la BOUCHE ; c'est presque *pe* (3). » Nous voici arrivés, et nous l'indiquons subsidiairement, aux radicaux πα de πάτηρ, *pa* de *pater* et de *panis*, trois mots dont les deux premiers signifient l'*homme nourricier*, et le troisième l'élément *nutritif. Mati*, pensée, est originaire de מדע *mdo* ou *mde*, notion,

(1) *Genèse*, XXV, 28.
(2) Gesenius, *Lexicon manuale Hebraicum et Chaldaicum*, au mot פאה.
(3) Id., *ibid.*, au mot פא.

qui, soit dit en passant, a engendré θ et μ, devenu μαθημα, science. *Vàri*, eau, nous l'avons dit, page 99, vient de בא *ba*, mot qui exprime *le mouvement, la mobilité*, ce qui est le caractère essentiel des liquides; de là l'allemand *wa*-sser, l'anglais *wa*-ter, le russe *wo*-da. Voici d'autres noms sanscrits, pris au hasard, avec la simple indication des mots phéniciens originaires, correspondant à chacun d'eux. Le lecteur pourra voir du premier coup d'œil que ces retours des dérivés à leurs sources ont lieu très facilement et ne demandent pas de démonstration. Des nomenclatures identiques de noms suivis des mots phéniciens dont ils proviennent seront également extraits du vocabulaire des autres langues indo-européennes et soumises à l'appréciation du lecteur, à mesure que nous avancerons dans l'étude analytique du substantif. Telle sera notre méthode pour les verbes. *Pata*, morceau, du phénicien פת *pt*, *morceau*; *mih*, pluie, de מי *mi*, *eau*; *kalaça*, calice, de כלי *cli*, *vase*; *raj*, roi, de רעה *roe*, *pasteur; smrti*, mémoire, souvenance, de שמר *smr*, *observer*, *se souvenir; ida*, louange, de ידה *ide*, *louange*; *ajra*, champ, de אכר *acr*, *labourer*; *çuras*, héros, de כרי *cri*, *chef de guerre*.

Après avoir assigné aux radicaux, ou plutôt aux thèmes primitifs de quelques noms sanscrits, leurs origines phéniciennes, nous allons distribuer en cinq groupes flexionnels les terminaisons des huit cas dans les déclinaisons, afin de les ramener respectivement à leur véritable source. Comme ce que nous avons dit sur les radicaux est incontestable, notre étude sur les désinences *a le même* caractère de certitude.

Il est hors de doute que le sanscrit a emprunté au vocabulaire phénicien les éléments de *pitr*, *mati*, *vàri*, etc., etc. : où donc aurait-il cherché les éléments des flexions ajoutées à ces mots, sinon dans le même milieu? Cependant ici le rapport n'est plus directement le même.

Le nom phénicien n'a qu'une terminaison commune à tous les cas, et qui n'est modifiée qu'au nominatif pluriel : mais cette ressource pour des terminaisons diverses que refusait le nom, le sanscrit l'a demandée aux verbes, et au verbe dans son expression la plus simple, au verbe *être*, qui contient tout à la fois l'idée de substance et celle d'affirmation; il a rencontré là tout ce qui était nécessaire, et il l'a approprié avec un admirable discernement. Il est bien entendu *que cet élément verbal* a perdu dans l'habitude flexionnelle des Indiens, son caractère essentiel et significatif, pour ne plus désigner que de simples terminaisons.

Premier groupe des terminaisons nominales : *a*, *â*, *e*, ê, *i*, ô, *u*, û, *ao*. Les désinences *a*, *e*, *i*, se trouvaient toutes indiquées dans אהיה *aeie*, *je suis*. Quant à *o* et à *u*, la forme absolue היו *eiu*, *ils sont*, les donnait sans effort : on sait que *o* et *u* s'échangent très facilement dans les langues dérivées : *notrix* remplace *nutrix*.

Deuxième groupe : *am*, *im*, *um*, *nam*, *ân*, *ânâm*, *êna*, *ina*, *una*: ils contiennent, outre les voyelles ci-dessus, les deux lettres instrumentales מ *m* et נ *n*, dont le rôle est très considérable en phénicien.

Troisième groupe : *as*, *es*, *is*, *os*, *œs*, *us*; il est bien aisé de voir dans ces flexions יש *ich* (*is*), *il est*.

Quatrième groupe : *byâm* ; ce *byâm*, dont la science n'a pu découvrir l'origine, les Indiens l'ont emprunté à בוא *bua*, *venir*, *devenir*. Remarquons que le mot sanscrit *bhu*, signifie *être*, c'est-à-dire ce qui est *devenu*. En grec, εἶμι, veut dire *être* et *aller*.

Cinquième groupe : *ar*, *aram*, *ari*, *râ*, *re*, *ri*; ils procèdent essentiellement de עור *our*, *rendre attentif*, *exciter*, *s'élever* (lat. *or-iri*). Ces désinences sanscrites appartiennent aux cas qui expriment le *mouvement* : vocatif, accusatif, datif, instrumental, locatif.

Nous allons procéder pour le zend comme nous avons fait pour le sanscrit, en donnant des étymologies de noms ou substantifs, au masculin, au féminin et au neutre, soit : *çpaçtar* (de çpaç, voir), observateur, de צפה *tsape*, *voir*; *neroj*, homme, de נער *nor* ou *ner*, *jeune homme*; *nairika*, femme, de נערה *nore* ou *nare*, *jeune fille* nubile; *çura* (homme) fort, de כרי *cri*, *chef*; *ziemia*, terre, de צמח *tsmh*, *qui produit*, *qui fait croître*; *mananh*, réflexion, de מנה *mne*, *calculer*. Le zend a fait subir des altérations visibles aux mots originels. En voici deux exemples : *zhana*, genou. En sanscrit *gânu*; en grec γόνυ; en latin *genu*; en allemand *knie*, de כנע, *s'agenouiller*, *s'humilier*. *Hadhis*, siège (pour s'asseoir). En latin *sedes* ; en allemand *sitz*, de ו־סד *i-sd*, *fixer*, en allemand *fest setzen* (mot à mot *asseoir* fermement).

Noroj et *nairika*, on l'a vu, ont une origine commune et très évidente. Outre la différence qui résulte des terminaisons *oj* et *ika*, on pourrait objecter la dissemblance du zend *ner* et *nair*, avec נער *nor*; mais nous avons déjà indiqué, et nous constaterons à tout instant, que les voyelles primitives ont été, dans les langues dérivées, substituées très fréquemment les unes aux autres. C'est ainsi, pour le prouver en passant, que l'ע de עלה *ole*, est devenu *e* dans *ele-vare*, élever; que l'ע de ערב *orb* a été changé en α dans Ἀραβός, et en *a* dans *Arabes*, Arabe.

Nous ramenons maintenant un nom neutre a sa source phénicienne. Le mot *bétail* se traduit en zend par *gha-om*; il dérive de גאה *gae*, *s'élever*, *croître*; dans le sens actif, גאה *gae* signifie *pousser en avant*, *pousser vers des lieux élevés*, et, d'après le Dictionnaire Fürst, hébreu-allemand, il se dit *emportreiben*, que, dans leur Dictionnaire allemand-français et français-allemand, MM. Schuster et Régnier (de l'Institut), traduisent par « pousser le bétail en avant. » Le sanscrit s'est rencontré exactement avec le zend, en attribuant à son mot *go*, *le bœuf*, l'idée qui a conduit ces deux idiomes à la racine commune גא *ga* et גאה *gae* : ces peuples ont ainsi voulu exprimer le mouvement des troupeaux que les premiers hommes, dans leur vie nomade, conduisaient devant eux. Nous rapprochons, sur notre route, l'anglais to go, et l'allemand *ge-hn*, *aller*, *marcher*. La principale acception du mot latin *ago*, composé du préfixe *a* pour *ad*, vers, et de la racine latine g, devenue g-*o*, au présent de l'indicatif, est *conduire*, *pousser devant soi des troupeaux*.

Les flexions fondamentales des noms zends sont celles-ci : *oj*, *ao*, *e*, *em*. Elles sont analysées déjà dans les flexions du nom sanscrit ; il n'y a pas lieu de recommencer ce travail. Rappelons seulement l'instrumentale *m*, empruntée à l'מ *m* phénicien, dont le rôle est identique.

Les Grecs, nous l'avons dit, ont trois déclinaisons principales. La première déclinaison contient des noms féminins terminés, au nominatif, en η, en α pur et en α non pur; des noms masculins en ης et en ας. La deuxième déclinaison renferme des noms masculins et des noms féminins en ος; des noms neutres en ον. Dans la troisième déclinaison sont rangés les noms dont le nominatif n'est pas fixe, et où le radical se détermine au génitif singulier; la terminaison de ce cas est ος pour les trois genres. Outre ces trois classes de noms réguliers, il y a en grec les formes attiques de la seconde et de la troisième déclinaison, dans lesquelles l'ω domine à tous les cas. Enfin, viennent les noms contracts dans les trois déclinaisons : la contraction se produit toutes les fois que la voyelle de la terminaison est précédée au radical d'une voyelle autre que ι et υ.

Parmi les noms féminins de la première déclinaison terminés en η, indiquons l'origine de ἡ ἡδονή, le plaisir; ce mot procède directement, pour la forme et pour le sens, de עדן *odn* ou *edn*, *volupté*, *délice* : est-il besoin de redire que l'ע *o* est devenu, dans les langues dérivées, tantôt un *e*, tantôt un *a*? Ἡ ἀνιά, l'affliction, nom en *a* pur, dont le radical est ἀνι, dérivé sans effort de עני *oni* ou *ani*, *affliction*. Ἡ ἅμιλλα, la lutte, l'émulation, a pris naissance de עמל *oml* ou *aml*, qui veut dire, *s'efforcer*, *lutter*, *pour atteindre un but* : ἅμιλλα est tellement congénère de עמל *oml*, que ὅμιλος, dérivé plus similaire, signifie *mêlée, combat*. Ces deux mots grecs, cependant, n'ont pas exactement le même sens que μαχη, *combat*, originaire direct de מכה *mce* (prononcé *maké*), *coup*, *combat*. Ὁ τεχνίτης, l'ouvrier, l'*artiste*, vient de תקן *tqn*, *dresser, composer avec art*. Ὁ νεανίας, le jeune homme : la racine grecque de ce mot est νε, de νέος, nouveau, qui est dans le jeune âge; cette racine νε s'est augmentée du *b* dans νεβρός, *petit* de l'animal, qui procède de נוב *nub*, *engendrer*, *faire fleurir*, *fructifier*. Φῦκος, fard, vient de פוך *puc* ou *fuc*, *fard*.

La deuxième déclinaison nous offre λόγος, parole, livre, calcul, *raison*, qui vient de λέγω, dire, *parler*; ce mot a été tiré de להג *leg*, *penser*, *raisonner*; ἡ ὁδός, le *chemin*, le voyage, remonte naturellement à sa source עדה *ode, faire un trajet, cheminer;* τὸ τόξον, l'arc, dérive de תקע *tqo, enfoncer une pointe.*

Dans la troisième déclinaison, nous rencontrons ὁ σωτηρ, le sauveur, formé de l'attique σῶς, sain et sauf, dont la racine se trouve dans σω, de σώζω, *sauver;* en phénicien ישע *icho (iso), sauver,* par conséquent, שע *cho (so),* puisque dans ת־שועה *t-chuoe (t-suoe),* le *salut,* la lettre י *i* ne fait pas partie intégrante du mot; en grec, le *ch,* est représenté par *s;* ἡ λαμπας, la *lampe,* génitif λαμπαδος, ne diffère de לפד *lpd,* la *lampe,* que par le μ, que les Grecs ont introduit dans la première syllabe; τὸ αγαλαμ, ornement, sujet de *joie,* dérivé de αγάλλω, au moy. *se réjouir,* procède de אגיל *agil* (prononcé *aguil*), je *me réjouis;* γόνυ, genou, est dérivé de כנע *cno, s'agenouiller, s'humilier.* Citons encore des noms grecs suivis des mots phéniciens qui les ont formés : κυρίος, maître, chef, de כרי *cri, chef;* αγρός, champ, de אכר *acr, labourer;* τίτθη, mamelle (rac. θαομαι, sucer), de דדים *ddim, mamelles;* αἴθος, noirci par le *feu,* de אוד *aud, tison;* γέλως, *ris, rire,* de גיל *gil* (prononcé *guil*), *joie.*

Les désinences de la déclinaison du nom grec se divisent en trois classes principales, dans chacune desquelles nous avons réuni les terminaisons similaires des trois déclinaisons. Première classe : désinences α, ε, η, ι, ο, ω, υ. Déjà nous avons indiqué la provenance de toutes ces flexions : elles ont été empruntées par les Grecs, comme la plupart d'entre elles avaient été empruntées par les Indiens, au verbe phénicien היה *eie, être* ou au pronom הוא *eua, lui;* dans cette catégorie nous rangeons αι, ει, οι, ου.

Deuxième classe : αν, εν, ην, ιν, ον, ων, υν, auxquelles il faut joindre αιν, οιν. Ces terminaisons ne diffèrent évidemment des précédentes que par l'adjonction finale de la lettre ν, l'une des liquides instrumentales correspondantes au נ *n* phénicien, qui joue le même rôle dans la composition des mots où il entre.

Troisième classe : ας, ες, ης, ις, ος, ως, υς, et de plus αις, εις, οις, ους. Ici encore, nous trouvons l'élément verbal de היה *eie* et l'élément pronominal הוא *eua* auxquels s'ajoute la sifflante finale ς contenue dans יש *is*, *il est*. Mais voici, avant d'aller plus loin, une difficulté capitale qu'il est indispensable de résoudre.

Nous nous sommes élevé avec raison contre la division arbitraire que les linguistes ont établie, lorsqu'ils ont classé toutes les langues en trois groupes distincts et d'un caractère absolument particulier. Selon eux, la famille des langues sémitiques n'a aucune parenté avec la famille des langues indo-européennes. Nous accordons que la famille des langues touraniennes ou tartares n'a aucune filiation avec les deux autres. Mais l'erreur fondamentale qui se dégage de cette division, c'est d'avoir fait rentrer le chinois, — qui dans la voie phonétique en est resté au *rébus* — dans le cercle des idiomes tartares ou agglutinants qui, postérieurement, ont été alphabétisés, comme le finois et le magyar. Cette distinction des langues dites sémitiques et des langues dites aryennes devait nécessairement égarer la science, et la réduire à placer ces langues dans un état d'isolement qui est démenti par la constatation d'un grand nombre d'analogies que présentent ces langues, qu'on a déclarées étrangères les unes aux autres. Ces analogies, il a fallu les expliquer comme des faits relevant de la conformité de l'esprit humain, de la tendance universelle à peindre les objets par des sons, c'est-à-dire à l'onomatopée. La question est de savoir si réellement ces identités subsistent en dehors des relations des peuples appartenant chacun à l'une de ces deux catégories de langues admises par les érudits. D'un côté, les philologues veulent qu'il y ait entre les deux grandes familles de langues un *abîme*; et de l'autre, ils attribuent à un caractère et à une disposition générale les analogies les plus frappantes. Ils ont négligé d'observer que, si tous les peuples ont été dirigés dans la formation de leur langage respectif par le même instinct onomatopique, chacun d'eux a dû entendre à sa manière l'expression par l'imitation du son d'un même objet; à ce point de vue incontestable, il est au moins étrange qu'ils se soient, comme on le voit, rencontrés dans l'expression identique d'un mot, sans avoir communiqué entre eux. M. E. Renan constate ce fait considérable qui nous semble renfermer une contradiction :

« S'ils (les linguistes) admettent d'une part la plus étroite connexité entre les membres d'une même famille (*a*), ils sont amenés d'un autre côté à reconnaître un abîme entre les familles diverses, et déclarent sans hésiter que ces familles n'ont pu sortir l'une de l'autre par des dérivations insensibles, comme les dialectes d'un même idiome.

« Est-ce à dire pourtant que des langues appartenant à des familles différentes n'offrent entre elles aucune analogie? Non, sans doute : mais ces analogies s'expliquent suffisamment par l'identité même de l'esprit humain agissant sensiblement sur plusieurs points à la fois. Ces ressemblances, en un mot, suffisent pour établir l'unité des procédés suivis partout par l'esprit humain, mais n'obligent pas à supposer l'unité de filiation des langues comme un fait historique. Ainsi la grammaire hébraïque ressemble très peu à la grammaire sanscrite; ces deux grammaires ressemblent bien moins encore à la grammaire chinoise, et pourtant au fond de la grammaire chinoise, comme au fond des grammaires hébraïque et sanscrite, il y a l'esprit humain, toujours identique dans ses facultés (*b*).

« La comparaison lexique amène aux mêmes résultats. En comparant, par exemple, le vocabulaire sémitique au vocabulaire indo-germanique, on trouve des racines dont l'analogie ne saurait être contestée. En faut-il conclure l'identité des deux familles? Nullement, puisque le fond des deux familles reste profondément distinct; mais il faut en conclure que les sémites et les ancêtres des races indo-germaniques ont eu les mêmes raisons pour dénommer une chose ou une action de la même manière, et ont employé les mêmes procédés pour former leurs appellations.

« Mots onomatopiques, communs aux deux familles; l'identité de la chose ayant entraîné l'identité de l'imitation :

Hébreu : louah (avaler); syrien : loh; arabe : laha; sanscrit :

(*a*) L'auteur accepte le partage des langues en trois grandes familles : la famille sémitique, la famille indo-européenne, la famille tartare.

(*b*) Sans doute, l'esprit humain est identique dans ses efforts, mais peut-on établir un rapport quelconque entre des langues alphabétiques et une langue immobilisée dans le *rébus* comme le chinois ?

lih; anglais : to lick; italien : *leccare;* celtique : loukan; latin : *lingo, lingua, ligurio.*

Hébreu : lahab (lécher); syriaque : lehab; latin : *labium;* allemand : lippe; persan : lib; grec : λάπτω; celtique : lippan.

Hébreu : Jalal (crier); arabe : walwala; grec : ἀλαλάζειν, ιἄλεμος; latin : ejulare, ululare; germain : iolen.

Hébreu : garr (gratter); hébreu : garon (gosier); latin : guttur; arabe : gargara; grec : γαργαρίζω.

Hébreu : gall et galam (rouler); grec : κιλλω, κυλίω, κυλίνδω; latin : glomus (gl marque le roulement).

Hébreu : *fr* marque l'idée de briser ou de déchirer dans toutes les langues sémitiques; comparez : sanscrit : prah; latin : frango; gothique : brikan; allemand : brechen; celtique : frezan.

Hébreu : *kt* marque l'idée de frapper et de couper; comparez: latin : cœdo, quatio, percutio.

Hébreu et syriaque : kra (crier); grec : κράζειν; allemand : krähen; anglais : to cry; etc.

Arabe : kal (dire); hébreu : kol (voix); grec : καλέω, κελεύω; anglais : to call; latin : calare, calendæ.

Hébreu : scharak (siffler); grec συρίζω, σύριγξ.

Hébreu : gazal (gazouiller).

Hébreu : kalaf (claquer); grec : κολάπτω.

Hébreu : tapp (taper); grec : τύπτω.

Hébreu : toff ou topp (tambour); grec τύμπανον et τύπανον (1). »

Nous bornons là la comparaison faite par l'auteur de mots hébreux avec ceux des autres langues; ils sont au nombre de trente à quarante. Le cadre de notre ouvrage ne nous permet pas de les indiquer tous. Pour les treize mots ci-dessus, nous tenons à leur restituer leur caractère bilitère et trilitère et à corriger l'inexactitude de quelques-uns des dérivés :

(1) E. Renan, voir *Traité des Facultés de l'Ame*, par Adolphe Garnier, p. 482-483.

Hébreu : לוע *luo* et non *louah* (avaler). Nous sommes d'accord pour l'identité de signification en syrien et en sanscrit; en arabe, nous retrouvons לעה *loe*. Quant à l'anglais : *to lick* (auquel on aurait pu ajouter l'allemand : *lecken*, et le grec : λείχειν), à l'italien : *leccare*, au celtique : *lonkan*, au latin : *lingere*, ils signifient tous *lécher* et non pas *avaler*; ils remontent chacun, soit au verbe primitif לחך *lhc*, soit au verbe primitif לקק *lqq*, dont la signification est *lécher*.

Hébreu : להב *leb* et non *lahab* (que l'auteur traduit inexactement par lécher). Oui, ce que l'auteur désigne par *lahab*, c'est להב *leb*, que la tradition juive prononce aussi *lahab*, mais dont la signification est *flamme* et *flamber*, *lame d'épée*. En syriaque, le même mot se présente sous la forme de אלהב *aleb*, signifiant de même *flamme*, comme d'ailleurs l'arabe להב, *leb*. Le latin : *labium;* l'allemand : *lippe;* le persan : *lib;* le grec : λάπτω; le celtique : *lippan*, n'ont d'autre sens que *lèvre*, et dérivent de la racine לב *lb*, qui, dans l'hébreu, signifie principalement *cœur*. Si tant de langues indo-européennes se sont séparément arrêtées à ce mot לב *lb*, pour y chercher l'idée de *lèvre*, la chose n'est pas plus étonnante que le dicton de notre langue française: *faire la bouche en cœur*, pour dire : faire des minauderies, ou plutôt : disposer la bouche en forme de *cœur*, afin de se donner un air doucereux, de plaire davantage. Donc, la plus belle bouche, les plus belles *lèvres* sont celles qui sont en *cœur*.

Hébreu : ילל *ill* et non *Jalal* (crier); en grec, ἰάλεμος, *chant plaintif*, ὀλολύζειν, *hurler*, répondent exactement au mot primitif, c'est-à-dire *à hurler*, *pleurer*, *crier*, *soupirer*, *jeter des cris lamentables*, tandis que ἀλαλάζειν, signifie *jeter des cris de guerre* ou des *cris de joie;* en latin, *ejulare*, *se lamenter*, *pousser des cris de douleur*, *ululare*, *hurler*, *vociférer*, *jeter des cris perçants*, sont à leur place. Mais les Dictionnaires ne connaissent pas le mot allemand : *iolen*, tandis qu'ils nous montrent *heulen*, *hurler*, *pousser des hurlements*, *pleurer*, etc. Le syriaque : ילל *ill*, a une signification identique à l'hébreu, de même que l'arabe יל *il* et ילֹיל *ilil*.

Hébreu : גרד *grd* et non *garr* (gratter). Ici, l'auteur s'est trompé, en confondant *grr* et *grd*. *Grr* signifie tailler, arracher, scier, ruminer, etc. ; c'est *grd*, qui veut dire *gratter*. Les comparaisons établies par lui pèchent par la base, à commencer par l'hébreu, quand il place à côté de *grr* le mot hébreu *garon* (gosier). Ce mot est réellement גרון *grun;* mais il ne peut avoir aucun rapport avec *grd*. L'arabe *gargara* n'est que la répétition du mot hébreu גרגרה *grgre*, *cou*. Le mot latin *guttur*, *gosier*, vient de l'original געה *goe*, qui signifie *mugir ;* on ne peut mugir qu'au moyen du *gosier*. Ce *goe* a donc donné naissance au latin *guttur*, tandis que *grgre* a produit *gur-gulio*, *œsophage*, *gorge*, comme il a produit l'allemand *gur-gel*, l'anglais *gar-gle*, le grec γαργαρίζειν. L'allemand *gurgel*, qui a également le sens de *gouffre*, d'*abîme*, se rencontre avec le latin *gurges*, *gouffre*, *abîme*. Nous retrouvons *goe* dans notre mot français *dé-goiser*, qui n'est autre chose que faire sortir du *go-sier*, tandis que *gor-ge* et *in-gur-giter*, tiennent plutôt à *grgre*, d'où également notre *gargariser*.

Hébreu : גלל *gll* et גלם *glm* (rouler). κυλίω et κυλινδέω, *rouler*, dérivent de *gll*. *Glm*, qui signifie plutôt *replier*, tient cependant à l'idée de *rouler*, et *gl-omus* en est justement tiré ; de là *ag-gl-omérer*.

Hébreu : פר *pr* plutôt que *fr*, *marque l'idée de briser ou de déchirer*. Nous l'avons assez prouvé. Le sanscrit *prah* (l'idée de *force*, de *primer*) vient de là, de même que *fr-angere* en latin. Quant au gothique *brikan* et à l'allemand *brechen*, ils remontent plutôt à ברך *brc*, dont le sens principal est l'*inflexion* des genoux. Or, *infléchir* et *rompre* sont synonymes. La première explication de *brechen*, que nous trouvons dans le Dictionnaire Schuster, est « action de rompre. » Notre mot *brèche* en dérive ; le celtique *fr-esa* signifie *déchirer*, *rompre*.

Hébreu : כתת *ctt* et non *kt*, *marque l'idée de frapper et de couper ;* c'est exact : mais *cædo*, *couper*, *battre*, *frapper*, *tuer*, etc., dérive d'un autre verbe originel : קדד *qdd*, que les meilleurs Dictionnaires traduisent ainsi : Fürst : « *séparer*, *couper*, *fendre*, *détacher, écorcer;* » « קד (*qd*), a la même signification en syriaque et en arabe. »

Gesenius : « arabe קד (*qd*) *scidit* (il *coupa*); » comparant *qdd* avec un verbe grec, il dit : « congruit κεδάω, κεδάζω », qui signifient : *disperser, dissiper, répandre çà et là, chasser, répandre le sang de quelqu'un*. Les applications diverses de ce mot, dans la Bible, expriment surtout, il est vrai, la pensée de *s'incliner*, se *ployer*, se *prosterner*. Mais qu'est-ce que *s'incliner*, se *ployer*, se *prosterner*, sinon en quelque sorte opérer le *bris*, la *fente* du corps. Ce qui confirme la valeur exacte de *qd*, c'est d'abord le mot קדקד *qdqd*, que Gesenius traduit : « *Vertex capitis,* » qu'il explique ainsi : « c'est-à-dire des cheveux à l'endroit où ils se *divisent* et se *séparent;* comparez, ajoute-t-il, l'allemand *scheitel* (ligne de *séparation* des cheveux), die harre *scheiteln* (les cheveux se *divisent*.) » C'est ensuite le mot קדה *qde,* qui signifie *casse* aromatique. Le mot *casse* exprime une chose *coupée*. Dans *percut-io,* nous retrouvons *ctt;* mais *quatio* vient d'une troisième racine : קו *qu,* qui, notamment dans Isaïe XVIII, 7, en parlant d'un peuple קו-קו *qu-qu*, désigne un peuple méchant, qui *frappe*, qui *secoue*, qui *agite*, expressions que traduit précisément *quatere*, dont nous citons l'une des applications : « *quatere hastam, brandir une lance*. »

Hébreu et syriaque : קרא *qra* et non *kra* (crier); en grec, κράζειν, *croasser, crier, vociférer, demander à grands cris*. L'auteur aurait pu ajouter κρίζειν, *crier, faire un bruit aigre, pousser un cri aigu*. L'allemand *krähen, faire entendre un son rauque et pénétrant, chanter comme le coq*, aurait dû le faire penser à *kreischen, jeter ou pousser des cris perçants, criailler*, etc., et même à *s-chre-ien, crier, s'écrier, jeter, pousser, proférer des cris, brailler, braire*, etc. C'est que là, se trouve une lettre pronominale, que les langues dérivées ont fréquemment incorporée dans leurs racines. Nous démontrerons dans ce chapitre, par un exemple, que cette incorporation d'une lettre pronominale, d'une lettre prépositive ou d'une lettre conjonctive se rencontre comme élément radical dans la formation même des mots indo-européens. Par exemple, et pour la lettre pronominale : קרא *qra* veut dire *crier,* mais ש־קרא *ch-qra (s-qra),* signifie *qui crie*, dont les confectionneurs de la langue allemande ont fait *s-chre-ien*, en remplaçant *q* par *ch*.

Arabe : קאל *qal* et non *kal* (dire); hébreu קול *qul* et non *kol* (voix); grec : *καλέω κελέυω* ; anglais : *to call ;* latin : *calarè*, *calendæ*.

Hébreu : שרק *chrq* et non *scharak* (siffler) ; grec : *συρίζω*, *σύριγξ*.

Hébreu : גזל *gzl*. L'auteur traduit ce mot par *gazouiller*, ce qui est inexact. Le propre du verbe גזל *gzl*, est commettre un larcin, voler, ravir, absorber, enlever avec violence, et comme substantif, même avec addition de ה *e*, גזל־ה *gzl-e*, vol, larcin, détournement. Mais le même mot, avec l'insertion de ו *u*, גוזל *guzl*, signifie à la fois, jeune volatile doux et jeune volatile de proie.

Ce mot est deux fois appliqué dans la Bible ; la première fois, il signifie *pigeonneau*, la seconde, *aiglon*. On voit déjà poindre l'idée de *gazouiller*. En effet, le nom de גוזל *guzl* n'a été donné aux jeunes oiseaux que parce qu'ils *s'enlèvent violemment*, c'est-à-dire *rapidement*. Leur vol rapide, par le prompt déplacement de l'air, produit déjà une sorte de bruit qu'on peut comparer au *gazouillement :* on dit le *gazouillement* d'un ruisseau. Voici, d'après le Dictionnaire de l'Académie, la définition du mot *gazouiller* : « faire un petit bruit doux et agréable, tel que celui que font de petits oiseaux en chantant. Il se dit aussi du bruit que font les petits ruisseaux en courant sur les cailloux. *Ce ruisseau gazouille agréablement.* » En arabe גזל *gzl* veut dire *piauler,* c'est-à-dire *cri des petits poulets*, des *dindonneaux :* ce sont toujours des *oiseaux*.

Hébreu : כלף *klp* ou *klf*, que l'auteur traduit par *claquer*, et qui cependant n'a pas ce sens. כלף *klp* n'est appliqué qu'une fois dans la Bible, comme substantif, sous la forme de כילף *kilp* (Psaum. LXXIV, 5), et signifie *instrument tranchant*. Nous trouvons dans le syriaque כלף *klp*, arbuste *épineux*, et en arabe כלב *klb*, forme verbale, qui signifie *piquer*, *percer*, tandsi que dans le substantif כלבע *klbo* on retrouve le sens d'arbuste *épineux*. כלוב *klub*, en arabe signifie *instrument tranchant*. Gesenius traduit ainsi le mot hébreu כילף *kilp : marteau* ou *hache ;* קולפא *qulpa*, dit-il, veut dire en chaldéen *bâton noueux*, *pieu*, et כולפא *kulpa*, en syriaque, *marteau*, *hache*, *hoyau*. Κολάπτειν, *frapper*, *becqueter*, *entailler en frappant*, *ciseler*, *sculpter*, vient certainement du mot hébreu qui nous occupe. Mais là ne se borne pas l'importance que ce mot a pris dans les langues dérivées. En grec, κόλαφος, *soufflet sur la joue*, quelquefois *coup de poing ;* en latin, *colaphus*, même signification ; *culp-abilis*, *digne de reproches*, *coupable*, c'est-à-dire *devant être frappé*, *puni ; culp-are*, *reprendre*, *blâmer*, *critiquer*, *culp-a*, *faute*, c'est la cause pour l'effet : toute faute attend sa *punition*. En italien *colp-e;* en espagnol *golp-e*, en français *coulpe* et *coup*. Le mot allemand *klop-fen*, *frapper*, *heurter*, *battre*, etc., a certainement la même origine, mais Genesius va trop loin en faisant dériver du mot כלף *klp*, le terme allemand *kl-appen* faire un *bruit de claquement*, par exemple *claquer des dents*, *faire claquer son fouet*. M. Renan commet la même erreur en traduisant כלף *klp* par *claquer*. Ce dernier mot remonte à קול *qul*, la *voix*, que M. Renan, qui en a fait *kol*, comparait cependant avec raison à καλέω, à κελεύω, à *calare*, à *calendae*, à *to call*.

Hébreu : תפף *Tpp* et non *tapp* (taper).

Hébreu : תף *Tp* et non *toff* ou *topp*.

L'auteur ne s'est pas aperçu que ces deux mots n'en font qu'un. Il l'a d'autant moins vu que par *tapp* et *topp* il indique le verbe תפף *tpp*, qui est naturellement trilitère, et il oublie que la racine bilitère תף *tp* suffit pour signifier *tambour*. — Le verbe תפף *tpp* n'est que la mise en action du substantif תף *tp* véritable onomatopée de *tape*. Qu'est-ce qu'un *tambour*, sinon ce que l'on *tape*? Cela est tellement vrai qu'on appelle populairement *tapins* ceux qui *battent du tambour*. Le verbe veut dire *frapper*, par exemple, *se frapper la poitrine* (*Nahum*, II, 8) et *battre du tambourin* (*Psaum*. LXVIII, 26). Si en grec τύπτω signifie *frapper*, *battre*, *blesser*, etc., ce mot ne s'applique pas au *battage* du tambour ; mais τύμπανον et τύπανον, veulent bien dire *tambour*, c'est-à-dire *tout corps rond et plat d'un côté, creux de l'autre.* Tel devait être le *tambour-in* des filles d'Israël.

Nous regrettons d'avoir à nous arrêter dans la transcription de la série totale des mots cités par M. Renan. Mais ceux que nous avons soumis au lecteur suffisent largement pour combattre, par l'évidence des faits, cette hypothèse toute gratuite que les identités les plus frappantes entre les mots des langues soi-disant étrangères les unes aux autres, auraient été dues à cet instinct onomatopique qui est inné chez tous les peuples. Qui donc pourrait raisonnablement soutenir que les substantifs sanscrits, zends et grecs, analysés plus haut, et qui ressemblent trait pour trait, pour le sens comme pour la forme, aux mots originels phéniciens, se trouvent dans ces conditions par un miracle de l'onomatopée?

Il faut remarquer que tous les mots que M. Renan a cités à l'appui de son assertion, sont tous puisés dans les vocabulaires indo-européens. Il n'en cite pas un seul — donc il n'en a pas trouvé — qui appartienne à une autre famille de langues. Ce qui prouve que ce prétendu instinct onomatopique n'est pas autre chose que la conformité des mots indo-européens avec les mots correspondants phéniciens qui — nous n'avons plus à le répéter — sont seuls fondés sur la loi rationnelle de l'onomatopée.

Loin donc de nuire à notre cause, ces rapprochements de M. E. Renan fournissent à notre thèse un excellent contingent de preuves manifestes.

Un homme éminent que l'Académie Française honorait justement en s'honorant elle-même, lorsqu'elle lui demandait la préface de son Dictionnaire, l'illustre M. Villemain, prête à notre théorie, dans différents passages de ce remarquable travail, l'autorité de son érudition et le charme de son style :

« Saisir et embrasser, parmi les âges successifs d'une langue, ce dernier âge de formation régulière et fixe, reproduire fidèlement ce dernier cadre, dont les divisions et l'ordre ne changent plus, quoiqu'il s'y place encore des termes nouveaux, c'est donc un travail utile et vrai, qui n'a rien d'arbitraire, bien qu'il reconnaisse la souveraineté de l'usage : car l'usage même, comme le hasard, obéit à une loi cachée. Ou, pour mieux dire, il n'y a pas plus de caprice dans l'esprit humain qu'il n'y a de hasard dans la nature. L'une et l'autre expression est également le nom *d'une cause que nous n'avons su découvrir* (1). »

Parlant de la fondation de l'Académie française et de son premier Dictionnaire, il dit :

« Ce premier travail de l'Académie était donc excellent pour le but qu'elle se proposait, et, à quelques égards, impossible à remplacer. Il constatait l'époque la plus heureuse de la langue. Le vocabulaire n'en était pas très étendu ; mais plus tard *les langues s'appauvrissent par leur abondance* (2). »

A propos de l'étymologie, il ajoute :

« En effet, la science étymologique est, selon le caractère des recherches, ou une curiosité tantôt facile, tantôt paradoxale, ou une étude féconde, qui d'un côte tient à la partie la plus obscure de l'histoire, de l'autre à l'analyse de l'esprit humain, à l'invention des langues, et à la perfection de la parole. Pour nos langues de filiation latine en particulier, indiquer à côté du terme moderne le mot latin d'où il dérive, *c'est faire peu de chose* et parfois se tromper. Car parfois le terme latin avait lui-même une racine *septentrionale* (*a*)..... Dire que *désirer* vient de *desiderare* et *considérer* de *considerare, calamité* de *calamitas, admirer* de *mirari, c'est presque ne rien dire;* c'est traduire un chiffre par un autre chiffre, à moins d'entrer dans l'explication même du terme étranger importé par nous.

« Ainsi l'étymologie immédiate serait souvent peu significative : l'étymologie complète et analytique serait l'histoire des autres langues pour arriver à la nôtre. De là, sans doute, il ne faut pas conclure que la science étymologique est vaine et fausse, mais qu'elle est *immense*, et qu'étant surtout une science de *comparaison*, elle n'est possible que par la tardive réunion de tous les éléments qui servent à l'éclairer. Faute de ce moyen,

(1) *Dict. de l'Acad. franç.*, éd. 1835, p. IX.
(2) Id., p. XXI.
(*a*) M. Villemain n'avait pas vu que la lumière vient de l'*Orient* et non du *septentrion*.

on ne peut voir qu'*à côté de soi,* et *peu de chose*, ou *s'égare ingénieusement.*

« On sait combien les peuples lettrés de l'antiquité, qui ne connaissaient que leur langue, tombaient, à cet égard, dans de singulières erreurs. Celles du savant Varron nous étonnent ; et Quintilien en relève d'autres non moins bizarres. Jamais les étymologies qui parfois ont fait rire du docte Ménage, n'approchèrent, pour l'incertitude et la subtilité, de celles que Platon a multipliées dans un dialogue tout exprès. C'est que Platon voulait, sauf quelques exceptions, tirer toute la langue grecque d'elle-même par un préjugé semblable à celui des Athéniens se croyant nés de la terre qui les portait.

De là, dans le *Cratyle* (*a*) sur les noms des êtres et des choses, sur les mots essentiels de la langue grecque, tant d'explications arbitraires ou fausses, mais fausses avec la grâce de l'imagination antique. C'est ainsi que Platon vous donnera l'étymologie du mot ἥρος, *héros, demi-dieu.* « Ἥρως, fait-il dire par Socrate, vient du mot ἔρος, *amour*, parce que les héros étaient tous nés de l'amour d'un dieu pour une mortelle, ou d'un mortel pour une déesse, etc.; ou bien encore, ἥρος peut venir de εἴρω, εἴρειν, *dire, parler,* parce que les héros avaient le don de l'éloquence. » Cette raison est bien athénienne. Platon vous dira encore, par la bouche de Socrate, que « σῶμα, le *corps*, vient de σῆμα, *tombeau*, parce que le corps est le tombeau de l'âme; ou qu'il peut venir aussi de σημαίνω, *faire des signes, faire connaître*, parce que le corps fait des signes à l'esprit. » Ainsi, pour une foule d'autres mots, expliqués avec la même finesse métaphysique, et dont l'origine finale a été rapportée à la LANGUE HÉBRAÏQUE, ou se retrouve aujourd'hui dans la langue *sanscrite* ignorée des Grecs, qui cependant lui devait en partie la leur (*b*). Car l'érudition

(*a*) Nous nous proposons de publier un commentaire complet sur le *Cratyle*, en indiquant la source *véritable* du grand nombre de mots que Socrate a tenté d'expliquer.

(*b*) Nous avons démontré et nous démontrons que toutes les langues indo-européennes dérivent bien évidemment de l'hébreu, c'est-à-dire du phénicien, et non pas du sanscrit, dérivé lui-même du phénicien.

moderne est venue, après trois mille ans, renouer entre les peuples anéantis le lien qu'ils n'avaient pas aperçu eux-mêmes, durant leur passage sur la terre.

« Mais ce dialogue de Platon, tout semé de jeux de l'esprit grec, n'en renferme pas moins une vérité fine et profonde, qui se retrouve dans toutes les langues, qui peut s'appliquer à la nôtre, et qui touche en même temps aux éléments primitifs du langage et à la perfection de l'art : cette vérité, c'est que les mots, dans l'origine, ne sont pas imposés arbitrairement (1), mais *déterminés par un secret rapport avec la chose qu'ils expriment*. C'est pour cela que le peuple fait les langues, sous l'action d'une loi commune, modifiée par les climats et les races ; et, par cette même cause, une langue se gâte lorsque les mots conventionnels et sans liaison avec le caractère des choses se multiplient à l'excès, et qu'un faux art couvre et altère ce fonds d'expressions *musicales* et vraies données par la nature.....................

.... « Mais, quelle qu'ait été la langue originelle, divinement transmise, ou formée par la raison que Dieu donne à l'homme, le caractère primitif des langues est de faire entendre, autant qu'il se peut, *l'objet et l'idée par le son* ; et ce caractère leur est si essentiel qu'il persiste à toutes leurs époques. Evidemment, la parole a d'abord été figurative, comme plus tard l'écriture. Mais la représentation de chaque objet par le dessin était un mode presque impraticable, auquel ont dû succéder bientôt l'esquisse tronquée, puis les traits de convention, aussi nombreux que les mots, puis enfin la sublime invention de l'alphabet. La langue figurative, au contraire, celle qui peint par le son, est restée la force et la vie de tout langage humain ; et l'esprit de l'homme n'y renonce jamais (2). »

Nous avons souligné à dessein quelques-unes des expressions si heureusement employées par le célèbre académicien.

Nous allons démontrer à la suite que les noms des autres lan-

(1) « Suum a naturâ rebus inesse nomen... quamdam nominum proprietatem ex rebus ipsis innatam esse. » (Plat. *in Cratylo.*)

(2) *Dict. de l'Acad.*, 1835, p. XXV-XXVI.

gues alphabétiques dérivent comme les précédentes de la langue phénicienne. Nous suivrons, d'abord pour le latin, l'ordre des déclinaisons admis par les grammairiens; puis, viendra une liste de noms latins, pris sans choix dans les cinq déclinaisons, et accompagnés de leurs origines phéniciennes. La source phénicienne du nom latin *aurora*, l'aurore, se manifeste avec un éclat singulier : ce mot, en effet, provient de אור *aur, lumière*, et de עור *our* ou ער *or, élever, lever, s'élever, surgir*. L'aurore n'est-elle pas *la lumière qui se lève? Herus*, le maître, n'a pas une étymologie moins évidente : חר *hr* signifie *noble, maître; modus*, manière vient de מדה *mde, manière; cadus*, cruche, de כד *cd, cruche; malum*, le mal, trouve tout naturellement son origine dans מול *mul* ou מל *ml, couper, blesser, faire mal; miles*, soldat, militaire, vient du verbe מלל *mll*, signifiant *dire, exprimer, proférer*, et de מלה *mle, parole, ordre, commandement*. Le propre du *Mili-taire* c'est l'obéissance à l'*ordre*, au *commandement*; c'est là son caractère, sa condition. Pour peu qu'on doute de cette étymologie, nous citerons le verbe latin *mili-tare*, qui, outre le sens de *servir* comme soldat, etc., possède aussi celui de *remplir un emploi, servir à la cour des empereurs*. Là, certainement, *on obéit à la parole*. On ne saurait croire à quels rapprochements puérils se sont arrêtés les grammairiens de l'antiquité latine, lorsqu'ils ont voulu essayer de connaître l'origine de *miles*. Festus propose l'opinion d'Ælius qui fait venir, par antiphrase, *miles* de *mollitia*, la mollesse, parce que les soldats ne sont pas des efféminés. Le sentiment d'Ulpien est plus étrange encore : il fait dériver *miles* de *malitia* pris dans le sens de travaux pénibles, ou de *multitudo*, ou de *malum*, parce les soldats ont mission de nous protéger contre le mal, ou enfin du mot grec χίλιοι *mille*. Le χ remplacé par l'*m*: c'est vraiment par trop fantaisiste. Varron s'est emparé de cette dernière idée, mais il rattache *miles* à *mille*, par la raison que primitivement une légion se composait de trois mille hommes, et que chaque tribu fournissait un contingent de *mille* soldats. Cette dernière supposition a du moins une certaine valeur historique, et elle n'offre pas l'inanité des systèmes précédents. L'auteur du *de Lingua*

Latina n'a pas soupçonné que *mille* est de la famille de *multus*, qu'il a eu originairement un sens plus général, puisqu'il vient de מלא *mla*, *multitude*, *plénitude*. *Pietas*, la piété, n'a d'autre origine que פי *pi*, la *bouche*; c'est par la bouche que s'exerce ce que l'on entend par la piété. En effet, le mot *pietas*, ne signifie pas seulement « accomplissement du devoir, vertu, justice, fidélité, » mais encore « accomplissement des devoirs religieux, sentiment religieux, piété, culte, dévotion. » C'est la *parole*, la *prière* qui constitue l'homme *religieux*. Nous citons, à l'appui de l'identité de *bouche* et de *parole*, deux textes d'auteurs bibliques : Le Psalmiste, traitant des attributs de Dieu, nous dit : « Par la *parole* de Jeue (Jehovah) les cieux ont été faits, et par le souffle de sa *bouche* les constellations (*Psaumes*, XXXIII, 6) » ; Isaïe de même : « Il juge avec droiture les infimes, rend justice aux pauvres de la terre; il frappe la terre par la sévérité de sa *bouche*, et par le souffle de ses *lèvres* il tue le méchant (*Isaïe* XI, 4) ». *Anxietas*, tourment, dérive de אנקה *anqe*, *lamentation*; *clavis*, clef, de כלא *cla*, *enfermer*; *munus*, présent, de מנה *mne*, *part*, *portion*, *présent* : « שלח מנות *chlh mnut*, envoyer *des présents* »; *manus*, la main : nous venons de voir que מנה *mne*, outre l'acception de *présent*, signifie encore *part*, *portion*. Citons l'excellent Dictionnaire de Fürst : « מנה, au propre, *séparer*, *diviser*, et de là le sens de compter, qui est la *division des parts* ». La main n'est elle-même qu'un corps *divisé* en cinq *parties* : ימן *i-mn* veut dire la *main* droite; c'est la droite qui agit, qui *divise*, qui *partage*, qui *compte*; *æstus*, chaleur, provient de אש *as*, *feu*; *tonitru*, le tonnerre : c'est dans le verbe תנה *tne* qu'il faut chercher la source de l'idée de *tonner*, de *re-ten-tir*, et nous allons encore citer deux versets de la Bible, qui justifient notre assertion. Le roi David, toujours occupé de la grandeur de Dieu, s'écrie : « Jeue Notre Seigneur, que ton nom est magnifique, toi dont l'acclamation *retentit* (תנה *tne*) au ciel (*Psaumes*, VIII, 2) ».

La fille de Jephté est immolée par le vœu imprudent de son père : « d'année en année, les filles d'Israël vont (sur la tombe) de la fille de Jephté *entonner* (ל־תנות *l-tn-ut*) des complaintes (*Juges*, XI, 40) ». *Spes*, l'espérance, procède de צפה *tspe*, *espérer*, dont le substantif est צפיה *tspie, espérance.* Nous multiplierons les exemples de la transformation de la lettre צ en *s* dans les langues dérivées. *Calidus* chaud, vient de קלה *qle, rôtir, brûler; statio,* station, de שת *st être placé; ave,* salut, de אוה *aue, souhaiter; latens,* latent, de לאט *lath, cacher; fulcrum,* soutien, de פלך *plc* ou *flc, soutien; lassitudo,* de לאה *lae, être las; celeritas,* célérité, de קל *ql, prompt à la course; fusio,* action de répandre, de פוץ *puts* ou *futs, répandre; æmulatio,* émulation, de עמל oml ou *eml, lutter pour atteindre; bellum,* guerre, de בלל *bll, mêler, mêlée, combat de troupes; castigatio,* châtiment, coupe, taille, de קצה *qtse, couper, mutiler, exterminer; circus,* cercle, de ככר *ccr, cercle.*

Dans notre étude sur les désinences des noms grecs, nous avons attribué un grand nombre d'origines phéniciennes qui se reproduisent dans la déclinaison des substantifs latins. En effet, les désinences *a, e, i, o, u, ae, ui,* nous reportent facilement à היה *eie* et à הוא *eua*; l'instrumentale ם *m* se retrouve dans *am, em, im, um, ium*; l'*s* qui termine *as, es, is, os, us* vient du ש *s* contenu dans יש *is.* Quant aux terminaisons *abus, ebus, ibus, obus, ubus,* elles ont été expliquées à l'occasion de l'élément sanscrit *byas,* qui, on se le rappelle, dérive de בוא *bua, être.* Enfin *arum, erum, orum,* proviennent de עור *our, s'élever, lever.*

Les langues vivantes vont nous offrir une ample moisson dans le domaine des dérivations phéniciennes; nous aurons presque uniquement à indiquer ces rapprochements originels pour un certain nombre de substantifs, car ici les désinences sont fort peu variables.

Nous commençons par l'allemand. On sait que, dans cette langue, il y a deux déclinaisons régulières, et que les autres s'écartent peu de la loi commune. Voici, à titre de spécimen, un certain nombre d'étymologies : *haus,* maison, dérive du phénicien חוס *hus, protection, abri*; *acker,* champ, de אכר, *acr, labourer,* le *laboureur; frau,* femme mariée, de פרה *pre* ou *fre* (*p=f*), *la productrice, la féconde;* w-ein, vin, de יין *iin, vin; amt,* emploi, de עמד *omd* ou *amd, emploi; ruch,* odeur, sentir et *ruh-e,* repos, de רוח *ruh, odeur, sentir, respirer, prendre haleine; brod,* pain, de ברה *bre, mets, manger (brouter)*; kasse, caisse, de כסה *cse, couvrir, cacher*. Nous appelons toute l'attention des lecteurs sur les sources aussi manifestement phéniciennes de tous les mots suivants : *dorn,* épine, de דר *dr, chardon*; *eid,* serment, de עוד *oud* ou *eud, tester en justice*; *kennen*, connaître, et *künden,* faire connaître, de כנה *cne, connaître*; *eitel,* illusion, de התל *etl, illusion*; *eimer,* seau qui mesure 320 bouteilles, de עמר *omr* ou *emr, mesurer*; *schade,* dommage, de שד *chd, ruine, dommage*; *sorge,* peine, de צרך *tsrc, misère*; *arzenei,* remède, de ארכה *arce, remède*; *husch,* silence, de חש *hch, silence; bühne,* construction, de בניה *bnie, édifice*; *farre,* taureau, de פר *pr* ou *fr, taureau*; *gatte,* époux, conjoint, de גדד *gdd, s'unir*; *iung,* jeune, de ינק *inq, être à la mamelle*; *pferd,* cheval, de פרד *prd* ou *frd, mule*; *tiefe,* profondeur, de טבע *tbo* ou *tbe, s'enfoncer*; *tuch,* drap, *dach,* toit, *decke*, couverture, de טוח *tuh, couvrir*; *siech,* maladif, *seuche,* maladie, souffrance, *sucht,* langueur, épuisement, de שוח *suh, s'affaiblir, s'épuiser, succomber*; *husch,* vite, subitement, de חוש *huch,vite, subitement; angst,* angoisse, de אנקה *anqe, lamentation*; *sünde,* péché, de זנה *zne, débauche; schein,* éclat, de שני *chni, ce qui brille*; *spitz*, pointe, de שפי *spi, pointe, sommet d'une montagne*; *vogt,* prévòt, gouverneur, de פקד *pqd* ou *fqd, prévòt, gouverneur.*

Les modifications casuelles sont renfermées généralement dans le cercle de quatre désinences : *e* (היה *eie*); *en* (היה *eie,* l'instrumentale נ *n*); *er* (עור *our*); *es* (יש *is*).

Pour l'anglais, nous détachons du Dictionnaire un nombre suffisant de noms issus du phénicien : *side*, côté, provient de צד *tsd, côté*; *mind,* âme, intelligence, de מנה *mne, penser, calculer*; *lady,* dame, de לדה *lde, qui enfante*; *shine*, éclat, de שני *chni, ce qui brille*; *chear*, bonne chère, est originaire de שאר *char, nourriture*; *house,* maison, de חוס *hus, abri*; *manager,* régisseur, de מ־נהג *m-neg, qui régit*; *close*, enclos, de כלא *cla, enclos, prison*; *mark,* marque, de מכר *mcr, marque; case,* boîte, de כסה *cse, couvrir, enfermer; cave,* antre, cave, de, קבה *qbe, endroit creux et retiré, alcove*; *measure*, mesure, de משורה *msure, mesure*; *hush,* silence, de חש *hch, silence*; *tile*, tuile, de טלל *tll, couvrir*; *muck,* fumier, chose corrompue, de מק *mq, corruption*; *speech,* langage, de שפה *spe, langage*; *spike*, pointe, de שפי *spi, pointe, sommet d'une montagne*; *twine*, fil, de טוה *thue*, *filer*; *spiral*, spirale, de צפר *spr*, *tourner*; *sin*, péché, de זנה *zne*, *débauche*; *mode*, manière, de מדה *mde*, *manière*; *method*, ordre, mesure, de מדד *mdd*, *mesurer*; *sordid*, sordide, de צער *sor*, *vil*; *share*, division, de שור *chur*, *diviser*, *séparer*.

Il n'y a pas d'autre modification terminale que celle qui est produite par l'addition au nom singulier de la lettre *s* pour former le pluriel; cet *s* appartient à יש *is*.

Dans la langue serbe, la dérivation des noms ne s'est pas effectuée moins facilement. Nous citons des exemples : *v-ino*, vin, qui a pour racine יין, *iin*, *vin*; *vodja*, chef, vient de פקד *pqd* ou *vqd*, *chef*; *ljuban*, amour, de לב *lb*, *le cœur*; *mlad*, jeune, de מילד *mild*, *qui est enfanté* (*un jeune*); *cigli*, unique, de סגל *sgl*, *particulier*; *kral-jugem*, chef de guerriers, de כרי *cri*, *chef de guerriers*; *sbor*, assemblée, de צבר *tsbr*, *assembler*; *pedg*, four, de פוח *puh*, *brûler*; *otac*, le père, de עות *out*, *soutenir* (*le soutien*); *duh*, esprit, de דעה *doe*, *esprit*; *sudija*; juge, de סוד *sud*, *conseil*, *délibération secrète*; *jena*, femme, de גו *gu*, *peuple*, *génération*; en grec, γυ-νή, *femme*.

Les désinences *a*, *e*, *i*, *o*, *u*; *am*, *em*, *im*, *om*; *ama*, *ami*; *ima*; *ma*, *mi*; *ju*, *iju*, n'offrent aucune particularité que nous n'ayons rencontrée et signalée déjà plusieurs fois. Quant aux particules *ev*, *ov* qui se rencontrent au pluriel, elles proviennent du phénicien עב *ob*, *travée*, *séparation*, *ob-stacle*; ce mot générateur, n'a plus emprunté, par le slave, que le sens général de distinction; un *ob*stacle suppose nécessairement deux *ob*jets, et contient, par conséquent, l'idée de pluralité.

Les mêmes identités abondent dans la langue russe. En voici la preuve incontestable : *Chouinqare*, aubergiste, est absolument semblable à שקה *chqe*, *échanson*, l'homme *qui donne à boire*. L'excroissance *in* est un simple développement euphonique nasal, et *are* nous ramène à עור *our* qui contient l'idée de *mouvement*. Les deux éléments phéniciens עות *out*, *soutenir*, *secourir* et שנן *chnn*, *inspirer*, *faire pénétrer dans*, se retrouvent dans cet autre mot russe, *outechenie*, consolation. Nous avons à dessein analysé ces deux mots synthétiques; en voici un autre, déjà cité dans la langue serbe, *sude-ia*, le juge, qui ne renferme qu'un élément originel bien visible dans סוד *sud, conseil. délibération secrète;* la terminaison russe *ia*, de היה *eie*, ajoute à la racine *sud* l'idée d'*être : sude-ia*, c'est *l'être délibérant*, par conséquent *prononçant un jugement; kli-outche*, clef, procède évidemment de כלא *cla, enfermer; gena*, femme, déjà cité pour le serbe, de גו *peuple, génération*. (en grec, *γυ-νή, femme*); *sone*, sommeil, de שנה *sne, sommeil; palko*, bâton, de פלך *plc, bâton; more*, mer, de מר *mr* (onde) *amère; g-rome*, tonnerre, de רעם *rom, tonnerre; kassa*, caisse, de כסה *cse, couvrir, enfermer*; *kasta*, caste, de קצץ *qtsts, trancher, séparer*; *malako*, lait de vache, de מלק *mlq, tordre, presser* (*melken* en allem.), *traire; maladoia*, jeune mariée, de מולדת *muldt, enfantante; sobranie*, assemblée, de צבר *tsbr, assembler*; *v-noffe*, de nouveau, de נוב *nub produire, renouveler*; *chkola*, école, de שכל *chel, intelligence*; *dob-rava*, bon, de טוב *tub, bon*; *v-ozle*, à côté, de אצל *atsl, à côté.*

Parmi les désinences, *a, e, i, o, u,* ont déjà été expliqués plusieurs fois; *ei, eii, eiou, oiou, ia, ie, ii, iou oi* ont été constatés à satiété dans היה *eie*; *ame, ami, iame, iami, eme, ome, mia,* sont caractérisés par l'instrumentale מ *m; ena, eni, enami, enem, ne*, par l'instrumentale נ *n*; quant à l'aspiration contenue dans les terminaisons *ahe, enahe, iahe*, elle correspond à la même aspiration phénicienne ח *h*, exprimée par le verbe חיה *hie, vivre*, que Gesenius, avec raison, traduit par *vivre, aspirer.*

En polonais, *plug*, charrue, dérive de פלג *plg, diviser, ruisseau :* le sillon tracé par la charrue n'est pas autre chose qu'une *division* régulière du sol, qui a aussi la forme d'un *ruisseau*; *smiech*, le rire, vient de שמחה *smhe, la joie, la réjouissance; klucz*, clef, de כלא *cla, enfermer, emprisonner; rzez*, carnage, de רצץ *rtsts, briser, fracasser; szkola*, école, de שכל *scl, intelligence; nos*, couteau, de נסח *nsh, arracher, couper; praca*, travail, de פרך *prc, dur travail; kat*, bourreau, de כתת *ctt, broyer, briser; piec*, poêle, de פוח *puh, brûler; turnieje*, tournoi, de תור *tur, tourner; ziemie*, terre, de צמח *tsmh, végéter, faire croître; sko-ra*, peau, de סכך *scc, couvrir; byt*, existence, de

בוא *bua, devenir, être; dow-cip*, esprit, de דעה *doe, esprit; dob-roi*, bonté, de טוב *tub, bon.*

Nous inscrivons les désinences *u, e, i, y, o, u*; *ach, ami, at*; *ech, el, em, et; il, iesiech, iem, ien; iosa, iosach; el, ol; ien, ona; cia, ciu, ciem*; *ma; niu, niem*; *om, ona, ow, owi, owie*; *ze, zie.*

Toutes ces terminaisons rappellent les voyelles phéniciennes, les trois instrumentales ל *l*, מ *m* et נ *n*, le היה *eie*, יש *ich* (*is*); quant à *cia, ciu, ciem, ze* et *zie*, ils laissent facilement apercevoir la substitution des lettres *c* et *z* à *s*, familière chez les slaves.

Pour l'italien, puisque les cas n'ont pas de désinences distinctives, qu'il nous suffise de rattacher un certain nombre de noms à leurs racines phéniciennes : *casa*, maison, vient de כסה *cse, couvrir, protéger; modo*, manière, de מדה *mde, manière; regola*, règle, de רגל *rgl, pied, pas; scolare,* écolier, de שכל *scl, esprit, sagesse; circolo*, cercle, de ככר *ccr, entourer; come*, comment, de כמה *cme, comment; tappezzeria*, tapisserie, de טפח *tph, tenture; pistola*, pistolet, de פצע *ptso, meurtrir, blesser; maestro*, maître, de מ־שטר *m-str, qui dirige, qui gouverne; massa,* masse, de משא *msa, charge, fardeau; martire*, martyr, de מרט *mrt, écorcher, martyriser; fumea*, fumée, de פוח *puh* ou *fuh, souffler le feu, mettre en combustion.*

En espagnol, comme dans toutes les langues soumises à notre analyse, nous avons l'embarras du choix : *costa*, côte, est engendré par le mot phénicien קצה *qtse, fin, bout, extrémité, partie*; *mar*, mer, par מר *mr* (l'onde) *amère*; *nao*, navire, par נוע *nuo* ou *nua, remuer, chanceler, être mis en mouvement*; *secreto*, secret, par סכר *scr, qui est enfermé, caché*; *frase*, phrase, par פרש *prs* ou *frs, dire clairement*; *niño,* enfant, par נין *nin, enfant*; *caliente*, chaud, par קלה *qle, brûler, rôtir*; *avare*, avare, par אוה *aue, désirer fortement, convoiter*; *castigo*, châtiment, par קצה *qtse, couper, mutiler, exterminer*; *cofre*, coffre, par כפר *cpr* ou *cfr* (en arabe, כפר *cfr*), *couvrir, cacher*; *sueño,* rêve, par שנה *sne, sommeil.*

Dans la nomenclature des noms portugais, nous relevons *governo*, gouvernement, dont la racine phénicienne est גבר *gbr, fortifier, maîtriser*; *jubilo*, la joie, qui dérive de יובל *jubl*, son *joyeux* de la trompette, *jubilé*; *serpente*, serpent, tiré de שרף *srp*, *serpent venimeux*; *rolo*, rouleau, de רעל *rol*, *action de tourner*; *si-gnal*, signe, de צוה *tsue* faire le *signe du commandement* (*commander*, *ordonner*); *alum-no*, élève, de עלם *olm* ou *alm*, *jeune homme*; *calum-nia*, calomnie, de כלם *clm*, *offenser*, *mortifier*, *contrarier*, *insulter*; *calix*, calice, de כלי *cli*, *calice*; *avos*, les aïeux, de אבות *abut*, les *aïeux*; *arbitro*, arbitre, de ערב *orb* ou *arb*, *intervenir pour quelqu'un*.

La langue roumaine nous offre un rapport non moins direct avec le phénicien; la relation est manifeste entre *ospete*, hôte, et אסף *asp*, *accueillir*, *recueillir*; entre *scauna*, siège, et שכן *scn*, *reposer*, *demeure*; entre *bina*, bâtisse et בניה *bnie* ou בנין *bnin*, *bâtiment*; entre *parinte*, parent et פרה *pre*, *enfanter*; entre *casa*, maison et כסה *cse abriter*; entre *nora*, bru et נערה *nore*, *fille nubile*; entre *rege*, roi et רעה *roe*, *pasteur*; entre *v-inu*, vin et יין *iin*, *vin*; entre *reŭ*, mal et רע *ro* ou *re*, *mal*; entre *sărac*, pauvre et צרך *tsrc*, *besoin*, *misère*.

Nous anticipons sur notre Dictionnaire français, ramené au phénicien, en détachant les substantifs suivants : *idée* vient de ידע *ido* ou *ide*, *savoir*, *connaître*; *guerre*, de גרה *gre*, *combattre*; *tour*, de תור *tur*, *tour* ; *cri*, de קרא *qra*, *crier*; *corne*, de קרן *qrn*, *corne*; et par une analogie aussi frappante en phénicien qu'en français, *CouRoNne* a été formé par le même mot קרן *qrn*, qui, outre le sens de *corne*, a celui de *sommet*, *rayon*, *gloire*, *puissance*, *domination* (de là le mot grec ΧοΡώΝη, le mot latin *CoRoNa*, le mot allemand *KRoNe*, le mot anglais *CRowN*, etc.); *isthme* procède de י־סתם *i-stm*, *il bouche*; *métal*, de מטיל *mtil*, *métal*; *grange*, de גרן *grn*, *grange*; *magasin*, de מכסה *mese*, *abri*, *couverture*; *fruit* de פרי *pri* ou *fri*, *fruit*; pays, de פאה *pae*, *pays* (en italien *pae-se*) ; *canal* de קנה *qne*, *tuyau*; *rayon*, de ראה *rae*, *voir*; *masque*, de מסכה *msce* (prononcez *maske*), *voile*; *abbé*, de אב *ab*, père ; *ennui* de עני *oni* ou *eni*, *peine*, *ennui* ; *marchandise*, de מכר *mcr*, *marchandise*; *silex*, de סלע *slo* ou *sle*, *rocher*, *pierre*; *pore*, de פער *por*, *ouverture*; *misère*, de מצר *mtsr*, *peine*, *tourment*, *angoisse*; *rixe*, de רגז *rgs*, *colère*, *dispute*; *salut*, de שלו

slu, salut; *rival*, de ריב *rib*, *dispute*, *antagonisme*; *sicle*, de שקל *sql*, *poids*, *sicle*; *gouverneur*, de גביר *gbir*, *maître*; *rêts*, de רשת *rst*, *piège*; *sac*, de שק *sq*, *sac*; *sirène*, de שיר *sir*, *chant*; *sieur*, de שר *sr*, *chef*, *seigneur*, *sieur*; *mathématique*, de מדע מדע *mdo-mdo*, *science des sciences*; *serpent*, de שרף *srp*, *serpent*; *paradis*, de פרדס *prds*, *paradis*; *thérapeutique*, de ת־רופה *t-rupe*, *guérison*; *simulacre*, de סמל *sml*, *figure*, *image*; *silhouette*, de צל *tsl*, *ombre*, *roi*, de רעה *roe*, *pasteur*; *mètre*, de מדד *mdd*, *mesurer*; *plage*, de פלג *plg*, *bord*, *plage*; *scolaire*, de שכל *scl*, *esprit*, *instruire*; *mat* (échec et), de מת *mt*, *mort*; *bas*, de בזה *bse*, *mépriser*; *mesquin*, de מסכן *mscn*, *pauvre*, *infime*; *vaste*, de פשה *pse* ou *vse*, *s'étendre*, *agrandir*; *obèse*, de עבה *obe*, *gras*, *obèse*; *ambassadeur*, de א־בשר *a-bsr*, je *porte nouvelle*, *message*.

PRONOM.

En phénicien, le pronom personnel de la première personne du singulier est י *i* : on dit bien, il est vrai, au lieu de י *i* אני *an-i*, אנכי *anc-i*, parce que dans cette langue il n'y a pas de mots unilitères.

La seconde personne du singulier a pour caractéristique la lettre ת *t*, qui, de même que le pronom de la première personne, et pour la même raison, est précédée de la lettre א *a*, au féminin; au masculin, elle est précédée de la même lettre א *a* et suivie d'un ה *e*, ce qui nous donne את *at* et אתה *ate*.

Le pronom personnel de la troisième personne du singulier est exprimé par la lettre ו *u*, précédée de ה *e* et suivi de א *a*, ce qui produit הוא *eua*.

Au pluriel, le pronom personnel de la première personne est essentiellement caractérisé par la lettre נ *n*, à laquelle a été ajouté ו *u*, ce qui constitue נו *nu*; c'est notre *nous* français. Ce pronom נו *nu* n'a pas cette forme simple; on lui a donné l'extension de אנו *anu* et même de נחנו *nhnu* et אנחנו *anhnu*.

Le pronom de la seconde personne du pluriel a, comme au

singulier, la lettre ת *t* pour caractéristique; cette lettre est précédée de la lettre א *a* et suivie, au masculin, de la lettre ם *m*, au féminin, de la lettre ן *n*, ce qui forme אתם *atm* et אתן *atn* : ם *m* et ן *n* sont les signes généraux du pluriel.

La troisième personne s'indique par le signe du pluriel ם *m*, pour le masculin, ן *n*, pour le féminin; ces deux signes sont précédés de la lettre ה *e* : de là, הם *em* et הן *en*.

Ces différentes marques pronominales, nous les retrouvons dans toutes les langues dérivées, principalement aux premières et aux deuxièmes personnes. On dit en français, *je*, *I*, en anglais, *io*, en italien, *yo*, en espagnol, *io*, en roumain. Quant au portugais, on verra comment certains mots y ont changé d'aspect par pure corruption : on dit *eu* à la première personne du singulier et l'on prononce *io*.

Le grec ἐγώ et le latin *ego* offrent le changement de *i* en *e*; l'allemand a conservé la marque originelle *i* suivie de *ch*, *ich*. Si le sanscrit ne commence pas par *i*, nous retrouvons dans *aham*, *je*, une réminiscence de אנכי *anci*; de plus, *aham* renferme la lettre *m*, dont nous allons parler longuement, comme expression du pronom personnel de la première personne dans plusieurs langues dérivées. En sanscrit même, seul le nominatif *aham* et l'ablatif *mat* et *mattus* contiennent la lettre *m*; si nous remarquons l'absence de la lettre *i*, nous la retrouvons au datif *mahyam*, à l'instrumental *maya* et au locatif *mayi*. Le grec et le latin reproduisent la lettre *i* : ἐμοί, μοί, *mei*, *mihi*. En zend, notre pronom *je* s'exprime par *jim*. Le rapport entre *jim* et *je* est indiscutable.

Maintenant, d'où vient la lettre M, que les langues dérivées ont généralement adoptée dans les pronoms personnels de la première personne au singulier, et lorsque le pronom joue le rôle de complément?

Nous avons dit que, pour former le pronom personnel de la première personne du singulier, sujet du verbe, les Phéniciens ont complété la lettre י *i*, qui exprime l'idée essentielle de ce pronom. Cet appendice préfixé à י *i* est אנ *an* ou אנכ *anc*, d'où אני

ani ou אנכי *anci*, *je*. Ce caractère essentiel י *i* du pronom de la première personne du singulier est si évident que י *i* est ajouté *uniquement* comme enclitique à l'infinitif verbal avec le même sens que אני *ani* et אנכי *anci*. Exemple, au lieu de dire אני, אנכי שת *je mets*, les Phéniciens disent שתי *chti*. Mais pourquoi ont-ils fixé leur choix sur ces syllabes? Nous croyons volontiers que אנ *an* et אנכ *anc* sont devenus ici de simples instruments euphoniques destinés, le premier, à compléter l'unilitère י *i* en un trilitère אני *ani*. Mais est-il téméraire de penser que le sens de *an* et de *anc* n'est pas étranger à la préférence qui leur a été donnée sur d'autres mots? אנ *an* signifie *jusqu'où;* par conséquent il exprime la tendance, le but; אנכ *anc*, *plomb*, *fil à plomb* marque la régularité, le rapport. Or, le pronom personnel sujet *ani*, et *anci*, tend, se dirige vers le verbe; il en est aussi comme le régulateur, puisque le verbe s'accorde avec le pronom sujet. Pour l'accusatif, la partie essentielle de ce pronom י *i* a été placée après la particule euphonique את *at*, pour former אתי *ati*. Remarquons que את *at* dérive de אתה *ate*, *venir*, *revenir*, et que, par conséquent, il exprime bien le mouvement d'aller ou de retour. En effet, אתי *ati*, *me*, *moi*, est le complément direct du verbe actif; il *vient* donc à lui pour compléter le sens de la proposition.

Pour exprimer ce pronom, employé comme complément indirect, les Phéniciens, retenant toujours la caractéristique י *i*, l'ont fait précéder de la syllabe אל *al*, qui renferme l'instrumentale ל *l;* ils ont ainsi formé אלי *ali*, à moi. Dans לי *li*, autre forme du datif et quelquefois du génitif, la liquide ל *l* se trouve seule unie à י *i*. Pour marquer les rapports indiqués, en latin, par l'ablatif, c'est encore une instrumentale, instrumentale par excellence, c'est la lettre מ *m* qui occupe la première place du mot; suivie de la particule euphonique את *at*, elle forme מ־את־י *m-at-i*, de moi, par moi, dont l'élément essentiel est י *i* et l'élément régulateur מ *m;* on sait le rôle instrumental très considérable que jouent, dans la langue phénicienne, les liquides ל *l* et מ *m*.

Parmi les langues dérivées, le grec et le latin, qui ont dû pourtant reconnaître cette essence pronominale י *i* dans *ani* et *anci*, ont, comme les Phéniciens, compliqué ce pronom sujet; mais au lieu des préfixes *an* et *ane*, à *i*, modifié en ε, *e*, ils ont ajouté le suffixe γώ *go* : de là, εγώ, *ego*; cet augment γώ et *go* vient de גאה *gae*, *croître*; nous le retrouvons comme augment préfixe dans tous les participes passés allemands : *lieben*, aimer, *ge-liebt*, aimé; il est même doublé dans *ge-g-essen*, participe passé du verbe *essen*, manger.

Des deux liquides ל et מ *l* et M, de לי *li* et מאתי *mati*, à moi, de moi, par moi, les langues anciennes et modernes ont préféré *m* pour en faire l'agent de ce pronom comme complément; l'identité est absolument incontestable : *mi*, contenu dans מאתי *mati*, a engendré : en sanscrit, *mân* ou *mâ*, moi; *mahyam* ou *mê*, à moi; *mat* ou *mattus*, de moi; en zend, *mene*, moi; *mse* et *mna*, à moi; *mao* (gén.) de moi; *mene* (abl.) de moi; en grec, ἐμοῦ, μοῦ, de moi; ἐμοί, μοί, à moi; ἐμέ, μέ, moi; en latin, *mei*, de moi; *mihi*, à moi; *me*, moi, de moi ou par moi; en allemand, *mich*, moi; *mir*, à moi; en français, *moi*, *me*; en anglais, *me* (prononcé *mi*), moi, à moi; en italien, *me*, *mi*, moi, à moi; en espagnol, *à mi*, moi, à moi; en portugais, tous les cas autres que le nominatif sont *me*, *mim*, *migo*; en roumain, dont le nominatif s'écrit, comme en portugais, *eu*, qui se prononce *io*; les autres cas sont *me*, *mie*, *mi*, *imi*, *mine*. Le slave s'est parfaitement réglé sur ce mode de formation: en effet, dans l'idiome serbo-croate nous avons : nom. *ja*; gén. *mene*, *me*; dat. *meni*, *mi*; acc. *mene*, *me*; loc. *meni*; instr. *monêm*. En russe, c'est n. *ja*; g. *menia*; d. *mnie*; a. *menia*; instr. *mnoiou*; prép. *mnie*. En polonais, n. *ja*; g. *mnie*; d. *mnie*, *mi*; a. *mnie*, *mien*; instr. *mnon*; loc. *we mnie*. Le slave *mni* nous amène à faire observer que la liquide *n* est aussi très souvent employée comme lettre instrumentale.

Le pronom personnel de la première personne du pluriel, en phénicien est essentiellement נו *nu*. Pour former ce pronom, les Phéniciens ont fait précéder נו *nu* de la syllabe נח *nh*, ou de la dissyllabe אנח *anh*, d'ou נחנו *nhnu* et אנחנו *anhnu*, nous. A ce sujet, nous proposons notre explication relative à אני *ani* et אנכי *anci*. En dehors de la raison euphonique, nous remarquons que le préfixe נח *nh*, contient l'idée de *repos*, le préfixe אנח *anh*, celle d'*aspiration*; *nh* et *anh* indiquent bien le rôle de sujet qu'ils remplissent à l'égard du verbe sur lequel *nh* se *repose* et vers lequel *anh* se dirige. Quant à la troisième forme de ce même pronom, אנו *anu*, il est évident qu'elle est l'abréviation de אננו *annu*, et nous avons indiqué la raison euphonique, de même que le sens réel de אנ *an*, dans אני *ani*.

Quelques langues dérivées ont reproduit au pluriel l'élément essentiel י *i* du singulier : en allemand, *i* originel se retrouve dans *w*-I-*r*, nous *sujet*; en anglais, dans *w*-E (prononcé *w*-I), nous *sujet*, c'est נ *n* qui domine en allemand et en anglais dans le génitif, le datif et l'accusatif de ce pronom : l'allemand, *u*-N-*ser* et *u*-N-*s*; l'anglais, *our* et *us* ne sont qu'une corruption de *unser* et *uns*. En sanscrit, on trouve au génitif, au datif et à l'accusatif *nas* avec l'élément *n* de נו *nu*, de nous, à nous, nous; en zend, on revient à *i* dans *mi*, nous *sujet* (remarquer ici l'élément *m* que quelques langues dérivées appliquent aussi bien au pluriel qu'au singulier). En grec, l'élément *i* se rencontre dans ἡμῖν, les deux éléments *nu* et *i* se retrouvent dans Νῶι et Νῶιν, nous deux, de nous deux, à nous deux. Le serbe, au nominatif, retrouve également l'élément *i*, précédé de la liquide *m*, *mi*, nous; tous les cas compléments contiennent la caractéristique *n* : *nas*, *nam*, *nami*. En russe, de même : *mi*, *nas*, *nam*, *namou*; en polonais, *my*, *nas*, *nam*, *nami*. Dans la langue latine, l'élément *n* domine à tous les cas du pronom : *nos*, *nostrum* ou *nostri*, *nobis*. Il en est de même en français : *nous*; en italien : *noi*; en espagnol : *nos*; en portugais : *nos*; en roumain : *noi*, *ne*, *ni*, *noue*.

La seconde personne du singulier du pronom personnel a pour type primitif la lettre ת *t*. En sanscrit, *twam*, tu, est le nominatif; la même lettre *t* caractérise les autres cas de ce pronom au singulier.

Le zend s'est conformé à la dominante *t* : *tuj*, *tao*, *tje*, *tjam*, *tem*. En latin, c'est *tu*, *tui*, *tibi*, *te*; en français, le *t* domine également dans *tu*, *te*, *toi*; en italien, dans *tu*, *te*, *ate*; en espagnol, dans *tu*, *te*, *ti*; en portugais, dans *tu*, *te*; en roumain, dans *tu*, *te*, *tie, tine.* Chez les Allemands, le *t* est adouci en *d* dans *du, deiner, dir, dich*; en anglais, le *t* revient : *thou*. En grec, le τ est changé en σ : σύ, σοῦ, σοί, σέ; mais on sait que le σ et le τ ont peu de fixité; et pour le pronom qui nous occupe, on remarque la préférence des Eoliens et des Doriens pour la lettre τ; ils disent tous les deux τύ. Les Attiques eux-mêmes n'ont pas d'idéeé bien arrête sur la valeur de ces deux lettres, car s'ils ont substitué le σ au τ dans σύ, ils ont remplacé σ par τ : γλῶττα, formē attique γλῶσσα.

En serbe, c'est *ti, tebe, tebi, ti, tobom*; il en est de même pour le russe *tie, tebia, tebie, toboiou*; et pour le polonais *ty*, ciebie, *tobie*, cien, *tobon*.

Pour le pronom de la seconde personne, au pluriel, la langue phénicienne seule est logique. En effet, elle ajoute ם M, signe général du pluriel masculin au même pronom singulier dont la caractéristique est ת *t*, ce qui forme א־ת־ם *a-t-m*, tandis que les autres langues, pour constituer ce pronom, ont emprunté la dominante phénicenne ו *u*, suffixe du pronom verbal de la deuxième personne du pluriel dans tous les verbes employés au présent; par exemple, תדבר־ו *t-dbr*-U, *vous* parlez. Ainsi, en sanscrit, cet ו *u* a engendré le nominatif *y*-U-*yam*, vous; les autres cas de cette déclinaison commencent tous par *y*-U-*s*, et le génitif, le datif, l'accusatif s'expriment par V-*as* (on sait que V n'est absolument que la représentation de U). Le zend dit *wy*, vous; le serbe *vi, vas, vam, vami*; le russe *vi, vas, vam, vamou*; le polonais *wy, was, wam, wami*; le latin *vos*; le français *vous*; l'italien, *voi*; l'espagnol *vos*; le portugais *vos*; le roumain *voi, vi, voué*. Si les Allemands disent *ihr, ihnen*, vous, à vous, au nominatif et au datif, ils y ont sans doute été conduits par l'analogie de *wir*, nous; et d'ailleurs, au génitif, au datif et à l'accusatif, ils reviennent à ו *u* : *e*-U-*er*, de vous, *e*-U-*ch*, à vous, vous. En anglais, c'est l'ו *u* pur : *yo*-U. En grec, le pluriel du pronom personnel de la deuxième personne paraît moins facile à expliquer à cause de l'identité apparente de ἡ-μεῖς et de ὑ-μεῖς. Il n'y a pas identité de signification mais il y a une étroite parenté entre ces deux mots : en effet, la syllabe finale μεῖς, qui leur est commune, se compose de la terminaison εῖς et de la liquide μ. Qu'est-ce que cette lettre μ, sinon la lettre ם *m* phénicienne, caractéristique générale du pluriel masculin? Pour l'initiale υ de υ-μεῖς, les Grecs ont adopté le système des autres langues dérivées, en empruntant au phénicien sa dominante ו *u*. On pourrait nous demander la raison originelle de σφώ, σφῷν, les deux formes du duel de σύ. Nous allons prouver que σφώ vient de צבע *sbo*. Comme verbe, צבע *sbo* signifie *distinctus*, c'est-à-dire teint de couleurs *distinctes*. Il est appliqué plusieurs fois dans la Bible, par exemple, pour désigner des vêtements éclatants de couleur. Sans doute, *Jérémie* (XV, 9), emploie ce mot dans le sens nominal d'animal rapace; mais le traducteur S. Cahen, d'accord avec Gesenius, rend צבוע *sbuo* par hyène ou l'animal à *deux* couleurs; le nom identique arabe צבע *sbo*, hyène, donne raison aux deux commentateurs. De plus, ce qui justifie l'acception de *division*, attribuée à ce nom, c'est que א־צבע *a-sbo*, formé de צבע *sbo* et du préfixe א *a*, signifie le *doigt* de la main ou du pied.

Le cas où de la première personne du verbe, au présent, on forme un substantif avec le préfixe א *a*, est très fréquent en phénicien; nous citons, uniquement רבה *rbe*, se multiplier, qui a produit א־רבה *a-rbe*, sauterelle, insecte ainsi nommé parce qu'il se multiplie à l'infini. Quant au צ *ts*, devenu ici σ en grec, il nous suffit, pour justifier ce phénomène, de le signaler dans d'autres mots : ainsi צק *tsq* est la racine de Σάκχαρον, et Στόνοξ vient de צנ־ן *tsn-n*. En ce qui concerne la différence de *sBo* et de σΦώ, contentons-nous de rapprocher *amBo* de ἄμΦω. Enfin, l'identité radicale de σφώ, *vous deux* et σφώ, *eux deux* est tout à fait logique; en effet, *eux deux* a le sens réfléchi, et la réflexion exige *deux* objets ou *deux* actions relatives au même objet; c'est encore l'idée de la division d'un tout en *deux* parties.

Le pronom personnel de la troisième personne du singulier, sujet du verbe, est הוא *eua*, il, היא *eia* et souvent הוא *eua*, elle. Dans ce mot, c'est la lettre ו *u* qui possède l'essence de ce pronom, puisque le pronom séparé se compose, pour le datif, de la seule lettre ו *u*, articulée au moyen de l'instrumentale ל *l*, לו *lu*, à lui.

Avant de donner la nomenclature des mots correspondants à ce pronom dans les langues dérivées, rappelons-nous que *e* et *i* se substituent fréquemment. Les idiomes indo-européens ont pris l'élément de leur pronom personnel de la troisième personne, ou des pronoms déterminatifs qui en tiennent lieu, tantôt à l'*e*, tantôt à l'*u* de הוא *eua*.

En sanscrit, ce pronom personnel est exprimé par un des pronoms déterminatifs. Dans *Êśas*, *Êśâ*, *Êtat*, celui-ci, celle-ci, ceci, c'est l'*e*, première lettre de הוא *eua*, qui domine. Dans *amu*, qui se trouve au génitif *amuśya*, *amuśyâs*, *amuśya*, celui-là, celle-là, cela, l'ו *u* de הוא *eua* a été préféré.

En zend, le pronom personnel de la troisième personne a aussi un sens indéfini : *enhoj* signifie à la fois *il* et *on*. En ce qui concerne le radical *enh*, nous donnons l'explication nécessaire ci-après, en traitant du pronom indéfini français *on*; quant aux flexions *oj*, *ao*, *ai*, *em*, elles ne font que reproduire des éléments phéniciens surabondamment signalés.

Pour le grec, nous trouvons d'abord οὗτος, αὕτη, τοῦτο, celui-ci, celle-ci, ceci; ce pronom est contracté, pour le masculin et le neutre, de ὁ αὐτός, τό αὐτό. Le radical de οὗτος, οὗτ, celui de αὐτός, αὐτ, proviennent de הוא *eua*; l'articulation τ a été empruntée au chaldéen דא *da*, expliquée dans l'article. La terminaison ος, commune à ces deux pronoms, est venue de יש *is*, celle de η, de היה *eie* : la valeur de ces deux désinences nous est connue.

En allemand, c'est encore ה *e* dans *er* (terminé par l'*r* de עור *our*) il; au féminin *sie*, elle, où l'on trouve *i* et *e* de היא *eia*, elle, précédés de l'articulation *s* (יש is).

Chez les Anglais, l'*e* contenu dans הוא *eua* a été uniquement retenu, avec l'aspiration longtemps attribuée à la lettre ה *e* phénicienne, dans *he*, il; au féminin, *she*, elle, *he* est précédé de *s* et rappelle l'*e* de *sie* allemand (ש *s*).

Le latin *ille*, *illa*, *illud*, celui-là, celle-là, cela, contient dans ses désinences *e*, *a*, *u* — phénomène remarquable — les trois voyelles constitutives de הוא *eua;* quant à *l* redoublé dans ce pronom, il nous offre cette instrumentale phénicienne ל *l*, qu'on ne saurait trop signaler, et dont la force est telle que, selon plusieurs lexicographes, l'article ה *e* était primitivement הל *el*, abrégé plus tard en ה *e*.

Ce retranchement de l'instrumentale ל *l* a eu lieu ultérieurement pour l'article phénicien. Et d'ailleurs, il est évident que le radical de *ille* (Voir le Dictionnaire Fürst) provient directement de « הל *ille.* »

Nous ouvrons le même Dictionnaire, au mot הל *el*, et nous lisons : «Très ancienne particule servant de fondement à הלא (*ela*), הלם (*elm*). » Au mot הלא *ela*, Fürst dit : « *Lointain*, *éloignement*, formé de הל *ille.* » Ce mot הלא *ela* est toujours accompagné de la voyelle finale ה *e*, ce qui forme הלאה *elae*, qui exprime l'éloignement; הלם *elm* signifie tout à la fois *ici* et *là*. Ce que nous avons tenu à démontrer, c'est l'identité de *ille*, qui signifie précisément « une personne ou une chose éloignée », et de הלא־ה *ela-e.* — Ce qui prouve encore la légitimité originelle de la lettre ל *l*, supposée inhérente à l'article phénicien, c'est la présence de cette lettre dans הלז *elz* et הלזה *elze*, *celui-là*, dont on pourrait retrancher ל *l*, car הזה *ez-e* signifie, à lui seul, *celui-là*. Notons en passant que l'article arabe s'écrit אל *al* et se prononce הל *el*.

Le français a conservé la liquide *l* dans *il* et dans *elle*.

En Italien, c'est encore la liquide *l* dans *egli*, il, *ella*, elle; en espagnol *el*, il, *ella*, elle, présentent la même analogie; en portugais, *elle*, il, *ella*, elle, et en roumain, *elŭ*, *ilŭ*, il, *ea*, *éla*, elle, même particularité.

Pour le serbe, *on*, *ona*, *ono*, il, elle; pour le russe, *oni*, *ona*, il, elle; pour le polonais, *on*, *ona*, *ono*, il, elle, nous renvoyons aussi à l'analyse de notre pronom indéfini *on*.

Examinons maintenant le pronom personnel phénicien de la troisième personne du pluriel, au double point de vue de la forme et de la dérivation : il s'exprime par la voyelle ה *e* à laquelle est jointe la liquide ם *m* pour le masculin, la liquide ן *n* pour le féminin : הם *em*, ils, הן *en*, elles.

Le sanscrit, dans *ayam*, *iyam*, *idam*, celui-ci, celle-ci, ceci, offre au nominatif pluriel *imê*, ils, qui renferme *e* et *m*, au génitif *êsâm* : nous retrouvons encore *e* et *m;* joignons y l'*s* de יש *is*.

En zend, le pluriel *eṅhje* a préféré la liquide *n* de הן *en*.

Les Grecs conservent au pluriel la lettre υ des radicaux ο et υ : τούτων, τούτοις, τούτους; αὐτοί, αὐταί, αὐτά.

Le serbe, comme le zend, présente au pluriel les mêmes éléments qu'au singulier : *oni*, *njih*, *gih*, *njim*, *jim*, *njimi;* de même en russe : *oni*, *ihe*, *imi*; et en polonais : *oni*, *ich*, *nich* (*h* guttural), *îm*, *nîmi*.

En latin, les éléments du singulier sont également conservés : *illi*, *illæ*, *illa*, *illorum*, *illis*, *illos*, *eorum*, *eis*, *eos;* de même dans l'italien, *eglino;* en espagnol, *ellos;* en portugais, *elles;* en roumain, *eli*.

Les Allemands disent *sie*, composé de ש *s* et de היה *eie;* le génitif *ihrer* reproduit l'analogie signalée à la seconde personne du pluriel, avec l'addition de *er* qui provient de עור *our;* le datif *ihnen* offre la même analogie, avec addition de l'instrumentale נ *n*. L'anglais, dans *they*, se conforme à זה *ze* phénicien, adouci de דא *da* du chaldéen; dans *them*, nous retrouvons l'ם *m* phénicien, caractéristique du pluriel.

Fidèles à la tradition originelle, en français, nous disons *eux*, qui contient les éléments essentiels de הוא *eua; leur* qui signifie à eux, à elles, renferme *e* et *u*, et commence par l'instrumentale ל *l*.

Nous n'avons pas à signaler méthodiquement les flexions des autres cas dans toutes les langues dérivées : elles relèvent toutes des formes pronominales ou verbales, en phénicien.

Arrêtons-nous un instant seulement au pronom français *lui*, au pronom italien *lui :* n'offrent-ils pas une ressemblance très frappante avec le pronom phénicien לו *lu*, qui a la même signification, puisqu'il veut dire *à lui?* Il y a mieux : le wallon a conservé *lu* dans son intégrité. Il était donc bien inutile de chercher, comme l'a fait Diez, l'origine de « lui », dans *illi-huic,* où il faut retrancher cinq lettres pour le réduire à *lui.*

Ce qu'il importe de présenter ici, c'est la démarcation des désinences ος et *is*, qui caractérisent en grec et en latin la terminaison du génitif singulier dans la troisième déclinaison des noms; cette terminaison est d'ailleurs commune aux formes correspondantes des adjectifs et des pronoms qui empruntent leurs flexions à cette classe de substantifs. D'ailleurs, la démonstration que nous soumettons au lecteur est d'autant plus nécessaire que M. Max Müller déclare que la science est forcément muette sur l'origine et la raison de ces deux particules flexionnelles ος et *is* (*a*). Si nous n'avons pas traité cette question dans notre étude sur les noms, c'est que — on va le voir — ces marques du singulier ος et *is* sont encore justifiées par la formation rationnelle des pronoms possessifs et des pronoms réfléchis de la troisième personne.

Observons d'abord que le *gén*itif, comme l'indique son nom, est le *gén*érateur des radicaux pour les autres cas que le nominatif et le vocatif, dans les idiomes qui ont la déclinaison flexionnelle; que ce cas, lorsqu'il est après un nom ou après un adjectif dont il dépend à titre de complément déterminatif, exprime la possession ou la dépendance.

Eh bien, cette caractéristique ς et *s* de ος et de *is* s'explique tout naturellement par l'idée de *être*, *appartenir*, contenue dans le phénicien יש *is*, *il est*. Et cette idée de *être*, qui convient à la relation du génitif, à la signification même du pronom possessif de la troisième personne, est tellement logique que, pour exprimer la possession, les Allemands, de même que les Anglais, ont emprunté à la troisième personne du verbe *être*, *ist*, *is*, *il est*, le signe essentiel *s*; et ils en ont rappelé l'origine verbale et rationnelle en indiquant la suppression de la voyelle *i* par l'apostrophe. Ainsi, la « maison de Pierre » se traduit, en allemand,

(*a*) Voir pages 133-134.

par *Peter's haus;* en anglais, par *Peter's house* : ce qui équivaut dans les deux versions à « la maison qui est (יש *is*, *il est*) la possession de Pierre. »

Nous venons de dire que le génitif est le plus souvent le cas de la détermination qui exprime un rapport de *possession*. Encore une fois, le verbe יש *is, il est*, ne pouvait mieux convenir comme générateur de ος et *is*. Mais nous remarquons que ces terminaisons ος, en grec, *is*, en latin, affectent même aussi le nominatif. Ce nominatif est tantôt sujet, tantôt attribut; mais observons que lorsqu'il est attribut, il perd son rôle d'être absolu pour exprimer réellement une qualité ; ainsi dans cette phrase *ὁ κάματος ἐστί Θησαυρ*ΌΣ, le travail est un trésor, l'attribut *Θησαυρός* signifie réellement *chose précieuse;* de même dans le latin *Vitium est pestIS*, le vice est un fléau, l'attribut *pestis* veut dire *chose funeste*. Nous reprenons donc les mots en ος et en *is* au nominatif, comme étant dans leur rapport principal avec le verbe qu'ils dominent, puisqu'ils lui imposent le nombre et la personne; exemples : ὁ ΘεΌΣ *ἐστί*, Dieu est ; *collIS est,* la colline est. C'est donc encore bien rationnellement יש *is* phénicien, *il est*, qui a été pris comme désinence du nominatif sujet, afin d'exprimer sa domination sur le verbe, au même titre que le génitif en ος et en *is*, exprime la possession, qui n'est au fond qu'un autre aspect de la domination.

M. Max Müller est dans un embarras égal pour le mot latin *rex*, le roi, qui offre au datif *regi*, à l'accusatif *regem*, à l'ablatif *rege* (*a*). Voici sur ce mot l'explication proposée à nos lecteurs :

En phénicien, רעה *roe*, signifie *pasteur;* c'est notre mot *roi*, et il a donné aux Romains l'expression *rex*, dont la racine est *re* et la désinence nominative *x* qui équivaut à *gs*. L'articulation *g* de *regis* devient fixe à partir du génitif dont elle termine le radical, qui se transmet au datif, à l'accusatif, à l'ablatif. Ajoutons que cette caractéristique *g*, qui se reproduit dans les autres mots congénères, *regere*, *regio*, *rectè*, etc., exprime le mouvement et pro-

(*a*) Voir page 134.

vient de גאה *gae,* qui signifie s'*avancer*, s'*élever*, *pousser en avant.* Les désinences *s*, *is*, *i*, *m*, *e* qui forment la déclinaison du mot, se ramènent visiblement à ש *s* ם *m* et היה *eie.*

Revenons aux figuratives ς et *s*, qui terminent ος et *is.* L'idée de possession, qu'elles ont empruntée à יש *is*, *il est*, se reproduit dans la formation du pronom possessif et de l'adjectif possessif de la troisième personne, dans toutes les langues indo-européennes. En sanscrit, c'est *Swas, Swa*, *Swam;* en zend, *Swe;* en grec, ἑός, ἑή, ἑόν, où l'esprit rude remplace l'articulation Σ; en serbe, *Svoj;* en russe, *Svou ;* en polonais, *Swoj;* en allemand, *Sein;* en anglais, *hiS*, *itS;* en latin, nous voyons *SuuS*, *Sua, Suum;* en français, *Son*, *Sa*, *Son;* en italien, *Suo*, *Sua;* en espagnol, *Su, Sa*, en portugais, *Seu;* en roumain, *Seŭ.*

Le pronom réfléchi exprime une revendication du pronom sujet sur le pronom complément correspondant; par conséquent, une sorte de dépendance du pronom réfléchi, identique à celle que nous avons constatée dans *Peter's haus.* Voilà pourquoi l'*s* de ce pronom a passé avec la force originelle de ש *s* dans les langues indo-européennes. En sanscrit, le pronom réfléchi est *Swayam*, indéclinable; en grec, οὗ, dont l'esprit rude rappelle la racine Σ; en allemand *Sich;* en latin, *Sui*, *Sibi*, *Se;* en français *Se*, *Soi;* en italien *Se;* en espagnol *Se;* en portugais *Se.* Les Anglais n'ont pas de pronom réfléchi; ils emploient la circonlocution « sa personne » : *himself*, *herself*, *itself.* Ainsi en est-il du roumain qui décompose *soi* en sa seigneurie *domnia Sea.*

On verra dans le chapitre suivant « Aveux de la science », les hésitations et les incertitudes des plus illustres linguistes sur la *cause première* des racines en général : ils déclarent de même, qu'il a été jusqu'à présent impossible d'expliquer l'élément primitif des *désinences flexionnelles*, ou, quand ils s'essaient à les expliquer, ils arrivent à un résultat peu satisfaisant.

Poursuivons notre étude sur les flexions pronominales dans les langues indo-européennes. La plupart des pronoms que nous allons soumettre à notre analyse empruntent leurs flexions au substantif : toutefois, leur place est bien à la suite des pronoms personnels, dont nous venons d'expliquer les origines flexionnelles; notre dessein, d'ailleurs, est de rechercher spécialement la source des radicaux de ces autres pronoms.

L'origine des pronoms déterminatifs sanscrits et zends, a été expliquée à propos des pronoms personnels de la troisième personne, dont ils tiennent lieu.

Nous avons parlé de οὗτος, αὕτη τοῦτο; les éléments de ἐκεῖνος, ἐκείνη, ἐκεῖνο, celui-là, celle-là, cela, sont, pour le radical, כה *ce, ainsi, de cette manière-là*, précédé de ε, suivi de ει, tous deux originaires de היה *eie;* le ν, qui sert de mouvement articulaire à la fin du radical, est purement euphonique. C'est ainsi que les Phéniciens ont préféré קטלני *qthl-Ni* à קטלי *qthl-i*, il m'a tué; מ־מני *m-mNi* à מ־מי *m-mi*, de moi. La terminaison ος de ἐκεῖνος provient, comme on l'a vu, de יש *is, il est.*

Les pronoms déterminatifs, dans les idiomes slaves, offrent à peu près les mêmes particularités flexionnelles que le grec. C'est ainsi que, en russe, *sieй, sïia*, celui-ci, celle-ci, commencent par l'idée de *être*, contenue dans *s*, יש *is*, et se développe d'après הוא *eua*, il, et היא *eia*, elle. En polonais, *on*, celui-là, se rattache à l'explication de notre pronom indéfini *on*, avec cette réserve qu'il est moins général dans sa dénomination.

Le pronom déterminatif serbe est *ovi, ova, ovo*, celui-ci, celle-ci, ceci. Le radical *ov, ob*, en russe, vient du mot phénicien, admirablement appliqué, עב *ob*, signifiant une *entrave* placée devant quelqu'un, telle que un *nuage*, une *pièce de bois*, une *architrave*, qui limite la vue ou la liberté du mouvement, de même que dans le latin *ob*, qui détermine le lieu ou l'*OBjet*. Ce mot *ov* ou *ob* caractérise donc très exactement le pronom déterminatif *celui-ci*. Les terminaisons *i, a, o*, sont issues de היה *eie, être*, de הוא *eua, lui* et de היא *eia, elle*. Remarquons dans la même langue *isti, ista, isto*, le même, la même, le même : c'est presque le latin *iste, ista, istud*, constitués d'après יש *is* et הוא *eua;* l'articulation *t* est originaire de דא *da*, dont il a déjà été question, et que nous allons analyser.

L'allemand *dieser*, celui-ci, *diese*, *dieses*, commence par l'articulation empruntée au chaldéen דא *da*, *ce*, *celui-ci*. Le mot allemand *da*, lui-même, est un adverbe démonstratif et signifie *ici*, *là*, *voici*, *voilà*.

En phénicien, c'est דא *da*, de זה *ze*, celui-ci, זאת *zat*, celle-ci (*a*). Les deux lettres suivantes *ie* du pronom allemand ne sont autres que היה *eie*, et la syllabe *se* contient l'*s* de יש *is* : enfin, la dernière lettre, *r*, qui figure la prédominance du masculin, procède de la caractéristique ר *r*, contenue dans עור *our*, *s'élever*. Le féminin *diese* et le neutre *dieser*, peuvent être aisément analysés dans les mêmes conditions, abstraction faite de la finale *r*.

En latin, *is*, celui-ci, *ea*, *id* ; *ille*, celui-là, *illa*, *illud*, ont été expliqués dans notre analyse des pronoms personnels ; *iste* vient de trouver sa solution. Reste *hic*, celui-ci, *hæc*, *hoc*, dont l'origine remonte au phénicien כה *ce*, *ainsi*, *cette chose*

En chaldéen, l'article *le*, *la*, *le* est הך *ec*. Nous rapprochons de ce mot le latin *hic*, *hæc*, *hoc*, celui-ci, celle-ci, ceci. Les Latins n'ont pas d'article ; mais on sait qu'en grec l'article est souvent employé comme pronom démonstratif : ὁ celui-ci. Ce rapprochement du chaldéen הך *ec*, disparaît d'ailleurs devant une identité bien plus frappante. En effet, הכא *eca*, en chaldéen, signifie *ici* : or, le pronom *hic* veut dire en même temps *ici* et *celui-ci*.

Les Anglais ont tiré *this*, celui-ci, *that*, cela, du chaldéen דא *da*, par conséquent du phénicien זה *ze* et זאת *zat*, dont leur prononciation se rapproche davantage ; *this* contient en outre יש *is*.

En français, *celui-ci*, *celle-ci*, *ceci*, *celui-là*, *celle-là*, *cela* laissent facilement apercevoir les éléments originels כה *ce*, ל *l* instrumentale, הוא *eua* et היא *eia*.

Les Italiens disent *questo*, *questa*, celui-ci, celle-ci ; dérivation : כה *ce* (*qe*), יש *is*, דא *da* ; *costui*, *costei*, celui-ci, celle-ci ; origines : כה *ce*, דא *da*, הוא *eua*, היא *eia* ; *colui*, *colei*, celui-là, celle-là ; source : כה *ce* ל *l* instrumentale, הוא *eua*, היא *eia* ; *cotesto*, *cotesta* celui-là, celle-là ; provenance : כה *ce*, דא *da* deux fois, יש *is* ; *quello*,

(*a*) Voir page 135.

quella, celui-là, celle-là; origine : כה *ce*, ל *l* instrumentale, etc.

Les mêmes éléments se retrouvent dans les pronoms déterminatifs espagnols : *este*, *esta*, celui-ci, celle-ci ; *ese*, *esa*, celui-là, celle-là ; *aquel*, él, celui-là, *aquella*, *la*, celle-là. Les mêmes éléments encore existent en portugais et en roumain ; portugais : *isto*, *isso*, *aquillo*, celui-ci ; roumain : *estu-a*, *acestu-a*, celui-ci, *accasta-a*, celle-ci ; *élu-a*, celui-là, é-a, celle-là.

Le pronom relatif ou conjonctif dans les langues dérivées provient le plus généralement de כה *(Ke* ou *Qe) ainsi*, *de cette manière*, ou plutôt de כי *ci* (*Ki* ou *Qi*), *parce que*, *comme*, *qui;* c'est la relation.

Nous indiquons d'abord les idiomes qui procèdent directement de ces radicaux כה *ce* (*Ke)* et כי (*Ki* ou *Qi*). En latin, c'est *qui*, *quæ*, *quod ;* en français, *qui ;* en italien, *che* (prononcé *Ke*) ; en espagnol, c'est *que* ; en serbe *Koge*, *Ki*, c'est-à-dire le כי phénicien, *Kojà*, *Ka*, *Koje*, *Ko*. Il est à remarquer que le pronom relatif serbe est aussi employé comme pronom interrogatif. Ainsi en est-il quelquefois en latin où *qui* a le sens de *quis* et même de *quantus* : *qui pennarum est nitor !* (Phèdre) que tes plumes sont brillantes ! *qui*, pour *quantus*.

Le pronom interrogatif et relatif, en russe, a pour racine la lettre *k* : *kto* (prononcé *chto*), qui ? Ce *k* se transforme pour le neutre en *tsch* : *tschto*, quoi ? Le *t* initial de *tchto* et le *t* médial de *kto* disparaissent aux autres cas pour reprendre le *k* du nominatif.

En sanscrit, le pronom relatif est *yas*, *ya*, *yat*, dont l'analogie avec היה *eie*, pour le radical, יש *is* pour la terminaison, est indiscutable dans *yas*. Mais le pronom interrogatif sanscrit *kas*, *kâ*, *kim*, revient à כה ce (*ke*) et à כי (*ki*). Or, nous avons vu que dans plusieurs idiomes le pronom relatif et le pronom interrogatif ont une forme unique.

Pour le zend, *joj*, lequel, *ja*, laquelle, remontent à היה *eie* ; *czi* lequel, *cza* laquelle, à כה *ce* (*ke*).

En grec, le pronom ὅς, ἥ, ὅ n'a pas d'articulation radicale ; le radical est tout au plus indiqué par l'aspiration contenue dans l'esprit rude ; ὅς est absolument יש *is*, ce qui *est;* ἡ vient de היה *eie;* ὅ a été dépouillé du ς pour se distinguer du nominatif.

En allemand, *welcher*, qui, *welche*, *welches*, exige une explication. Nous verrons dans la forme verbale *Ich werde sein*, je serai (*je deviendrai être*), que le mot *werde* vient de עור *our*, *s'élever*, *être animé*. Le *w* n'est pas autre chose que la lettre conjonctive ו *u* qui veut dire *et*, et s'attache enclitiquement aux mots phéniciens (*a*). Nous rappelons à cette occasion un autre mot allemand *welk*, *flétri*, *qui a perdu sa sève*, dont le verbe est *welken*, *perdre sa sève*, *se flétrir*. Le mot originel est עלק *olq* ou *elq*, et il signifie sucer, aspirer un liquide, par conséquent *épuiser la sève*. Mais dans *w-elk*, comme dans *w-erde*, le *w* est explétif. Ainsi en est-il pour *w-elche*, pronom interrogatif et relatif, qui a pour radical *el*, pour flexion pronominale *ch;* or *el* est tout à fait identique à על *ol* ou *el*, préposition qui signifie *au sujet de;* la forme verbale עלה *ole* ou *ele* veut dire *s'élever*, *venir sur*. Le second élément *ch* est יש *ich* ou *is;* il imprime au radical *w-el* le caractère général que l'on connaît; nous avons ainsi les trois parties distinctes *w-el-ch*. Le pronom interrogatif *was*, quoi ? que ?..., en gothique *hwa*, se retrouve en suédois et en danois sous la forme *hvad*, en anglais, sous celle de *what*. En phénicien, *de quoi* s'exprime par הא *ea* (*Genèse*, XLVII, 23). Or, ce type gothique *hwa* contient évidemment הא *ea* : les Allemands y ont ajouté le *w* qui égale ו *u* conjonctif, et de plus l'*s* verbal de יש *is;* enfin, ils ont donné à ce pronom le sens interrogatif.

Le pronom anglais *w-ho*, qui?..., dérive évidemment de *hi*, il, celui-ci. La lettre initiale *w* est l'ו *u*, dont il vient d'être question; *w-hich*, qui, que, lequel, laquelle, etc., se termine par *ch*, c'est-à-dire par le ש *ch* de יש *ich* ou *is*. *That*, ce, cette, celui-là, etc., est exactement dans les conditions de *this*, qui se rattache sans effort à זה *ze*, ce, celui-ci, זאת *zat*, cette, celle-ci. Ce pronom phénicien, nous l'avons dit, correspond au chaldéen דא *da*.

(*a*) Ce chapitre va contenir toute une théorie sur les lettres conjonctives qui ont été comprises dans les radicaux indo-européens; l'importance en est grande.

Le pronom indéfini reproduira souvent les origines flexionnelles déjà expliquées.

En sanscrit le pronom *kaçčit*, *kaçčana* (prononcés *kastchit*, *kastchana*), quelqu'un, on, a emprunté ses éléments essentiels à כה *ce* (*ke*), ainsi, et à כי *ci* (*ki*), certes, pour la syllabe initiale *kaç;* le suffixe indéclinable *tchit* renferme le *ch* de יש *ich* et la finale *t* de דא *da*, celui-ci ; la syllabe *tchana* contient d'abord le *ch*, et *ana* vient de אנה *ane*, qui, répété, signifie *d'un côté ou d'un autre :* par suite, appliqué à l'homme, il offrirait le sens d'une ou d'une autre personne, par conséquent, de *quelqu'un*.

En grec, l'analyse de τις, un homme, on, nous donne l'articulation τ qui provient du chaldéen דא *da*, ce, un, autre (*Daniel*, v, 6 : דא לדא *da lda*, l'un contre l'autre). La flexion ις se retrouve aisément dans notre יש *is :* c'est qu'en effet τ-ις, signifie *un tel être*. Le δ de δεινα, un tel, est encore d'origine chaldéenne pour le radical ; δει reproduit le ד *d* de דא *da*, dont le phénicien ne diffère que par le ז *z*; דא *da* s'est développé en δει par l'adjonction de הי *ei* contenu dans היה *eie;* la liquide motrice se trouve dans l'instrumentale נ *n*.

Le slave nous donne, pour le serbe, *njetko*, *chtotko*, *itko*, *gdjetko*, quelqu'un ; *chotchto* et *chotchta*, *ichta*, quelque chose ; pour le russe, nous avons, *niekto*, *kta-ta*, *kaio-kto*, *niekatarvi*, quelqu'un, un certain ; *nietchto*, *tchta-ta*, *kaio-tchta*, *tchta-liba*, quelque chose ; pour le polonais, *ktoś*, quelqu'un, *coś*, quelque chose. Il est impossible, en analysant ces divers mots, de n'y pas reconnaître, différemment combinés, les éléments נהיה *neie*, *il est;* דא *da*, un (*Daniel*, VII, 3 : דא מן דא *da mn da* l'*un* de l'autre) ; כה *ce* (*ke*), signifiant outre ainsi, celui-ci, celui-la, *quand* (*Genèse*, XXXI, 8 : אם כה *am ke*, *quand* (il disait), c'est-à-dire au moment *indéterminé* où il disait. D'ailleurs, dans l'*Exode*, II, 12, כה וכה *ke-u-ke* se traduit par de côté et d'*autre;* enfin, plusieurs de ces mots contiennent יש *ich* et עור *our*.

En allemand, le pronom indéfini *on* s'exprime ordinairement par *man*, homme, de *homo*, qui a formé *on;* mais *einer*, *eine*, *eines*, un, quelqu'un, par conséquent *on*, émane de היה *eie*, suivi de l'נ *n*, articulation adjuvante d'un usage si fréquent, comme on le voit dans ממני *mmni* pour ממי *mmi*, de moi, dans קחני *qh-ni* pour קחי *qh-i*, il m'a pris, etc.; la finale *er* du masculin procède de עור *our*, dont la force déjà indiquée, sera analysée dans les flexions verbales; le neutre *eines* se termine en יש *is*.

En latin, *quidam*, un certain, quelqu'un, on, est composé de *qui*, déjà expliqué, et de l'invariable *dam;* ce *dam* est absolument דא *da*, suivi de la liquide *m*, instrumentale phénicienne par excellence; dans *aliquis*, quelqu'un, *ali* sera analysé en même temps que *alter*, autre, et *quis*, outre כה *qe* dans *que*, se termine en יש *is*.

En anglais, *one* est presque identique à *on*.

Pour le français *quelqu'un*, c'est deux fois כה *qe* avec le mouvement de l'instrumentale *l;* quant à *un*, nous le retrouverons dans notre analyse des adjectifs numéraux. Notre pronom indéfini *on* vient, nous l'avons indiqué, de *homo*, homme, devenu *hom*, enfin *on*.

Quelques étymologistes prétendent que *homo* rappelle ἡμῶν ou ὁμοῦ. Il est plus logique de le faire descendre de *humus*, le sol : l'homme est l'habitant du sol ou l'être dont le corps est formé du limon de la terre. En phénicien, la qualité de *chaud*, de *noir*, appliquée au *sol* cultivé, à la *terre* d'un champ, s'exprime par חם *hm :* ce mot a évidemment engendré *humus*, et par conséquent *homo*.

En italien, *si*, on, c'est encore l'*s* de יש *is; qualcuno*, quelqu'un, est composé de *qualche* et de *uno; qualche* lui-même contient l'élément *qual*, que nous expliquerons à l'occasion de *qualis* et de *quel; che* (prononcé *ke*) représente כה *ce* (ke). En espagnol *se*, on, a la même origine que le *si* italien; *uno*, quelqu'un, sera expliqué en même temps que *unus; alguno*, quelqu'un, est composé de *uno* et de *alg*, adoucissement de *alc*, dérivé de *aliquis*, dont il sera question ultérieurement.

En portugais, *se*, *a gente*, on; *algum*, *alguem*, quelqu'un;

a gente procède de *gens, γένος, gent*, dont l'origine commune est גו *gu, corps, être* en GÉNé*ral*.

En roumain *se, nescine, nescare*, on; *ce, ce-va, câtă-va*, quelque chose; *nescine* vient du latin *nescire, ne pas savoir :* l'être qu'on ne fait pas savoir est bien désigné par le pronom indéfini.

Notre pronom *tout* est en grec πᾶς, πᾶσα, πᾶν; l'origine phénicienne de ce mot est פס *ps*, qui exprime l'extension jusqu'aux dernières limites. C'est ainsi que dans la *Genèse*, XXXVII, 3 et 23, dans II *Samuel*, XIII, 18, פס *ps* est employé avec le nom *manteau* dans le sens d'*étendue jusqu'aux mains et jusqu'aux talons*, par conséquent, de façon à couvrir *tout* le corps. Le phénicien אפסי *apsi*, a plus de force encore : il veut dire *extrémité, fin de la terre*, donc *limites du monde*. Le grec ἅπας répond parfaitement à cette expression phénicienne, car il veut dire *extrême, absolu dans la totalité*. Il est bien vrai que ἅπας est composé de πᾶς, précédé de ἁ abréviatif de ἅμα; ἅμα signifie *ensemble, avec*, et vient aussi d'un mot phénicien עם *om* ou *am, avec*.

L'identité de *vas*, même pronom en serbe, avec πᾶς et ἅπας est indiscutable; il en est de même pour le russe *vese*, et en polonais WSZE*lki* ou WSZY*stek*. En serbe, on dit aussi *sav*, emprunté à la racine סב *sb*, qui a produit le verbe סבב *sbb, cerner, envelopper, entourer* de *toutes* parts.

Ce pronom indéfini est encore en grec ὅλος, η, ον, *tout, universel :* ce radical provient de על *ol, élevé par-dessus*, c'est-à-dire au delà duquel il n'existe plus rien; la terminaison ος de ὅλος revient à יש *is*.

Aller, alle, alles, tout, en allemand, a la même origine que ὅλος, dont l'*o* initial est devenu *a;* ainsi, en est-il pour l'anglais *all*.

L'italien, l'espagnol, le portugais, le roumain, comme le français, procèdent du latin *totus*, dont nous parlerons tout à l'heure.

En sanscrit, le mot *servas* se compose de deux éléments primitifs : צר *tsr*, racine de צרר *tsrr*, *lier en faisceau*, et פס *ps*. — Dans le même idiome, le mot *sama, tout entier, tous ensemble*, qui a produit le verbe *sambayâmi, lier, unir*, signifie, à proprement parler, non pas l'ensemble, mais la similitude des parties, comme le prouve *samas, égal*, qui peut *ressembler*. Nous pouvons faire le même rapprochement, en grec, entre *αμα, ensemble*, et *ὁμός, semblable*. En phénicien, סמל *sml*, veut dire *rendre semblable, représenter l'original par la copie ;* comme substantif, il se traduit littéralement par *dessin, statue, copie, image*. Ainsi, סמל *sml*, exprime essentiellement la reproduction exacte d'un être réel ou imaginaire, et par suite l'idée dominante contenue dans ce mot et celle de *similitude*, SIMIL-*is*.

En allemand, *sammelen, rassembler, réunir*, est dérivé de *sam*, que le Dictionnaire Schuster définit ainsi : « *Sam* suffixe sert à former des substantifs et marque : 1° *Connexion intime, affinité, similitude, ressemblance*, etc. » Nous voici bien près du sanscrit *sama, tout :* et nous trouvons, particulièrement en latin, l'idée de *similitude* et celle de *simultanéité* ou d'*ensemble*, renfermée dans la racine commune de *similis* et de *simul*. D'ailleurs, *simul*, סמל *sml*, a le sens de *pair, en même temps, en compagnie, tout à la fois*. Que signifie le « *aut moriere simul* (Virg. Ex. II, 525) ou tu mourras avec nous, » sinon, tu auras une mort *semblable* à la nôtre, nous mourrons *ensemble?* — Nous ne saurions terminer cette étude sans rapprocher *ressembler* de *rassembler*. En latin, *omnis, tout*, dérive de עם *om, avec, ensemble du peuple, multitude ;* la syllabe *nis* possède l'adjuvante נ *n* et la terminaison *is* qui est tout à fait יש *is*.

Totus, dont nous avons fait *tout, l'ensemble des choses*, vient de דוד *dud, contenant, vase, corbeille*. Nous trouvons la justification de cette origine de *totus* dans le Dictionnaire hébreu-allemand de Fürst; et pourtant l'auteur n'a pas songé à faire le rapprochement que nous établissons : « דוד, dit-il, signifie nouer, lier, attacher, tresser, entrelacer, mêler, unir, joindre, accoler, allier, combiner, amalgamer, annexer, assembler, agréger, adhérer, concentrer, englober, réunir, etc. »

Est-ce que chacune des acceptions de דוד *dud* ne doit pas être entendue dans le sens de faire de plusieurs choses un *tout*? M. Fürst va plus loin : il constate que ces autres acceptions de דוד *dud*, *oncle*, *tante*, *aimé*, *bien-aimé*, doivent être ramenés à l'idée *d'adhésion*, de *liaison*, d'*attachement*, d'*alliance*, etc. Si la langue latine a recouru à cette racine דוד *dud* pour exprimer la pensée d'*ensemble*, de *totalité*, l'allemand l'a prise dans son sens de *contenant*, en créant les mots *düte*, *tute* ou *tüte*, *cornet de papier*, *enveloppe*, dont le hollandais a fait *toot* qui est presque notre mot *tout*.

En français, nous disons *tout;* en italien, *tutto;* en espagnol, *todo;* en portugais, *tudo;* en roumain, *totulŭ*.

Notre pronom indéfini, *autre*, en grec, est ἄλλος; il doit son origine au mot phénicien אל *al*, celui-là, ceux-là : Voir I *Chron.*, XX, 8; *Genèse*, XIX, 8 et 25, XXII, 23; *Deuter*. IV, 42, VII, 22. Ἄλλος comme ἐκεῖνος, celui-là, exprime la distinction; par conséquent, bien qu'il détermine avec moins de précision que ἐκεῖνος, il distingue l'autre de l'un, les autres des uns; car, au fond, *les autres* signifient *ceux-là*; ἕτερος, autre, s'emploie quand on parle de deux. Voici un des mots dérivés qui prouvent à quel point la logique a présidé à la confection des mots, et avec quelle intelligence les Grecs ont puisé, pour la formation de leur langue, dans le vocabulaire phénicien : ἕτερος, *alter*, est de la même descendance que ἑταῖρος, *alter ego*, compagnon, ami; tous deux procèdent de ἔτης, compagnon *du même âge*, qui, lui-même, dérive de ἔτος, année; la racine phénicienne commune à ἕτερος et à ἑταῖρος, par conséquent, à celle de ἔτης, est עת *ot* ou *et*, la période de *temps*, *l'année*, *l'âge*. Le latin *alius* et *alter*, le français *autre* (*altre*), l'italien *altro*, l'espagnol *otro*, le portugais *outro*, le roumain *altu-lu*, ont la même provenance que ἄλλος.

En sanscrit, *anyas*, autre, provient directement de אן *an* et אנה *ane;* אנה *ane* répété signifie de côté et d'*autre*.

L'allemand ANder remonte naturellement à la même source que le sanscrit ANyas; seulement le sanscrit a terminé en *yas:*

יש *is*, l'allemand par *der* composé de דא *da* et de עור *our* ou *eur*.

Le russe *drugoi*, *autre*, appartient à un autre mot originel, c'est תרגם, *trgm*, composé de l'affixe ת *t* et du radical verbal רגם *rgm*, incliner vers quelqu'un, être lié. En arabe, רגם *rgm* a exactement le même sens. On comprend déjà l'idée de *autre* éveillée par cette expression générique : en effet, quelqu'un ne peut s'incliner que sur un *autre*, on ne peut être lié qu'avec un *autre*. Le verbe תרגם *trgm* (*Esdras*, IV, 7), signifie expliquer, interpréter; en arabe et en éthiopien, תרגם *trgm* veut dire traduire. Enfin, les substantifs phéniciens bien connus תרגם *trgm*, רגם *rgm*, תרגום *trgum* et מתרגם *mtrgm*, l'arabe תרג *trg* et תרגמאן, *trgman*, signifient *drogman* ou *truchement*. Le phénicien רגם *rgm* (*Zacharie*, VII, 2), en parlant du roi, veut dire son favori, son second, par conséquent, le lieutenant, l'*autre*. Si la signification principale de רגם *rgm* est lapider, ce mot indique l'action de frapper avec des pierres *fractionnées*, réunies et ramassées successivement, les unes après les *autres*. — L'évidence de cette origine est mieux affirmée encore dans le serbe qui a confondu l'idée de *autre* avec celle de l'adjectif numéral, *drugi*, *deuxième*, et avec celle de l'adjectif *drag*, *cher* : *drugi*, le *deuxième*, c'est ce qui vient après le premier, l'*autre*; *drag*, c'est l'être *chéri*, le *favori*. Du reste, l'adverbe *drugdje* signifie *ailleurs*, c'est-à-dire dans un *autre* lieu; *drugačige*, *drugako*, *autrement* ou d'une *autre* manière.

En polonais, on revient à אן *an* et אנה *ane*, de côté et d'*autre* *INszy*, *INni*, avec les terminaisons *is*, *n*, *ie*.

L'adjectif indéfini πόλυς, *nombreux*, a pour origine נ-פל *n-PL* ou *n-FL*, *tomber*. Ce qui est surabondant, le trop plein d'un vase *tombe*. En allemand *viel* (prononcé *fihl*), *beaucoup de*, et *voll* (prononcé *foll*), *plein*, ne laissent aucun doute sur l'origine de πόλυς. Le latin *multus* dérive de מלא *mla*, la *plénitude*; l'italien *molto*, l'espagnol *mucho*, le portugais *multo*, le roumain *multŭ* et le vieux français *moult*, ont la même origine.

Dans les langues dérivées, les pronoms déterminatifs, les pronoms personnels de la troisième personne, les pronoms indéfinis, sont des adjectifs de même nature, quand ils accompagnent un nom. L'adjectif déterminatif numéral n'a rien de commun avec le pronom; cependant le lecteur nous saura gré de lui donner ici l'analyse des adjectifs numéraux qui ont des désinences.

Εἷς, un, vient du phénicien היה *eie* et יש *is*. En effet, pour que l'idée numérale d'unité puisse s'appliquer à un être quelconque, il faut nécessairement qu'il *existe*.

En sanscrit, *eka*, un, se compose de היה *eie* et de כה *ce* (*ke*); il est à la fois numéral et démonstratif.

Dans le zend, *ejen*, *jek*, *iwe*, *ejewoj*, un, on reconnaît היה *eie* sous différentes formes, נהיה *neie*, *il fut*, et כה *ke*.

L'allemand, *ein*, c'est encore נהיה *neie*, *il fut*.

Le slave a emprunté son adjectif numéral *jedana* pour le serbe, *odine* pour le russe, *jeden* pour le polonais, à un autre mot phénicien : יד *id*, dont la signification est main; mais יד ליד *id l-id* (*Proverb*. XI, 21 et XVI, 5) veut dire *coup* sur *coup*, par conséquent *UN coup après l'autre coup;* le pluriel ידות *idut* a le sens de *parties*, de *parts :* il exprime donc les éléments constitutifs de l'*unité*. Cette origine est peut-être plus évidente dans le serbe *jedan*, dans le polonais *jeden* que dans le russe *odine;* mais la substitution de l'*o* à l'*i* ne peut infirmer cette communauté de provenance; l'allemand *jeder*, CHACUN, confirme notre théorie.

En latin, *unus* s'écrivait autrefois *oenus;* or, cet *oenus*, que nous retrouvons dans l'anglais *one*, et comme on l'a vu dans l'allemand *ein*, dérive de היה *eie*, *être*, avec le préfixe נ *n* : נהיה *neie*, *il fut*.

Le français *un*, l'italien *uno*, l'espagnol *uno*, le portugais *um*, (prononcé *un*), le roumain *unu*, partagent cette parenté.

Δύο, δύω, et le latin *duo* viennent de דאה *dae*, voler rapidement, *fendre l'air*, c'est-à-dire le *diviser en deux* dans toutes les parties de l'espace traversé. Le sanscrit *dwi*, le zend *dwe*, le serbe *dva*, le russe *dva*, le polonais, *dwa*, l'allemand *zwei* (primitif gothique *twa*), l'anglais *two*, le français *deux*, l'italien *due*, l'espagnol *dos*, le portugais *dois* ou *dous*, le roumain *doui* ou *doue*, appartiennent naturellement à דאה *dae*.

Le nombre trois, τρεῖς, en grec; *tri*, en sanscrit; *thri*, en zend; *tri*, en serbe et en russe; *trzy*, en polonais; *drei*, en allemand; *three*, en anglais; *tres* en latin; *trois*, en français; *tre*, en italien; *tres*, en espagnol; *tres*, en portugais; *trei*, en roumain, proviennent du mot chaldéen תרין *tri*, qui, chose étrange, signifie *deux*, et qui pourtant, on ne peut le contester, a fourni aux dérivés indo-européens l'élément τρ et *tr*, qui est devenu une expression *divisionnaire* à laquelle a été attribuée la valeur particulière de *trois*.

Nous arrivons à τέσσαρες, τέτταρες, *quatre*. Avant d'expliquer la source de ce mot, nous descendons au latin *tessera*, dérivé de τέσσαρες, cube, dé à jouer, pièce de rapport pour la *marqueterie* ou la mosaïque, *marque*, ordinairement en métal, distribuée au peuple, sorte de billet pour avoir du blé, de l'argent, etc. *Tessera nummuria*, selon Quicherat, veut dire bon sur le Trésor. — Pour ce mot τέσσαρες, les Grecs ont recouru au phénicien תאה *tae* et תוה *tue*, *marquer*, *dessiner*, *délimiter;* cette double expression, correspondant identiquement à celle de *tessera*, convenait parfaitement à τέσσαρες, formé d'un mot phénicien exprimant l'idée générale de *distinction*, et appliqué à la dénomination d'un nombre particulier. Inutile d'ajouter que la véritable racine de τέσσαρες est dans τε, qui reproduit exactement תאה *tae*. — Mais, dira-t-on, τέσσαρες a pour radical τέσσαρ, bien plus développé que sa racine phénicienne *tae*. Rien de plus évident; rien aussi n'est plus ordinaire, ni plus facile à analyser que les excroissances initiales, médiales ou finales dans les mots grecs. C'est ainsi que γνω, connaître, est étendu en γιγνώσκω, pour revenir aux autres temps à sa forme primitive : γνώσομαι, ἔγνων; de même τιτρώσκω est la forme augmentée de τρώ, blesser. En dehors de ce fait, nous constatons l'emploi fréquent de σσ (attique ττ) explétifs : πλήσσω, πλήττω, frapper, a commencé en λπήγ, πλήγ-σω-(πλήξω) ou en πλάγ, ἐπλάγην. Dans τέσσαρες, en ionien, τέσσερες, attiquement τέτταρες, les deux σ ou les deux τ de l'intérieur ont été ajoutés au radical τε originaire de תאה *tae*, pour donner plus de force à la structure du mot, complété par עור *our*, qui exprime l'action de *s'élever*, *se développer*. Une dernière observation — et elle est concluante — c'est que le mot phénicien תא *ta*, signifie chambre, c'est-à-dire endroit qui a *quatre* murs : tout en choisissant le radical trilitère תאה *tae* ou תוה *tue*, évidemment, les Grecs ont eu en vue le bilitère תא *ta*, chambre, dérivé du verbe תאה *tae*, puisqu'ils ont attribué la valeur de *quatre* à τέσσαρες. On sait que τὰ τέσσαρα (sous-ent. ξύλα, bois) signifie les *quatre* planches ou la porte du logis. Mais le couronnement de la démonstration, c'est que les Espagnols et les Portugais désignent leur mot *chambre*, les premiers par *cuarto*, les seconds par *quarto*.

Le sanscrit *ćatur*, le zend *czethru*, le serbe *tchetire*, le russe *tchetire*, le polonais *czetery*, le latin *quatuor*, le français *quatre*, l'italien *quatro*, l'espagnol *cuatro*, le portugais *quatro*, le roumain *patru* (en roumain la lettre *q* n'existe pas), remontent à la source commune קו *qu* et קוה *que*, *cordeau*, qui sert pour le tracé du bâtiment, *ligne droite*. Ce n'est pas le hasard, c'est un admirable esprit d'éclectisme qui a décidé les auteurs de ces langues dérivées au choix de קו *qu* pour composer leur mot *QUatre*. Ils se sont orientés comme les Grecs, et, comme eux, ils ont atteint leur but, tout en réservant l'expression qui leur est particulière. Les Grecs ont adopté תאה *tae*, *délimiter*, תא *ta*, *chambre ;* les autres Indo-Européens ont presque tous fixé leur choix sur קו *qu*. Mais en somme ces deux expressions différentes sont empruntées chacune à un mot originel qui veut dire mesure spéciale, détermination particulière, limitée à *quatre* côtés, ou à la *ligne droite du cordeau* qui détermine les *quatre* faces d'un bâtiment. La preuve en est manifeste dans les mots français *carré*, *cadre*, *quadrature*, etc., où il n'est pas besoin de faire ressortir le sens de *quatre* parties mesurées, de *QUatre* lignes droites. On a vu qu'en espagnol *cuarto*, et en portugais *quarto*, signifient *chambre*.

Nous avons réservé l'allemand *vier* (prononcé *fihr*), et l'anglais *four* (prononcé *for*). Ces deux mots expriment également la *division*, et ils sont en effet originaires de פר *pr* ou *fr* et פרר *prr* ou *frr*, *diviser*, *rompre*, *pulvériser*. Il est manifeste que פרר *frr* indique un tout divisé en parties indéterminées. Il a été retenu par les Germains et par les Anglo-Saxons pour désigner *quatre*.

Toutes ces assimilations analytiques, ces réductions de particules indo-européennes, considérées jusqu'à présent comme irréductibles, peuvent tout au moins, dira-t-on, passer pour très ingénieuses, mais, ajoutera-t-on, est-il bien raisonnable de prétendre que chaque peuple dit aryen a méthodiquement formé les radicaux et les flexions de ces pronoms dans les conditions rigoureuses que notre anatomie grammaticale présente à la sanction du lecteur?

L'objection ne peut tenir contre ce dilemme : de deux choses l'une ; ou bien les Indo-Européens ont réellement et *scientifiquement* composé leurs flexions d'après les éléments phéniciens qui, nous le répetons à satiété, sont tous pronominaux ou verbaux, ou bien ce serait par une rencontre toute fortuite que ces identités se seraient produites. Or, de cette double hypothèse la première seule est admissible, et elle devient un véritable criterium, puisque l'évidence des faits nous donne absolument raison.

Mais voici une objection qui a été sérieusement faite. M. Andreas Raabe, auteur d'un livre récent, prétend que le sanscrit a engendré toutes les langues indo-européennes : par conséquent, d'après lui, par la parenté qu'il établit entre les deux familles de langues, l'hébreu lui-même ne serait que l'un des dérivés du sanscrit ; le sanscrit donc serait antérieur au phénicien. Nous le citons textuellement :

« Les langues apparentées à la langue la plus ancienne (le sanscrit), telles que le grec, le latin, le slave, l'allemand, le celtique, n'offrent pas d'autre phénomène différentiel avec le sanscrit qu'un nouveau choix de mots plus développés; les langues sémitiques présentent le même caractère (1). »

Cette opinion tout à fait isolée est en opposition formelle avec les déclarations de nos plus éminents philologues qui reconnaissent unanimement — On le verra dans notre chapitre X « Découverte du sanscrit » — que le sanscrit n'est qu'une sœur des langues indo-européennes.

Remarquons d'ailleurs que les Phéniciens sont universellement reconnus comme les inventeurs de l'alphabet; que, d'un autre côté, la langue phénicienne, dont les mots sont tous bilitères ou trilitères, est aussi simple dans sa grammaire que le sanscrit est complexe dans ses expressions radicales ou flexionnelles, dans sa syntaxe.

Voici enfin une preuve capitale qui établit péremptoirement que le sanscrit, au même titre que les autres idiomes indo-européens, procède du phénicien. Le sanscrit, en effet, contient une foule de mots qui reproduisent *l'élément phénicien* correspondant *augmenté d'un autre élément phénicien*, qui n'est autre que l'addition préfixe d'une lettre phénicienne pronominale, prépositive ou conjonctive, qu'à coup sûr les Phéniciens n'ont pas demandée au sanscrit, puisque le sanscrit l'a ajoutée, nous le répétons, pour en faire des mots, parce qu'il avait vu, sans pouvoir les analyser, des expressions ainsi compliquées dans les écrits phéniciens, et qu'il a simplement imitées (*a*).

Nous allons donner un exemple de ce fait remarquable s'appliquant non-seulement au sanscrit, mais également aux autres langues dérivées :

Le mot sanscrit *balbalîti*, tournoyer, pirouetter, correspond au phénicien עלה *ole* ou *ale* qui veut dire monter, s'élever. Il est évident que la racine de *balbalîti* est *bal*. La différence donc entre *bal* et עלה *ale* porte sur l'articulation *b*.

Or, dans aucun mot sanscrit la lettre *b* ne constitue une par-

(1) Andreas Raabe, préface des *Lamentations de Jérémie* et des *Proverbes de Salomon*, Leipzig, 1880.

(*a*) Revoir la page 186.

ticule instrumentale, jouant un rôle constant dans la composition des mots sanscrits, ou ayant par elle-même une signification propre. Tandis qu'en phénicien, cette même particule ב *b* est la première lettre de la Bible; elle s'appuie comme enclitique préfixe sur le mot ראשית *rachit*, *commencement*, pour ajouter à ce mot l'idée prépositive exprimée par ב *b* : בראשית *brachit* signifie *au* commencement. Cette particule ב *b* a d'autres significations prépositives : elle signifie *avec*, *en*, *dans*, etc.

On ne pourra pas prétendre davantage que le grec βαλλίζειν, danser, l'allemand *walzen*, valser, le français *bal*, l'italien *ballo*, etc., ont produit le mot phénicien עלה *ole* ou *ale* qui exprime l'idée de s'*élever*, s'*élancer*, etc. (*a*).

Le *b* n'a pour ces langues aucune signification, tandis qu'en phénicien ce ב *b*, joint, par exemple, à עלה *ale* signifie *avec* : בעלתי *balti* veut dire *lorsque je montai* ou plutôt *avec monter moi*. Analysons ce mot בעלתי : qu'y trouvons-nous? D'abord la particule ב *b* dont le sens est *avec;* puis, le pronom personnel suffixe de la première personne du singulier י *i;* enfin, l'élément verbal essentiel עלת *olt;* mais עלת *olt* est la forme infinitive construite de עלה *ole;* par conséquent, *ole* ou *ale* étant ainsi dégagé, nous retrouvons toujours, et pour la condamnation de M. Andreas Raabe, comme de tous les faiseurs de mots primitifs indo-européens en dehors de la génération phénicienne, cette particule *b* qui, on l'a bien vu, n'a d'existence et de sens réel dans aucune langue autre que le phénicien, et qui, par suite, ne peut exister dans la composition des mots indo-européens qu'à l'état d'assimilation absolument servile.

Nous nous sommes étendus sur cette explication, pour confondre, par un seul exemple, cette prétention élevée si imprudemment, et sans preuve possible, contre la maternité évidente du phénicien. Il nous serait facile de multiplier les preuves qui établissent la vérité de notre système, non-seulement pour la

(*a*) En espagnol, notre mot *bal* se dit *baile*, mais la même langue appelle BOL*ero* une sorte de *danse* nationale. Nouvelle preuve de la substitution facile des voyelles.

préposition ב *b*, mais pour plusieurs autres lettres prépositives, pronominales, ou conjonctives.

Le lecteur trouvera dans nos Dictionnaires une foule d'applications de ces éléments *purement* et *absolument* phéniciens qui sont entrés dans la composition des langues dérivées.

VERBE

Nous suivrons pour le verbe la méthode adoptée pour le nom et pour le pronom. Guidé par le flambeau de la vérité, nous pénétrerons sans nul embarras, sans nulle crainte de nous égarer, dans ce nouveau domaine où la science ne s'est aventurée qu'en tremblant, lorsqu'elle a osé y faire un premier pas.

Assurément, il importait d'analyser, d'animer, en quelque sorte, au souffle originel les flexions des noms et des pronoms, lettres mortes pour tous les philologues. Mais, à tout prendre, le nom, le pronom, l'adjectif pourraient, dans une certaine mesure, se passer de flexions; les langues vivantes ont fort peu de flexions. Donc, tout est dit sur chacun de ces mots variables, quand on en a fait jaillir l'idée absolue, après en avoir découvert la forme originelle; l'élément flexionnel n'est pas absolument indispensable pour exprimer les rapports divers de ces mots dans la proposition.

Le verbe, le mot par excellence, puisqu'il provient du phénicien ו-ערב *v-ORB* ou *v-ERB*, *échange de la parole* (*Psaum.* CVI, 35; Prov. XXIV, 21), va nous offrir tout un appareil de formes différentes (*a*). Il a été assujéti par les Indo-Européens à une foule de modifications qui le rendent presque méconnaissable au cours de son développement régulier. En sanscrit, en grec, en allemand, en russe, en polonais, son *habeas corpus*, c'est-à-dire son *radical* même est condamné à l'*augment* et au *redoublement*. Les désinences ou terminaisons varient plus ou moins, selon la personne, le nombre, le temps, le mode. Pourtant, nous allons répandre la

(*a*) En roumain, le mot *parler* s'exprime par *a* VOR*bi*.

lumière sur chacune de ces flexions pour toutes les langues dites aryennes. Le lecteur nous saura gré de lui présenter en masse les désinences verbales, qui *toutes* se rattachent à quelques types phéniciens dont il n'aura aucune peine à reconnaître l'élément générateur.

L'intérêt le plus direct, le plus élevé se rapporte à la justification originelle des radicaux dans les verbes indo-européens. Là, en effet, est réellement l'esprit de la lettre, la démonstration complétée de notre système, ou plutôt de la vérité parfaitement établie déjà pour le nom et pour le pronom.

Mais avant de commencer cette analyse importante, il nous paraît indispensable d'indiquer dans quelles conditions diverses le verbe se modifie. On verra aussitôt à quel point les langues dérivées se sont soustraites à la simplicité exemplaire du verbe phénicien, qui cependant leur avait servi de type primitif.

Le verbe phénicien, on s'en souvient, n'a que trois temps : le présent, le passé, le futur. Et encore le présent et le futur se confondent-ils dans une forme unique. Quant au passé, il a deux formes : la contexture de la phrase, ainsi qu'on le verra dans notre Grammaire, suffit amplement pour indiquer les diverses situations où peut se rencontrer le verbe, et que les Indo-Européens ont particularisées inutilement par des temps et par des modes spéciaux.

Le verbe phénicien n'a que deux voix : la voix active et la voix passive : et même ces deux voix se confondent dans la même forme. Elles se distinguent sans aucun effort par le contexte. Ajoutons que l'infinitif et le participe suffisent aussi à indiquer tous les temps et tous les modes, de façon à ne permettre aucune équivoque à cet égard. Nous avons parlé, pages 73 et 74, de l'admirable simplicité du verbe phénicien, et nous avions déjà, page 70, indiqué la lettre ת *t* comme caractéristique dans le verbe réfléchi.

Le sanscrit possède trois voix, trois nombres ; il a neuf temps, trois modes verbaux et trois modes substantifs, l'augment et le redoublement, des irrégularités distribuées en neuf classes.

En zend, le verbe présente les plus étranges complications. Ainsi, nous voyons dans la conjugaison du verbe *être,* pour le mode conditionnel huit formes de présent; il a cinq futurs et un temps historique correspondant au passé indéfini, en français.

En grec, il a trois voix, trois temps principaux, quatre temps secondaires ou plutôt cinq, avec le futur antérieur, six modes. Les verbes irréguliers sont très nombreux. Le radical est modifié par l'augment et par le redoublement.

Les Latins ont quatre conjugaisons régulières; les temps sont moins nombreux qu'en français : les modes y sont en quantité égale, moins le conditionnel; en revanche, il y a le supin et le gérondif. Outre les verbes irréguliers, on y trouve les verbes semi-déponents, les verbes défectifs, les verbes impersonnels.

Les Allemands ont six temps, six modes, trois verbes auxiliaires : leurs verbes offrent des altérations qui affectent tantôt le radical, tantôt la terminaison; ils ont l'augment, commun à tous les verbes, un redoublement, et une foule de verbes irréguliers.

Le verbe anglais présente beaucoup plus de simplicité pour les temps et les modes : les flexions surtout sont moins compliquées. Il n'y a en anglais, pour tous les verbes réguliers, qu'une seule conjugaison.

La grammaire serbe énumère des verbes actifs et passifs, transitifs, neutres et réfléchis. Elle les divise en perfectifs et imperfectifs; en six classes, contenant chacune plusieurs ordres. La conjugaison présente neuf temps simples, quatre modes. Le duel a disparu.

Le russe, plus simple dans sa conjugaison, n'est pourtant pas exempt de nombreuses modifications : aspect terminé, aspect prolongé, aspect simple, aspect multiple. On voit dans la grammaire de M. Paul Fuchs que les verbes se divisent en réguliers, irréguliers, riches, défectifs, impersonnels, réitératifs. L'augment et le redoublement modifient le radical de plusieurs temps.

Les Polonais ont cinq classes de verbes : le verbe actif, le verbe passif, le verbe neutre, le verbe réfléchi, le verbe impersonnel. Ils ont, de plus, cinq autres espèces de verbes qui leur sont propres : le verbe imparfait, le verbe fréquentatif ; le verbe instantané comporte six temps, six modes, quatre participes. Le radical est affecté de l'augment.

En français, il y a quatre conjugaisons régulières, une foule de verbes irréguliers, des verbes défectifs, des verbes impersonnels ; la conjugaison offre trois temps principaux, sept formes secondaires, six modes.

L'italien a trois verbes réguliers, le même nombre de temps qu'en français, trois participes présents. Le passif se conjugue, comme en français, avec *essere*, *être*. Il y a des verbes irréguliers.

Quant à l'espagnol, il a quatre verbes auxiliaires, trois types de verbes réguliers, le même nombre de temps qu'en français ; le conditionnel offre quatre formes différentes ; on y compte quatre cent quatre-vingt-trois verbes irréguliers.

La langue portugaise présente cinq espèces de verbes différentes, cinq modes, vingt-cinq temps, dont douze simples, treize composés.

En roumain, il y a quatre conjugaisons, quatre temps primitifs, sept modes, trois verbes auxiliaires.

Après ces indications sur tous les verbes, avant d'analyser les flexions dans les verbes indo-européens, et pour montrer l'étonnante simplicité du verbe phénicien, nous donnons au lecteur comme avant-goût grammatical, la conjugaison du verbe essentiel היה *eie*, *être*. Nous rencontrerons dans l'analyse des flexions des verbes indo-européens la seconde forme d'*être* : יש *ich* (*is*), *il est*, qui provient d'un infinitif phénicien inusité ישה *iche* (*ise*), *être*.

Voici la conjugaison du verbe phénicien היה *eie*, *être* :

PRÉSENT INDICATIF

אהיה *aeie*, je suis.
תהיה *teie*, tu es, masc.
תהיי *teii*, tu es, fém.
יהיה *ieie*, il est.
תהיה *teie*, elle est.
נהיה *neie*, nous sommes.
תהיו *teiu*, masc., תהיינה *teiine*, fém. vous êtes.
יהיו *ieiu*, ils sont.
תהיינה *teiine*, elles sont.

FUTUR

Même forme.

PASSÉ

הייתי *eiiti*, je fus, j'ai été, j'étais.
היית *eiit*, tu fus, ...
היה *eie*, il fut, ...
הית *eit*, elle fut, ...
היינו *eiinu*, nous fûmes, ...
הייתם *eiitm*, masc., הייתן *eiitn*, fém., vous fûtes, ...
היו *eiu*, ils, elles furent, ...

AUTRE FORME DU PASSÉ, EN נ *n*

נהייתי *neiiti*, je fus, j'ai été, j'étais.
נהיית *neiit*, tu fus, ...
נהיה *neie*, il fut, ...
נהיתה *neite*, elle fut ....

Le pluriel se confond avec la première forme du Passé.

IMPÉRATIF

הוה *eue* ou הוי *eui*, masc. sois.
היי *eii*, fém. sois.
הוי *eui*, qu'il soit.
Pas de première et deuxième personne du pluriel.
היו *eiu*, qu'ils soient.
היינה *eiine*, qu'elles soient.

INFINITIF

היה *eie*, être ; היות *eiut*, avec un préfixe, être.

PARTICIPE

הוה *eue*, masc. ; הויה *euie*, fém., étant, ayant été.

Le lecteur peut apprécier l'inimitable concision du verbe être en phénicien. On se rappelle que, outre היה *eie, être,* le phénicien a un verbe *être*, usité principalement à la troisième personne du singulier : יש *ich* (*is*), il *est.*

Nous mettons en regard le présent indicatif du verbe *être* dans toutes les langues indo-européennes, en indiquant son rapport avec la forme phénicienne correspondante :

SANSCRIT

ASmi, je suis.
ASi, tu es.
ASti, il est.
Smas, nous sommes.
S'ta, vous êtes.
Santi, ils sont.
Swas, nous sommes.
S'tas, vous êtes.
Stas, ils sont.

On reconnaît aisément dans toutes les formes essentielles de ce temps l'élément générateur יש *is, il est.*

ZEND

EZem, je suis.
tuJI, tu es.
JEt, il est.
EStym, nous sommes.
EStje, vous êtes.
EYaa, ils sont.

La forme phénicienne יש *is* est manifeste dans la première personne du singulier ainsi qu'à la première et à la seconde personne du pluriel; les autres personnes de ce temps, c'est-à-dire la deuxième et la troisième personne du singulier, comme la troisième personne du pluriel, sont engendrés par היה *eie, être.*

Voici maintenant la correspondance pour le grec :

Ἐἰμί,	je suis.
Εἶ,	tu es.
Ἐστί,	il est.
Ἐσμεν,	nous sommes.
Ἐστέ,	vous êtes.
Εἰσί,	ils sont.
Ἐστόν,	vous êtes tous deux.
Ἐστόν,	ils sont tous deux.

Qui ne reconnaît à première vue היה *eie* dans les deux premières personnes, et יש *is* dans tous les autres ?

En latin, c'est exactement la même identité, avec le seul élément יש *is* :

Sum,	je suis.
ES,	tu es.
ESt,	il est.
Sumus,	nous sommes.
EStis,	vous êtes.
Sunt,	ils sont.

L'allemand paraît nous donner tort pour la première personne; mais *ich bin* provient du phénicien בוא *bua*, *devenir*, *être* (*a*); d'ailleurs, à partir de la seconde personne, qui reproduit encore le *bi* de בוא *bua* dans *du bist*, déjà l'*s* de יש *is* reparaît, et se continue essentiellement aux autres personnes :

Ich BIn,	je suis.
du *BISt*,	tu es.
er *ISt*,	il est.
wir *Sind*,	nous sommes.
ihr *Seid*,	vous êtes.
sie *Sind*,	ils sont.

Les Anglais reproduisent intégralement יש *is*, à la troisième personne du singulier : *he is*, il est. Un autre élément phénicien, dont nous avons déjà signalé le rôle très considérable dans toutes

(*a*) En sanscrit *bhu* signifie *être*.

les langues indo-européennes, le mot עור *our*, *s'élever*, *croître*, *devenir*, a fourni les personnes *thou art*, tu es ; *we*, *you*, *they are*, nous sommes, vous êtes, ils sont. L'élément בוא *bua* se retrouve à l'infinitif *to* BE, être, aux participes BE*ing*, étant, BE*en*, été. La première personne *I am* reproduit cette particule de l'instrumentale ם *m* dont la fonction est si considérable en phénicien :

*I a*M, je suis.
thou ARt, tu es.
he IS, il est.
we ARe, nous sommes.
you ARe, vous êtes.
they ARe, ils sont.

En serbe, sauf au présent et au parfait, c'est בוא *bua* qui domine à tous les temps. Au présent de l'indicatif, l'élément est double : c'est היה *eie*, être, et יש *is*, *il est*, auquel on a ajouté les différents signes pronominaux. Ce radical *je* pour *ie* de היה *eie*, a été supprimé dans la seconde forme abréviative que nous donnons parallèlement : cette seconde forme contient l'*s* de יש *is* et se termine par l'indication pronominale,

JESam, *SAm*, je suis.
JESi, *Si*, tu es.
JESt, *JE*, il est.
JESmo, *Smo*, nous sommes.
JESte, *Ste*, vous êtes.
JESu, *Su*, ils sont.

Entre le serbe et le polonais l'identité est si frappante qu'il suffit de citer :

JEStem, je suis.
JEStes, tu es.
JESt, il est.
JEStesmi, nous sommes.
JEStescie, vous êtes.
Sa, ils sont.

En russe, l'infinitif *être* est *biti;* il provient de בוא *bua*, dont l'élément se retrouve à l'imparfait, etc. On va voir qu'au présent les éléments sont absolument conformes à ceux du sanscrit, du latin, du grec. Le russe, outre les terminaisons pronominales, emploie le pronom à chaque personne : c'est l'élément יש *is* qui domine :

ja ESmi,	je suis.
ti ESu	tu es.
onó ESti,	il est.
oná ESti,	elle est.
mi ESmi,	nous sommes.
vi ESte,	vous êtes.
oni Suti,	ils sont.
onih Suti,	elles sont.

En français, יש *is* a engendré toutes les personnes :

je Suis.
tu *ES.*
il *ESt.*
nous *Sommes.*
vous *Êtes* (*EStes*).
ils *Sont.*

L'italien a suivi la même loi; la troisième personne du singulier est évidemment une syncope de *est* :

io Sono,	je suis.
tu Sei,	tu es.
egli È, pour *ESt,*	il est.
noi Siamo,	nous sommes.
voi *Siete,*	vous êtes.
eglino *Sono,*	ils sont.

Ainsi en est-il pour l'espagnol; excepté à l'une des formes de la seconde personne du singulier, *ERes*, tu es, qui procède de עור *our*, *croître*, *devenir*.

Soy ou *EStoy,*	je suis.
ERes ou *EStas,*	tu es.
ES ou *ESta,*	il est.
Somos ou *EStamos,*	nous sommes.
Sois ou *EStois,*	vous êtes.
Son ou *EStan,*	ils sont.

La même identité se constate facilement dans le portugais :

eu Sou,	je suis.
tu ÉS,	tu es.
elle *É* ou *hE* (*ESt*),	il est.
nós Somos,	nous sommes.
vós *Sois,*	vous êtes.
elles *Sâo,*	ils sont.

Pour le roumain, aucune différence à signaler :

Suntu, Su, Sum,	je suis.
ESci, ESti,	tu es.
E, ESte,	il est.
Suntemu,	nous sommes.
Sunteti,	vous êtes.
Suntu, Su,	ils sont.

L'analyse de toutes les autres formes verbales de *être* dans toutes les langues indo-européennes offre de si manifestes et de si nombreuses identités, que nous avons cru devoir épargner au lecteur les interminables répétitions auxquelles nous eût condamné l'anatomie détaillée de tous les temps et de tous les modes. Voilà pourquoi il nous est venu à la pensée d'indiquer d'abord les divers éléments phéniciens qui expriment l'idée précise de *être,* puis de rattacher tous les dérivés dont nous avons à justifier l'origine. Nous ne pouvons donc, pour appliquer notre méthode, suivre l'ordre de la classification des temps et des modes, tel que les grammairiens l'ont établi. En un mot, nous partons de la source phénicienne, puis nous y ramenons *en masse* toutes les dérivations, en ayant soin pourtant de désigner chacune des langues qui les contiennent.

Nous commençons par יש *is, il est.*

Il se retrouve :

En sanscrit, dans AS-*ani*, que je sois ; S-*yam*, que je fusse ; ÂS-*am*, j'étais ; ÂS-*a*, j'ai été.

En zend, dans ES-*chem*, je serai ; ES-*oj* et ES, sois.

En grec, dans ΊΣ-*θί*, sois ; ἜΣ-*ομαι* je serai ; ἜΣ-*εσθαι*, devoir être.

En latin, dans ES ou ES-*to*, sois ; S-*im*, que je sois ; ES-*sem*, que je fusse ; ES-*se*, être.

En allemand, dans S-*ein*, être ; *ge-w*-ES-*en*, avoir été ; *ich* S-*ei*, que je sois ; S-*ei*, sois.

En anglais, dans *I w*-AS, j'étais.

En russe, dans S-*utchiŭ*, étant.

En serbe, dans *je*-S-*am*, S-*am* (bio), je suis et j'ai été ; mais *sam* est l'abréviation de *jes-am*, dont le radical est JE analysé, ci-dessus.

En polonais, dans SA, ils sont ; *ni*-ECH ou *ni*-ECH-*aj (b ędzie)*, qu'il soit ; *ab*-YŚ, que je fusse ; *ab*-YŚ-*cie*, que vous fussiez ; *ob*-YŚ (byi), puisses-tu être !

En français, dans *je* S-*erai* ; S-*ois* ; Ê-*tre* (ES-*tre*) ; É-*tant* (ES-*tant*).

En italien, dans S-*aro*, je serai ; S-*arei*, je serais ; S-*ii*, sois ; *che* S-*ia*, que je sois ; ES-*sere*, être ; ES-*sendo*, étant.

En espagnol, dans S-*eré*, je serai ; S-*eria*, je serais ; S-*é*, sois ; S-*er*, être ; S-*ido*, été.

En portugais, dans S-*erei*, je serai ; S-*eria*, je serais ; *s-é*, sois ; S-*er*, être ; S-*endo*, étant ; S-*ido*, été.

En roumain, dans *fu*-S-*i*, tu fus ; *fus*-ES-*em*, j'avais été.

Le verbe phénicien היה *eie*, *être*, a engendré :

Pour le zend : EJE-*ten*, j'ai été ; EJE-*tejem*, j'avais été ; JE-*zetehem*, je serais.

Pour le grec : EÌ-*μί*, je suis ; EΪ-*ην*, que je fusse ; EΪ-*ναι*, être.

Pour le serbe : JE-*sam*, je suis ou j'ai été.

Pour le polonais : JE-*estem*, je suis.

Point d'application pour le sanscrit, le latin, l'anglais, le russe, le français, l'italien, l'espagnol, le portugais et le roumain. En allemand, *s*-EI-*n*, *s*-EI contiennent היה, *eie*.

Les langues indo-européennes, par contre, ont adopté le verbe phénicien בוא *bua*, *venir*, *naître*, pour plusieurs formes de leur verbe essentiel.

Nous trouvons :

Dans le zend : BA, être ; BO-*wem*, je fus ; BE-*sem*, je serai ; BA-*adem*, je serais ; BU-*yao*, ils seraient ; BU-*yem*, je serais ; BE-*wam*, que je sois; BE-*weitem*, que je fusse.

Dans le grec : rien ; mais בוא *bua* se retrouve dans φύω, faire pousser, faire croître, faire naître, engendrer, enfanter, dont le parfait πέφυκα signifie souvent *je suis*.

Dans le latin : FU-*i*, je fus; FU-*eram*, j'avais été ; FU-*ero*, j'aurai été ; FU-*erim*, que j'aie été, etc.; remarquons FU-*turus*, devant être ; FO-*re*, devoir être.

Il n'y a aucune contradiction entre FU-*i*, je fus et FU-*turus*, devant être, puisque בוא *bua*, signifie *aller*, *venir*, et caractérise même plus spécialement le futur.

L'ignorance du phénicien est cause que les grammairiens n'ont pas aperçu le rapport logique entre la forme du passé et celle du futur.

Dans l'allemand : *ich* BI-*n*, je suis ; *du* BI-*st*, tu es.

Dans l'anglais : *to* BE, être ; BE-*ing*, étant; BE-*en*, été.

Dans le russe : BI-*ti* être ; *ja* BI-*li*, j'étais, je fus, j'ai été ; *ja* BU-*du*, je serai ; BU-*di*, sois.

Dans le serbe : BI-*ja*, j'étais ; BI-*h*, je fus ; BI-*o sam* BI-*o*, j'eus été ; BI-*tiu*, je serai ; BU-*di*, sois, etc.

Dans le polonais : BY-*é*, être ; BY-*em*, j'étais ; BE-*de*, je serai ; BY-*lbym*, jaurais été ; BA-*dz*, sois, etc.

Dans le français : *je* FU-*s*; *que je* FU-*sse*; FU-*tur*.

Dans l'italien : *io* FU-*i*, je fus ; *io* FO-*ra*, je serais; *io* FO-*ssi*, je fusse.

Dans l'espagnol : FU-*ere*, jaurai été ; FU-*era* ou FU-*ere*, je serais ; FU-*ese*, que je fusse.

Dans le portugais : *eu* FU-*i*, je fus ; *eu* FO-*ra*, j'avais été ; que *eu* FO-*sse*, que je fusse ; *se eu* FO-*r*, si je suis.

Dans le roumain : *a* FI ou FI-*re*, être ; FU-*i* ou FU-*sei*, je fus ; FU-*sem* ou FU-*sesem*, j'avais été ; FI-*i*, sois ; *ca să* FI-*u*, que je sois ; *ca să* FI-*u* FO-*stu*, que j'aie été.

Le sanscrit seul ne recourt pas à בוא *bua*.

Au verbe phénicien עור *our*, *se lever*, *exciter*, *animer*, se rattachent :

Le latin ER-*am*, j'étais ; ER-*o*, je serai ; *fu*-ER-*am*, j'avais été ; *f*-OR-*e*, devoir être ; *fu-t*-UR-*us*, devant être. Il est bien entendu que dans *fueram*, dans *fore* et dans *futurus*, *fu*, *f*, *fu*, sont les radicaux, et *eram*, *ore*, *urus* les terminaisons.

L'allemand *ich w*-AR, j'étais, je fus ; *ich w*-ER-*de sein*, je serai ; *ich w*-ÜR-*de sein*, je serais.

L'anglais *thou* AR*t*, tu es : *we* AR-*e* nous sommes ; *we w*-ER-*e*, nous étions, nous fûmes.

Le français *êt*-RE ; *je s*-ER-*ai* ; *je s*-ER-*ais*.

L'italien *ess*-ER-*e*, être ; *io s*-AR-*ò*, je serai ; *io s*-AR-*ei* ou *f*-OR-*a*, je serais.

L'espagnol *s*-ER, être ; *s*-ER-*é*, je serai ; *s*-ER-*ia*, je serais ; *si fu*-ER-*e*, quand je serai.

Le portugais *s*-ER, être ; *eu f*-OR-*a*, j'avais été ; *eu s*-ER-*i*, je serai ; *eu t*-ER-*eisido*, j'aurai été ; *eu s*-ER-*ia*, je serais ; *se eu f*-OR, si je suis.

Le roumain *f*-IR-*e*, être ; ER-*am*, j'étais ; *f*-UR-*amu*, nous fûmes.

Le sanscrit, le zend, le grec, les langues slaves n'emploient pas le verbe עור *our*.

Plusieurs langues indo-européennes présentent l'élément *sta* :

En phénicien, שית *sit*, pour l'actif, correspond à notre verbe placer; au passif, il signifie être mis, être fixé; au neutre, *devenir*. C'est donc encore au fond l'idée de *être* sous une autre forme. On ne sera pas surpris de revoir cet élément confondu avec יש *is* et היה *eie* :

En sanscrit, dans STA, soyez; SAT-*as*, vous êtes tous deux; *â*-SIT-*a*, tu as été, etc...

En zend, dans *bujzye*-STE-*m*, je *serais*; *es*-CHET-*je*, vous *seriez*; *a*-ST-*je*, devant être, etc...

En grec, dans ἐ-ΣΤΙ, il est; ἔ-ΣΤΑ-ι, il sera; ἔσε-ΣΘΑ-ι, devoir être, etc...

En latin, *e*-STO (seconde forme), sois; *e*-STO-*te* (seconde forme), soyez.

En allemand, en anglais, en serbe, on trouve bien l'élément ST, mais il est flexionnel, tandis qu'en polonais le présent de l'indicatif *je*-STE-*m*, je suis, etc., le contient dans toutes les personnes à l'exception de la troisième personne du pluriel.

En russe, ST se rencontre dans *pou*-STÉ-*oni*, qu'il soit; d'ailleurs il y a en russe un verbe STA-*ti*, etc., qui n'a que deux temps, le futur et le passé.

En français, il est très apparent dans il *e*-ST; vous êtes pour vous *e*-ST-*es*; nous étions, pour nous *e*-STI-*ons*; ils étaient pour, ils *e*-STA-*ient*; étant, pour *e*-STA-*nt*; été, pour *e*-STÉ.

En italien, on le trouve au participe passé STA-*to*, été.

En espagnol, il y a une seconde forme de plusieurs temps *e*-STO-*y*, je suis; *e*-STA-*bas*, tu étais; *e*-STU-*vo*, il fut; *hemos e*-STA-*do*, nous avons été; *e*-STA-*riais*, vous seriez, etc...

En portugais, on a emprunté à שית *sit* la seconde forme tout entière, *e*-STA-*r*, être; *eu e*-STO-*u*, je suis; *tu e*-STA-*vas*, tu étais; *elle e*-STE-*ve*, il fut; *nos e*-STI-*veramos*, nous avions été; *vos e*-STA-*reis*, vous serez; *elles e*-STA-*rião*, ils seraient; *e*-STA-*do*, été; *e*-STA-*tu*, sois, etc...

En roumain, *fo*-STU comprend les éléments de בוא *bua* et שית *sit*.

Il nous reste à parler du sanscrit É·D-*i*, sois, absolument étranger aux éléments phéniciens analysés ci-dessus; c'est cependant encore un mot phénicien עוד *oud* ou *eud* qui contient l'idée d'existence prolongée, d'éternité : C'est ainsi que מ־עוד־י *m*-OUD-*i* ou *m*-EUD-*i* signifie *depuis-exister-moi*, c'est-à-dire depuis que j'*existe*.

En ce qui concerne les désinences flexionnelles du verbe *être* dans les langues indo-européennes, le lecteur curieux d'en rechercher l'origine — qui n'est explicable que par des éléments phéniciens — la retrouvera parfaitement dans היה *eie*, יש *is*, בוא *bua*, עור *our*, combinés avec les instrumentales מ *m*, נ *n*, avec ת *t* contenu dans le verbe אתה *ate*, et ד *d*, contenu dans דא *da*.

Ces formes diverses du verbe essentiel, et nous les retrouverons, au même titre de flexions, dans les désinences des verbes attributifs, dont nous allons présenter un certain nombre au jugement du lecteur. Nous avons déjà dit, et nous sommes sur ce point d'accord avec tous les philologues, que les désinences formées de particules primitivement significatives en elles-mêmes, n'ont plus, en tant que flexions, que de simples valeurs terminales, destinées à exprimer les rapports multiples du verbe. Seulement, personne n'avait découvert, avant nous, l'origine authentique de ces flexions; personne n'avait vu que chacune d'elles appartient à un mot phénicien dont l'attribution s'accorde très logiquement avec le rôle flexionnel qu'il remplit dans les diverses désinences des noms, des pronoms et des verbes.

Les verbes attributifs, offrent généralement dans les langues indo-européennes une quantité de formes que ne possède pas le verbe essentiel. La question n'est point de décider si cette richesse ne constitue pas réellement une indigence, si ces façons de développer l'expression verbale favorisent effectivement le jeu de l'intelligence.

Toutefois, nous savons que le verbe attributif phénicien exprime tout ce que peut exprimer un verbe attributif dans tous les temps, dans tous les modes; et nous avons précédemment indiqué à quel point les verbes attributifs dans les langues indo-européennes s'écartent de cette simplicité exemplaire sans aucun profit pour la nécessité rationnelle de l'expression verbale et pour l'avantage littéraire.

VERBE ATTRIBUTIF PHÉNICIEN

למד *lmd*, enseigner.

INFINITIF

למד *lmd*, enseigner.

PARTICIPE PRÉSENT (1re forme).

Sing. masc.	למד	*lmd*, enseignant.	
— fém.	למדה	*lmde*, למדת *lmdt*, enseignant.	
Plur. masc.	למדים	*lmdim*.	—
— fém.	למדות	*lmdut*.	—

PARTICIPE PRÉSENT (2e forme).

Sing. masc.	מלמד	*mlmd*, *enseignant*.	
— fém.	מלמדה	*mlmde*, מלמדת, *mlmdt*, enseignant.	
Plur. masc.	מלמדים	*mlmdim*,	—
— fém.	מלמדות	*mlmdut*,	—

PARTICIPE PASSÉ (1re forme).

Sing. masc.	למוד	*lmud*,	enseigné.
— fém.	למודה	*lmude*,	enseignée.
Plur. masc.	למודים	*lmudim*,	enseignés.
— fém.	למודות	*lmudut*,	enseignées.

PARTICIPE PASSÉ (2e forme).

Sing. masc.	מלמד	*mlmd*,	enseigné.
— fém.	מלמדה	*mlmde*,	enseignée.
Plur. masc.	מלמדים	*mlmdim*,	enseignés.
— fém.	מלמדות	*mlmdut*,	enseignées.

PRÉSENT ET FUTUR

Sing.		אלמד	*almd*,	j'enseigne ou j'enseignerai.
—	masc.	תלמד	*tlmd*,	tu enseignes ou tu enseigneras.
—	fém.	תלמדי	*tlmdi*,	— —
—	masc.	ילמד	*ilmd*,	il enseigne ou il enseignera.
—	fém.	תלמד	*tlmd*,	elle — ou elle —
Plur.		נלמד	*nlmd*,	nous enseignons ou nous enseignerons.
—	masc.	תלמדו	*tlmdu*,	vous enseignez ou vous enseignerez.
—	fém.	תלמדנה	*tlmdne*,	vous enseignez ou vous enseignerez.
—	masc.	ילמדו	*ilmdu*,	ils enseignent ou ils enseigneront.
—	fém.	תלמדנה	*tlmdne*,	elles enseignent ou elles enseigneront.

PRÉTÉRIT

Sing.		למדתי	*lmdti*,	j'enseignai, j'ai enseigné.
—		למדת	*lmdt*,	tu enseignas, tu as —
—	masc.	למד	*lmd*,	il enseigna, il a —
—	fém.	למדה	*lmde*,	elle — elle a —
Plur.		למדנו	*lmdnu*,	nous enseignâmes, nous avons enseigné.
—	masc.	למדתם	*lmdtm*,	vous enseignâtes, vous avez —
—	fém.	למדתן	*lmdtn*,	vous — — —
—	—	למדו	*lmdu*,	ils, elles enseignèrent, ils, elles ont enseigné.

IMPÉRATIF

Sing.	masc.	למד	*lmd*,	enseigne.
—	fém.	למדי	*lmdi*,	—
Plur.	masc.	למדו	*lmdu*,	enseignez.
—	fém.	למדנה	*lmdne*,	—

Tous les autres modes — on le verra dans notre Grammaire — sont exprimés par les modes ci-dessus (*a*).

(*a*) Et encore l'impératif lui-même est-il souvent suppléé par les autres formes verbales connues.

Il y a ceci de très remarquable dans le verbe phénicien que *la forme du passif se confond avec celle de l'actif;* le contexte suffit pour préciser la distinction entre ces deux voix et le sens réel du verbe. Toutefois, le phénicien possède une forme passive spéciale pour l'infinitif, pour le participe et pour le prétérit.

		נלמד	*nlmd*,	être enseigné.
Sing.	masc.	נלמד	*nlmd*,	enseigné.
—	fém.	נלמדה	*nlmde* ou נלמדת, *nlmdt*,	enseignée.
Plur.	masc.	נלמדים	*nlmdim*,	enseignés.
—	fém.	נלמדות	*nlmdut*,	enseignées.
Sing.		נלמדתי	*nlmdti*,	je fus, j'ai été, j'eus été.
—		נלמדת	*nlmdt*,	tu fus, etc., etc., enseigné-e.
—	masc.	נלמד	*nlmd*,	il fut, etc., etc., enseigné.
—	fém.	נלמדה	*nlmde*,	elle fut, etc., etc., enseignée.
Plur.		נלמדים	*nlmdim*,	nous fûmes, etc., etc., enseignés.
—	masc.	נלמדתם	*nlmdtm*,	vous fûtes, etc., etc., enseignés.
—	fém.	נלמדתן	*nlmdtn*,	vous fûtes, etc., etc., enseignées.
—	—	נלמדו	*nlmdu*,	ils, elles furent, etc., etc., enseignés, enseignées.

Sans doute la liquide préfixe נ *n* est fréquemment le signe spécial du passif; pourtant, nous trouvons dans la Bible des textes où cette même liquide נ *n* est ajoutée comme préfixe à la forme pure de l'actif sans en modifier la signification. Ainsi ישבע *ichbo*, il jure, veut encore dire jurer quand il est écrit נשבע *nchbo*, il jure; נלחם *nlhm*, signifie il combattit, de même que ילחם *ilhm*.

On voit qu'en somme le signe différentiel et général de cette forme particulière du passif consiste spécialement dans la liquide préfixe נ *n*.

Mais ce qui constitue merveilleusement la force essentielle du verbe phénicien, c'est qu'il possède la faculté d'exprimer — par la seule magie d'une lettre additionnelle — un sens que les Indo-Européens ne peuvent formuler qu'avec le secours d'un autre verbe ou plutôt de toute une proposition très compliquée. Ainsi *faire* enseigner se rend par הלמד *elmd*. Et encore cette lettre additionnelle est-elle fréquemment supprimée dans le verbe sans que le sens ait jamais à en souffrir. Nous ne parlons pas des cas assez fréquents où הלמד *elmd* est changé en הלמיד *elmid* : ce n'est là que l'insertion de י *i*, et encore pourrions-nous dire que cela ne constitue réellement qu'une substitution, puisque l'א *a* inséré mentalement dans la prononciation entre l'מ *m* et le ד *d* se trouve remplacé par un י *i* réel. Et, de plus, par cette tendance admirable à la simplification dans les formes verbales, sur laquelle nous avons tant de fois insisté, l'indirect a souvent le sens du direct.

En voici des exemples : חלל *hll*, commencer, החלו *ehlu*, ils commencèrent; אזן *azn*, écouter, האזן *eazn*, écouter; לחם *lhm*, combattre, הלחם *elhm*, combattre; רוע *ruo*, faire le mal, הרע *ero*, faire le mal; שלח *chlh*, envoyer, השלחתי *echlhti*, j'envoyai.

Cette acception particulière de l'indirect ramené au sens de l'actif se retrouve dans les langues dérivées : c'est ainsi qu'en grec la forme moyenne λύομαι signifie je me délie, c'est-à-dire je me fais délié et en même temps je délie pour moi ou même simplement je délie dans le sens identique de λύω, actif, je délie.

Les verbes réfléchis ont dans la plupart des langues dites aryennes une conjugaison particulière plus ou moins compliquée; le phénicien a adopté comme signe différentiel pour le verbe réfléchi une seule lettre, la lettre ת *t* qui se combine avec la forme « faire enseigner » dont nous venons de parler. C'est ainsi que s'enseigner s'exprime par התלמד *etlmd*, et je m'enseigne, par אתלמד *atlmd*, etc., etc. On trouve pourtant des formes verbales où l'actif et le réfléchi se confondent pour le sens.

Nous avons fait connaître précédemment le nombre considérable de temps et de modes dont les Indo-Européens ont fort inutilement surchargé la conjugaison de leurs verbes attributifs. Il nous reste à procéder maintenant, comme il a été fait pour le verbe essentiel : après avoir ramené à la source phénicienne une certaine quantité de radicaux dérivés, nous analyserons également les désinences; ce dernier travail ne fatiguera point le lecteur, car nous n'aurons pas à reproduire pour les verbes attributifs les flexions déjà signalées et groupées dans notre étude sur les terminaisons du verbe essentiel.

Mais avant tout, remarquons que, si de sa nature le radical des verbes est invariable, il éprouve cependant des modifications que les grammairiens ont désignées justement sous le nom d'augment et de redoublement.

Cette modification du radical est très diverse.

En sanscrit, nous trouvons, par exemple, dans le verbe *x̌ip*, jeter, l'augment *a* à l'imparfait *ax̌ip-am*, je jetais; à l'aoriste 1er *ax̌aep-sam*, j'ai jeté; au conditionnel *ax̌êp-syam*, je jetterais; nous trouverons l'augment *ći* au parfait *ćix̌êp-a*, j'ai jeté; l'augment *aći* au plus que parfait *aćix̌ip-am*, j'avais jeté.

Les Grecs ont modifié le radical d'abord par l'augment, puis par le redoublement. L'augment *syllabique* ε précède le radical aux trois temps secondaires : ἔ-λυον, je déliais, ἔ-λυσα, je déliai, ἐ-λελύκειν, j'avais délié; l'augment devient *temporel*, lorsque le radical du verbe commence par une voyelle brève, autre que ι, υ, ou par une diphthongue :

Le redoublement syllabique affecte tous les modes du parfait et se compose de la consonne initiale du radical suivie de l'augment syllabique ε; ainsi, nous avons λέ-λυκα, j'ai délié, le redoublement non syllabique n'est autre chose que l'augment temporel servant de redoublement; et à ce titre il passe à tous les modes du parfait : ἤ-νυκα, j'ai achevé.

Pour l'allemand, signalons d'abord l'importante modification radicale éprouvée pour *gewe-sen*, participe passé du verbe essentiel *sein; gewe* ne constitue ni un augment, ni un redoublement; c'est une simple addition préfixe, dont le premier élément *ge* est identique au grec γε-γόνος et procède du phénicien גאה *gae*, *s'élever*, *grandir;* dans *gegessen*, mangé, le *g* est redoublé. Tous les participes passés sont modifiés au radical par le préfixe *ge*.

Les Russes ont adopté l'augment *s* et *u*, au passé défini, au futur, au participe passé actif; ils ont aussi la syllabe préfixe *pa*, à l'imparfait de l'indicatif, au futur, au participe passé actif. Inutile d'ajouter que *s* vient de יש *is*, *u* de la particule conjonctive ו *u*, et *pa* de la lettre prépositive ב *b avec*.

En polonais, nous trouvons au passé défini, au plus-que-parfait de l'indicatif, au futur, à l'impératif, au conditionnel, au participe passé, le préfixe *u*.

Ainsi que nous l'avons annoncé ci-dessus, voici une nomenclature de verbes dérivés indo-européens, considérés au point de vue du radical et ramenés à leurs sources phéniciennes.

Sanscrit : *manâmi*, penser, provient de מנה *mne*, *calculer vraçcâmi*, diviser, de פרק *prq* ou *vrq*, *rompre ; tolâmi*, soulever, de טול *thul*, *soulever ; nakkâmi*, tuer, de נכה *nke*, *tuer ; sûvâmi*, commander, de צוה *tsue*, *commander ; atê*, je vais, de אתה *ate*, je viens ; *smrâmi*, se souvenir, de שמר *smr*, *observer, se souvenir* ; *çr'nâmi*, couper, de שור *sur*, *scier*, *diviser ; starnâmi*, étendre, de שתר *str*, *étendre ; v-adâmi*, dire, célébrer, de ידה *ide*, *dire*, *louer ; indê*, j'allume, de אוד *aud*, *tison ; trpnômi*, se rassasier, de טרף *thrp*, *se nourrir ; tupâmi*, frapper, de תפף *tpp*, *frapper*, *taper ; grnâmi*, appeler, de גרון *grun*, gosier ; *sprhâmi*, désirer ardemment, de צפר *tspr*, *se précipiter vers ; ululayeti*, hurler, de ילל *ill*, *hurler ; lihâmi*, lécher, de לחך *lhc*, *lécher*. A propos de la racine sanscrite *lih*, nous avons admis, page 153, qu'elle signifie *avaler*. Nous sommes obligé de formuler ici une restriction : ce sens nous semble par trop étendu, bien qu'il y ait entre *lécher* et *avaler* une similitude manifeste d'idée qui ne peut échapper au lecteur. En effet, on ne conçoit guère l'opération *lécher* absolument isolée de celle d'*avaler*.

Zend : *çpaç*, voir, de צפה *tspe*, *voir ; gar*, chanter, de גרון *grun, gosier ; sparez*, tendre vers, de צפר *tspr*, *se précipiter vers*, *zan*, corruption de *gan*, enfanter, de גו *gu*, *corps*, *génération ; ake*, frapper, de אכה *ake*, *je frappe ; ba*, être, de בוא *bua*, *advenir*, *exister ; çtar*, étendre, de שתר *str*, *étendre ; tan*, s'étendre, de תנה *tne, s'étendre ; da*, savoir, de דעה *doe* ou *dae, science; bur*, couper, de ברר *br, séparer.*

Grec : σκέπτεσθαι, regarder, de שקף *sqp, regarder; φυσᾶν*, souffler, de פוח *puh* ou *fuh, souffler; ἀγαπᾶν*, aimer, de עגב *ogb* ou *agb, aimer; ἀγγέλλειν*, annoncer, de אגלה *agle, j'annonce, ἄγχειν*, étrangler, de חנק *hnq, étrangler; ἀσκεῖν*, exercer, de חזק *hsq, fortifier, affermir*; βαίνειν (primitif βάω), venir, de בוא *bua, venir*; καίειν, brûler, de כוה *kue, brûler*; γαίειν, s'élever, de גאה *gae, s'élever, s'enorgueillir*; θρύπτειν, déchirer, de טרף *thrp, déchirer*; κλείειν, enfermer, de כלא *kla, enfermer*; μανθάνειν (μαθ), apprendre, de מדע *mdo, science*; ὀργᾶν, désirer avec ardeur, de ערג *org, désirer avec ardeur*; μήδομαι, concerter, de מדד *mdd, mesurer*; σπέρχειν, se précipiter, de צפר *tspr, se précipiter*; στορέννυμι, étendre, de שתר *str, étendre*; δαίειν, diviser, de דאה *dae, fendre*; γοᾶν, gémir, de געה *goe, mugir, jeter des cris plaintifs.*

Latin : *sternere*, étendre à terre, de שתר *str, étendre*; *citare*, exciter, de סית *sit, exciter*; *stringere*, serrer, presser, de צרר *tsrr, serrer, presser*; *stare*, se tenir, de שת *st, se tient*; *avere*, désirer, de אוה *aue, désirer; ululare*, hurler, de ילל *ill, hurler; obedire*, obéir, de עבד *obd, servir obéir; spicere*, regarder, de צפה *tspe, regarder; nuere*, faire un signe de tête, de נוע *nuo* ou *nue, faire un signe de tête*; *in-cendere*, incendier, de צות *tsut, incendier, brûler*; *serere*, semer, de זרע *zro* ou *zre, semer*; *macescere*, maigrir, s'appauvrir, de מכך *mcc, devenir pauvre*; *satiare*, rassasier, *de* סעד *sod* ou *sad, se restaurer*; *tendere*, tendre, de תנה *tne, tendre.*

Allemand : *lieben*, aimer, et *leben*, vivre, de לב *lb, le cœur; kennen*, connaître, et *künden*, faire connaître, de כנה *kne, connaître; ackern*, labourer, de אכר *akr, laboureur; drücken*, fouler, de דרך *drk, fouler; tragen*, porter, de טרח *thrh, charger, fatiguer; streuen*, répandre, de שתר *str, répandre; beichten*, confesser, de בוש *buch, être mortifié; suchen*, rechercher, étudier, de שוח *suh, méditer, étudier; sc-hutzen*, couvrir, abriter, de סכך *scc;*

couvrir, abriter; schragen, entrelacer, de שרג *chrg, entrelacer; schaden*, endommager, de שדד *chdd, abîmer, détruire; recken*, étendre, de רקע *rqo* ou *rqe, étendre; scheren*, couper, de שור *chur, scier, diviser; kehren*, changer de direction, de קרי *qri, opposé; meinen*, penser, de מנה *mne, calculer*; *schaffen*, travailler, de שאף *chap* ou *chaf, faire des efforts*; *saufen*, boire avec excès, de סבא *sba, boire avec excès*; *schauen*, regarder, de שעה *choe, regarder*; *murren*, murmurer, de מרה *mre, murmurer*; *scheinen*, briller, de שני *chni, ce qui brille.*

Anglais : to breed, engendrer, de ברא *bra, créer*; *to fract*, rompre, de פרק *prq* ou *frq, rompre*; *to chafe*, exhaler un parfum, de שאף *chap* ou *chaf, souffler, respirer*; *to call*, appeler, de קול *qul, la voix*; *to burn*, brûler, de בער *bor, brûler, to kneel*, s'agenouiller, de כנע *kno* ou *kne, genou, s'humilier*; *to shake*, secouer et *to shock*, choquer, de שקק *chqq, secouer, choquer*; *to cut*, couper, de כתת *ctt, couper*; *to mock*, se moquer, de מוק *muq, se moquer*; *to sicken*, tomber malade, de שוח *suh, s'affaisse, s'épuiser*; *to moderate*, modérer, de מדד *mdd, modérer*; *to shine*, briller, de שני *chni, ce qui brille*; *to tap*, frapper, de תפף *tpp, frapper.*

Russe : *obresti*, se procurer, de עבר *obr, prendre, se procurer*; *ode-vatsia*, s'habiller, de עדה *ode, s'habiller*; *staiou*, je suis debout, de שית *sit, se tenir*; *ts-vesti*, fleurir, de ציץ *tsits, fleurir*; *zvate*, appeler, de צוה *tsue, commander*; *petche*, cuire, de פוח *puh, brûler*; *v-idite*, voir, de ידע *ido* ou *ide, voir* (latin : *v-idere*); *grizte*, ronger, de גרז *grz, retrancher, diminuer*; *liubute*, aimer, de לב *lb, le cœur*; *sitiiui*, rassasier, de סעד *sod* ou *sad, se nourrir*; *nestu*, porter, de נשא *nsa, porter.*

Serbe : *pahnati*, souffler, de פוח *puh, souffler*; *gristi*, ronger de גרז *grz, retrancher, diminuer*; *nesem*, porter, de נשא *nsa, porter*; *stoj*, se tenir debout, de שית *sit, se tenir*; *v-idjen*, savoir, de ידע *ido* ou *ide, connaitre*; *mnieti*, opiner, de מנה *mne, supputer*; *sniti*, rêver, de שנה *sne, dormir*; *izcji*, sortir, de יצא *itsa, sortir*; *kleti*, maudire, de קלל *qll, maudire*; *mljiti*, moudre, de מול *mul, couper*; *zvati*, appeler, de צוה *tsue, commander*;

pedji (rac. *pek*), rôtir, de פוח *puh*, *brûler; sid-jeti*, s'asseoir, de י־סד *i-sd*, *s'établir*, *siéger*; *haval-iti*, vanter, de הבל *ebl*, *vanité*; *ve-selim*, se réjouir, de שלם *slm*, *bonheur*.

Polonais : *siodywać*, s'asseoir, de י־סד *i-sd*, *siéger*; *ty-kać*, tutoyer, de א־תה *a-te*, *tu*; *drukować*, imprimer, de דרך *drk*, *presser*, *fouler*; *w-idzieć*, voir, de ידע *ido* ou *ide*, *voir*; *pracować*, travailler, de פרך *prc*, *dur labeur*; *nieść*, porter, de נשא *nsa*, *porter; smiéch*, rire, de שמח *smh*, *se réjouir; glosić*, proclamer, de גלה *gle*, *manifester*; *lycnać*, avaler, de לוע *luo*, *avaler*; *pieć*, rôtir, de פוח *puh*, *brûler*; *krzyhnać*, pousser un cri, de קרא *qra*, *crier*.

Italien : *sonnechiare*, sommeiller, de שנה *sne*, *sommeiller*; *sperare*, espérer, de צפה *tspe*, *espérer; stabilire*, établir, de י־צב *i-tsb*, *établir; es-istere*, exister, de יש *is*, *il est; tornare*, tourner, de תור *tur*, *tourner; dis-sipare*, dissiper, de ספה *spe*, *ôter*, *détruire; a-scoltare*, écouter, de א־שכל *a-scl*, *j'écoute; per-cutere*, frapper, de כתת *ctt*, *frapper; cust-odire*, garder, de קוץ *quts*, *veiller sur*; *mescere*, mêler, de מ־סך *m-sc*, *mixtion*; *ce-ssare*, cesser, de כהה *cee*, *cesser*.

Espagnol : *vacar*, veiller, de בקר *bqr*, *veiller*; *matar*, tuer, de מותת *mutt*, *tuer*; *es-carchar*, geler, de קר *qr*, *froid*; *cegar*, aveugler, de כהה *cee*, *voir trouble*; *gobernar*, gouverner, de גבר *gbr*, *maîtriser*; *sonar*, rêver, de שנה *sne*, *sommeil*; *in-cender*, incendier, de צות *tsut*, *incendier*; *cocer*, cuire, de כוה *cue*, *cuire*; *moler*, moudre, de מול *mul*, *couper*; *medir*, mesurer, de מדד *mdd*, *mesurer*; *parir*, accoucher, de פרה *pre*, *enfanter*; *elevar*, élever, de עלה *ole* ou *ele*, *élever*; *mirar*, regarder, de מ־ראה *m-rae*, *vision*; *pasar*, passer, de פסח *psh*, *passer*.

Portugais : *hospedar*, héberger, de אסף *asp*, *recueillir*; *marcar*, marquer, de מכר *mcr*, *distinguer*; *passar*, passer, de פסח *psh*, *passer*; *gargarejar*, gargariser, de גרגר *grgr*, *gorge*; *tardar*, tarder, de ת־אחר *t-ahr*, *tu tardes*; *tangar*, toucher, de ת־גע *t-go*, *tu touches*; *er-guer*, lever, de עור *our* ou *eur*, *lever*; *cubrir*, couvrir, de כפר *cpr*, *couvrir*; *trazer*, apporter, de טרח *thrh*, *porter une charge*; *cegar*, aveugler, de כהה *cee*, *voir trouble*; *matar*, tuer, de מותת *mutt, tuer*; *molestar*, molester, de מעל *mol, offenser*.

Roumain : *a torse*, filer, de זור *tur, tourner*; *a frange*, rompre, de פרק *prq* ou *frq, rompre*; *viu*, je viens, de בא *ba, il est venu*; *a arde*, brûler, de אור *aur, éclairer*; *a cape*, contenir, de כפה *cpe, couvrir, enfermer*; *a bate*, battre, de בתה *bte, battre, détruire*; *a geme*, gémir, de געה *goe, mugir, soupirer* (revoir γοᾶν, gémir); *a cunosce*, connaître, de כנה *cne, connaître*, *a asterne*, étendre, de שתר, *étendre*; *a coce*, cuire, de כוה *cue, cuire*.

Français : *creuser*, de כרה *cre, creuser*; *exercer*, de ערך *orc* ou *erc, exercer*; *plaider*, de פלל *pll, juger, plaider*; *crier*, de קרא *qra, crier*; *casser*, de קצץ *qtsts, couper, tronquer*; *bouder*, de בדד *bdd s'isoler*; *guérir*, de גהה *gee* (prononcé *gué*), *guérir*; *durer*, de דור *dur, temps*; *moquer*, de מוק *muq, railler*; *bouillir*, de בעה *boe, bouillir*; *saper*, de ספה *spe, saper*; *mêler*, de מהל *mel, mêler*; *tromper*, de ת־רמה *t-rme, tromperie*; *parer*, de פאר *par, parer*; *marcher*, de מ־ארח, *m-arh, marchant*; *gratter*, de גרד *grd, gratter*; *sommer*, de ש־ם *sum, imposer*; *j'avale*, de א־בלע *a-blo* ou *a-ble, j'avale*; *choquer*, de שקק *chqq, heurter*; *hâter* (*haster*), de חוש *hus, hâter*; *figer*, de פוג *pug* ou *fug, être froid*; *toiser*, de תוה *tue, toiser*; *sécher*, de צה *tsh, être sec*; *sabrer*, de שבר *sbr, briser avec une arme*; *damner*, de דון *dun, condamner*; *serrer*, de צרר *tsrr, serrer*; *cuire*, de כוה *cue, brûler*; *guerroyer*, de גרה *gre, guerroyer*.

Les flexions des verbes attributifs n'offrent, nous l'avons dit, rien de nouveau à la curiosité du lecteur. Toutefois, nous allons grouper les désinences verbales de l'infinitif actif :

E; *ea*; *ειν*, *αι*; *re*; *en*; *ti*; *ti*; *er*, *ir*, *oir*, *re*; *re*; *ar*, *er*, *ir*; *ar*, *er*, *ir*; *re*.

Il est évident que les formes *e*, *ea*, *αι*, procèdent de היה *eie* et de הוא *eua*; que *en* et *ειν* ont la même origine, sauf l'addition de l'instrumentale נ *n*; que, dans *ti*, il y a le *t* de דא *da* et de אתה *ate* (*venir*); que, enfin, les terminaisons qui contiennent la consonne *r* dérivent de עור *our*.

Les autres désinences, pour tous les temps, pour tous les modes, et aux trois voix, se retrouvent dans les désinences du verbe *être*, et celles qui n'y sont pas comprises reviennent toutes aux mêmes origines verbales et quelquefois pronominales phéniciennes.

Nous avons mis sous les yeux du lecteur un grand nombre de verbes attributifs avec leurs origines phéniciennes; la plupart des formes flexionnelles ont été ramenées à leurs éléments générateurs. Notre tâche est donc remplie en ce qui concerne les désinences verbales. Cependant, nous avons dit, page 213, qu'aucun philologue n'a pu expliquer l'origine de ces désinences; nous en avons pour preuve les déclarations mêmes de l'éminent M. Max Müller.

Voici, en quels termes, il formule son ignorance, à cet égard :

« On nous dit, de même, que *amo* signifie j'aime, et *amavi* j'ai aimé; mais comment ce changement du cœur, ce passage de l'amour actuel au souvenir de l'amour passé et peut-être éteint, peut-il être indiqué par le simple changement de *o* en *avi*, ou en anglais par l'addition d'un *d*, c'est une question qui n'est ni posée, ni résolue. Or, s'il y a une science du langage, c'est de ces sortes de questions qu'elle doit donner la solution : si elle ne le peut pas, s'il nous faut nous contenter de paradigmes et de règles, et regarder les désinences des noms et des verbes, soit comme des signes de convention ou comme des excroissances mystérieuses, *alors la science du langage n'existe pas*, et il faut nous en tenir à ce qu'on a appelé l'art (τέχνη) du langage ou la grammaire.

« Avant d'entreprendre la solution d'un problème quelconque, ou d'y renoncer, il convient de déterminer si on a les éléments nécessaires pour mener l'entreprise à bonne fin. A commencer par l'anglais, il faut nous demander s'il nous est possible de découvrir pourquoi *I love* signifie j'aime en ce moment, tandis que *I loved* indique que ce sentiment n'existe plus. Ou bien en prenant des langues plus riches en flexions que l'anglais, il faut tâcher d'expliquer par suite de quelle opération et dans quelles circonstances le latin *amo*, j'aime, a été transformé par la simple addition d'un *r*, en *amor*, je suis aimé. Les déclinaisons et les conjugaisons ont-elles poussé et se sont-elles épanouies comme les fleurs d'un arbre? L'homme les a-t-il reçues toutes faites de quelque puissance mystérieuse ou quelques sages les ont-ils inventées, en assignant certaines lettres à certaines phrases de la pensée, de même que les mathématiciens expriment les quantités par des signes algébriques, auxquels ils donnent une valeur arbitraire? *Nous voici en présence du plus important et du plus difficile problème de notre science, l'origine du langage* (*a*). Mais nous ferons bien, pour le moment, de détourner les yeux des théories pour nous occuper uniquement des faits. Tenons-nous en au prétérit anglais *I loved* comparé au présent *I love*, etc. (1). »

Pour être fixé sur la raison qui a créé *amavi*, afin de le différencier de *amo*, il suffit d'analyser la partie *avi*, détachée du radical et qui dans la première conjugaison constitue généralement la terminaison du parfait actif. Il est impossible de méconnaître dans cet *avi* la forme phénicienne אבא *aba*, je viens, employée poétiquement dans le sens du passé, *je suis venu*, qui convient incontestablement à l'idée du passé. Donc, les deux premières lettres de *avi* proviennent de *ab* contenu אבא, *aba*. En ce qui concerne l'*i* de *avi*, etc., M. Max Müller sait bien que la désinence du parfait latin ne se trouve pas essentiellement dans *avi*, *ui*, *ivi*, mais, comme on le voit spécialement au parfait de la conjugaison *leg-i*, dans la voyelle finale *i*, commune à tous les parfaits actifs de tous les verbes attributifs. Or, la lettre י *i*, en phénicien, est la marque générale du passé; exemple למדת-י *lmdt*-I, j'ai enseigné. L'illustre philologue se demande aussi comment *amo*, j'aime, est devenu *amor*, je suis aimé : c'est que עור *our*, en phénicien, signifie *se lever*, *exciter*, *animer*. Le verbe

(*a*) Nous avons souligné deux passages de cette citation.
(1) Max Müller, *La Science du Langage*, 4e Leçon, p. 123-124.

passif n'est-il pas, pour le français, tout entier dans le verbe *être* suivi du participe passé? Les Latins offrent le même phénomène dans les temps composés de leur passif. Les temps simples du passif ont pour dominante la lettre *r* combinée avec d'autres voyelles destinées simplement à différencier les personnes.

C'est bien cette lettre *r*, dérivée de עור *our*, que les Latins ont raisonnablement adoptée comme signe typique du passif. Si cette figurative *r* ne paraît pas à la seconde personne du pluriel, sa dominante *i* revient au signe du passé que nous venons d'expliquer.

M. Max Müller, dans sa sixième leçon, revient sur cette question de *I loved*; il pense que le type le plus primitif *(a)* de la flexion *d* doit être recherché dans le gothique et dans l'anglais-saxon.

« Il y a en gothique un verbe *nasjan*, nourrir, qui fait au prétérit de l'indicatif *nas-i-da*, etc. Le même verbe fait au prétérit du subjonctif *nas-i-dêdjau*, etc. En anglais-saxon ces deux temps ont été réduits de la manière suivante : *ner-ë-de*, etc. Voyons maintenant le prétérit du verbe auxiliaire *to do* en anglais-saxon: *dide*, etc. Si nous ne connaissions que le prétérit anglo-saxon *nerëde* et l'anglo-saxon *dide*, il ne serait pas très-facile de constater l'identité de ce dernier mot avec le *de* de *nerëde*. Mais ici vous remarquerez combien le gothique l'emporte sur tous les autres dialectes teutoniques pour tout ce qui tient à la comparaison et à l'analyse grammaticales (1). »

L'auteur ajoute :

« Si nous pouvons avoir foi au raisonnement par induction, il a dû y avoir originairement un prétérit anglo-saxon ainsi conçu :

SINGULIER	PLURIEL
ner-ë-dide,	*ner-ë-didon,*
ner-ë-didest,	*ner-ë-didon,*
ner-ë-dide,	*ner-ë-didon.*

(*a*) Revoir pages 132-134.
(1) Max Müller, *liv. cit.*, 6e Leçon, p. 249-250.

« Et de même que *ner-ë-dide* s'est réduit en *nerëde*, ainsi *nerëde* donnerait *nered* en anglais moderne. Par conséquent, le *d* du prétérit qui change *I love* en *I loved*, était dans l'origine le verbe auxiliaire *to do*, et *I loved* équivaut à *I love did*, ou *I did love* (1). »

Nous ne pouvons nous empêcher de trouver fort ingénieuse cette méthode, la seule possible, après tout, quand on est forcément renfermé dans le cercle des langues indo-européennes, et qu'on est réduit, de cette manière, à expliquer, par exemple, les désinences verbales, soit au moyen d'éléments contenus dans la même langue, soit par des alliances de mots contenus dans les langues congénères. Mais notre point de vue est tout différent, et notre solution moins exposée aux périls de l'induction.

Platon déclare que la lettre *d* comme la lettre *t*, exprime l'arrêt; à ce titre elle terminerait heureusement une forme verbale qui exprime le passé. Les Phéniciens, toujours guidés par la loi onomatopique, ont adopté la dentale ת *t* précisément pour caractériser leurs deux prétérits : למדתי *lmd-T-i*, j'enseignai, נלמדתי *nlmd-T-i*, j'ai été enseigné; למדת *lmd-T*, tu enseigne, נלמדת *nlmd-T*, tu as été enseigné. Sans doute, cette figurative ת *t* ne se maintient pas aux autres personnes; notre observation n'en subsiste pas moins dans toute sa justesse, et les Anglais, pour former la désinence de leur prétérit dans les verbes réguliers, ont adopté ce ת *t* phénicien, type originel du passé, en l'adoucissant en *d*; et ils lui ont donné une fixité telle qu'il termine toutes les personnes de leur prétérit et de leur plus-que-parfait.

Les Allemands, eux, ont conservé leur ת *t* originel pour toutes leurs formes du passé : *ich lieb-T-e*, j'aimais, j'aimai; ich habe gelieb-T, j'ai aimé. Voilà donc la raison de ce *loved* qui a occupé à ce point M. Max Müller.

CONCLUSION

Parmi les mots flexionnels, nous avons omis avec intention les adjectifs qualificatifs, leurs terminaisons étant identiques à

(1) Max Müller, *liv. cit.*, 6e Leçon, p. 250.

celles des noms; il n'a pas été non plus question des degrés de comparaison. Quant aux mots invariables, adverbe, préposition, conjonction, interjection, ils ne pouvaient non plus trouver place dans ce chapitre déjà si encombré; mais nous sommes armé de pied en cap pour démontrer l'origine phénicienne de tous ces mots dans les langues indo-européennes. Le lecteur en trouvera l'explication dans nos Dictionnaires.

CHAPITRE VII

AVEUX DE LA SCIENCE

Les « Aveux de la science » n'ont pas été formulés par des écrivains médiocres, et ils se rattachent à une considération d'une bien haute importance.

La plupart des philologues se sont particulièrement occupés de l'*essence* ou *de la cause première des radicaux*. Abandonnant le terrain scientifique pour le domaine de la philosophie, ils se sont demandé pour quelle raison les inventeurs du langage originaire ont fixé leur choix à tel radical plutôt qu'à tel autre pour exprimer un objet déterminé. Leur vue, dans ces sphères encore nébuleuses, ne pouvait s'étendre au delà de l'horizon dans lequel ils étaient et sont encore captifs : cela est si vrai que Bopp voudrait savoir pourquoi « la racine *i* signifie *aller* et non s'*arrêter*, et pourquoi le groupe phonique *stha* ou *sta* veut dire s'*arrêter* et non *aller* (1) », et il s'abstient de pénétrer ce mystère.

Ecoutons patiemment tous les autres linguistes, même Platon (*a*), que son immense et divine curiosité entraînait vers toutes choses; tous ces érudits ou ces penseurs n'ont pas été plus heureusement inspirés.

Voici quelques passages du *Cratyle* de Platon :

(1) F. Bopp, *Gramm. comp. des lang. indo-europ.*, trad. Michel Bréal, tome I, p. 1.

(*a*) On connait le *Cratyle* de Platon : C'est un entretien sur l'origine des noms, entre trois philosophes : Socrate, Hermogène et Cratyle. Nous nous bornerons à quelques citations de cet entretien; elles suffiront pour en faire connaître l'esprit.

« Hermogène : Cratyle que voici prétend, mon cher Socrate, qu'il y a pour chaque chose un nom qui lui est propre et qui lui appartient par nature; selon lui, ce n'est pas un nom que la désignation d'un objet par tel ou tel son d'après une convention arbitraire; il veut qu'il y ait dans les noms une certaine propriété naturelle qui se retrouve la même chez les Grecs et chez les Barbares...

« Si, par hasard, Socrate, il t'était possible de débrouiller les oracles de Cratyle, j'aurais du plaisir à t'entendre. Mais j'en éprouverais plus encore à savoir de toi, si tu y consens, quelle est ta façon de penser sur la propriété des noms.

« Socrate : O Hermogène, fils d'Hipponicus, c'est un vieux proverbe que les belles choses sont difficiles à apprendre. Et vraiment ce n'est pas une petite affaire que l'étude des noms (1) ».....

« Socrate : Il paraît, Hermogène, que l'institution des noms n'est pas une petite affaire ni l'ouvrage de gens médiocres et du premier venu. Cratyle a donc raison de dire qu'il y a des noms naturels aux choses, et que tout homme ne peut pas être un artisan de noms, mais celui-là seul qui considère le nom propre à chaque chose, et qui sait en réaliser l'idée dans les lettres et les syllabes.

« Hermogène : Je ne vois pas, Socrate, ce que je pourrais opposer à ce que tu dis.....

« Socrate : Ce qu'il nous faut donc chercher maintenant, puisque tu désires le savoir, c'est en quoi consiste la propriété naturelle des noms?

« Hermogène : Assurément je désire le savoir (2). ».....

« Socrate : Les noms véritablement propres se trouvent surtout, selon toute apparence, parmi ceux qui se rapportent aux choses éternelles et à la nature. Ceux-ci, en effet, ont dû être établis avec un soin particulier; peut-être même plusieurs

(1) Platon, trad. V. Cousin, *Dialog. Métaphys.*, 11e vol., *Cratyle*, p. 1-3.
(2) id. *ibid.*, p. 24-25.

viennent-ils d'une puissance plus haute et plus divine que celle des hommes.

« Hermogène : Cela me paraît bien dit, Socrate (1). ».....

« Socrate : Par Jupiter, mon cher Hermogène, si nous étions sages, le mieux serait de dire que nous ne savons rien des dieux, ni sur eux-mêmes, ni sur les noms dont ils s'appellent entre eux ; car pour ceux-ci, nul doute que ce ne soient les noms véritables (2). ».....

« Socrate : Il semble, cher Hermogène, que ceux qui les premiers instituèrent les noms n'étaient pas de médiocres esprits, mais plutôt de sublimes penseurs et des raisonneurs subtiles (3). ».....

« Socrate : Eh bien, voici ce que je soupçonne : j'imagine que les Grecs, et surtout ceux qui habitent les contrées soumises à la domination des barbares, ont emprunté aux barbares beaucoup de mots.

« Hermogène : Qu'infères-tu de là ?

« Socrate : C'est que l'on s'exposerait à bien des difficultés, si l'on voulait interpréter de tels mots à l'aide de la langue grecque, et non pas d'après la langue à laquelle ils appartiennent (4). »...

« Socrate : Ne sais-tu pas, mon cher Hermogène, que les noms primitifs sont devenus méconnaissables par les changements qu'on leur a fait subir pour les rendre plus magnifiques (5). ».....

« Socrate : Voyons, qui fait, selon toi, que les choses s'appellent ainsi qu'elles s'appellent ? N'est-ce pas *ce qui* a inventé les noms ?

« Hermogène : Eh bien ?

« Socrate : Or, il faut que ce soit l'intelligence ou des dieux ou des hommes, ou des uns et des autres ?

(1) Platon, *liv. cit.*, p. 41.
(2) id. *ibid.*, p. 51.
(3) id. *ibid.*, p. 52.
(4) id. *ibid.*, p. 76.
(5) id. *ibid.*, p. 87.

« Hermogène : Sans doute (1). ».....

« Socrate : Tu reconnais avec moi, je présume, qu'il n'y a pour tous les mots, depuis le premier jusqu'au dernier, qu'une seule manière d'être propre aux choses, et qu'aucun nom, comme tel, ne diffère des autres noms ?

« Hermogène : Assurément.

« Socrate : Or, la propriété des noms que nous avons examinés jusqu'ici, nous a paru consister en ce qu'ils représentent ce qu'est chaque chose.

« Hermogène : D'accord.

« Socrate : Et cela doit être également vrai pour les noms primitifs et pour les noms dérivés, dès lors que ce sont des noms.

« Hermogène : Sans contredit.

« Socrate : Mais ce pouvoir, c'est aux mots primitifs que les mots dérivés le doivent ?

« Hermogène : Il semble (2). ».....

« Socrate : Il peut sembler ridicule, Hermogène, de dire que des lettres, des syllabes, fassent connaître les choses par imitation. Il faut bien pourtant, qu'il en soit ainsi. Nous n'avons rien de mieux à dire sur la vérité des mots primitifs, à moins de faire comme les auteurs de tragédies, qui ont recours dans l'embarras aux machines de théâtre et font apparaître les dieux, et de nous tirer d'affaire en alléguant que ce sont les dieux eux-mêmes qui ont institué les premiers noms, et que par conséquent ces noms sont convenables. Sera-ce là notre meilleur et dernier argument, ou bien en reviendrons-nous à notre supposition de tout à l'heure, que ces noms nous sont venus de certains peuples barbares, plus anciens que nous ? Ou dirons-nous enfin que l'antiquité de ces mots les dérobe à nos recherches, comme les mots barbares ? Ce seraient là autant d'excuses, et de fort bonnes, pour celui qui ne voudrait pas rendre raison de la propriété des mots primitifs. Cependant tant qu'on ignore, par quelque raison

(1) Platon, *liv. cit.* p. 92.

(2) id. *ibid.*, p. 108-109.

que ce soit, en quoi consiste la justesse de ces mots, il est impossible de rien connaître aux mots dérivés, qui ne peuvent s'expliquer que par les primitifs. Il est donc évident que quiconque se prétend habile dans l'intelligence des dérivés, doit pouvoir donner l'explication la plus complète et la plus claire des mots primitifs, ou s'attendre à ne rien dire sur les autres que des sottises. Es-tu d'un autre avis?

« Hermogène : En aucune façon (1). ».....

« Socrate : Les premiers législateurs qui ont institué les premiers noms l'ont-ils fait avec la connaissance des choses qu'ils nommaient, ou sans cette connaissance ?

« Cratyle : Je crois, moi, qu'ils avaient cette connaissance.

« Socrate : Eh, sans doute, cher Cratyle, ils n'auraient pu établir ces noms, si elle leur avait manqué?

« Cratyle : Je ne le pense pas.

« Socrate : Eh bien, revenons au point d'où nous sommes partis. Tu sais, si t'en souviens, qu'on ne peut établir un nom qu'autant que l'on connaît la nature de l'objet auquel on le donne. Maintiens-tu cette opinion?

« Cratyle : J'y persiste.

« Socrate : Et tu attribues également cette connaissance préalable des choses à l'auteur des mots primitifs?

« Cratyle : Assurément.

« Socrate : Mais au moyen de quels noms aurait-il appris ou trouvé les choses, puisque les premiers mots n'existaient pas encore, et que, d'autre part, nous avons dit qu'on ne peut apprendre ou trouver les choses qu'après avoir trouvé de soi-même la signification des noms?

« Cratyle : Cela est embarrassant, Socrate.

« Socrate : Comment pourrions-nous dire que pour instituer les noms en législateurs, ils ont dû connaître les choses avant qu'il y eût des noms et qu'ils en connussent aucun, s'il est vrai que l'on ne pût connaître les choses que par leurs noms?

(1) Platon, *liv. cit. p.* 116-117.

« Cratyle : La meilleure réponse à faire, ce serait, je pense, Socrate, de dire que c'est quelque puissance supérieure à l'humanité qui a établi les premiers noms; d'où il suivrait nécessairement que les noms sont tout-à-fait propres aux choses...

« Socrate : Il faut donc regarder les choses en face et d'un œil ferme, et ne rien admettre trop facilement. N'es-tu pas jeune encore, et dans l'âge de la force? Puis quand tu auras bien étudié la question, si tu en trouves un bonne solution, il faut venir m'en faire part.

« Cratyle : Je le veux bien. En attendant tu sauras, Socrate, que j'y ai déjà réfléchi, et que tout bien pesé et considéré je préfère de beaucoup l'opinion d'Héraclite (1). »

« Or, Héraclite dit : « que tout passe, que rien ne subsiste; et comparant au cours d'un fleuve les choses de ce monde : jamais, dit-il, vous ne pourrez rentrer deux fois dans le même fleuve (2). »

Le philosophe immortel, on le voit, après s'être demandé si l'on peut connaître *la chose* autrement qu'au moyen du *nom* révélé par une puissance supérieure à l'homme, fait tous ses efforts pour découvrir le caractère onomatopique d'un certain nombre de mots grecs; c'est ici que devait commencer pour lui une difculté d'où son génie n'a pu sortir vainqueur. D'ailleurs, il ne paraît ni convaincu, ni satisfait; car, d'un côté, il s'évertue à expliquer la nature de plusieurs mots grecs par d'autres mots grecs, et, de l'autre, son esprit philosophique le conduit à dire que la dernière raison de certains mots *pourrait bien se trouver dans les mots d'une langue barbare, plus ancienne que la langue grecque.*

C'est là une supposition dont nous sommes heureux de nous emparer.

La naïveté de ces procédés philosophiques ferait sourire les linguistes modernes; mais qui donc a découvert cette langue

(1) Platon, *liv. cit.*, p. 149-151.
(2) id. *ibid.*, p. 54.

barbare, plus ancienne que la langue grecque, à laquelle Platon se trouve dans la nécessité de recourir? Qui donc a fait cesser la déplorable incertitude confessée par les éminents érudits dont nous allons trahir l'embarras?

« La valeur scientifique, dans une science expérimentale, doit uniquement reposer sur des faits sagement observés, démontrés par des preuves positives, et non sur des conjectures ou des hypothèses. Ce principe s'applique à la linguistique aussi bien qu'à toute autre science naturelle. Malheureusement, en fait d'étymologies, on en est le plus souvent réduit aux seules conjectures.

« Quand on explique certains mots par leur étymologie, on est exposé à exagérer la valeur des faits qu'on a constatés, et le plus souvent on prend des hypothèses très ingénieuses pour la réalité, mais ces hypothèses n'ont rien de commun avec la science.

« En général, l'état actuel de cette science ne nous met pas encore en possession de la certitude indispensable dans l'étude de l'étymologie. C'est dans les langues indo-européennes qu'on est le plus avancé en ce qui concerne la formation des mots (déclinaison et conjugaison); on a découvert de nombreuses lois qui régissent les sons; mais même pour cette théorie, il reste encore beaucoup à découvrir. Quant à la source génératrice des mots, en général, on est loin encore de l'avoir découverte; et même dans les langues indo-européennes la science étymologique en est restée à ses premières ébauches.

« Ce qui, avant tout, fait ici défaut, c'est la recherche sérieuse de la forme des racines indo-européennes. Le point de départ, pour avancer dans cet obscur domaine, c'est l'analyse exacte des mots. A tous les obstacles qui se dressent devant nous quand il s'agit de pénétrer dans les formes radicales, ajoutez la théorie relative à la fonction du mot, celle du sens principal des racines et celle de la variation successive de ce sens dans le cours de l'histoire du langage, et vous verrez qu'il y a toujours là une grande incertitude, une absence complète de méthode (1). »

Ces paroles inspirent au savant L. Geiger, qui les cite, les réflexions qui suivent :

« Par quel étrange phénomène un des étymologistes les plus instruits, les plus corrects, les plus profonds, Schleicher — à la fin de sa trop courte carrière, et comme s'il formulait le résultat final de ses études — déclare-t-il, qu'en général, du moins jusqu'à présent, la certitude étymologique est impossible. Qu'on veuille bien remarquer qu'il ne s'agit ici ni de l'origine du langage, ni de considérations philosophiques, mais uniquement de la question inévitable de l'étymologie, c'est-à-dire du développement exact du sens fondamental d'une racine ou d'un mot quelconque (2). »

« Le sens primitif d'un son ne serait ni incertain, ni douteux, s'il existait une science qui pût lever ce doute. Par nature ce sens est indéterminé ; il a des significations diverses. Une théorie des sons à elle seule ne peut suffire à déterminer le sens fondamental d'un mot. Elle ne détermine jamais qu'un son et conduit d'un son à un autre, toujours indéterminé et ayant toujours des significations diverses.

« Il n'y aurait qu'une théorie des significations qui pourrait nous apporter la lumière nécessaire. Au cours des congrès des plus grands maîtres de la science étymologique, il est certain que dans un nombre infini de cas, les étymologies les plus exactes ont été constatées. Mais comme il s'en mêlait d'erronées, un criterium devient nécessaire ; sans ce criterium, le premier de ceux qui ont découvert la dérivation d'un mot, ne peut lui-même affirmer si cette dérivation est certaine ou si elle n'est qu'apparente. Il arrive souvent qu'une étymologie tout à fait juste se

(1) A. Schleicher, sa préface à un ouvrage étymologique de Johannes Schmidt, Weimar, 1865.

(2) L. Geiger, *Der Ursprung der Sprache* (*L'Origine du Langage*), Stuttgart, 1869, préface, p. XLII.

trouve ensuite changée par celui qui l'avait indiquée, en une autre parfaitement inexacte parce que, ainsi qu'on l'a dit, tout est ici subjectif.

« Le criterium dont je parle ne peut être autre que la constatation d'une loi *sériaire*, en vertu de laquelle la véritable notion puisse ou ne puisse pas se distinguer. Autrement, la science étymologique, dans la théorie des sons, dans la comparaison des langues et la formation des mots, trouve bien ce qu'on appellerait la rame et le gouvernail pour aller de l'avant, mais ce qui manque c'est la boussole, et le linguiste ne sait pas s'il s'est approché ou non de la substance originelle. Par là, il lui arrive nécessairement qu'après être parvenu à une notion secondaire du mot primitif, il a pris un chemin tout opposé ou bien il s'est écarté de la route véritable qu'il avait d'abord suivie. En dehors de ce criterium la règle de l'étymologie n'existe certainement pas..... (2). »

La langue phénicienne seule est basée sur cette loi *sériaire*, et nous en parlerons dans ce chapitre même.

Nous continuons à citer les réflexions de Schleicher et d'autres illustres savants sur cette importante matière.

« Vouloir remonter encore plus haut, vouloir encore rechercher les lois qui ont présidé à la création des sons de *signification*, cela nous paraît être une tâche entièrement inutile. Nous nous contentons du développement de la langue, ce qui constitue ses *formes*, et nous supposons sa *matière*, sa substance phonétique ou acoustique, qui sert, pour ainsi dire, de matière première à ce développement; ce sont, en d'autres termes, les racines ou les sons de signification. — Comment cette matière première, commune à tous les idiomes, comment les racines ontelles pris origine?

« Cette question, qui a été posée plus d'une fois, est probablement tout aussi *insoluble* que la question relative à l'origine d'un organisme quelconque. On peut bien comprendre le rapport gé-

L. Geiger, *liv. cit.*, préface, p. XIV-XIX.

néral entre la langue et l'esprit, mais il n'en est pas de même quant à la question suivante : « Pourquoi cette racine a-t-elle cette signification particulière? » Ce qui veut dire : « Quel est le rapport qui existe entre la signification et le son, le mot? » La création des sons est, comme la nature, en général, un acte immédiat, spontané, artistique et *non réflectif; il n'y a là rien à faire par la voie de l'analyse* (1). »

« Deux solutions ont été proposées pour ce problème (les racines) : la théorie de l'onomatopée ou imitation, et celle de l'interjection.

« Dans la première hypothèse, les racines seraient des imitations de sons; dans la seconde, elles seraient des interjections ou des cris involontaires. La théorie de l'onomatopée fut en grande faveur dans l'école du dix-huitième siècle, et comme elle est encore adoptée par beaucoup de savants et de philosophes distingués, elle mérite notre examen le plus attentif. On suppose donc que l'homme, étant encore dans l'état de mutisme, entendit les cris des oiseaux et des animaux, le mugissement de la mer, le bruissement de la forêt, le murmure du ruisseau, le souffle de la brise et le grondement du tonnerre. Il s'efforça d'imiter ces bruits, et trouvant que ces bruits imitatifs étaient utiles comme signes des objets qui les avaient suggérés, il poursuivit cette idée et élabora le langage. Cette doctrine fut développée et défendue avec grand talent par Herder. « L'homme, dit-il, fait preuve d'une réflexion consciente quand son âme agit assez librement pour que, dans cette mer de sensations qui l'inondent par tous les sens du corps, elle puisse séparer une vague de toutes les autres, et la fixer du regard en ayant conscience qu'elle considère cette seule et unique vague. L'homme fait preuve d'une réflexion consciente, lorsqu'au milieu de ces images innombrables qui flottent confusément autour de lui, comme dans les rêves de son sommeil, il peut, en quelque sorte, se

(1) A. Schleicher, trad. Ewerbeck. *Les Langues de l'Europe*, p. 19-20.

réveiller tout à coup, s'arrêter à une seule de ces images, y attacher un regard tranquille et pénétrant et y découvrir les signes distinctifs qui lui serviront à la reconnaître à l'avenir. Enfin l'homme fait preuve d'une réflexion consciente quand, après avoir saisi vivement tous les traits d'un objet, il y sait discerner les traits caractéristiques qui l'empêcheront de confondre cet objet avec tout autre ».....

« A cela nous répondons qu'encore que toutes les langues possèdent un certain nombre de mots formés par onomatopée, ces mots ne constituent dans *aucune langue* qu'une bien faible minorité du vocabulaire entier. Ce sont les jouets et non les outils du langage; et toute tentative pour ramener à des racines imitatives les mots les plus communs et les plus nécessaires, ne pourra jamais être qu'en pure perte. Herder lui-même, après avoir été le plus vigoureux défenseur de l'onomatopée, et avoir obtenu le prix offert par l'Academie de Berlin pour le meilleur essai sur l'origine du langage, renonça ouvertement à ce système sur la fin de sa vie, et se jeta de *désespoir* dans les bras de ceux qui regardaient le langage comme ayant été révélé à l'homme par un miracle. Nous ne nions pas, et nous ne pouvons pas nier la possibilité de la formation d'une langue par le procédé de l'imitation : tout ce que nous affirmons, c'est que jusqu'à présent on *n'a découvert aucune langue qui ait été ainsi formulée* (1). »

M. Max Müller n'admet pas davantage la théorie de l'interjection.

« La science étymologique, de même que toutes les sciences ayant trait à l'origine et à la formation des grandes productions naturelles et de celles de l'esprit humain, a sans doute un très grand charme, mais, il faut bien le dire, et personne ne le méconnaît, ce charme n'est pas sans danger. Il est évident qu'en thèse générale l'esprit d'investigation de l'homme ne peut atteindre qu'à un certain degré de progression. Dans ce cas particulier, le premier jet des mots, leur véritable origine, la

(1) Max Müller, *La Science du Langage*, 9e Leçon, p. 386-389.

riche diversité qu'ils contiennent, les distinctions à faire, l'ordre à suivre pour en saisir le développement ultérieur, tout cela *un voile épais nous le cache*. Nous ne nous approchons de la vérité que par des hypothèses plus ou moins plausibles qui, tout indispensables qu'elles soient à la science, échappent à un examen strict et précis et ne peuvent aboutir qu'à des conséquences *illusoires*. Tout ce qu'on a pensé et écrit, depuis Héraclite le pythagoricien, et depuis Platon jusqu'aux temps les plus récents sur l'origine du langage, en général, ne se meut que dans le domaine de ces sortes d'hypothèses. En effet, moins la science était mûre, plus on se hâtait de partir du connu pour se diriger vers l'origine, mais plus il fallait tenir compte des faits acquis, plus on s'efforçait de séparer le connu de ce qui est *éternellement énigmatique;* on se contentait de l'étroit cercle de vérités évidentes..... La science du langage, dans son rapide et sûr développement, se démontre de plus en plus comme une grande unité. Celui-là même qui se contente de cultiver une parcelle de ce vaste terrain a besoin de se rendre compte de son ensemble (1). »

« Chercher à nous rendre un compte exact des sons originaux des racines, n'est pas plus possible pour nous que de comprendre l'extrême acuité de la vue, de l'ouïe, de l'odorat du sauvage, parce que là rien de précis n'est offert à notre intelligence; tout ce que nous pouvons y gagner ne repose que sur des *arguments illusoires* (2) ».

Nous en appelons à la sagesse et à l'équité du lecteur : peut-on formuler avec plus de précision que ne l'ont fait tant de célèbres linguistes l'insuffisance des notions philologiques? Pouvait-on nous exciter plus impérieusement à chercher, à découvrir, à prouver — comme nous avons la conviction d'y avoir réussi — les origines authentiques, incontestables des langues indo-européennes? Mais continuons à citer les érudits éminents dont le témoignage confirme les aveux de la science.

(1) G. Curtius, *Grundzüge der Griechischen Etymologie* (*Principes de l'Etymologie grecque*, Leipzig, 1873, p. 3-4).
(2) Lepsius, *Paléographie*, p. 21.

« En général, on a dépassé la mesure dans la poursuite des éléments des mots. Ce serait le cas, pour certaines assertions de langage comparé, d'appliquer le principe que quiconque prouve trop ne prouve rien. Selon nous, il serait préférable de prendre, par exemple, un mot grec, avec la certitude que ce mot se trouve en rapport collatéral et dérivatif avec le mot des langues sanscrite, latine, allemande, slave, avec lequel il est identique, que de nous perdre dans des combinaisons téméraires sur l'origine de la forme de ce mot, laquelle forme nous aurions après cette comparaison, à donner comme la forme fondamentale; ce sont de ces combinaisons qui conduisent très rarement à des résultats certains. Pott, dans sa recension du Dictionnaire des racines de Benfey (Berlin, *Iahrbuch*, 1840, p. 623 ff), n'a pas manqué de nous prémunir contre ces dangers, nous recommandant dans de nombreux cas, — sans toutefois généraliser — d'avouer loyalement que nous *ne savons pas*, plutôt que de nous imaginer que *nous savons tout.*

« Il est possible qu'avec le temps le voile qui s'est étendu sur les origines de la formation des langues indo-européennes s'écarte davantage ; il est possible, dis-je, que la science, lorsque plus tard elle se sera élevée à des hauteurs plus sereines, nous apporte, à nous ou à la postérité, quelque lumière nouvelle. Quant à l'état présent des études linguistiques, reconnaissons qu'il est assez médiocre.

« S'il est très aisé de reconnaître la parenté d'un mot grec et de celui de l'une des autres langues de la famille, nous n'avons pas pour cela à nous engager dans les problèmes que nous avons indiqués tout à l'heure. Que, par exemple, le mot grec ὀστέον et le mot latin *os*, puissent être ramenés à une souche *asti*, qui, en sanscrit, se prononce *asthi*, c'est un point qui a son intérêt sans doute; mais chercher, au moyen de cette forme fondamentale, à en pénétrer l'origine, voilà un thème tout à fait différent et qui demande à être classé à part. Je ne vois pas, je l'avoue, l'avantage qu'il y a à tirer de suppositions dans le genre de celles de Bopp, approuvées par Pott, dans son glossaire II, 296, que cet *asti* vient de la racine *sta*, se tenir debout. Cela ne peut pas être démontré (1). »

« Mais s'il faut reprendre l'emploi exagéré qu'on a fait du sanscrit pour l'explication de certains mots ou de certaines formes grammaticales, à plus forte raison devra-t-on s'élever contre l'abus qui a été fait de cette langue, pour décomposer les racines indo-européennes. Non contents d'avoir groupé tout le matériel de nos idiomes autour d'un petit nombre de racines, quelques philologues ne craignirent point d'appliquer leurs instruments d'analyse aux racines elles-mêmes. Qu'il soit possible de ramener à des formes plus simples un certain nombre de groupes phoniques que nos langues traitent comme s'ils étaient indivisibles, qu'on puisse un jour ramener à un type commun des racines qui, dans la période indo-européenne, étaient déjà distinctes, c'est une question qui demeure réservée à l'avenir, et que dans l'état actuel de nos connaissances, *il est impossible de résoudre*. Mais la confiance qu'inspirait le sanscrit était telle, que M. Pott, pour décomposer les racines, essaye sans chercher plus loin, de détacher les prépositions sanscrites, qui pourraient s'y être agglutinées. Il existe, par exemple, dans notre famille de langues une racine *vagh* « transporter », qui a donné au sanscrit le verbe *vahâmi*, au latin *veho*, au grec ἔχω, au lithuanien *wezu*, au gothique *viga*.

« M. Pott, voulant réduire cette syllabe à des éléments plus simples, y croit découvrir la racine sanscrite *hâ* « quitter » précédée de la préposition sanscrite *ava Ava-hâ*, pris dans le sens causatif, signifierait « faire quitter, transporter. » De même encore, après avoir énuméré les nombreux dérivés de la racine *bhû* « exister », M. Pott se demande si cette syllabe ne doit pas être rapportée à quelque autre racine de sens plus concret, et il suppose que *bhû* pourrait être composé de la racine *vâ* « souffler », précédée de la préposition *abhi* « vers ». *Abhi-vâ* signi-

(1) G. Curtius, *liv. cit.*, p. 44.

fierait « être rempli de souffle, exister. » On comprendra sans peine qu'à l'aide de ces procédés il soit possible de ramener à une lignée commune des mots à première vue fort différents. S'agit-il, par exemple, d'identifier le latin *pudere* et le grec αἰδέομαι? Comme ces deux mots possèdent en commun la lettre *d*, il sera aisé de leur trouver une origine commune : la véritable racine, selon M. Pott, est *vid* « voir, savoir », qui, en latin, se sera fait précéder de *api*, tandis qu'en grec il s'est combiné avec le préfixe *â*.

« Tels sont les écarts où la prédilection pour le sanscrit, jointe au désir de tout expliquer, ont entraîné par moments le plus docte de nos linguistes. On a justement relevé les dangers d'un système qui nous transporte dans une période anté-historique, pour laquelle nos moyens d'information nous abandonnent. Quand une syllabe est regardée comme racine par tous les idiomes indo-européens, les historiens de ces idiomes ont le droit de la considérer comme telle. Ajoutons que si jamais on arrive à décomposer les racines, ce sera sans doute à l'aide *d'autres moyens* que la séparation des préfixes (1) ».

« Il n'y a que le mystère des racines ou, en d'autres termes, la cause pour laquelle telle conception primitive est marquée par tel son et non par tel autre, que nous nous abstenons de pénétrer ; nous n'examinerons point, par exemple, pourquoi la racine *i* signifie « aller » et non « s'arrêter », et pourquoi le groupe phonique *stah* ou *sta* veut dire « s'arrêter » et non « aller (2). »

Le même auteur parle en ces termes de la forme des racines indo-européennes :

« Hormis la règle du monosyllabisme, les racines verbales ne sont soumises à aucune autre condition restrictive ; elles peuvent contenir un nombre très variable de lettres. C'est grâce à cette liberté de réunir et d'accumuler les lettres que la langue

(1) Michel Bréal, *Mélanges de Mythologie et de Linguistique*, p. 282-284.
(2) Bopp, trad. Bréal, *Gramm. comp. des langues indo-europ.*, vol I, p. 1-2.

est parvenue à exprimer toutes les idée fondamentales par des racines monosyllabiques. Les voyelles et les consonnes simples ne lui suffirent pas : elle créa des racines où plusieurs consonnes sont rassemblées en un tout indivisible, comme si elles ne formaient qu'un son unique. Dans *stâ* « se tenir », le *s* et le *t* ont été réunis de toute antiquité, comme le prouvent toutes les langues indo-européennes ; dans *skand*, en sanscrit, « monter » (latin *scand-o*), la double combinaison de deux consonnes au commencement et à la fin de la racine est un fait dont l'antiquité est prouvée par l'accord du sanscrit et du latin. D'un autre côté, une simple voyelle suffisait pour exprimer une idée verbale : c'est ce qu'atteste la racine *i*, signifiant « aller », qui se retrouve dans presque tous les idiomes de la famille indo-européenne (1). »

« Si, selon l'expression de Pott, « il y a dans la multiplicité de significations d'un mot une puissance significatrice due à son origine, *éternellement* et *invariablement* la même », nous sommes en droit de faire, avec lui, de ce principe, le problème de la science lexicologique du langage, c'est-à-dire de « trouver constamment dans cette multiplicité le point significatif primesautier ayant donné naissance aux sons dérivés qu'il contenait et au moyen duquel ils deviennent intelligibles » ; ou pour me servir d'une autre figure, de comparer le point primitif à un axe autour duquel se meut le grand nombre de significations qui lui appartiennent. Mais cette unité persistante, cet axe *n'existe pas* (*a*). La clef de la signification d'un mot ne peut se trouver que dans *un système perdu* (*b*) ; la multiplicité de significations ne suppose pas un lien intime de significations que le hasard aurait ainsi maintenues : elle peut être le résultat d'une toute récente déviation, mais elle peut être aussi la conséquence d'un développement commencé dès l'origine. La masse totale de

(1) Bopp, trad. Bréal, *liv. cit.* vol. I, p. 222-223.

(*a*) Cette conclusion est très absolue : nous avons prouvé que cet *axe existe*.

(*b*) *L'axe n'existe pas; la clef de la signification ne peut se trouver que dans un système perdu...* Quelle étrange puérilité ! S'il a été perdu, c'est donc qu'il a existé.

significations des mots actuels *converge positivement, et en dernier ressort, vers un point central qu'on ne saurait découvrir* (*a*) *que dans l'origine même de la première langue* (1) ».

« Les exemples qu'en peu de mots j'ai à indiquer ici, appartiennent aux temps primitifs les plus mystérieux; ils sont relatifs à tout ce qu'il y a de plus saintement intime dans le langage et dans l'esprit de l'homme. Ils remontent aux lieux où, du sein des éternelles ténèbres, jaillit pour la première fois l'étincelle sacrée de la raison humaine; *ces bienheureuses régions ne sont pas à jamais abimées dans les profondeurs de la nuit.* Il est un sentiment de noble fierté et d'espérance, qui porte la pensée humaine aux efforts les plus intrépides, les plus virils; stimulés par cet éternel sentiment, nous pouvons arriver à interroger la nature sur ses énigmes dernières, et à ne pas désespérer de pouvoir, en fin de compte, pénétrer ses plus profonds secrets. Quand nous voyons que l'histoire ne nous a pas refusé de plonger le regard dans les phénomènes les plus extraordinaires, disons-nous qu'une science exacte sur les origines premières du langage est non seulement *possible*, mais qu'elle existe (*b*) dès à présent (2) ».

Le profond penseur que nous venons de citer, malgré l'opinion qu'il exprime ci-après, malgré la part qu'il fait aux langues dites sémitiques, n'a pas compris que la principale de ces langues, le phénicien, offre précisément la solution des grands problèmes philologiques dont il désespère; comme les autres linguistes, il cède à l'influence de la mode, qui assigne le premier rôle aux langues indo-européennes :

« Il est évident qu'à tous égards la palme appartient à la famille des langues indo-européennes; elle présente le plus

(*a*) *Un axe qui n'existe pas... un système perdu, un point central qu'on ne saurait découvrir que dans l'origine même* de la *première langue :* que de tâtonnements pour en arriver à dire : « Il existe une langue primitive — qui a créé la *masse totale de significations des mots usuels* — mais nous ne la connaissons pas. »

(1) L. Geiger, *liv. cit.*, p. 129-130.

(*b*) Si elle existe, dites donc où elle est.

(2) L. Geiger, *liv. cit.*, p. 167.

bel épanouissement linguistique de l'humanité, mais tant s'en faut qu'elle soit la seule. Il existe une autre famille qui a pour elle une histoire de trois mille ans. La famille sémitique, on le sait, n'a pas seulement pour elle une littérature d'une importance incomparable, remontant à la plus haute antiquité, mais sa forme elle-même a, de temps immémorial, été l'objet de travaux scientifiques, et son esprit a trouvé de dignes interprètes (1). »

« Il en est du langage comme des êtres organiques : nous croyons à leur naissance les yeux fermés, sans pouvoir nous faire une idée de leur *mystérieuse formation* (2). »

« La science du langage, comme science d'observation, suppose son objet, c'est-à-dire le langage ; au moyen des langues actuelles, elle peut en reconnaître la forme la plus ancienne, la plus simple, et en poursuivre le développement ; mais quant à savoir comment l'homme est parvenu à créer cette plus simple et plus ancienne langue si bien définie, quant à en pénétrer le mystère, ce n'est pas son affaire. La théorie de l'origine du langage *n'est pas de son domaine;* elle appartient plutôt à l'anthropologie.

« Nous admettons les racines et même les sons significatifs comme parfaitement indiqués dans leur plus ancienne forme vocale, mais en ce qui concerne leur source, c'est-à-dire l'origine du langage même, nous ne risquerons pas la moindre présomption, car *le terrain se dérobe aux pieds du chercheur*, terrain sur lequel *il s'était aventuré* dans ce but, qui exige une stricte méthode. *La formation des racines elles-mêmes est en dehors de la science du langage*, car il faut avant tout que le langage existe avant que la science du langage soit possible. Il faut donc *exclure* la science du langage de l'origine du langage, de même que l'origine des simples éléments primitifs de la science naturelle; est-elle possible, d'ailleurs? C'est là

(1) L. Geiger, *liv. cit.*, préface, p. XXII.
(2) Schelling, *la Philosophie de la Mythologie*, Introd., p. 52, rapportée par Steinthal, *Orig. du Lang.*, 2e éd., Berlin, 1858, p. 86.

une question dont heureusement la réponse ne nous est pas imposée (1). »

Voici comment la théorie des sons est appréciée par un des membres de l'Institut :

« Si M. Bopp a frayé la route en tout ce qui touche à l'explication des flexions, Jacob Grimm est le vrai créateur des études relatives aux modifications des sons. Cette histoire des voyelles et des consonnes, qui ne peut sembler inutile ou aride qu'à ceux qui sont toujours restés étrangers à l'examen méthodique des langues, venait de trouver dans l'illustre germaniste le plus délicat et le plus séduisant des narrateurs. Il avait montré, par la loi de substitution des consonnes allemandes, combien est important le rôle des lois phoniques dans la formation et dans la métamorphose des idiomes. Allant plus loin encore, il avait analysé la partie la plus subtile du langage, savoir les voyelles, et ramené à des séries uniformes, qu'il compare lui-même à l'échelle des couleurs, les variations dont chaque voyelle allemande est susceptible. Mais ici il se trouva, sur un point capital, en désaccord avec M. Bopp. Ce n'est pas le lieu d'exposer la théorie de Grimm sur l'apophonie (*ablaut*) : il nous suffira de dire que, non content d'attribuer à ces modifications de la voyelle une valeur significative, il y voyait une manifestation immédiate et inexplicable de la faculté du langage. M. Bopp combattit cette hypothèse comme il avait combattu la théorie de Frédéric Schlegel sur l'origine des flexions. Il s'attacha à montrer, par la comparaison des autres idiomes indo-européens, que l'apophonie, telle qu'elle existe dans les langues germaniques, n'a rien de primitif, que les modifications de la voyelle n'entraînaient, à l'origine, aucun changement dans le sens, et que les variations étaient dues à des contractions et à des lois d'équilibre (2). »

Si M. Bopp a fait justice de la théorie de Jacob Grimm, voici

(1) A. Schleicher, *Die Deutsche sprache* (*La Langue allemande*), Stuttgart, 1860, p. 37 et 44.

(2) Michel réal, Introd. au *livre* de Bopp *cité*, vol. I, p. XXXV-XXXVI.

un autre de ses éminents compatriotes qui apprécie cette théorie à sa juste valeur :

« Qu'on ouvre l'une des plus belles pages du Dictionnaire de Grimm : chaque fois que l'histoire d'un mot est bien établie, quelle admirable nécessité, quel naturel se montre partout ! Mais, au revers de la médaille, la scène change. Privé de documents, ce grand connaisseur de notre langue, qui jusque-là cheminait avec tant de sûreté, on le voit se perdre dans les données les plus fantaisistes, afin de rendre l'impossible possible (1). »

Nous citons encore M. L. Geiger, qui fait le procès à deux philologues illustres dont s'honore l'Allemagne :

« Personne plus que moi, je ne crains pas de le dire, ne peut sentir plus profondément la valeur des œuvres dont nous sommes redevables à Grimm, Bopp, à tous les hommes qui ont porté si haut la notion des lois du son, de l'affinité des langues, et qui ont recueilli et élucidé pour nous cette incommensurable matière étymologique. Et cependant, quiconque s'imaginerait qu'il suffit de borner au domaine indo-européen les études linguistiques résultant de cette masse volumineuse de travaux littéraires s'adaptant à cette science et d'en faire la matière d'une histoire du langage, et de tous les faits isolés faire un tout parfaitement agencé, celui-là méconnaîtrait complètement la nature du problème de l'état actuel de la science du langage ; il ne tarderait pas d'apprendre le peu d'espoir qu'on peut fonder sur une telle entreprise. Il s'agit plutôt, pour avoir une idée juste du fond du langage, de constater d'abord chaque fait particulier, attendu que, dans d'innombrables cas, la certitude manque encore, ou plutôt qu'elle se présente sous une apparence pleine d'erreurs et de faussetés : Oui, cette partie de la science du langage qui s'occupe, non-seulement de vues philosophiques, mais surtout de la solution définitive de toutes les questions spéciales, cette partie de la science, disons-nous, *est complètement à élaborer* (2). »

(1) L. Geiger, *liv. cit.*, préface, p. XXI.
(2) *Id.*, *ibid.*, préface, p. VII-IX.

Mais voici l'opinion de M. Curtius, et il importe de la peser très gravement, puisqu'elle révèle le pressentiment d'une langue primitive *nécessaire*. C'est d'ailleurs une aspiration commune à la plupart des linguistes : le principe de causalité les oblige impérieusement ; mais ils en sont tous réduits à l'inquiétude, et aucun d'eux, nous ne nous lasserons pas de le répéter, n'est parvenu à ramener l'effet à sa cause véritable. M. Curtius, on va le constater, s'arrête à cette supposition que la langue primitive est une langue indo-européenne. Laquelle? Voilà le point essentiel sur lequel il ne peut même pas raisonnablement établir une hypothèse. Nous qui avons vu, qui démontrons l'origine incontestable des mots indo-européens, nous ne pouvons nous empêcher d'admirer cette naïve impuissance :

« Il est certainement plus difficile de rattacher la signification des mots à une cause primordiale : en effet, si le grec s'est généralement maintenu dans les principes des sons indo-européens pour le développement de son langage, les autres langues ont subi des changements. Dans la langue originelle, le nombre des racines et des mots ne devait pas être considérable, etc. (1). »

M. Curtius parle du grec et des autres langues indo-européennes : il dit que la première de ces langues a conservé, plus que les autres, la simplicité de la langue indo-européenne primitive : très bien ; mais comment légitimer cette comparaison ? Quelle est cette langue indo-européenne primitive ? Il ne la connaît pas; il la suppose. Il se borne, il est borné à nous dire, pa exemple, que le grec χερ χείρ main, se dit en sanscrit *har-â-mi*, prendre, atteindre, en vieux latin, *hir*, main (d'où viendraient *herus*, le maître, *hera*, la maîtresse, *hereditas*, l'héritage). Admettons pour un instant la connexité de ces différents mots : mais M. Curtius n'a pas trouvé et ne propose pas la langue indo-européenne primitive qui aurait engendré le χερ χείρ et ses dérivés, ou simplement ses similaires dans les autres langues dites aryennes.

(1) G. Curtius. *liv. cit.*, p. 91.

Il continue en ces termes :

« Les mots d'une langue, dit un critique du Dictionnaire de Grimm, ne suivent pas une route logique et directe ; ce serait une erreur de le croire. Quiconque se proposerait d'établir les mots d'une langue sur un plan logiquement disposé, ne ferait que les martyriser et leur enlever leur esprit d'initiative, d'originalité, d'à-propos ; *ce serait les dépouiller de l'âme qui les nspire.....*

« Mais de ce que nous ne pouvons mesurer le changement de sons d'une langue, *avant que l'état vocal primitif ne soit constaté, nous avons besoin, pour juger du changement de signification des mots, de la base précise qui existait avant le changement de sons des mots primitifs*, et l'un et l'autre ne peut s'acquérir que dans la voie historique du langage comparé. Il ne nous reste donc préalablement autre chose à faire que de préparer, avec toute la circonspection possible, la matière de chaque langue particulière, et de *réserver pour l'avenir la poursuite de la science des significations* de chaque langue, qu'elle soit indo-européenne ou spéciale..... Nous pouvons, par conséquent, espérer de découvrir des lois et des analogies universelles du mouvement successif des significations qui auraient naturellement la plus haute importance pour la philosophie du langage et pour la philosophie elle-même..... Ce qui est absolument nécessaire, c'est d'arriver à pénétrer le mystérieux et profond domaine du changement de signification des mots. Pour parvenir à ce résultat, il nous faut avant tout reconnaître *que là aussi nous nous trouvons devant une frontière difficile à franchir....*

« .... Nous avons vu que, malgré l'intervalle de milliers d'années, les sons sont restés les mêmes dans la langue grecque, plus encore dans l'italien, et d'une autre manière dans le gothique. Au moyen du même groupe *sta*, tous les peuples de notre race, depuis le Gange jusqu'à l'Océan atlantique, représentent l'idée d'*arrêt* ; au moyen du groupe vocal *plu*, d'ailleurs peu essentiellement altéré, vient s'attacher chez tous l'idée de *couler*. *Ceci ne peut être l'effet du hasard.* Il est certain que le maintien à travers des milliers d'années des mêmes objets avec les mêmes sons ne peut être dû qu'au sentiment des peuples d'un lien intime existant entre les uns et les autres ; c'est-à-dire que pour eux il y avait un motif pour exprimer de tels objets par de tels sons (1). »

Ce motif pour lequel les peuples indo-européens *ont exprimé les mêmes objets par les mêmes sons* nous est maintenant connu. Pour les groupes *sta* et *plu*, par exemple, voici notre réponse : *Sta*, dont la racine primitive est *st*, va être l'objet de notre examen. Quant à *plu*, qu'il faut réduire à *pl*, tomber, *couler*, on n'a qu'à se reporter à la page 104 de ce livre pour la justification de cette racine. Mais il faut laisser la parole à M. Geiger ; il apprécie, à son tour, les vagues aspirations qui viennent d'être formulées par M. Curtius :

« L'intérêt de la science des significations, la possibilité pour cette science de lois universelles, l'importance philosophique de telles lois, tout cela est parfaitement exact et dénote une grande sagacité. Mais évidemment cet auteur se trompe, quand il croit que la loi des significations peut résulter de la méthode et des procédés qu'il vient d'indiquer, ou bien encore lorsqu'il suppose que par d'autres moyens, en dehors de la science du langage, cette loi peut, dans un lointain avenir, être le fruit de *pénibles travaux*. S'il n'y avait jamais eu contre le système de Ptolémée que son invraisemblance et son obscurité philosophique, il est probable que nous n'en aurions pas d'autre aujourd'hui. Ce n'est pas ce petit globe qui formait le point central du métal, et autour duquel des masses colossales avaient à se mouvoir avec une incroyable vitesse ; ce n'est pas le mécanisme complexe des sphères célestes qu'Alphonse de Castille s'efforçait d'améliorer, qui donnèrent naissance au système de Copernic, et le firent triompher ; non, *il fallait faire table rase* : le système de Ptolémée n'était pas d'accord avec l'état réel des choses. Les planètes ne couraient pas comme elles le devaient ; elles n'étaient pas ce

(1) G. Curtius, *liv. cit.*, p. 92-93.

qu'elles devaient être. Tycho de Brahe, qui, après Copernic, expérimenta un système très sérieux, système marqué par des observations plus complètes et pourtant insuffisantes, a eu cependant cet avantage de fournir au génie de Kepler le moyen de déterminer le système céleste. On ne peut que se féliciter qu'il en soit ainsi en toutes choses. Le particulier et l'universel, le positif et l'idéal sont intimement liés; il arrive très souvent que l'un d'eux recueille ce que l'autre a semé. C'est ainsi que la perspective philosophique entrevue par Curtius pourrait difficilement se réaliser, si la science des significations n'était qu'un luxe philosophique, très intéressant sans doute, c'est-à-dire si sans cette science les planètes linguistiques couraient correctement.

« En supposant que le vrai système linguistique vînt à se découvrir, qui sait s'il trouverait l'accueil mérité même chez ceux qui le demandent avec le plus d'instance. On n'exagère pas en affirmant qu'il n'y a pas de progrès dans l'étymologie, que nulle certitude n'y sera possible, si on ne parvient avant tout à établir les lois tant désirées de la science des significations. Jusque-là, *l'étymologie ne peut aboutir qu'à l'incertitude* (1). »

Quand on considère les travaux gigantesques qui ont rempli la vie d'hommes tels que Schleicher, Bopp, Pott, Curtius, Max Müller, Grimm, Fick, et de tant d'autres, sur la théorie des substitutions de voyelles et de consonnes, dans les langues indo-européennes, et sur la découverte de la mère commune de ces langues, quand ces maîtres illustres ont tant cherché en vue de parvenir à pénétrer le secret de l'origine des mots et des lois de leur formation, on est tenté de regretter qu'ils se soient épuisés dans de si nobles efforts, qui ne pouvaient être couronnés de succès. En effet, lorsque MM. Schleicher et Fick recomposent cette langue mère aryenne, quelle lumière apportent-ils à notre intelligence? Lorsque Schleicher suppose l'origine du mot *parler* dans *vak*, et du mot *porter* dans *bhar* ; lorsque M. Fick nous

(1) L. Geiger, *liv. cit.*, préface, p. XI-XIV.

dit, par exemple, que *ag* signifie *conduire*, *pousser en avant;* que *ri* signifie *chanceler*, *trembler*, *l cher*, *courir*, *laisser couler*, *fendre*, etc., on se demande où est la raison d'être de ces racines, où est la règle, où est l'onomatopée ? Et quelle est, par conséquent, la valeur des mots indo-européens dérivés de ces racines imaginaires et stériles ?

Ces tentatives sont mises à leur place par M. Bréal :

« Un motif analogue nous oblige à écarter la langue mère, dite indo-européenne ou aryaque, qui n'a pu être reconstruite *que par hypothèse,* et grâce au rapprochement de tous les idiomes sortis de cette souche commune. Je sais combien il est commode pour l'enseignement de tirer les formes réellement conservées des formes que, par induction, nous attribuons à la langue mère. Mais il faut laisser à la science ce terrain mouvant où de nouveaux progrès modifient constamment l'hypothèse de la veille (1). »

Oui, M. Geiger a raison : il est indispensable de faire *table rase;* mais il n'a pas été donné à ce grand penseur de comprendre que dans ce but il faut aller droit à la première langue alphabétique, si malheureusement dénaturée par l'intrusion de signes diacritiques qui en ont faussé le caractère. Là, la vérité s'étale dans toute sa simplicité; là, se trouvent appliqués tous les principes si bien pressentis par les savants éminents que nous avons cités; c'est en partant de ce point de vue exact et si admirablement lumineux que nous avons pu embrasser l'histoire générale du langage humain, et forcer la vérité à nous révéler ses mystères les plus profonds. Il nous sera donc bien facile de faire connaître la cause originaire des mots cités dans ce chapitre, et de les ramener à leur source réelle.

Prenons d'abord les deux mots de M. Boop : *i, aller,* et *stah* ou *sta, s'arrêter*. Réservons *i*, parce que ce vocable sanscrit nous oblige de rapprocher les deux sens du verbe grec ειμι, qui signifie à la fois *être* et *aller,* et parlons de *sta.*

Ce n'est pas *stah* ou *sta* qui forme la racine primitive d'*arrêt*,

(1) Michel Bréal, *Mélanges*, p. 340.

c'est שת *cht* (*st*). Nous avons ici la justification de l'idée de Platon, qui a compris que les lettres *t* et *d* marquaient l'*arrêt*. En effet, ces deux lettres sont ce que nous appelons *coupantes*.

Commençons par rappeler que la langue sanscrite, de même que le latin et le grec, n'a pas la lettre *ch*, que ces langues rendent ce son par *s* : שבת *chbt* devient, en latin, *sabbatum*; שמואל *chmual*, *Samuel*, etc.

Du substantif שת *st*, *fondement*, vient le verbe שות *sut* ou שית *sit* (les verbes sont nécessairement trilitères). Le mot שת *st*, troisième personne du prétérit de ce verbe, signifie *posé*, *placé*, *disposé*, *mis*, ARRÊTÉ, et ce שת *st* a engendré, en sanscrit, *st-â*, *se tenir ferme*; *st'-âna*, *halte* ou *résidence*; *st'-iti*, *station*; *st'-âvara*, employé comme adjectif, *fixe*, *immobile*; *st'-ira*, *stable*, *durable*; *st'-ûna*, *pilier*, *statue de fer*; *st'-im*, *je suis fixe*. En zend, nous avons *hi-çt-ami*, *je me tiens debout*; en grec, ἵ-στ-αμαι, *se tenir debout*, dont le parfait est ἕ-στ-ηκα, et le futur στ-ήσομαι : ἵ et ἕ, comme toujours en grec, sont paragogiques ou euphoniques; στ-άσις, *état* (de choses) et κατα-στ-άσις, *situation*. En latin, *st-are*, *se tenir debout*; *st-atio*, *état de repos*, *immobilité*; *st-atuere*, *poser*, *placer*, *disposer*, *fixer*, etc., etc.; *st-atarius*, *qui reste en place*, *immobile*, etc.; *st-atim*, *sans reculer*, *de pied ferme* et d'autres mots du même genre; *st-atus*, *état* dans toutes ses acceptions; *sit-us*, *situation*, *position*, *disposition*, etc.; *con-st-ituo*, (*cum-st-atuo*), *je constitue*, *je place*, etc.; *in-st-ituo*, *re-st-ituo*, *j'institue*, *je restitue*, etc. En russe, *st-aviti*, *mettre*, *placer*, *poser*; *st-âvka*, *pose*, *action* de *poser* ou *placer*. En allemand, *st-ehen*, *se tenir debout*; *st-ein*, pierre (*qui se tient en place*); *st-aat*, *État* (le gouvernement); *st-adt*, ville (qui est *immobile*); en hollandais, *st-aan*, comme le *st-ehen* allemand; *st-aet*, comme le *st-aat* allemand; en anglais, *st-and*, *se tenir debout*; *st-one*, *pierre*; *st-ate*, *état*. En français les mots abondent : *st-atuer*, *st-atue*, *st-atut*, *con-st-ituer*, *in-st-ituer*, *re-st-ituer*, *sub-st-ituer*, *sit-e*, *sit-uation*, *état* (*e-st-at*) dans toutes ses acceptions, etc., etc. Point n'est besoin d'indiquer l'emploi multiple du mot dans les autres langues romanes.

Trouvons à présent la pensée essentielle et primitive contenue dans le vocable *i*, aller. Nous disons le vocable et non le mot, ni le verbe, parce que *mot* et *verbe* signifient *mouvement;* or, en phénicien, une lettre unique ne peut exprimer le mouvement. Le verbe qui nous occupe est peut-être un des plus intéressants que nous puissions choisir pour montrer la complication où ont été entraînés les créateurs des langues dites indo-européennes.

Le verbe היה *eie*, en phénicien, signifie *être*, non-seulement *être*, *exister*, mais aussi *devenir*, *appartenir*, *se trouver, s'occuper*, *convenir*, etc., etc. C'est ce qu'exprime le verbe grec εἰμί, qui en est directement issu. Mais εἶμι (qui se différencie du premier εἰμί par l'absence d'un signe diacritique sur le second ι et par l'accent circonflexe du premier ι) veut dire *aller*, *marcher*, *se mouvoir vers un but*, *arriver*, *venir*, *devenir*, etc. Qu ne voit aussitôt que les deux verbes n'en font réellement qu'un seul pour la forme et pour le fond, car nous allons prouver que ce double sens existe dans le verbe phénicien ; à cet effet, citons quelques textes :

כנפל טמון לא אהיה (Job, III, 16), Semblable à un avorton ignoré
*c-npl thmun la a-*EIE *je ne suis pas.*

לאדם שהיה אחרי (Eccles., II, 18), A l'homme qui *existera*
*l-adm ch-*EIE *ahr-i* après moi.

ותהי נצב מלח (Genèse, XIX, 16), Et elle est *devenue* un bloc de sel
*u-t-*EI *ntzb mlh*

לא ידענו מה היה לו (Exode, XXXII, 1), nous ne savons ce qui lui
la ido-nu me EIE *lu* est *arrivé.*

Vient la syllabe phénicienne יה *ie*. Que signifie cette syllabe?

Le Dictionnaire Fürst répond ainsi : « יה de la première syllabe du nom de Dieu יהוה, Dieu, ajouté à un cri laudatif, comme, par exemple, après cet impératif pluriel הללו, du psaum. 104 : הללו־יה etc., etc. » Mais ce nom de la divinité est également employé d'une manière isolée, comme, par exemple :

עזי וזמרת יה (Exode, XV, 2), Ma force et (l'objet de mon) chant,
oz-i u-zmrt-IE c'est IE.

כי יד על כס יה (Exode, XVII, 16), Car une main (est levée) contre
ci id ol cs IE le trône de IE.

Or, quel est le principe du nom de l'Éternel, n'est-ce pas l'*Être*? יהוה *Ieue* (et non pas Jehovah), c'est l'*Être* par excellence. Dieu dit de lui-même que son nom est אהיה AEIE, JE SUIS.

Mais ce n'est pas seulement à Dieu que la syllabe יה *ie* vient s'attacher ; elle est jointe, par exemple, à מאפל *m-apl*, « ténèbres », à שלהבהת *chlebt*, « flamme », à מרחב *m-rhb*, « largeur », pour faire מאפליה *m-apl*-IE « ténèbres profondes », שלהבתיה *chlebt*-IE, « flamme ardente, » מרחביה *m-rhb*-IE, « largeur extrême ».

Que signifie donc IE sinon donner le *mouvement* au nom? Cette syllabe יה *ie* s'attache également aux noms propres et leur donne quelque chose de puissant ou de divin, comme זכריה *Zcr*-IE (Zacharie), יאשיה *Iach*-IE (Josias), טוביה *Thub*-IE (Tobie), etc. Il est évident que l'expression de ces noms renferme l'idée d'*être* et de *mouvement* : Dieu *existe*, donc il se *meut*, et tout mouvement se rapporte à Dieu, l'*Être*, le *Mouvement* par excellence.

Ainsi le lecteur voit la légitimité du double sens que nous attribuons à ειμι. Ce qui nous confirme dans cette théorie, c'est qu'il existe en grec, outre εἰμί (*être*) et εἶμι (*aller*), un troisième verbe qu'il faut rapprocher des deux premiers, c'est le verbe ἵημι, *lancer, envoyer, jeter, décocher, laisser tomber, faire jaillir* ou *couler, pousser, produire, émettre*, etc.

Rien n'est plus intéressant que de considérer les différents temps de ces verbes pour prouver leur identité de signification, leur enchevêtrement. Ainsi εἶσθαι est l'infinitif du parfait passif de ἵημι, tandis que l'infinitif de εἰμί (*être*) est εἶναι, et l'infinitif de εἶμι (*aller*) est ἰέναι, l'imparfait, ᾔειν, l'optatif, ἴοιμι, et que l'imparfait de ἵημι est ἵην. Dans toutes ces formes, il n'y a qu'une pensée : *être* et *mouvoir*. Le sanscrit et le latin en sont la confirmation. En sanscrit, le vocable *i* est ce qu'on appelle une racine (racine tronquée). Comme verbe, à cette racine est adjoint un complément : *i-êmi, je vais, je viens; i-hi, tu vas,* tu viens. En latin, à l'impératif, nous retrouvons *i* comme principe du *mouvement :* à l'infinitif, est ajoutée la finale *re*, que nous avons appréciée plus haut; mais l'idée de *ie, être* et *mouvement*, se retrouve partout dans ce verbe. Ainsi à l'indicatif présent, nous avons *eo, je marche, j'avance, je coule, je répands,* JE SUIS, J'EXISTE, etc., etc. ; au parfait, *i-vi*, au supin, *i-tum :* c'est toujours *e* et *i* qui dominent. Nous croyons avoir bien défini la cause qui fait de *sta*, l'*arrêt*, et de *i*, le *mouvement*.

Pour la série des racines indo-européennes, Bopp la divise en deux catégories : *racines verbales* et *racines pronominales*. Les premières comprendraient non-seulement les verbes, mais aussi bien les substantifs et les adjectifs. Il les suppose toutes monosyllabiques. Quant aux racines polysyllabiques, il les considère comme des redoublements, ou attachées à une préposition « faisant corps avec la racine. » Il dit, et nous répétons cette citation :

« Hormis la règle du monosyllabisme, les racines verbales ne sont soumises à aucune condition restrictive; elles peuvent contenir un nombre très variable de lettres. C'est grâce à cette liberté de réunir et d'accumuler les lettres que la langue est parvenue à exprimer toutes les idées fondamentales par des racines monosyllabiques. Les voyelles et les consonnes simples ne lui suffirent pas : elle créa des racines où plusieurs consonnes sont rassemblées en un tout indivisible, comme si elles ne formaient qu'un son unique. Dans *stâ* « se tenir, » le *s* et le *t* ont été réunis de toute antiquité, comme le prouvent toutes les langues indo-européennes; dans *skand* « monter » (*a*), latin *scand-o*, la double combinaison de deux consonnes au commencement et à la fin de la racine est un fait dont l'antiquité est prouvée par l'accord du sanscrit et du latin. D'un autre côté, une simple voyelle suffisait pour exprimer une idée verbale : c'est ce qu'atteste la racine *i*

(*a*) En sanscrit.

signifiant « aller, » qui se retrouve dans presque tous les idiomes de la famille indo-europenne (1). »

Nous avons montré tout à l'heure le caractère véritable des soit-disant racines *sta* et *i*.

Le fait est que, contrairement à ce que pense l'illustre auteur de la Grammaire Comparée (voir Gramm. Comp., vol. I, p. 223), les racines dites sémitiques sont en partie bilitères et en partie trilitères; hors de là, point de racines. Les racines bilitères ne désignent que des substantifs; les verbes ne peuvent être que trilitères, mais beaucoup de racines trilitères expriment aussi des noms. Le génie de la première langue alphabétique trouve moyen de faire de l'infinitif des verbes, soit des substantifs, soit des adjectifs, soit des adverbes; de là l'extrême concision de cette langue. Un autre phénomène contribue à cette concision : c'est que cet admirable instrument ne connaît pas ces mots composés qui, dans les langues dérivées, allongent singulièrement les expressions. Ces langues ont forgé des masses de mots complexes qui tantôt renferment des excroissances de convention propres aux noms et aux adjectifs dérivés du verbe correspondant, tantôt sont constitués par la réunion de plusieurs mots indépendants pour produire une synthèse. Pour ne parler que des langues grecque, romanes, allemandes, slaves, leurs vocabulaires en sont remplis, tandis que la langue mère est riche d'expressions qui traduisent admirablement en mots simples ces mots composés; on trouvera dans notre Grammaire des citations qui démontrent ce fait.

Voyons à présent quelle peut être l'origine, la véritable racine de *skand*, *scandere*, du moment qu'il n'y a que des racines bilitères et trilitères : le mot originel est שכם *scm*.

Les différents sens de שכם *scm*, qu'on trouve dans la Bible, donnent *hauteur*, épaule ou *haut du corps*, charge posée sur l'*épaule*, la ville de ce nom qui est placée sur une *hauteur*, *se lever matin*, *être matinal*, DEVENIR UN BUT, dont l'ÉMINENCE frappe tous les yeux.

(1) Bopp, trad. Bréal, Gramm. comp. 1er vol., p. 222-223.

Afin de mieux nous faire comprendre, nous transcrirons la note contenue dans la traduction de la Bible par feu S. Cahen, au Chapitre XXXIII, verset 18 de la *Genèse :* « שכם *schechème* (*a*) (pour *scm*, c.-à-d. *Sichem*) devint la capitale de la province de Samarie après la ruine de la ville de Samarie par Salmanassar; elle fut depuis appelée Neapolis, d'où son nom moderne Naplouse. Cette ville est le chef-lieu d'un sandjah de la Turquie d'Asie; elle est à quatorze lieues N. de Jérusalem, sur la POINTE orientale du MONT Garizim, etc. »

Hauteur, *élévation*, *éminence*, telle est l'esprit du mot שכם *scm*. L'épaule, c'est le *haut* du corps; se lever matin, c'est se *dresser* dès la première heure matinale pour donner au corps toute sa *hauteur*.

Nous nous bornons à deux citations bibliques parmi celles qui y abondent; elles suffisent :

ויגבה מכל העם משכמו ומעלה *u-i-gbe m-cl e-om m-*SCM*-u u-m-ole*	(I Sam., X, 23) Il était le plus *grand* de tout le peuple, des ÉPAULES et *au-dessus*.
כי תשיתמו שכם במיתריך תכונני על פניהם. *ci t-chit-mu* SCM *b-mitr-i-c* *t-cunn ol pni-em.*	(Psaum. XXI, 13), tu feras d'eux un BUT ÉLEVÉ pour qu'on dirige sur leur face les cordes (de ton arc).

Qu'est-ce qu'un *but* dans le cas donné, sinon un terrain *élevé* où l'on place les êtres pervers que les flèches doivent atteindre?

La langue latine va nous donner gain de cause plein et entier : nous ouvrons le dictionnaire de Quicherat et Daveluy, et nous trouvons « SCAM*num*, i, n. (*scando*) Varr. Ov. Escabeau, marchepied; *Ov.* Banc. Coll. grosse motte de terre,..... Enn. SCAM*na regni*, le trône. »

Un *escabeau*, un *marchepied*, un *banc*, une *grosse motte de terre*, un *trône*, n'est-ce pas une idée d'*élévation ?* Il faut remarquer que la racine latine n'est pas *scan*, mais bien SCAM, et c'est le même dictionnaire qui a soin d'indiquer que *scando* est identique à SCAM*num*.

(*a*) Ce mot phénicien est trilitère. M. S. Cahen trouve moyen de l'exprimer par sept lettres, bien que nous ne comptions les deux *ch* que pour lettres simples.

Examinons à présent le mot ὄστεον, en grec, *os*, en latin, *asthi*, en sanscrit, *os*, en français. M. Curtius, on l'a vu, a critiqué, au sujet de ce mot, la théorie de Bopp et de M. Pott; il nous a prémunis contre l'abus qu'on a fait du sanscrit pour expliquer l'origine des langues indo-européennes; et M. Michel Bréal fait cette déclaration, que nous répétons à dessein : « Qu'on puisse un jour ramener à un type commun des racines qui, dans la période indo-européenne, étaient déjà distinctes, c'est une question qui demeure réservée à l'avenir, et que, dans l'état actuel de nos connaissances, *il est impossible de résoudre.* » Nous déclarons, nous allons démontrer que cette solution n'est nullement impossible; MM. Curtius et Michel Bréal reconnaîtront, nous n'en pouvons douter, que, par exemple, pour le mot ὄστεον, proposé à notre analyse, la question n'est plus réservée à l'avenir.

Ce mot ὄστεον, ainsi que les congénères de ce mot, est, COMME TOUS LES AUTRES, un mot phénicien : עץ *ots*, עצה *otse*, *l'ensemble des parties dures qui constituent le squelette des animaux vertébrés, os*. En arabe, עצא *otsa*, signifie l'*os* de la jambe, עצי *otsi*, l'*os* des ailes. Dans la Bible, nous trouvons une foule d'applications où ce mot originel עצה *otse*, exprime l'idée de bois, d'arbre, de gibet, de corps *dur* et *rigide* : dans l'ordre moral, il a le sens de fixité, de vigueur, de force, d'argument, de conseil. A l'appui de notre affirmation, très importante puisqu'elle explique péremptoirement la génération de ὄστεον, *os*, *asthi*, *os*, nous ne citerons que deux textes bibliques :

לעמת העצה יסירנה	(Lévit. III, 9)	On ôtera (la graisse, la queue)
L-omt e-OTSE isir-ne		jusque vers le *coccyx* ou l'*os* inférieur de l'échine.
זאת הפעם עצם מעצמי	(Genèse, II, 23)	Cette fois (c'est bien) l'*os*
Zat e-pom OTSM m-OTSM-i		de mes *os*.

Nous recommandons à nos lecteurs cette explication si simple, qui ramène sans efforts les dérivés ὄστεον, etc., à leur origine onomatopique commune : עץ *ots*, עצה *otse*.

En ce qui concerne l'origine du groupe *sta*, qui joue un si grand rôle dans toutes les langues alphabétiques, nous en avons amplement montré l'élément générateur. M. Curtius avait bien raison de s'élever contre le rapprochement qu'on a tenté de faire entre ὄστεον et *sta*.

Dans notre chapitre IX, *Parenté des langues alphabétiques*, nous traitons de la racine *vagh* « transporter. » Quant au groupe *bhû, être*, nos lecteurs se souviennent qu'il a été très légitimement rapporté à sa cause génératrice בוא *bua, devenir*, par conséquent *être*.

Rappelons maintenant les deux mots αἰδέομαι et *pudor*, non plus pour critiquer, avec M. Michel Bréal, l'étrange erreur de M. Pott qui leur donne une origine commune, mais pour assigner à chacun de ces deux mots son origine distincte.

Nous commençons par αἰδέομαι. Le mot originel phénicien est אוד *aud*, qui signifie *tison, brandon*. Le dictionnaire grec justifie notre interprétation : αἰδέω se traduit par faire *rougir*, remplir de *respect*, etc.; αἰδόομαι, par être *honteux, confus*; dans le sens actif, *honorer, respecter, redouter, craindre*. De αἰδόω on est conduit à ἀίδης, ᾅδης, *Pluton*, le dieu des *enfers*, par extension l'*enfer*, le *tombeau*, la *mort*. De cette racine procèdent ἀιδήμων *modeste, timide, honteux*; ἀιδημονέω, *s'impatienter, se tourmenter, s'inquiéter, s'affliger*.

Le sens réel de αἰδέομαι c'est *rougir*. On *rougit* par *timidité*, par *confusion*, quand on est saisi de *respect*, sous l'empire de la *crainte* ou du sentiment de l'*honneur*. Nous avons d'ailleurs en phénicien le mot איד *aïd* qui est de la même série que אוד *aud*, et signifie spécialement malheur, ruine, châtiment, toutes choses qui inspirent la *crainte*. La racine de ἀίδης n'est pas celle qui est indiquée par les dictionnaires, c'est-à-dire α privatif et ἰδεῖν, voir : il faut la chercher dans αἴθω, *brûler*, être *ardent, enflammé*, qui a produit αἴθων, *noir, noirâtre, couleur de fumée* (celle du *tison*) *enveloppé de fumée, brillant* comme le fer *brûlant*. Ainsi, il est avéré que αἰδέομαι, pour la forme aussi bien que pour le fond, est ramené sans peine à l'élément phénicien exprimé par l'idée, à la fois, de *feu*, de *rougir*, de *crainte*.

En ce qui concerne le latin *pudor*, la *pudeur*, remarquons que ce mot a été tiré par les créateurs de la langue latine d'un mot phénicien פת *pt*, qui a le sens de la partie du corps humain voilée par la pudeur. On sait qu'en latin *pudor* s'emploie dans le sens de *rougeur*, *honte*, *confusion*, *crainte*, *retenue*, *modestie*, *chasteté*, *honneur*, etc. Les mots phéniciens פת *pt* et פתה *pte* se retrouvent dans une foule de mots latins, comme, par exemple, dans PUT-*ris* et PUT-*ridus*, *pourri*. On trouvera dans nos dictionnaires un nombre prodigieux de mots enfantés dans les langues indo-européennes par les deux mots phéniciens que nous venons d'indiquer. Nous y rattacherons le rapport de PUT-*are* et une foule de mots congénères.

Le savant M. L. Geiger, on se le rappelle, a pressenti la nécessité linguistique d'un système *sériaire*, mais sans l'avoir aperçu dans une langue qui, pourtant, doit lui être familière. Ce système se présente admirablement dans la langue primitive alphabétique, et nous le prouvons par quelques exemples :

פר PR	signifie taureau, c'est-à-dire le *briseur*, le *déchireur*, etc. (Voir page 107); nous allons citer les mots nombreux dans lesquels se retrouve l'élément bilitère פר *pr*, et qui tous se rattachent par leur signification à l'idée contenue dans cette racine primitive :
פרא PR*a*	veut dire onagre, âne sauvage; appliqué à l'homme, il a le sens de *farouche*.
פרבר PR*br*,	faubourg, ou plutôt la partie *séparée* de la ville.
פרד PR*d*,	*séparer*, *diviser*.
פרדות PR*dut*,	grains; ce mot exprime parfaitement la *division*, la *séparation*.
פרדס PR*ds*,	paradis, ou lieu *planté diversement*.
פרה PRE,	*percer*, *transpercer*; et de là l'idée de *faire sortir violemment*, *fructifier*, *produire*, multiplier; comme substantif, il a été appliqué à la vache.

פרור PRur, pot, marmite, chaudron, objets *creusés*.

פרות PRut, taupes, qui *creusent* et *divisent* la terre; le singulier n'est autre que פרה *pre*, *percer*.

פרז PRz, ville non murée, par conséquent, *ouverte*; il signifie aussi celui qui *décide*, qui *tranche* les questions, le juge, le chef.

פרח PRh, *germer*, *pousser des fleurs*, *éclore*, se rattache à la signification de פרה *pre*, *percer*.

פרט PRth *séparer*, *isoler*, *dé-part-ir*.

פרי PRi ou FRi, *fruit*, ce qui est *produit*, *séparé* de l'arbre.

פרך PRc, dur, *violent*, *cruel*, rappelle le caractère du *taureau* et de l'*onagre*.

פרכת PRct, voile du Temple, qui *séparait* le Saint d'avec le Saint des Saints.

פרם PRm, *déchirer* les vêtements.

פרס PRs, *rompre*, *partager* le pain.

פרע PRo ou FRo, *fro-isser*, *interrompre*, *mettre en désordre*, ôter le *frein*.

פרץ PRts, *mettre en pièces*.

פרק PRq ou FRq, *déchirer*, *arracher*, *rompre*, *frac-turer*.

פרעש PRoch, puce, qui *déchire*.

פרר PRr, *séparer*, *briser*, *casser*, *fendre*; פור *pur*, pressoir qui *divise* les fruits.

פרש PRch, *couper*, *découper*.

פרת PRt, Euphrate. L'Euphrate *divise* heureusement les terres : la particule ευ des Grecs vient du phénicien הוד *eud*, magnificence.

La racine phénicienne

רע RO est d'une fécondité extraordinaire; sa force onomatopique n'échappera à personne, et nous allons voir quelle admirable logique préside à la série qu'elle a engendrée.

Le bilitère רע *ro* exprime par son onomatopée la *ro-ideur*, la *ru-desse*, la *méchanceté*, le *mal*, ce qui est *fâcheux*, *triste*, etc. Comme substantif, רעה *roe* a les mêmes significations. Ajoutons-y celle *d'action de briser;* en tant que verbe, il a, entre autres sens, celui de briser.

Les dictionnaires ont distingué à tort les mots רוע *ruo*, רעע *roo*, ירע *iro*; ces mots ne sont que des formes de רע *ro* et de רעה *roe*. En effet, רוע *ruo* désigne le *cri*, spécialement le *cri de guerre*, de *triomphe*, de *joie* et même de *détresse;* de là le sens de *vociférer*, de *faire retentir* le *son de la corne* ou *de la trompette*, et même de faire entendre le *bruit du tonnerre*. L'identité de ces mots est telle, que Job (chap. XXXVI, vers. 33), exprime l'*éclat du tonnerre* par la simple forme de רע *ro*, que dans I *Samuel* IV, 5, רעו *rou* signifie *ils poussèrent un cri*, tandis que dans *Cantique*, VI, 3, רוע veut dire *paître*; רעע *roo*, se rattache également à רע *ro*, רעה *roe*, רוע *ruo*, ainsi que nous le montrerons tout à l'heure.

Mais comment se fait-il que ce quadruple mot רע *ro*, רעה *roe*, רוע *ruo*, רעע *roo*, ait pu avoir le sens de *compagnon*, de *semblable*, de *prochain*, d'*ami*, de *se lier*, de *s'associer ?*

Voilà une question qu'on n'a pas même songé à expliquer, et pourtant, il est bien facile de démontrer la connexité de ces idées diverses en apparence. La plupart des peuples primitifs étaient des peuples pasteurs. Chacune de leurs familles possédait des troupeaux qu'elle menait paître. Et, de temps immémorial, les pasteurs, pour rappeler et rassembler les troupeaux dispersés dans les champs, se servaient d'un instrument *retentissant*, d'une *corne* ou *trompe;* et comme *tous* les pasteurs étaient munis de cet objet, le mot qui désignait le *bruit* produit par la *corne* a signifié en même temps le *co*-pasteur ; de là l'idée de *semblable*, de *prochain*, d'*ami*, etc.

Nous avons maintenant à justifier le rapport de רעע *roo* et de רע *ro* et רעה *roe*. Divers poëtes ont employé la racine רע *ro* avec la réduplication de la lettre ע *o*, pour donner plus de force à l'expression : c'est ainsi que רעע *roo* signifie *triomphe plus éclatant, cri plus sonore* ; mais un autre poëte a attribué à רעע *roo* le sens de *liaison*, de *relations plus amicales*. Enfin le mot רע *ro*, parfois augmenté de la terminaison יון *iun*, signifie la *pensée*, la *réflexion*, l'*aspiration;* et cette extension de signification n'a rien qui puisse nous surprendre, car en réalité רע *ro*, qui est bien l'onomatopée du *ro-ulement* exprime l'idée du *mouvement*, dans l'ordre physique. Les Phéniciens ont transporté cette même idée dans l'ordre moral : il n'y a pas de pensée sans mouvement, ainsi que le démontre sommairement le latin *cogitare*.

Arrivons à la série des mots dont la racine est רע *ro*. Le premier,

רעב ROB, la faim, affamé ; il se rattache à רע *ro* et רעה *roe*, *mener paître*, qui exprime le *mouvement qui entraîne* vers l'objet destiné à *apaiser la faim*.

רעד ROD, *trembler*, *tremblement*, n'a pas besoin d'explication : il se rattache à l'idée de *mouvement précipité*.

רעל ROL, signifie *trembler*, *chanceler*, *ivresse*, *étourdissement*.

רעם ROM veut dire *être ému*, *frémir*, *tonner*, *tonnerre*.

רען RONN, exprime le *mouvement* appliqué à la fécondité de la terre ; il veut dire *fleuri*, *frais éclos*, *verdoyant*.

רעף ROP, s'applique à l'élément humide qui caractérise la fécondité ; il signifie *distiller*, *couler*, *répandre la rosée* ; c'est encore l'idée de *mouvement*.

רעץ ROTS, se rapporte à l'idée de *briser* ; il signifie, en effet, *briser*, *détruire*, *opprimer*.

רעש ROCH, veut dire *secouer*, *ébranler*, *faire trembler*, *secousse*, *ébranlement*.

Notre Dictionnaire Phénicien-Français montrera par l'ensemble de toutes les séries la prodigieuse harmonie des langues indo-européennes, si admirablement attachées par leur essence à cette langue primitive, mère de toutes les autres langues alphabétiques.

Nous avons affirmé plusieurs fois que le principe de cette grande harmonie repose sur l'onomatopie ou peinture de l'objet par le son. Les deux séries qu'on vient de lire justifient pleinement notre déclaration. Mais ces deux exemples ne sont, après tout, qu'une minime fraction du grand tout onomatopique.

Nous devons à nos lecteurs la preuve complète, en leur montrant l'assujétissement de tous les mots à cette souveraine loi de la nature et de la raison. Il ne nous sera nullement difficile d'amener le lecteur à notre conviction; ce n'est pour nous qu'un travail de comparaison et de groupement.

Et d'ailleurs, nous avons en faveur de notre système le témoignage considérable de plusieurs philologues éminents, notamment celui de M. E. Renan.

Le *Traité des Facultés de l'Ame* de M. Adolphe Garnier (édition de 1852) contient, pages 479 et suivantes, une note très importante que lui avait communiquée M. Renan. Le célèbre académicien est très préoccupé des identités frappantes que présentent beaucoup de mots, pour la forme aussi bien que pour le fond, chez une foule de peuples dits sémitiques et aryens, très différents, du reste, au point de vue de la constitution générale de leurs langages. Il attribue cette rencontre, non au hasard, mais à cette tendance onomatopique commune à tous les hommes, et il se garde bien de conclure à une source unique des langues indo-européennes (*a*).

Mais trois ans plus tard, dans son *Histoire des Langues Sémitiques*, pages 135-139, éd. de 1855, M. Renan aborde franchement la question qu'il a étudiée sérieusement; il n'hésite plus, il se prononce très nettement, ainsi qu'on en peut juger :

« Nous avons essayé de montrer comment, dans la désignation des idées métaphysiques et morales, l'humanité primitive se laissa guider par les analogies du monde physique. Mais dans l'expression des choses physiques elles-mêmes, quelle loi suivirent les premiers nomenclateurs? L'imitation ou l'onomatopée paraît avoir été le procédé ordinaire d'après lequel ils *formèrent les appellations*. La voix humaine étant à la fois *signe* et *son*, il était naturel que l'on prît le son de la voix pour signe des sons de la nature. D'ailleurs, comme le choix de l'appellation n'est point *arbitraire*, et que jamais l'homme ne se décide à assembler des sons *au hasard* pour en faire les signes de la pensée,

(*a*) Revoir pages 151 et suiv.

on peut *affirmer* que de tous les mots actuellement usités, *il n'en est pas un seul* qui n'ait eu sa raison suffisante, et ne se rattache, à travers mille transformations, à une *élection primitive*. Or, le motif déterminant pour le choix des mots a dû être, dans la plupart des cas, le désir d'imiter l'objet qu'on voulait exprimer. L'instinct de certains animaux suffit pour les porter à ce genre d'imitation, qui, faute de principes rationnels, reste chez eux infécond.

« La langue des premiers hommes ne fut donc, en quelque sorte, que l'écho de la nature dans la conscience humaine. Les traces de la sensation primitive se sont profondément effacées, et il serait maintenant impossible, dans la plupart des langues, de retrouver les sons auxquels elles durent leur origine; toutefois, certains idiomes conservent encore le souvenir des procédés qui présidèrent à leur création. Dans les langues sémitiques et dans l'*hébreu en particulier*, la formation par *onomatopée* est très sensible pour un grand nombre de racines, et pour celles-là surtout qui portent un caractère d'antiquité et de monosyllabisme. Bien que plus rare ou plus difficile à découvrir dans les langues indo-européennes, l'onomatopée perce encore dans les rameaux même les plus cultivés de cette famille, à tel point que les premiers qui, chez les Grecs, tournèrent leurs réflexions vers le langage, s'en laissèrent éblouir, et furent entraînés au système dangereux de l'union essentielle du mot et du sens (τὰ γὰρ ὀνόματα μιμητικά ἐστι. Arist. Rhétor., l. III, c. I, § 2)..........

« On objecterait en vain contre cette théorie la différence des articulations par lesquelles les peuples divers ont exprimé un fait physique identique. En effet, un même objet se présente aux sens sous mille façons, entre lesquelles chaque famille de langues choisit à son gré celle qui lui paraît caractéristique. Prenons pour exemple le tonnerre. Quelque bien déterminé que soit un pareil phénomène, il frappe diversement l'homme, et peut être également dépeint ou comme un bruit sourd, ou comme un craquement, ou comme une subite explosion de lumière. De là une multitude d'appellations : Adelung dit en avoir rassemblé plus de trois cent cinquante, toutes empruntées aux langues indo-européennes, et toutes évidemment formées sur la nature (1). »

Ainsi l'onomatopée apparaît surtout dans l'hébreu, c'est-à-dire dans le phénicien ; et malgré toutes les transformations subies par les langues dites aryennes, l'élément onomatopique constaté dans l'hébreu, se retrouve dans chacune d'elles.

De plus, M. Renan a parfaitement raison, chaque peuple a considéré un même fait à sa manière; il y a saisi un de ses caractères essentiels, et de là provient la diversité de l'expression appliquée à un objet identique.

Mais on ne peut conclure de là que la loi onomatopique n'ait pas été rigoureusement appliquée; surtout, on ne peut pas prétendre que les divers peuples indo-européens se soient éloignés de la source commune, quand ils ont composé un de leurs mots désignant un même objet par des expressions qui apparemment sont tout à fait différentes; elles sont différentes, très différentes, soit, mais on est forcé de reconnaître en elles une idée qui caractérise indubitablement le même objet.

Nous allons faire toucher du doigt cette unité dans la variété.

Pour les Phéniciens, le caractère onomatopique dominant du tonnerre c'est *le bruit sourd*, et il ne pouvait mieux s'exprimer que par רעם *rom*. Ainsi, en phénicien, רעם *rom* c'est le tonnerre. et ce mot appartient à la série de רע *ro*, רעה *roe*, רוע *ruo*, *retentissement*.

Pour les langues indo-européennes, nous trouvons en grec Βροντή, le *tonnerre*, dérivé de Βρέμειν, *frémir, retentir*. Eh bien, ce mot a son expression similaire dans le phénicien : ברעה *broe* (Exode XXXII, 17). Dans ברעה *broe*, on voit, outre l'élément רעה *roe*, le préfixe ב *b*. Ce ב *b* n'est pas autre chose que la préposition enclitique qui signifie *avec*, et ce préfixe phénicien a été adopté par les Grecs; Βροντή veut dire *avec retentissement*. Les Russes ont eu recours à un autre préfixe pour former leur *grome;* le *g*

(1) E. Renan, *Hist. des lang. sémit.*, p. 135-139.

qui entre dans la composition de ce mot est la corruption du כ *k* phénicien, qui n'a pas d'autre signification que celle de B *avec*. Par conséquent *G-rome* signifie comme Β-*ροντή*, *avec bruit*.

Le mot TON-*nerre* s'exprime en latin par TON-*itru;* en allemand, par DON-*ner*, primitif gothique THAN-*ja;* en anglais par THUN-*der;* en sanscrit par *s*-TAN (avec la lettre pronominale *s*, en phénicien ש *ch*, représentant le relatif *qui*), *qui retentit*. Tous ces mots dérivent de תנה *tne*, *retentir*. (Psaum. VIII, 11; Juges, XI, 40).

En résumé, il faut conclure de tout ce qui précède deux faits très importants: les philologues les plus illustres avouent qu'ils ignorent l'essence primitive et réelle des mots indo-européens; nous, appuyé sur des preuves inattaquables, nous avons montré, par des exemples nombreux, que des racines indo-européennes déclarées irréductibles se réduisent ou plutôt s'expliquent sans effort aucun par l'élément phénicien qui les a produites. Nous affirmons de nouveau, preuves en mains, et nous démontrerons dans nos Dictionnaires, qu'aucun mot indo-européen n'échappe à cette loi génératrice, fondée sur l'onomatopée; qu'aucun de ces mots n'existe matériellement et intellectuellement que du moment où il est ramené à sa source phénicienne. Si cela est — et cela est — où tendent, que deviennent tous ces immenses travaux accomplis par les philologues anciens, modernes, contemporains? Certes, la gloire de ces érudits, de ces ardents chercheurs de la vérité subsiste, malgré leur insuccès manifeste : ils ont bien combattu; mais, nous l'affirmons, nous l'avons prouvé : ils ne pouvaient vaincre, parce qu'ils ne luttaient point sur le véritable champ de bataille.

Nous terminons en faisant nos lecteurs juges d'un cercle vicieux qui fait voir à quel point l'horizon de la linguistique était borné et obscurci avant qu'il nous eût été donné de l'étendre et de l'éclairer. Voici ce que dit un de nos maîtres dont le talent égale la bonne foi : M. Michel Bréal, membre de l'Institut, professeur au collège de France, dans son Introduction au livre de Bopp « Grammaire comparée des langues indo-européennes », fait la déclaration suivante : « La grande expérience tentée par M. Bopp a prouvé qu'en réunissant en un faisceau tous les idiomes de même famille, on peut les compléter l'un par l'autre et expliquer la plupart des faits que les grammaires spéciales enregistrent *sans les comprendre*. Il est inutile de donner ici des exemples : le livre de M. Bopp en est rempli de la première à la dernière page. Il nous montre, à travers la diversité apparente de tant d'idiomes, *le développement d'un Vocabulaire et d'une Grammaire uniques*. Ce n'est pas que chaque langue ne porte en soi un principe de rénovation qui lui permet de modifier le *type héréditaire*, et de substituer en quelque sorte des organes nouveaux aux mots usés et aux formes grammaticales hors de service. Mais si les langues ont été justement comparées à des monuments dont on renouvelle constamment les parties vieillies, il faut ajouter que *les matériaux qui servent à réparer les brèches sont tirés de l'édifice lui-même* (1). »

M. Michel Bréal, qui s'était opposé à l'hypothèse d'une langue aryenne primitive, semble ici l'admettre; mais quel est donc *ce type héréditaire*, et quel est cet édifice *dont les matériaux servent à réparer les brèches?* Voilà la question capitale, à laquelle nous avons répondu, et si M. Bopp nous montre le développement d'un Vocabulaire et d'une Grammaire uniques, le traducteur ne nous dit pas — il ne peut pas nous le dire — quel est ce Vocabulaire, quelle est cette Grammaire, car dans ses *Mélanges de Mythologie et de Linguistique*, pages 233-234, il achève de rejeter la science philologique dans son impuissance absolue : « Mais comment distinguerons-nous les qualités acquises des qualités reçues au berceau, et comment pourrons-nous reconnaître, parmi tant de biens héréditaires, ce qu'elles doivent à elles-mêmes, si nous ne rapportons les idiomes classiques à un état plus ancien, et si nous ne les rapprochons, à défaut de la langue mère AUJOURD'HUI PERDUE, de l'une des sœurs issues du même sein. »

(1) Michel Bréal, son Introd. du vol. I de F. Bopp, *Gramm. Comp.* des Lang. indo-européennes, p. XL.

CHAPITRE VIII

LANGUES DITES SÉMITIQUES, ARYENNES, TOURANIENNES

A la page 10 de notre ouvrage, nous avons indiqué déjà que la science moderne a très arbitrairement divisé toutes les langues en sémitiques, aryennes ou indo-européennes et touraniennes.

Assurément, les langues soi-disant touraniennes ou tartares n'ont rien de commun avec les langues dites aryennes, pas plus qu'elles ne se relient aux idiomes appelés par les philologues langues sémitiques. D'ailleurs, nous parlons très longuement dans notre chapitre VI des langues dites touraniennes ; nous démontrons que ces langues *naturelles*, alphabétisées ultérieurement, reposent sur le principe de l'agglutination.

Avant d'offrir à nos lecteurs des explications indispensables pour connaître à fond et exactement le sens réel, la valeur scientifique de ces mots *aryen* et *touranien*, avant de prouver l'inexactitude ou plutôt l'inanité de cette classification des philologues, relativement aux prétendues langues sémitiques, aryennes et touraniennes, avant d'établir enfin qu'il n'existe réellement, évidemment que deux familles bien distinctes de langues alphabétiques (*a*) : 1° celle des langues *naturelles*, NON PRIMITIVEMENT ALPHABÉTQIUES ; 2° celle des langues PRIMITIVEMENT ALPHABÉTIQUES, comprenant le phénicien et les langues congénères, dont

(*a*) Nous avons suffisamment parlé dans notre chapitre II des langues monosyllabico-hiéroglyphiques.

les principales sont le chaldéen, le syriaque ou l'araméen, et l'arabe, puis les langues connues sous le nom d'indo-européennes, toutes sans exception issues du phénicien, nous devons d'abord nous établir sur le terrain de nos adversaires, en constatant qu'ils ont tous reconnu l'existence de langues sémitiques et de langues aryennes; quelques objections ont été faites contre la dénomination de langues touraniennes.

Commençons par citer ceux des érudits qui admettent les langues sémitiques. M. Renan est évidemment pour cette dénomination, puisqu'il intitule un de ses plus remarquables ouvrages *Histoire générale et système comparé des langues* SÉMITIQUES. Il dit (préface, page I) : « La première esquisse de cet ouvrage fut présentée au concours du prix Volney, en 1847. Je m'étais proposé de faire, selon la mesure de mes forces, pour les langues *sémitiques* ce que M. Bopp a fait pour les langues indo-européennes, c'est-à-dire un tableau du système grammatical, qui montrât de quelle manière les *Sémites* sont arrivés à donner par la parole une expression complète à la pensée. Le livre était, de la sorte, essentiellement théorique : dans une introduction générale, je plaçais un rapide exposé de l'histoire des langues *sémitiques* et une série de considérations qui excédaient le cadre d'une grammaire comparée. »

M. Max Müller, dans *La Science du Langage* (4e leçon, période de la classification), déclare que « l'étude de l'arabe, du chaldéen et du syriaque conduit à l'établissement de la famille *sémitique.* »

Dans le *même ouvrage* (8e leçon), il est encore plus explicite. Nous lisons, en effet, (page 298) : « .... Nous avons encore à examiner, le plus brièvement possible, une nouvelle famille de langues, laquelle, comme la famille aryenne, a été établie d'après les principes les plus rigoureux de la classification généalogique, à savoir la famille *sémitique*. Cette famille est divisée en trois branches : l'araméenne, l'hébraïque, l'arabique. »

Bopp, dans sa *Grammaire comparée des langues indo-*

européennes, traduite par M. Michel Bréal, emploie aussi la dénomination de langues *sémitiques.* Il dit (page 156 du premier volume): « La nature et le caractère particulier des racines sanscrites se dessinent encore mieux par la comparaison avec les racines des langues *sémitiques.* Celles-ci exigent, si loin que nous pouvons les poursuivre dans l'antiquité, trois consonnes, etc. »

M. Michel Bréal, dans ses *Mélanges de Mythologie et de Linguistique* (page 385), émet cette opinion que : « Les coïncidences qu'on a souvent signalées avec la famille *sémitique*, où l'on a, par exemple, l'hébreu *Shesch*, six, *Shebà*, sept, devraient dès lors être expliquées comme remontant à une époque antégrammaticale où les deux familles (indo-européennes et sémitiques) étaient encore confondues en une seule. »

Voici comment s'exprime Guillaume de Humboldt dans son livre sur la *Différence du Langage humain* (Chap. CCCXXIV) : « Sous le point de vue technique, l'organisme des idiomes *sémitiques* est peut-être supérieure à tout autre, etc. »

M. Adolphe Pictet, à la page 57 des *Origines Indo-européennes*, formule ainsi son sentiment : « Nous n'avons pas à rechercher jusqu'à quel point cette manière de voir s'applique à l'histoire des langues *sémitiques*, qui paraît l'avoir suggérée à son auteur, etc. » Plus loin, nous lisons (page 59) : « Car la langue arienne elle-même ne remonte pas à l'origine du genre humain, et des indices encore imparfaitement étudiés semblent lui assigner à son tour un point de départ commun avec l'idiome primitif des peuples *sémitiques.* »

De son côté, A. Schleicher, dans son *Compendium* (Introd., p. 4), affirme que « le système *sémitique* n'est pas apparenté au système indo-germanique ; il possède des formes diverses du mot, complètement étrangères à celui-ci : racine et préfixe-racine, tandis que l'indo-germanique ne connaît que des mots racines. »

Tous les érudits se sont prononcés dans le même sens, et

nous bornons ici le cours de nos citations, pour ne point fatiguer le lecteur.

Au sujet des langues dites *aryennes*, les hypothèses se présentent avec une égale profusion.

M. E. Renan, *Histoire des langues sémitiques* (p. 32) : « Quelles furent les races dont la pression détermina ce mouvement des Sémites, qu'on peut fixer approximativement à l'an 2000 avant l'ère chrétienne? Dans l'Arphaxad, ce furent sans doute les *Ariens*, etc. »

Même livre (p. 35) : « Aram subit de plus en plus la pression des races *ariennes*, et perdant peu à peu son caractère, devint presque étranger à la famille sémitique. »

Même livre (p. 2) : « Sans rien préjuger sur la grave question de l'unité primitive des langues sémitiques et des langues *ariennes*, il faut dire, ce semble, que dans l'état actuel de la racine, les langues sémitiques doivent être envisagées comme correspondant à une division du genre humain, etc. »

Même livre (p. 39) : « Elam est probablement le nom de l'*Iran-Airyama*, Zend, *Airjana*, dérivé lui-même de l'antique nom de la race indo-européenne, *Airya*, *Aryya* (en note : de là aussi *Irak*, *Airyaka*.) »

Même livre (p. 40) : « D'autres voient dans le nom de Sem un titre honorifique שם, (gloire) analogue à celui des *Aryas*, vénérables. »

M. Max Müller, *La Science du Langage* (5e leçon, p. 209) : Les Celtes semblent avoir été les premiers *Aryens* qui soient arrivés en Europe, etc. »

Même livre (5e leçon, p. 212) : « Nous avons maintenant passé en revue tous les dialectes de la famille *aryenne*, etc. »

Même livre (6e leçon, p. 251) : « C'est de cette manière que la plupart des formes grammaticales dans les langues *aryennes* ou indo-européennes ont été rattachées à des mots indépendants. »

Même livre (6e leçon, p. 254-255) : « Le nom même d'*Arya* appartient à cette histoire, et je consacrerai le reste de cette leçon à raconter l'origine de ce vieux mot et comment il s'est répandu dans le monde............... Et comme on m'a souvent demandé d'où est venu le nom d'*Aryenne* à la famille de langues dont nous venons de nous occuper, je sens qu'il est de mon devoir d'entrer à ce sujèt dans certains détails. *Arya* est un mot sanscrit, et dans le sanscrit de l'époque que nous appellerons moderne il signifie *noble, de bonne famille*. Mais originairement c'était un nom national, et nous le trouvons encore avec cette signification dans le recueil des lois de *Mâravas*, où l'Inde est appelée *Arya-âvarta*, la demeure des *Aryas*.......... Dans la littérature dogmatique des derniers temps de l'âge védique, *Arya* est le nom distinctif des trois premières classes des Brahmanes, etc. »

Adolphe Pictet, *Les Origines Indo-européennes ou les Aryas primitifs* (t. I, p. 12-13) : « L'affinité radicale de toutes les langues *ariennes* conduit nécessairement à les considérer comme issues d'une seule langue-mère primitive, car aucune autre hypothèse ne saurait rendre compte des rapports intimes qui les relient entre elles. Or, comme une langue suppose toujours un peuple qui la parle, il en résulte également que toutes les nations *ariennes* proviennent d'une souche unique, en tenant compte cependant des éléments étrangers qu'elles ont pu s'assimiler quelquefois. On peut conclure de là avec certitude à l'existence préhistorique d'un peuple *arien*, pur à son origine de tout mélange, assez nombreux pour avoir alimenté les essaims d'hommes qui en sont sortis, assez bien doué pour être parvenu à se créer la plus belle, peut-être, des langues du monde. C'est ce peuple inconnu à toute tradition, mais révélé en quelque sorte par la science philologique, que nous nous proposons comme sujet d'étude, et dont nous avons, au début, esquissé, par anticipation, l'histoire hypothétique en traits généraux. »

W.-D. Whitney, *La Vie et le Développement du Langage (Life and Growth of Language)* : « Langues *Aryennes* (*Aryan Languages*) », tel est le titre inscrit à l'Index de ce livre, quand il s'agit des langues indo-européennes.

Même livre (p. 180) : « Différents noms ont été donnés à cette famille de langues. Nous nous servirons de celui d'indo-européen comme étant le plus convenable : c'est celui que le célèbre Bopp lui a appliqué, et qui n'est pas moins usité que tous les autres. La plupart des compatriotes de Bopp préfèrent la dénomination d'indo-germanique sans autre raison plausible qu'elle consacre le nom germanique qu'ils ont reçu de leurs conquérants et maîtres, les Romains. D'autres rejettent l'une et l'autre de ces dénominations, comme démesurément longues, ils les remplacent par *aryennes*, titre qui n'a pas eu un succès moindre dans le public, etc. »

Même livre (p. 185) : « La branche attenante est celle de la Perse, ou à proprement parler la branche *iranienne*, puisque la Perse n'est que l'une des provinces parmi celles qui constituent le territoire de l'*Iran* (*Airyana*, la patrie des *Aryens* de l'Ouest), etc. »

M. Michel Bréal, *Mélanges de Mythologie et de Linguistique* (p. 239) : « Il me resterait à vous parler des informations que la grammaire comparée a fournies à l'histoire. Mais vous connaissez ces belles découvertes de notre siècle : Qui n'a entendu parler de ces antiques *Aryas*, dont la philologie, par des prodiges de pénétration, a retrouvé l'état social, les idées, les croyances, et dont l'histoire morale nous est aujourd'hui mieux connue que certaines époques de l'histoire romaine ? »

Même livre (p. 340) : « Un motif analogue nous oblige à écarter la langue mère, dite indo-européenne ou *aryaque*, qui n'a pu être reconstruite que par hypothèse, et grâce au rapprochement de tous les idiomes sortis de cette souche commune. »

A. Schleicher, *Compendium de la Grammaire comparée des Langues indo-germaniques* (p. 5) : « Les langues indo-germaniques déterminent l'ordre des langues du monde asiatico-européen ; elles concordent à tel point qu'elles se distinguent de toutes les autres et prouvent, par leur essence même, qu'elles sont originaires d'un type primitif commun. Toutefois, parmi ces langues, il s'en trouve de plus rapprochées les unes des autres, tant au point de vue géographique qu'à celui de la construction. C'est ainsi que la famille indo-germanique se divise en trois groupes distincts : le groupe asiatique ou *aryen* se résume dans les langues indienne et *iranienne*, ou plus justement *éranienne;* elles sont fortement apparentées entre elles, etc. »

H.-J. Chavée, *Moïse et les Langues* (p. 9) : « Or, ces voyelles (I, A, U) sont soumises à des lois particulières et constantes dans les différentes races d'hommes. Et pour ne prendre ici que les trois races dont le vocalisme aux diverses époques de l'histoire est le mieux connu, pour ne parler que des Indo-Européens, des Sémites et des Chinois, nous voyons les Indo-Européens, c'est-à-dire les *Ariens* (anciens habitants de l'*Arie,* de l'*Ariane* et de l'*Arianie*) et les Hindous, les anciens Perses, les Celtes, les Germains, les Slaves et les Pélasges (Albanais, Grecs, Romains, etc.) »

E. Littré, *Dictionnaire de la Langue française* (t. I, p. 208) : *Aryen, enne*, adj. Nom donné à l'ensemble des peuples qui parlent sanscrit, persan, grec, latin, allemand, slave et celtique. Les langues *aryennes*, dites aussi langues japétiques, langues indo-européennes. Substantivement, les *Aryens*. Etym. sanscrit, *ârya*, de bonne famille. »

Si Bopp, dans la préface de la deuxième édition de sa *Grammaire comparée* (p. 21), dit : « Je donne le nom d'indo-européenne à la famille de langues dont le présent livre rassemble en un corps les membres les plus importants, etc. » il n'en sacrifie pas moins à l'idée d'*aryanisme,* dans cette phrase (Préf., 2e éd., p. 15) : « Comme l'arménien fait partie du rameau *iranien de notre famille de langues*, ce fut pour moi une observation importante de constater que, comme l'ossète, il se réfère, pour plus d'une particularité phonique ou grammaticale, à un état de langue plus ancien que celui que nous offrent la langue des Achéménides et le Zend. »

M. A. Hovelacque, qui tout à l'heure va s'élever contre les

noms arbitraires d'*Aryas* et d'*Aryens*, admet cependant la dénomination de Branche *éranienne*. Dans son livre, la *Linguistique* (p. 275-276), nous lisons : « Le nom d'*éranien*, de langues *éraniennes*, est incontestablement plus correct que celui d'*iranien*, de langues *iraniennes* qu'emploient un grand nombre d'auteurs. Il rappelle une forme plus antique et nous pensons, avec M. Spiegel, qu'il est bon de lui accorder la préférence. »

Les langues *touraniennes* ou *tartares* sont des langues agglutinantes, que nous avons désignées sous le nom de langues *naturelles* pour les distinguer de celles que nous venons d'appeler langues *primitivement alphabétiques*. Ainsi les langues *touraniennes* ou *tartares* offrent à la science une matière moins importante. Toutefois, nous allons rapporter les témoignages de plusieurs linguistes éminents qui ont adhéré à cette dénomination de langues dites *touraniennes* ou *tartares* et même *tatares*.

M. E. Renan, *Hist. des lang. sémit.* (page 41) : « On reconnaîtra qu'en général nous sommes beaucoup plus portés à resserrer qu'à étendre les limites de la race sémitique. Le domaine de cette race nous paraît singulièrement étroit, si nous le comparons aux immenses espaces que les langues indo-européennes et *touraniennes* occupent depuis les temps les plus reculés. »

Même livre (page 51) : « La frontière orientale des langues sémitiques n'est pas facile à déterminer. Comme dès la plus haute antiquité, il s'opéra sur les bords du Tigre un grand mélange de races sémitiques, couschites, ariennes et peut-être *touraniennes*, etc. »

M. Max Müller, *La Science du Langage* (2e leçon, page 35) : « Si nous ajoutons à ces deux familles, aryenne et sémitique, au moins un autre groupe très bien déterminé, le groupe *touranien*, qui comprend les dialectes des races NOMADES éparses dans le nord et le centre de l'Asie, le tongouse, le mongol, le turc, le samoyède et le finnois, qui sont tous comme les rayons partant d'un centre commun, etc. »

Même livre (6ᵉ leçon, page 256) : « Il semblerait que les Aryens eux-mêmes firent choix de ce nom pour se distinguer des races NOMADES, les *Touraniens*, dont le nom primitif *Toura* exprime la vitesse du cavalier. »

Même livre (8ᵉ leçon, page 321) : « ..... mais aussi des tribus tongouses et turques, communément appelées *tartares*. Ce nom de *Tartare* ne tarda pas à devenir la terreur de l'Europe comme de l'Asie, et s'appliquait indifféremment à tous les guerriers NOMADES qui fondirent alors sur l'Europe. Primitivement, il ne désignait que les races mongoles, mais à cause de leur prépondérance politique en Asie après Gengis-Khan, on prit l'habitude de l'étendre à toutes les tribus qui se trouvaient sous leur domination. Dans les ouvrages de linguistique, *tartare* est pris dans deux significations différentes : Suivant l'exemple des auteurs du moyen âge, il a été adopté ainsi que *scythe*, en grec, comme terme général comprenant *toutes* les langues parlées par les tribus NOMADES de l'Asie, c'est-à-dire dans le sens où j'emploie le mot *touranien;* ou bien il est devenu le nom de cette classe de langues *touraniennes* où le turc occupe le premier rang. »

A. Schleicher, *Les Langues de l'Europe,* (pages 80-81) : « Les Tongouses, les Mongols, les Turcs et les autres populations appartenant à la grande famille finnoise ou tschoude, parlent tous l'idiome *tatare*. Leur origine doit être cherchée sur les montagnes d'Altaï..... Le degré le plus élevé est occupé par la langue finnoise proprement dite, c'est-à-dire par la langue suomi, tandis que la langue mandchou, un dialecte tongouse, est placée sur le degré le plus inférieur. »

M. Lepsius, dans son *Standard Alphabet* (page 87), sous ce titre : « Division générale des Langues », classe, entre autres, parmi les langues asiatiques, « sans genre » 1° « Les langues *touraniennes* ou *tatares*, etc. »

Abel Rémusat, *Recherches sur les langues tartares* (Disc. Prélim. page I) : « L'histoire des *Tartares* est intimement liée à celle des autres peuples de l'ancien continent. On sait à présent qu'il faut chercher dans la *Tartarie* les premières causes de ces invasions qui ont ébranlé l'empire Romain et renversé celui des Khalifs. »

Même livre, (Disc. Prélim , page XXXVI) : « La race caucasique, qu'on regarde en Europe comme le type de la beauté de notre espèce, parce que tous les peuples de cette partie du monde en sont issus, renferme en *Tartarie* les Turcks, que les écrivains Russes nomment très improprement *Tatars.* »

H.-D. Whitney, *La vie et le dévelop. du Langage.* A la page 228 de ce livre, une nouvelle classification de familles de langues, est ainsi définie : « Famille Scythique ou Ouralo-Altaïque ou *Touranienne.* »

E. Littré, *Dictionnaire de la Langue française* : « *Touranien, ienne*, adj. synonyme de nord-altaïque ; dénomination attribuée aux populations qui habitent entre la mer Caspienne et la mer du Japon, entre la chaîne du Thibet et l'Océan, et qui, tout en parlant des langues très diverses, ont des caractères communs. Ce nom, indiqué d'abord par Omalius d'Halloy et adopté par Bunsen, provient du Khanat de *Touran*, appelé Khanat de Sibir après la conquête des Russes. »

Même Dictionnaire : « *Tartare*, nom d'un peuple originaire du Turkestan ; on a donné vaguement ce nom à tous les peuples de l'Asie moyenne, depuis la mer Caspienne jusqu'aux côtes orientales. »

Même Dictionnaire : « *Tatare*, voyez *Tartare.* »

RÉFUTATION :

Sémitique.

Il ne se conçoit guère que les philologues aient pu songer à cette dénomination de *sémitique*, absolument contraire à l'histoire. On sait que les Phéniciens descendent en ligne directe des Chananéens, fils de Cham, qu'ils ont inventé l'alphabet, que toutes les langues *primitivement alphabétiques* leur ont emprunté cet alphabet unique, qu'elles ont puisé dans le vocabulaire phénicien tous les éléments de leurs mots.

Les descendants de Sem ont-ils donc inventé un autre alphabet qu'ils auraient communiqué à des nations différentes de celles que les Phéniciens ont dotées de leur étonnante découverte? Cela ne supporte pas même l'examen : alors, pourquoi ce nom injustifiable de *sémitiques* appliqué à des langues dont chacune, d'ailleurs, se rattache sans effort à la langue phénicienne?

Cela est si vrai que M. Renan lui-même, tout en acceptant avec les autres, cette dénomination fantaisiste, ne peut s'empêcher d'observer à la page 2 de son *Histoire des langues sémitiques* que « les savants modernes, à la suite d'Eichhorn, se sont accordés à leur donner le nom de langues *sémitiques*. Mais cette dénomination est tout à fait défectueuse, puisqu'un grand nombre de peuples qui parlaient des langues sémitiques, les Phéniciens, par exemple, et plusieurs tribus arabes, étaient, d'après la table du Xe chapitre de la Genèse, issus de Cham, et qu'au contraire des peuples, donnés par le même document comme issus de Sem, les Elamites, par exemple, ne parlaient point une langue sémitique. »

Nous allons maintenant combattre une erreur plus généralement partagée, bien qu'il ne soit pas moins facile de la dissiper.

Aryen.

Après les langues soi-disant sémitiques, viennent les langues soi-disant *aryennes*.

Quelle est la valeur réelle de ce mot *aryen?*

Les linguistes ont supposé l'existence d'un peuple préhistorique, des *Aryens;* et s'ils se sont mis vainement en frais d'imagination, au moins pouvons-nous voir dans leurs efforts le désir de justifier la tendance générale à reconnaître l'unité des langues *primitivement alphabétiques,* tant il est impossible de conclure de l'ensemble des caractères constitutifs de chacune de ces langues à leur conformité indéniable, sans admettre qu'elles sortent toutes du même sein.

Mais aucun de ces philologues n'est parvenu à découvrir ce sein générateur; on en a été réduit à le constituer idéalement, à l'imaginer, à dire qu'il *a dû exister*. C'est ainsi que Voltaire a déclaré que « Si Dieu n'existait pas, il faudrait l'inventer. »

On a donc inventé les *Aryens*.

Nous allons démontrer que cette invention était absolument inutile pour consacrer le principe de causalité ; que les mots *Aryas*, *Aryens*, *Ariens*, *Eran*, *Iran*, *Irak*, *Eraniens*, *Iraniens*, *etc.*, *etc.*, ne sont que des dénominations fictives d'un faux dieu. Ceux qui l'ont créé, ce dieu, auraient moins abusé des naïfs en prenant le Pirée pour un personnage de leur connaissance : car le Pirée est un être réel, un être concret, tandis que *arien*, *aryen*, *etc.*, *etc.*, ne désignent qu'une qualité, qui exprime l'*excellence*, l'*élévation*, la *supériorité*, la *primauté*, la *domination* : la racine même de ce mot, nous le démontrerons bientôt, a été produite par un mot phénicien dont le sens général est celui d'*élévation*, de *supériorité*.

Mais voyons d'abord comment, à leur insu, les partisans de l'existence prétendue d'un peuple préhistorique *aryen* nous fournissent les meilleurs arguments.

A. Pictet, *Les Orig. Indo-europ. ou les Aryas primit.* (1er vol., pages 37-43) : « En sanscrit, *arya* signifie, comme adjectif, *fidèle*, *dévoué*, *aimé*, *excellent* ; comme substantif, *maître*, *seigneur*. La forme la plus simple, *ari*, a aussi dans les Védas le sens de dévoué, *zélé*, *plein d'ardeur*. Le dérivé secondaire *ârya*, *vénérable*, *excellent*, *de bonne race*, *maître*, *ami*, s'emploie plus spécialement comme ethnique pour désigner les hommes de *race pure*, de la *nation privilégiée*, par opposition à ceux des castes inférieures. Ces deux formes, également, donnent naissance à plusieurs termes qui participent de leurs significations diverses, tels que *aryaman*, *ami*, *compagnon*, *âryaka*, homme *vénérable*, *grand père*, *âryatâ*, *âryatva*, conduite *honorable*, etc. Elles entrent aussi comme premier élément dans une foule de composés et de noms d'hommes, de lieux, de pays. Parmi ces derniers, je ne citerai que celui d'*Aryavarta*, qui appartenait à l'Inde brahmanique *par excellence*, comprise entre l'Himalâya et les monts Vindhia. On voit ainsi que ce terme a conservé en sanscrit une grande extension.

« En Zend, on le retrouve sous la forme de *airya*, *fidèle*, *dévoué*, *légal* (Justi, 2), huzvaresh, *ér*, parsi, *er*, etc., et il s'applique de même à la nation, au pays. Du synonyme *airjana*, dans ce dernier sens, est venu le nom de *Iran* (en note : ou *Éran*, comme l'écrit Spiegel, d'après la forme du nom en huzvaresh), pour désigner la monarchie persane dans son ensemble. De là aussi les diverses dénominations Ἀρία, Ἀρίοι Ἀρίανα, Ἀρίακα, etc., données à des pays et à des peuples *iraniens* distincts les uns des autres, etc.

« La racine verbale du mot *arya*, *ayria*, a été également conservée par les deux langues-sœurs ; c'est le sanscrit *ṛ* (*ar*) et le zend *ĕrĕ*, dont le sens primitif est celui du mouvement en général, mais surtout *mouvement en haut*, comme *or-iri*, et de *mouvement vers quelque chose*, etc. Elle prend aussi la signification active de mouvoir, *élever*, *exciter*, etc. (En note : Dans le Dict. sanscrit de Bœthlingk et Roth, *sich erheben* (*s'élever*), *aufstreben* (s'efforcer de *s'élever*), *erreichen* (atteindre le *sommet*), *erlangen* (atteindre une *haute* puissance), *bewegen* (mouvoir, *exciter*), *aufregen* (*exciter*, *animer*,) *erheben* (*lever vers le ciel*). Cf. Westergaard, Rad. sansc., (*voc. cit*). Ce n'est pas ici le lieu de suivre, dans ses acceptions diverses et ses nombreux dérivés, cette racine remarquable, une des plus répandues et des plus fécondes de la famille arienne ....

» Il y a sans doute un grand intérêt à rechercher en Orient les traces de ce nom des *Aryas*, partout où elles se trouvent; mais pour la question qui nous occupe, on ne saurait en tirer aucun argument concluant, parce qu'il peut avoir été limité aux deux branches orientales de la famille......

» L'Orient seul ne peut donc nous fournir aucune preuve positive que le nom des *Aryas* ait été la propriété commune du peuple primitif avant sa dispersion, bien que l'on puisse conjecturer par le fait qu'il appartenait aux tribus les plus anciennes. Pour faire un pas de plus, il faudrait aussi le retrouver quelque part chez les peuples de l'Occident, où jusqu'à présent on l'a cherché en vain............ Si toutefois il faut renoncer à trouver en Europe quelque nom de peuple correspondant directement à celui des *Aryas*, on peut du moins signaler les traces manifestes du terme même qui le constituait, et y rattacher peut-être secondairement un ethnique irlandais........ Dans l'ancienne Irlande, ce nom reparaît, au masculin et au féminin, sous les formes de *er*, *ir*, masc. ; *ere, eire*, *eri,* fém., avec les mêmes altérations qui se remarquent dans le huzwaresh *ér*, parsi, *er*, ossète *ir,* du zend *airya;* ce qui prouve mieux encore la corrélativité de ces noms, c'est que le sanscrit *ari*, grec, ἀρι, se retrouve également, avec ses acceptions diverses, dans l'irlandais *er*, *grand*, *noble*, *bon*, comme substantif *héros*, d'après O'Reilly. »

G. Curtius, *Principes de l'Etymologie grecque*, (page 74) : « Ἀρι possède un sens qui rappelle ceux de ἄρτι, ἄρτιο·ς, Ἀρτιφρων *a* 261 veut dire comme ἀριφρων, bien inspiré, αρτιεπὴς X 281, *bien parlant*. Si nous considérons que de l'idée d'être *bien*, d'être *convenable*, les Grecs sont arrivés à la pensée toute morale de ἄρμενος ἀρηρὼς, de ἀρέ-σκ-ω, et par là arrivant à ἀρε-τὴ, avec lequel il est apparenté, il n'est nullement teméraire de ramener ἀρι à cette même racine et de le relier *à* ἄρι-στο-ς, ἀρειων (N° 488). Nous trouvons dans le sanscrit le même son, avec une signification identique dans l'adverbe *ara-m*, *bien*, *convenable*, *suffisant*, *ar-ja-s*, signifiant entre autres, *bon*, *le meilleur,* dont on a depuis longtemps tiré le nom des *Ariens*. Pourquoi donc dès lors : « chercher au loin pour ἀρι, ce qui est si près ? »

Même livre, (Préface, page VII) : « Diverses améliorations relatives aux racines slaves sont dues à M. le Directeur Vanieck, de Trebitsch (Mähren), qui, sur ma demande, a bien voulu se charger de la correction des épreuves et de l'achèvement d'un index *éranien*, slave et létique.

« Pour les langues celtiques, j'ai compris que mon ouvrage présentait une sérieuse lacune, parce que je ne les avais pas approfondies autant que les autres langues indo-germaniques.

Rien donc ne pouvait m'arriver de plus heureux que de voir mon excellent ami, M. le professeur Ernst Windisch, se déclarer tout prêt à me faire part de ses vastes connaissances acquises pendant son séjour au milieu des *Iraniens* (*Iren*), notamment des Celtologies de l'Irlande, et tout particulièrement de l'ancienne langue *ir*landaise, etc. »

M. Max Müller, *La Science du Langage* (6e leçon, page 263) : « Nous chercherions en vain les traces de cet antique nom (*Arya*) national chez les Grecs et les Romains, mais certains savants ont cru le retrouver aux termes mêmes des migrations *aryennes* vers l'occident, dans le nom de l'*Ir-lande*. L'interprétation commune du mot *Erin* « l'île de l'Ouest » est donné par ceux qui le font venir de *iar-innis, iar-in*, la terre de l'Ouest ; mais cette étymologie est évidemment fausse. Dans l'ancien irlandais, la forme de ce mot au nominatif est toujours *Eriu*, qui se changera plus tard en *Eire* : une *n* finale paraît aux cas obliques, de même que dans le latin *regio, regionis*. On a donc pensé que *Erin* dérive de *Er* ou *Eri* que l'on suppose avoir été l'ancien nom des Celtes irlandais, lequel serait conservé dans le nom anglo-saxon de leur pays, *Iraland*. »

Observons d'abord avec quelle timidité les philologues cités ci-dessus formulent leur opinion sur les *Aryens*. M. Renan, on vient de le voir, emploie les euphémismes de *approximativement, sans doute, presque, il semble, doivent être, d'autres voient*; M. Max Müller : Les Celtes *semblent*, *que l'on suppose*, *serait conservé*. M. Pictet, M. Curtius, souvent M. Max Müller, eux, sont plus affirmatifs, malgré certaines défaillances et malgré leurs assertions contradictoires ; nous croyons devoir les réfuter directement.

Adolphe Pictet — dont les philologues ne dédaignent pas l'autorité — est tombé, ainsi qu'on va le voir, dans une double erreur. Et d'abord, il affirme l'existence d'un peuple *arien*, de ce peuple qui n'a laissé aucune trace de sa littérature, dont on est, d'après lui, obligé de supposer l'existence ; mais il s'était antérieurement, et comme malgré lui, engagé dans la voie qui nous a conduit à la vérité : en effet, il admet que « en sanscrit, *arya* signifie *fidèle, excellent, vénérable, de bonne race, maître, ami ; aryaman, aryaka, aryatra* ont le sens de *compagnon, homme vénérable, conduite honorable*. En zend, *airya* veut dire *fidèle, dévoué, loyal*. » Il est vrai que, tout entier à son idée fixe, qui tend à personnifier *une simple qualité*, Pictet affirme que ces désignations purement qualificatives « entrent aussi comme premier élément dans une foule de composés et de noms propres de lieux, de pays. » Et il cite, parmi ces derniers, « *aryavatra* qui appartenait à l'Inde brahmanique. » Puis il déclare que, en zend, « *Aryana* a produit *Iran* ou *Eran*, et ces deux derniers mots désignent — d'après lui — la monarchie persane. » Enfin « Ἀρία, Ἀρίοι, Ἀρίανα sont diverses dénominations données à des pays et à des peuples *iraniens* distincts les uns des autres. »

Il faudrait être bien aveugle et aussi enclin que Pictet à l'hypothèse, pour ne pas conclure en faveur de notre thèse, pour ne pas voir dans tous ces mots de simples épithètes attribuées à un groupe d'hommes qui se sont *élevés* au-dessus de leurs concitoyens, à moins qu'on ne considère, à Rome, les patriciens et les plébéiens comme constituant deux nationalités différentes. Mais où Pictet nous semble absolument aux abois, c'est lorsqu'il avoue que « l'Orient seul ne peut nous fournir aucune preuve positive que le nom d'*Aryas* ait été la propriété commune du peuple primitif avant la dispersion, bien que l'on puisse le conjecturer par ce fait qu'il appartenait aux deux tribus les plus anciennes. »

Voici maintenant le comble de la contradiction : « Pour faire un pas de plus, poursuit-il, il faudrait aussi le retrouver (ce nom d'*Aryas*) quelque part chez les peuples de l'Occident où, jusqu'à présent, on l'a cherché en vain. »

Si on l'a cherché en Occident, d'où vient que Pictet, fort embarrassé d'avoir cité le Dictionnaire de Bœthlingk et Roth à propos des expressions allemandes « *Sich* erheben (*s'élever*), *aufstreben* (s'efforcer de *s'élever*), *erreichen* (atteindre le *sommet*), *erlangen* (atteindre une *haute* puissance), *bewegen* (mouvoir, *exciter*), *aufregen* (*exciter, animer*), *erheben* (*lever vers le ciel*) », bat en retraite aussitôt par cette étrange conclusion : « Ce n'est pas ici le lieu de suivre, dans ses acceptions diverses et ses nombreux dérivés, cette racine remarquable, une des plus répandues et des plus fécondes de la famille *arienne* » ? Il nous semble, au contraire, que c'est bien ici le lieu d'affirmer que ces mots grecs et ces mots allemands sont congénères des mots sanscrits et zends cités plus haut, d'en conclure que ces racines se trouvent quelque part chez les peuples d'Occident. Et cette conclusion est aussi facile que rigoureuse : *arien* désigne bien chez les Orientaux, comme chez les Occidentaux, une qualité, non un être, non un peuple particulier.

Pour reprendre des mots occidentaux chez les Grecs et chez les Allemands, citons, pour le grec, Ερ-ιαυχην, qui *lève* la tête ; pour l'allemand ER-*ste*, le *premier* : « Die ER-*sten under den bewohneren einer stadt*, les *principaux habitants, les notabilités d'une ville* (Dict. Schuster et Ad. Régnier). » Par conséquent, tous ces *ar, air, er, ir*, en les prenant dans leur simple expression radicale ainsi que dans leur sens primitif véritable, ne sont pas autre chose que le phénicien עור *our, s'élever, lever, surgir, susciter, exciter, animer, prendre courage, relever*, etc. Faut-il rappeler que la voyelle ע *o* dans les langues dérivées équivaut aux voyelles *a, e, i*, ? Donc עור *our*, est bien réellement générateur des racines qui, selon les peuples par lesquels il a été adopté, est devenu *ar, air, er, ir*, sans s'éloigner des diverses significations originelles que ces peuples ont retenues. Le latin a respecté ע *o* dans OR-*iri*. Ce qui doit nous satisfaire entièrement, c'est que עור *our* est employé par l'auteur du *Cantique des Cantiques* dans le sens de *exciter l'amour*, et nous voici d'accord, au point de vue étymologique, avec le sens d'*ami*, attribué par les linguistes au mot *arya* et aux expressions congénères. Et ailleurs, dans les Dictionnaires hébreux-allemands, notamment dans celui de Fürst, nous voyons le mot עור *our* traduit par les mots auxquels le Dict. Bœthlingk et Roth assimilent *arya*. En outre, il y a, en grec, de nombreux mots qui commencent par Ερ, et une foule de verbes allemands dont la première syllabe est ER ; ils ont tous le sens d'*excitation*, de *soulèvement*, d'*accroissement dans le mouvement*.

M. G. Curtius, sans s'attacher à la recherche de la valeur réelle du mot, ne saisit dans la comparaison établie entre le grec et le sanscrit que des rapports de son. D'après lui, ἀρετή, *vertu*, ramené à ἀρι, racine de ἄρει, ἄριστος, offre le même son et la même signification que *ara-m*, *bien*, *convenable*, *suffisant*, etc......... *Aryas*, *bon*, *le meilleur*. Il dit formellement que c'est d'*Aryas* qu'on a depuis longtemps tiré le nom des *Aryens*, comme étant les *bons*, les *nobles*. Comment dès lors, — observe-t-il — chercher au loin pour ἀρι ce qui est si près ? Contrairement à l'opinion de M. Curtius, et d'accord avec Pictet, M. Max Müller atteste que l'occident n'offre aucun vestige de la racine *ar* de *Aryas*: « Nous chercherions en vain des traces de cet antique nom (*arya*) chez les Grecs et chez les Romains, mais certains savants ont cru le retrouver, au terme même des migrations *aryennes* vers l'occident, dans le nom de l'*Irlande*. »

Après toutes ces incertitudes et toutes ces contradictions, voici M. Abel Hovelacque qui se prononce catégoriquement contre l'hypothèse de Pictet et contre la dénomination de langues *aryennes*. En effet, il dit dans son ouvrage, *La Linguistique* (pages 264-265) : « Un nom plus court et qui a paru un moment devoir faire son chemin a été proposé : celui de langues *aryennes*. On est parti de ce prétendu fait que les anciens Hindous et les anciens *Eraniens* se donnaient à eux-mêmes le nom d'*Aryas*; mais il est hors de doute que rien n'est moins prouvé, nous dirons même que rien n'est moins vraisemblable. Peu importe, dès lors, que la racine que l'on retrouve dans le sanskrit *arya*- *ârya*- « noble », dans le zend *airya*-, existe aussi dans les autres langues de la même famille, par exemple dans les langues celtiques. Peu importe que le nom d'Arie ait été donné à une région spéciale dont les habitants pouvaient recevoir à juste titre le nom d'*Aryens*. La question est tout autre : il s'agit de savoir si ce terme peut être généralisé, s'il est permis de l'étendre à toute la famille. Sans hésiter, nous répondrons que cela n'est point justifié. Il n'y a pas même un commencement de preuve. Nous ne suivrons donc pas MM. Oppert et Chavée, lorsqu'ils donnent à la langue commune indo-européenne le nom d'aryaque, et nous n'accepterons pas davantage le nom de langues aryennes appliqué par un certain nombre d'auteurs aux différentes langues issues de cet ancien idiome. »

Nous terminons cette étude en signalant à nos lecteurs les mots allemands UR-*sprache*, langue OR-*iginelle*, UR-*sprung*, OR-*igine*, UR-*sache*, *cause première*, etc., etc., dont l'élément UR, comme l'élément OR de la traduction française, se retrouvent exactement dans עור OUR, phénicien, avec une signification absolument identique.

Touranien.

En ce qui concerne le terme inventé par plusieurs philologues pour désigner une troisième famille de langues, celle des langues *touraniennes* ou *tartares*, disons d'abord que, ici du moins, nous n'avons plus à substituer, au nom de l'histoire, les Chamites aux Sémites, à démontrer que aryen exprime un simple qualificatif, non pas le nom d'un peuple imaginaire. Parmi les partisans de l'expression *Touraniens*, M. Max Müller — on l'a vu — nous dispense de toute réfutation, puisqu'il attribue cette qualification de *touraniens* « aux dialectes des races NOMADES, éparses dans le nord et le centre de l'Asie », et que, suivant lui, « le nom primitif *Toura* exprime la vitesse du cavalier. » Ajoutons qu'il donne au mot *tartare* la même origine et le même sens qu'au mot *touranien*.

Quant à M. Renan, on peut reconnaître qu'il n'est pas bien sûr des limites qui séparent les langues dites sémitiques des langues dites *touraniennes*. Nous croyons que dans une classification, même artificielle, il faut tout d'abord assigner aux groupes constituant une famille de langues distinctes une délimitation qui les sépare très nettement les uns des autres.

A. Schleicher, lui, appelle la langue *touranienne* l'idiome *tatare*, et il essaie du moins de renfermer cet idiome dans une zone particulière.

M. Whitney nous prémunit contre l'emploi de *touraniens*, qu'il semble pourtant autoriser dans son livre *La Vie et le Développement du Langage* (page 231) : « Quant au nom commun à appliquer à ces trois branches (le finois-hongrois ou l'ugrien, le samoyède et le turc), l'usage en est très divers. Le nom de *Touranien* est peut-être plus fréquent que tout autre, mais il y a de graves objections contre ce terme et son application, et jusqu'à ce que l'usage se soit définitivement prononcé en sa faveur, on peut hardiment l'employer dans la description scientifique. Ouralo-altaïque, Scythique, *Tartare*, sont d'autres titres employés par différents auteurs. »

Le lecteur a vu plus haut que M. Abel Rémusat rejette le mot *tatare* pour adopter celui de *tartare*, auquel il attache, comme M. Max Müller, le sens de NOMADE (*Recherches sur les Langues tartares*, Disc. prélim. p. III-IV) : « La Tartarie entière n'est pour ainsi dire qu'un vaste désert ; mais elle a pu être anciennement très peuplée. Les tribus qu'on y rencontre MÈNENT UNE VIE ERRANTE A LA SUITE DE LEURS TROUPEAUX, HABITENT SOUS DES TENTES ET VIVENT DE LAIT ET DE LA CHAIR DE LEURS CHEVAUX. »

Les linguistes dont nous venons d'indiquer les opinions sur les mots *touraniens* et *tartares*, trouvent un adversaire énergique en M. Hovelacque. Le savant philologue, en effet, déclare dans *La Linguistique* (p. 193) que : « On peut ranger parmi les conceptions les plus fantaisistes la théorie d'une famille *touranienne* qui, malgré son invraisemblance, n'a pas laissé de jouir jusqu'à ces derniers temps d'un certain crédit. Hâtons-nous de le dire, cette théorie ne repose sur aucun fait scientifique, et elle n'a été imaginée que pour soutenir des conceptions ethnographiques très peu sérieuses, etc., etc. »

Du reste, ce n'est pas seulement contre le mot *aryen* et le mot *touranien* que M. Hovelacque s'élève avec tant de raison.

Il n'admet pas plus les noms de *sémitisme* et de langues *sémitiques;* selon lui (page 207) : « Ils ont été inventés pour cadrer avec l'ethnographie du Testament hébraïque, et, en fait, ils ne s'accordent cependant pas avec le récit de la légende. »

Pour nous, qui pouvons ramener facilement la lumière sur l'origine de tous les mots des langues primitivement alphabétiques, nous disons simplement que le mot *touranien* vient du mot phénicien תור *tur* (prononcez *tour*) qui signifie *être* NOMADE, *parcourir un pays*, *aller* ÇA ET LA, *être en* TOUR-*née ;* que le mot תר־תר *tar-tar-e* n'est pas autre chose que la réduplication de cette racine phénicienne תור *tur*, qui, dans les formes verbales, devient très souvent תר *tr*.

CHAPITRE IX

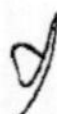

PARENTÉ DES LANGUES ALPHABÉTIQUES

Il s'agit maintenant de démontrer que toutes les langues *primitivement alphabétiques* sont unies entre elles par une incontestable parenté. Nous établirons nos preuves au moyen de quelques exemples qui ne laisseront subsister aucun doute à cet égard.

Au début de cette question si importante, nous avons besoin de rappeler de nouveau à nos lecteurs le principe sur lequel repose toute notre théorie : parmi les mots employés par les Indo-Européens, les uns dérivent directement du phénicien, c'est-à-dire que l'élément générateur phénicien a passé purement et simplement avec sa forme aussi bien qu'avec sa signification correspondante dans une langue ou dans plusieurs langues indo-européennes; les autres, ceux qui expriment une même idée au moyen de différentes dénominations, découlent par une dérivation aussi naturelle, aussi évidente du phénicien, mais indirectement, c'est-à-dire que dans ces mots divers et dérivés on retrouve toujours une racine originaire phénicienne, dont le sens correspond à l'un des caractères *essentiels* de ces mots, quelle que soit la nature de ce caractère substantiel adopté par chacun des peuples indo-européens, et qui varie selon la façon particulière dont il a été affecté par les phénomènes complexes que présente un même objet.

Mais de ces différences dans la formation on ne peut raisonnablement infirmer l'incontestable parenté des langues alphabétiques et leur évidente filiation. Si les linguistes avaient recherché ce fait merveilleux, ils l'auraient trouvé comme nous ; mais leurs investigations les ayant tous égarés sur des terrains où ils ne pouvaient rencontrer la source unique, ils ont été forcément conduits à l'inventer, à en proposer plusieurs, toutes sans existence réelle : ils devaient donc conclure à la non-parenté des langues dites sémitiques et aryennes.

Cette ignorance inévitable les a nécessairement mis aux prises avec cette difficulté de savoir si les mots sont imitatifs de l'objet, ou s'ils sont symboliques : de là la grande discussion à laquelle nous allons assister sur la fameuse distinction établie par les philosophes grecs entre le φύσις, ou système linguistique fondé sur la *nature*, c'est-à-dire sur le rapport du mot avec la chose, et le θέσις, c'est-à-dire système d'après lequel le langage aurait été formé *arbitrairement* et en dehors de cette relation dont nous venons de parler.

Selon M. Curtius (*Principes de l'Etymologie grecque*, p. 5-7), Platon, dans son *Cratyle*, a certainement rendu un grand service à la philosophie du langage ; mais ce service s'est réduit à très peu de chose pour ce qui concerne l'étymologie : « Qui donc pourrait douter, après ce qui a été démontré depuis Schleiermacher jusqu'à Steinthal, que Platon, dans son dialogue, n'a eu recours à l'étymologie que pour prouver que les mots sont φύσει? Mais il ouvrait ainsi le champ à tous les excès des étymologues. »

En effet, nous voyons chez eux des étymologies présentées d'après un système où le ridicule le dispute à l'arbitraire. L'auteur continue ainsi : « En fait d'étymologie, nous ne pouvons considérer que celles où l'étymologue, dans ses recherches, s'est déjà fait une idée de la chose par l'expression du mot. Comme, d'après cette manière de procéder, le sens est constamment réglé sur l'objet, généralement on ne tient plus aucun compte des lois ordinaires de la philologie, qui sont pourtant encore aujourd'hui le plus en vigueur. »

M. Curtius, qui ne peut condamner sommairement le procédé onomatopique, c'est-à-dire la justification φύσει, en fait ressortir aussitôt les inconvénients. Il ajoute : « Par cette méthode, le langage réaliserait ce que notre esprit a si habilement inventé (*was wir ausgeklügelt haben*) ; nous ne voulons rien apprendre du langage, c'est lui qui doit se former à notre école » ; et l'auteur montre les écarts auxquels se sont livrés les partisans du système φύσει. Il s'élève contre l'idée de Platon, parce qu'elle est en opposition avec les lois établies plus tard par la science philologique. La théorie du φύσις, pense-t-il, d'après laquelle le sens du mot est réglé sur la nature même de l'objet, est entièrement à la merci de l'imagination, et « c'est le langage même qui réaliserait ce que notre esprit a inventé avec tant de subtilité! »

On le voit, M. Curtius adopte entièrement le θέσις. Mais avant tout remarquons que si le disciple de Socrate est tombé dans l'erreur, s'il a donné carrière aux fantaisies les plus étranges des étymologues grecs et modernes, c'est qu'il était nécessairement renfermé dans les limites les plus étroites, puisqu'il croyait à l'autonomie de la langue grecque. S'il avait soupçonné l'existence de la langue phénicienne, nul doute que son esprit pénétrant n'y eût découvert l'essence même de tous les mots grecs qu'elle a créés; il aurait sagement réglé et discipliné la science des étymologies : alors certainement le φύσις aurait tué le θέσις *(a)*.

M. Whitney partage l'opinion de M. Curtius, et voici sur quoi il se fonde : un même objet est exprimé par des mots absolument différents dans les diverses langues indo-européennes. Par conséquent, selon lui, le φύσις, ne présentant aucun caractère d'unité, est inadmissible, et il faut s'en tenir au θέσις, parce que, dit-il, « dans chacun d'eux (des mots) les circonstances humaines, les habitudes, les préférences sont et seront la force déterminante (1). »

Sous une forme quelque peu différente, M. Michel Bréal exprime le même sentiment : « Je ne songe pas à contester le rôle de l'onomatopée dans la formation du langage. Mais il en est des mots comme de ces blocs de rochers que les rivières, au commencement de leur course, arrachent des montagnes et emportent avec elles; déjà à la moitié du voyage, ils ont perdu leurs aspérités et ils finissent par être de ces galets ronds

(*a*) Revoir page 239, où M. Max Müller ne reconnaît d'autre principe que le θέσις.

(1) W. D. Whitney, *liv. cit.*, p. 282.

et polis que lave et amincit sans cesse la mer. Si nous croyons parfois entendre dans certains sons de nos idiomes une imitation des bruits de la nature, nous devrions nous rappeler que les mêmes bruits, dans d'autres langues, sont représentés par de tout autres sons, dans lesquels les peuples étrangers croient également sentir des onomatopées : de sorte qu'il serait plus vrai de dire que nous entendons les bruits de la nature à travers les mots auxquels notre oreille est habituée depuis l'enfance (1). »

Malgré notre estime et notre respect pour M. Michel Bréal, il nous est impossible de ne pas citer au tribunal du bon sens l'importante réflexion qui termine ce paragraphe : *de sorte qu'il serait plus vrai de dire que nous entendons les bruits de la nature à travers les mots auxquels notre oreille est habituée depuis l'enfance.*

Ainsi, d'après ce savant philologue, les mots auraient été constitués θέσει, et ils contiendraient l'élément φύσει : rencontre merveilleuse, ou plutôt contradiction manifeste.

Le φύσις a placé M. L. Geiger dans le plus grand embarras. En lisant sa préface, on voit en lui un adversaire déclaré de cette théorie. Et c'est encore le motif allégué par MM. Whitney et Bréal qui le conduit à cette conclusion :

« Il n'y a pas de moyen scientifique pour reconnaître le rapport existant entre le mot ramené à son étymologie et le son qui en est l'imitation. Si, d'après ce principe, il s'agissait, par exemple, d'un mot isolé, celui d'un animal, est-ce que l'allemand *kuh* (vache) ou le grec βοῦς serait l'imitation de l'animal qui beugle? On avouera que cet exemple ne peut qu'exciter le désir de deviner lequel des deux mots représente le mieux l'imitation. La science est ici à bout de ressources. En revanche, nous devons comprendre et affirmer que le son vocal de l'un et l'autre mot, allemand et grec, n'est pas le son originaire, et que l'objet

(1) Michel Bréal. *Mélanges, etc.*, p. 400.

en question se trouve, en sanscrit, sous la forme de *gaus* auquel sans doute ou peut assigner une forme plus ancienne, celle de *gvavs*. Si donc on ne parvient pas à rattacher le mot, dans cette forme, à une racine, c'est qu'il faut absolument se résigner à l'ignorance. C'est une illusion que de se livrer à la recherche de racines étymologiques, à l'étude scientifique de l'origine du langage ; mais plutôt, pour pénétrer dans les profondeurs insondables du lien qui unit la forme au sens, il faut reconnaître que ce rapport est encore à trouver. Si tel est le cas — et c'est le cas — s'il n'y a nulle relation intime entre les mots et les objets, s'il n'y a pas de conformité entre les mots et les sons, mais plutôt si les mots ne sont qu'un développement d'éléments absolus, c'est que nous aurons conquis un terrain solide pour la science, et les grandes questions dernières, tant controversées par les érudits, se trouvent enfin écartées (1). »

Presque au début de son ouvrage, M. Geiger semble découragé par l'*insurmontable difficulté* de la science philologique, et il se montre beaucoup moins opposé au φύσις :

« Si, de nos jours, les peuples les plus civilisés venaient à convenir entre eux d'un langage universel, nul doute qu'ils rencontreraient des difficultés qui les feraient bientôt renoncer à une entreprise qu'on taxerait d'être fantaisiste. On comprend cependant qu'à cet égard beaucoup de gens se contenteraient même d'un pis aller, quelque incomplet qu'il fût, tandis que le langage que nos ancêtres inconnus ont eu à inventer, il y a des milliers d'années, dans la sombre nuit du monde primitif, porte le cachet de la plus admirable perfection, d'une force d'intelligence telle qu'aucun linguiste n'a jamais pu l'approfondir. Aussi, depuis ces dernières dizaines d'années, la théorie de l'origine artificielle du langage a-t-elle généralement perdu du terrain, si elle n'a été considérée comme impossible, parce que l'on s'aperçoit de plus en plus qu'il doit y avoir dans l'invention du langage une intelligence et une logique que malheureusement

(1) L. Geiger. *liv. cit.*, p. XXV-XXVII.

un voile épais recouvre. On ne peut nier que le langage, de quelque manière qu'on se le figure, n'ait du rapport avec la pensée elle-même, et les créateurs de langues des temps primitifs qui avaient besoin de constater ce rapport, ne pouvaient le faire que par le secours de la pensée qui, de son côté, n'était pas encore soutenue par le langage (*a*).

« La théorie du φύσις, au moins dans quelques-unes de ses formes, semble pouvoir échapper à cette difficulté. Selon cette théorie, il y a entre le son et l'objet qu'il désigne, un lien naturel. L'homme, d'après la nature des choses, conçoit des sons qui sont compris aussi nécessairement qu'un cri nous est enseigné par la doulenr qui l'excite, ou comme l'imitation du cri d'un animal quelconque nous rappelle suffisamment le souvenir de cet animal. Si nos mots actuels ne nous révèlent plus le rapport naturel nécessaire entre le son et la chose, ce rapport peut avoir existé dans l'état premier du langage et dans les parties essentielles des mots originaires La théorie qui établit le rapport entre le mot et la chose et qui montre que ce rapport est fondé sur la nature, et pourquoi un mot signifie telle chose et non telle autre, cette théorie, dis-je, était fort répandue dans l'antiquité. Epicure conçut ce rapport comme imposé par la nature : les plus anciens mots, selon lui, étaient des sons naturels, tout aussi bien que gémir, tousser ou éternuer (1). »

Quant à G. de Humboldt, cité par M. Geiger, et pour qui « le rapport entre le son et le sens n'est pas douteux », il dit que « on peut parfois le pressentir, mais la plupart du temps on ne parvient pas à le deviner. » Par suite de cette incertitude, il considère l'imitation sous un triple aspect, et cela, sans aucun profit pour la solution de la question. M. Geiger déclare que « en somme la science a montré que le rapport entre le son et le sens n'est pas un système arbitrairement arrêté, mais quant à la NÉCESSITÉ de ce rapport, elle l'a complètement RETRANCHÉE (2). »

(*a*) Chez les Phéniciens, même avant qu'ils eussent inventé l'alphabet, *la pensée était soutenue par le langage.*

(1) L. Geiger, *liv. cit.* p. 5-7.

(2) *id.* *ibid.* p. 15-16.

Mais ce qui renferme une valeur et une conclusion très considérables, c'est ce qu'il ajoute, après avoir invoqué sur cette importante question les témoignages des philologues les plus célèbres, tels que Démocrite, Aristote, Harris, Herder, Condillac, Garjia, Max Müller, Rudolph, Roth, Abulvalid, Jehuda ben Koreisch, Edmond Castle, Pott, Steinthal, Renan, Heyse, Platon, Bopp, Benfey, Lepsius et Schleicher :

« On le voit : l'antagonisme du dogme du φύσις et du θέσις a fini par conduire au scepticisme. La science du langage comparé n'ayant nulle perspective d'aboutir, au moyen de la double voie indiquée et qui promettait tant, a été amenée à nous convaincre que pendant des générations encore nous n'arriverons pas au but; que dis-je? NOUS N'ABOUTIRONS JAMAIS (1). »

En résumé, et nous ne saurions trop le répéter, les philologues, tant anciens que modernes, n'auraient pas été conduits à composer très péniblement, et tout à fait artificiellement, les lois de la phonétique; ils ne se seraient point évertués à opposer le φύσις au θέσις et le θέσις au φύσις, s'ils avaient exploré la seule région où il est possible de découvrir l'essence, la cause première, la force, uniquement génératrice, à laquelle les Indo-Européens ont emprunté tous leurs mots. Or, soit que ces dérivés aient été façonnés tout d'une pièce dans le moule phénicien dont ils sont la reproduction absolument identique (toutefois avec force addition de préfixes ou de suffixes), soit qu'ils sortent d'autres moules phéniciens qui leur ont donné l'empreinte de leur caractère le plus important, tous ces mots, disons-nous, sont réellement de création phénicienne; tous, malgré leur diversité, malgré les changements que leur a imprimés le génie ou plutôt le caprice des divers peuples indo-européens, malgré les modifications dont le temps les a revêtus, ils ont reçu, ils portent encore aujourd'hui leur signe originel, et chez les filles,

(1) L. Geiger, *liv. cit.*, p. 46.

comme chez la mère, il est impossible de méconnaître une constitution purement onomatopique (*a*).

Ce rapport entre le son et le sens constitue ce que les grammairiens ont appelé onomatopée, et, suivant le Dictionnaire de de l'Académie, l'onomatopée est la *formation d'un mot dont le son est imitatif de la chose qu'il signifie. Les mots tric-trac, glouglou, coucou, cliquetis, sont formés par onomatopée.*

Ce terme grammatical vient de deux mots grecs *ὄνομα*, génitif *ὀνόματ-ος*, nom, et *ποιεῖν*, faire : il indique bien le procédé employé d'une façon plus ou moins marquée par les créateurs des langues, de manière à mettre en harmonie l'expression vocale avec la signification même du mot.

Nous avons dit que tous les mots de toutes les langues alphabétiques ont une constitution onomatopique. Mais ce principe de l'onomatopée a été très diversement appliqué. Les mots cités par l'Académie nous en offrent déjà un exemple : *coucou* et *tric-trac* désignent et peignent par le son l'animal et le jeu que l'on connaît, tandis que la prononciation de *glouglou* et de *cliquetis* exprime bien des effets qui ne peuvent se confondre, mais il n'y a aucune relation onomatopique entre *glouglou, cliquetis* et la cause de ces deux phénomènes, qui est bouteille, armes. Donc l'onomatopée peut s'appliquer à l'effet aussi bien qu'à la cause.

Ce n'est pas sur cette seule différence que repose la diversité des onomatopées, et nous croyons présenter la question sous son véritable aspect en établissant une distinction indispensable.

L'onomatopée d'abord s'applique à tous les mots exprimant des êtres à qui la nature a donné la faculté ou la propriété de produire un son ou un bruit : les animaux ont une voix dont l'instrument est en eux ; les vents, l'eau, le feu, peuvent également retentir à notre oreille.

(*a*) Nous prions le lecteur de se reporter aux pages 266-268 ; il y retrouvera les magnifiques conclusions de M. Renan qui, appuyé sur l'*hébreu en particulier*, justifie la vérité de l'onomatopée.

L'onomatopée comprend aussi tous les mots désignant des êtres qui, dans les langues alphabétiques, ont été exprimés non plus d'après le cri ou le son qu'ils ont le pouvoir de faire entendre, mais par des combinaisons phoniques dont la valeur onomatopique ne peut échapper à personne.

Dans ces derniers mots, de même que dans les mots par lesquels on a peint, soit les diverses manières d'être d'une multitude d'objets existant dans la nature, soit la foule des opérations diverses des êtres animés, on découvre, après un examen attentif de leur structure, un discernement admirable dans le choix des lettres qui les composent. Quand on étudie serieusement, et à ce point de vue capital, la constitution des mots phéniciens, on ne peut révoquer en doute cette merveilleuse analogie entre le sens et le son, inhérente à toutes les expressions de la langue originelle alphabétique, et toutes les langues qui en sont dérivées portent effectivement en elles-mêmes la marque indélébile de l'onomatopée.

Quelques exemples montreront clairement l'application des voyelles et des consonnes dans les mots qui relèvent de l'onomatopée.

Nous proposerons שת ST (voir pages 253-254), ce radical originaire qui, en phénicien, exprime l'idée d'*arrêt*, de *fixité*. Constatons d'abord — avec tous les peuples indo-européens qui l'ont adopté — sa force onomatopique; il éveille, il impose à l'oreille, autant qu'à l'esprit, l'idée de fixité, de fermeté, par suite de *situation arrêtée*. Suivons, en effet, שת ST, depuis son point de départ jusqu'à sa dernière étape, et nous le retrouverons partout revêtu de son caractère, de son énergie primitive. Les inventeurs de l'alphabet ne se sont pas trompés dans le choix des lettres, voyelles ou consonnes : soit qu'elles retentissent en plein palais, soit qu'elles expirent au bord des lèvres, qu'elles soient douces, fortes, aspirées, liquides, sifflantes, elles sont comme autant de couleurs destinées à donner aux mots qu'elles forment des teintes diverses, dont les plus ignorants peuvent concevoir ou comprendre la justesse. Eh bien ! l'articulation

שת ST, composée de deux lettres ש S et ת T (*a*), ne pouvait être mieux choisie par les Phéniciens pour représenter, pour peindre l'idée que nous autres Français, nous attachons, par exemple, à notre mot ST-ABILITÉ. Nous voyons que les autres peuples qui ont conservé, qui ont consacré la tradition du שת ST phénicien ne se sont pas plus abusés sur la valeur onomatopique de cet élément, et nous ferions injure au lecteur en la lui faisant remarquer davantage.

En poursuivant à fond cette étude, nous rencontrerions des caractères constitutifs moins profondément marqués au coin de ce rapport *dont nous affirmons* pourtant l'universalité. Mais ces caractères n'en existent pas moins, n'en sont pas moins saisissables. Ils peuvent *tous* être reconnus par une analyse exacte et consciencieuse.

Voyons, à cet effet, l'onomatopée du mot phénicien אכל *acl*, *manger*. Quel est le sens réel du mot אכל *acl* ?

On se rappelle (page 176) que les Phéniciens ont formé des substantifs avec l'élément verbal : du verbe רבה *rbe*, se multiplier, est sorti le nom ארבה *arbe* (je me multiplie), sauterelle, parce que cet insecte *se multiplie* à l'infini. Les verbes engendrent aussi parfois d'autres verbes, ce qui n'a été remarqué par aucun philologue. En effet, כלה *cle*, veut dire *consommer*, *consumer*, *épuiser*, *anéantir*, *détruire*, *achever*; la première personne de ce verbe est naturellement אכלה *acle*, comme on peut le voir spécialement *Nombres* XVI, 21 et XVII, 10, où אכלה *acle* signifie *je détruirai* (les rebelles). L'identité de אכלה *acle* et de אכל *acl* est assez frappante, car qu'est-ce que l'action de manger sinon celle de *consommer*, de *consumer*, d'*épuiser*, d'*anéantir*, de *détruire*, d'*achever* (les aliments) ?

Ce qu'il nous importe maintenant de faire valoir ici, c'est le caractère onomatopique de l'articulation forte contenne dans כלה *cle*. Employé comme substantif, כלה *cle* signifie *achèvement*, en

(*a*) On sait que les langues classiques n'ont pas la lettre CH, et que les Allemands, qui la possèdent, au lieu de prononcer, par exemple, *Staat* (Etat), *Stehen* (s'arrêter), disent *CHtaat*, *CHtehen*.

bien comme en mal ; d'un côté, il exprime la beauté *achevée*, et dans cette acception il s'applique spécialement à la fiancée, à l'épouse, à la bru ; כלה *cle*, d'un autre côté, a le sens d'*entière destruction*, et, cette fois, כלה *cle* est bien réellement onomatopique : rien ne peut se détruire entièrement sans une *action énergique*.

Ce mot אכל *acl* n'a pas été emprunté par les Indo-Européens pour exprimer leurs verbes qui signifient *manger*. Ils ont adopté une autre racine phénicienne dont le sens est *agiter*, *forcer*, parce que manger correspond bien à l'idée d'*agiter* les dents, de *forcer* les aliments. Nous ne ferons ce rapprochement que pour le sanscrit, le grec, le latin, l'allemand, le hollandais, l'anglais. Dans ces langues, pour désigner l'acte de la mastication, on a puisé au verbe עזז, *ozz* ou *ezz*, *agiter* (*Proverbes*, VIII, 28), *forcer*. C'est de là que découle le grec Ἐσ-θίειν, le latin ESS-*e*, l'allemand ESS-*en*. Dans ces dérivés, le ז *z* est devenu *s*, ainsi qu'il arrive pour une foule d'autres expressions indo-européennes. La puissance onomatopique de ces mots consiste dans la double sifflante *SS* maintenue dans ESSE et ESSEN, simplifiée dans ἐσ-θίειν. Pour le sanscrit *ad-mi*, qui se retrouve dans ἔδω et dans *edo*, la nature onomatopique est moins comprise ; là évidemment le mot a été pris pour lui-même. Ainsi en a-t-il pour le hollandais *eten* et pour l'anglais *to eat*.

Les premières impressions, les premières pensées de l'homme ont été produites par l'action du monde extérieur diversement exercée sur son organisme. Il a d'abord distingué entre eux les objets matériels, il les a désignés par des mots *concrets* dont chacun servait à exprimer un être réel, perceptible par l'un des sens dont il est pourvu ; puis a commencé le jeu des facultés intellectuelles et étrangères au monde physique. Pour chacun des phénomènes non physiques il a fallu créer un mot, qu'on a appelé mot *abstrait*. Ainsi, un nom *concret* est celui qui nomme un être réel et perceptible par nos sens ; un nom *abstrait* est celui qui nomme un être idéal, c'est-à-dire qui ne peut être perçu par les sens. Un même nom peut désigner un être concret ou un être abstrait, selon la signification qui s'attache à ce nom : Cœur est un nom *concret*, quand il signifie l'un des organes essentiels de la vie ; c'est un nom *abstrait*, quand il veut dire courage, générosité. Les mots abstraits ont-ils été pris dans le domaine des mots concrets, ou bien a-t-on imaginé des expressions absolument nouvelles? Enfin, pour poser la question plus nettement, les mots *abstraits* viennent-ils des mots *concrets*?

Nous nous prononçons pour l'affirmative, et nous allons justifier notre sentiment. Nos considérations sur cet objet se rattachent d'ailleurs au développement du sujet annoncé en tête de ce chapitre important.

Un philologue éminent, M. G. Curtius, a soulevé cette importante question. Nous lisons, en effet, à la page 93 des *Principes de l'Etymologie grecque* : « De quel intérêt serait ce principe que l'abstrait vient du concret, principe généralement admis et appuyé sur une foule d'exemples empruntés aux langues les plus diverses ! Le magnifique avenir de la science du langage, et qui réalisera certainement notre espoir, se chargera de justifier notre confiance ; mais quelle tâche encore difficile ! Pourquoi cependant, en présence de l'état actuel de la science, renoncerions-nous à envisager ce but lointain ? » Un peu plus loin il dit : « Nous acceptons la thèse dès longtemps soutenue que l'abstrait vient du concret. »

M. Renan, lui aussi, admet ce principe, et il le justifie d'une manière remarquable :

« En effet, si l'on parcourt la série des racines qui nous sont restées de cette langue (l'hébreu), à peine en trouve-t-on une seule qui n'offre un premier sens matériel, lequel, par des passages plus ou moins détournés, a été appliqué aux idées morales.

« S'agit-il, par exemple, de peindre un sentiment de l'âme ; l'hébreu a recours au mouvement organique, qui d'ordinaire en est le signe. Ainsi la *colère* s'exprime d'une foule de manières également pittoresques, et toutes empruntées à des faits physiques. Tantôt la métaphore est prise du *souffle* rapide et animé qui l'accompagne (en note : Le même mot signifie en hébreu *nez* et *colère*), tantôt de la *chaleur*, du *bouillonnement*, tantôt de l'action de *briser* avec fracas, tantôt du *frémissement*, de l'*écume* qui sort de la bouche de l'animal furieux. Le *découragement*, le *désespoir*, sont toujours exprimés dans cette langue par la *liquéfaction* intérieure, la *dissolution du cœur*; la *crainte*, par le *relâchement des reins*. L'*orgueil* se peint par l'*élévation de la tête*, la taille haute et roide. La *patience*, c'est la *longueur* (longanimité); l'*impatience*, la *brièveté*. Le *désir*, c'est la *soif* ou la *pâleur*. Le *pardon* se rend par une foule de métaphores empruntées à l'idée de *couvrir*, cacher, passer sur une faute un enduit qui l'efface. Dans le livre de Job, Dieu coud les péchés dans un sac, y met son sceau, puis le jette derrière son dos; tout cela pour signifier *oublier*. *Remuer sa tête, se regarder les uns les autres, laisser tomber ses bras*, etc., sont autant de tours que l'hébreu préfère de beaucoup pour rendre le *dédain*, l'*indécision*, l'*abattement*, aux expressions purement psychologiques. On peut même dire que l'hébreu manque complètement d'expressions de ce genre. Quand il emploie des mots que l'usage a consacrés ultérieurement au sens moral, il aime à y ajouter la peinture de leur circonstance physique : « Il se mit en colère et son visage s'enflamma (en note : et son visage *tomba* (Gen. III, 5) »; ..... « il ouvrit la bouche et dit » ....., etc.

« D'autres idées plus ou moins abstraites ont reçu, dans la même langue, leur signe d'un procédé semblable. L'expression du *vrai* se tire de la solidité, de la stabilité; celle du *beau*, de la splendeur; celle du *bien*, de la rectitude ou de la bonne odeur; celle du *mal*, de la déviation, de la ligne courbe ou de la puanteur. *Faire* ou *créer*, c'est primitivement *tailler*, *couper*; *décider* quelque chose, c'est *trancher*; *penser*, c'est *parler*, comme chez certaine peuplade de l'Océanie, qui, pour *penser*, dit *parler dans son ventre*. L'*os* signifie la substance, l'intime d'une chose, et sert en hébreu d'équivalent au pronom *ipse*.

« Toutes les langues présenteraient du reste des faits analogues, avec des degrés divers d'évidence, selon qu'elles sont restées plus ou moins fidèles à l'esprit primitif. Ainsi, dans notre langue, les mots *penchant*, *aversion*, *inclination*, et une foule d'autres expriment des états de l'âme par des attitudes du corps. En grec, ἐφίεμαι, ὀρέγομαι, *désirer*, signifient proprement *aller vers*, *s'étendre vers*. Πλημμελέω signifie *chanter faux* (πλὴν-μέλος), et par suite, *commettre une faute*. Le *souffle*, dans toutes les langues est devenu synonyme de la vie, à laquelle il sert de signe physique. C'est une chose bien digne de réflexion que les termes les plus abstraits dont se serve la métaphysique aient tous une racine matérielle, apparente ou non, dans les premières perceptions d'une race toute sensitive.

. . . .

« Il faut admettre chez les premiers parlants un sens spécial de la nature, qui donnait à tout une signification, voyait l'âme dans le dehors et le dehors dans l'âme. Ce serait un vrai malentendu de considérer comme un grossier matérialisme, ne comprenant, ne sentant que le corps, l'état sensitif où vécurent les créateurs du langage : c'était au contraire une haute harmonie, grâce à laquelle l'homme voyait l'un dans l'autre, exprimait l'un par l'autre les deux mondes ouverts devant lui. Le parallélisme du monde physique et du monde intellectuel fut le trait distinctif des premiers âges de l'humanité. Là est la raison de ces symboles, transportant dans le domaine des choses religieuses le procédé qui avait servi au développement du langage ; là est la raison de cette écriture idéologique, donnant un corps à la pensée et appliquant à la représentation écrite des idées le même principe qui présida à leur représentation par les sons. En effet, le système de nomenclature que nous avons décrit est-il autre chose qu'un symbolisme, un hiéroglyphisme continuel, et tous ces faits ne se groupent-ils pas pour témoigner de l'étroite union qui, à l'origine, existait entre l'âme et la nature ?

« Toutefois, comme un tel état était loin d'exclure l'exercice de la raison, mais la tenait seulement enveloppée dans les images concrètes, nous croyons qu'on doit admettre comme primitifs dans leur signification les mots métaphysiques qui correspondent à des catégories essentielles de l'esprit, et sans lesquels les données de la sensation elles-mêmes seraient incomplètes, comme sont les pronoms personnels, les particules simples, et peut-être certaines formes du verbe *être*. Ces mots appartiennent tout autant à la grammaire qu'à la lexicologie ; or, la grammaire est tout entière l'œuvre de la raison ; la sensation n'y a aucune part. La distinction des mots *pleins* et des mots *vides*, qui dominait l'ancienne grammaire, trouve ici sa parfaite application. Les premiers, qu'on pourrait appeler *mots objectifs*, désignant des choses et formant un sens par eux-mêmes, ont tous eu pour cause de leur apparition un phénomène extérieur ; les seconds, qu'on pourrait appeler *mots subjectifs*, ne désignant qu'une relation ou une vue de l'esprit, ont dû souvent avoir une cause purement psychologique. Cette réserve, ou, pour mieux dire, cette distinction une fois faite, la loi générale que nous avons établie conserve sa parfaite vérité (1). »

Après avoir souvent et subsidiairement parlé de l'onomatopée, nous venons de traiter ici tout particulièrement de cette matière essentielle ; le lien qui rattache l'abstrait au concret devait être aussi recherché, reconnu et prouvé par quelques exemples. Mais il nous paraît plus important de démontrer la parenté qui unit les langues indo-européennes à la langue phénicienne et aux langues congénères : en effet, si, comme on va le voir, nos preuves sont décisives, il ne peut plus subsister une seule objection sérieuse contre notre système, et tout le monde sera contraint de proclamer avec nous que la langue alphabétique originelle est bien décidément le phénicien.

Nous pourrions produire ici des milliers d'exemples qui démontrent la parenté des langues alphabétiques ; mais les limites dans lesquelles nous sommes forcément renfermé nous obligent à n'en citer que quelques-uns, et nous renvoyons le lecteur à nos Dictionnaires.

(1) E. Renan, *De l'Origine du Langage*, p. 125-133.

Mais d'abord constatons les incertitudes des philologues qui, après avoir déclaré que la langue primitive est perdue, supposent des formes mères vers lesquelles ils s'efforcent en vain de remonter au moyen de l'échelle phonique.

C'est ainsi que M. Michel Bréal dit aux pages 377-378 de ses *Mélanges de Mythologie et de Linguistique* :

« Cette langue mère, dont nous entrevoyons les contours, s'est sans doute développée dans les mêmes conditions que nos langues, et de ce qu'elle ne nous a pas été conservée, nous n'avons pas le droit de conclure qu'elle fût faite autrement que les idiomes dont nous avons une connaissance directe. Telle serait pourtant l'erreur où l'on tomberait, si l'on attribuait à la langue mère une régularité qui ne se trouve dans aucune de ses filles. Pour commencer par la phonétique, toutes les langues qui ont été parlées pendant un long espace de temps par un grand nombre d'hommes, offrent des variétés dialectales : la langue mère sur laquelle nous n'avons aucun renseignement positif, mais dont on peut dire avec assurance qu'elle a été maniée durant une série considérable de siècles avant d'arriver au développement grammatical qu'elle présente, a dû également subir le mélange des dialectes. J'en donnerai un seul exemple. Les mots qui désignent le cœur dans nos langues de l'Europe supposent tous un primitif *kard*. D'autre part, les mots qui désignent le cœur en sanscrit et en zend supposent un primitif *ghard*. Mais ce qui prouve que la forme *kard* n'était pas étrangère aux langues de l'Asie, c'est qu'elle s'est conservée dans le juxtaposé *çrad-dhâ* qui désigne un acte de foi, ainsi que dans le verbe *çrad-dadhâmi*, qui veut dire j'accorde mon cœur, ma foi (c'est le latin *credo*). Nous avons donc deux formes *kard* et *ghard*, dont il serait difficile de nier la parenté, mais qui ne se laissent pas réduire à une forme commune. Probablement l'une et l'autre coexistaient dans la langue mère indo-européenne. Je ne veux pas dire que toutes les variantes dialectales ne doivent pas, en dernière analyse, être ramenées à un type unique. L'erreur, c'est de placer les points de jonction sur un seul et même plan. Un certain nombre de ces formes dialectales ont pris naissance antérieurement à la langue qu'à l'aide de nos comparaisons nous pouvons reconstruire, de sorte que la phonétique selon laquelle ces variantes se sont produites, nous échappe. »

Il est toujours très facile de *supposer* des formes originelles qu'on ne peut rattacher à une langue reconnue ; mais encore faut-il, lorsqu'on imagine un primitif *ghard* et qu'on le conclut du sanscrit et du zend, respecter l'orthographe exacte du mot sanscrit *hṛd*, le cœur, qui ne contient pas l'articulation initiale *g* de *ghard*, proposé.

M. Michel Bréal dit également que « les mots qui désignent le cœur dans nos langues de l'Europe, supposent tous un primitif *kard* ». Or, cette forme *kard*, ajoute-t-il, n'était pas étrangère aux langues de l'Asie, puisque « elle s'est conservée dans le juxtaposé *çrad-dadhâmi* (en latin *credo*), qui veut dire j'accorde mon cœur, ma foi. »

Çrad-dadhâmi se compose de deux éléments : *dadhâmi*, je donne, et *çrat*, foi, qui a produit *çraddha*, fidèle. Nous contestons d'ailleurs la parenté de *hṛd*, le cœur, et de *çrat* ou *çrad*, non pas seulement à cause de la différence que le *ç* établit entre ces deux mots, mais parce qu'ils ont une origine phénicienne tout à fait différente, qui leur impose une signification tout autre. En effet, le sanscrit *hṛd*, de même que le gothique *hairtô*, l'allemand *herz*, le hollandais *hart*, l'anglais *heart*, dérivent du phénicien חרד HRD *trembler*, *souci*, *inquiétude*, *affection* : une foule de textes nous montrent חרד *hrd*, lié au mot לב *lb*, *cœur*, c'est-à-dire le siége de la *sensibilité* :

אביט אל עני ונכה רוח וחרד על דברי (*Isaïe*, LXVI, 2.) *abith al oni u-nce ruh u-*HRD *ol dbr-i*	Je porte le regard vers l'humilié, à l'esprit contrit ATTENTIF à ma parole. (Il est permis de traduire au CŒUR attentif).
כי היה לבו חרד על ארון (I. *Sam.* IV, 13.) *ci eie* LB-*u* HRD *ol arun*	Car son CŒUR était INQUIET au sujet de l'arche (du Seigneur).

הנה חרדת את כל החרדה (II. *Rois*, IV, 13.) Ton ATTENTION (pour
ene HRD-*t at cl e*-HRD*e* nous) était si PROFONDE.

En arabe, חרד *hrd* signifie *s'effrayer*, *être ombrageux*.

Cette rencontre des Indiens et des Européens dans le choix de l'expression phénicienne חרד *hrd*, pour signifier *cœur*, est très saisissante ; elle nous place sur le terrain de la réalité, et loin des régions de l'hypothèse (*a*).

Quant à *çrat*, foi et *cradila*, fidèle, ils procèdent de כרה CRE qui, parmi ses diverses significations a celle d'*acheter* ; en arabe, כרא *cra* veut dire *louer*. Un achat, une location impliquent nécessairement la confiance, par conséquent, le CRÉ*dit*. Cela est si vrai que les premières acceptions du mot latin CRE*dere*, inscrites au dictionnaire de Quicherat, sont *prêter*, *confier*, *se fier*. Or, l'idée de *confiance* et celle de *foi* sont identiques.

Mais כרה CRE signifie également et surtout *creuser*. En chaldéen, c'est כרא *cra*, *creuser* ; כריא *cria*, *fosse* ; en arabe, כרא *cra*, *creuser*, *déterrer*. Cette idée de creuser a été saisie, adoptée et par les Grecs et par les Romains pour exprimer le mot cœur : la preuve en est dans κῆρ qui a produit καρδία. Effectivement καρδία ne signifie pas uniquement le viscère qu'on appelle le *cœur* ; il veut dire aussi l'orifice supérieur de l'*estomac*, le *ventre*, ou l'*intérieur* d'un *vase* : l'idée générale contenue dans καρδία est bien celle de *creux*.

Malgré la différence insignifiante du χ, il y a un rapport d'identité évident entre κῆρ, *cœur*, et χορδή, *corde*, *intestin*, *boyau*. Dans son Dictionnaire, Facciolati dit, avec raison, que le latin *cor* vient de κῆρ, de même que *chorda* dérive de χορδή. Ainsi, c'est bien l'idée de *creux* qui domine dans *cor* autant que dans κῆρ, *cœur*. En russe, le cœur se nomme *sertze* (les Russes n'ont pas la consonne *c*).

Nous le répétons, il n'était nullement nécessaire de forger un

(*a*) Notre mot HARD*i* qui se rattache à COUR*age*, procède du phénicien חרד *hrd*, n'en déplaise à M. Littré qui le rapproche de l'allemand *hart*, dur, dont l'étymologie a un nom phénicien différent.

kard et un *ghard* — primitifs soi-disant de la langue perdue — pour créer arbitrairement le mot *cœur* dans nos langues asiatiques ou européennes.

M. Michel Bréal, dans sa remarquable préface du second volume de sa traduction de la *Grammaire Comparée* de Bopp, page XIII, avance un autre fait qui demande également une rectification :

« Le latin *pecu*, le gothique *faihu* et le sanscrit *paçu*, nous conduisent à un primitif *paku* « bétail ».

Soit, mais à quelle langue appartient ce primitif *paku*, et pourquoi *paku* plutôt que tout autre mot plus ou moins similaire?

Nous allons fournir à la science le véritable mot, le mot phénicien, qui a engendré *pecu* et ses congénères.

Pourquoi dit-on en latin *pecu*, en gothique *faihu*, en sanscrit *paçu ?* C'est que ces mots et d'autres dont nous allons parler, et qui ont le même sens, procèdent d'un mot phénicien פוח PUH ou FUH, qui signifie *exhaler un souffle, respirer*, et dont l'onomatopée est manifeste. En arabe, c'est פאח *fah, être en mouvement, être vivant*; *exhaler* une odeur, *souffler*; פח *fh*, *exhaler* un son rauque. L'articulation *p* n'existe pas en arabe.

Ainsi, voilà trois langues indo-européennes qui, pour désigner un groupe d'animaux, ou un troupeau, se sont, sans s'être concertées, rencontrées dans l'adoption d'une racine primitive, exprimant l'idée générale de *être animé*. Ajoutons l'allemand *vieh*, *bétail*, le holl. *vee*, le dan. et le suédois *fae*.

M. Michel Bréal, appliquant de nouveau le procédé de reconstruction, au moyen duquel des mots indo-européens on remonte à un mot de la langue primitive *supposée*, dit (*Mélanges*, etc., p. 376) : « Un substantif neutre *ganas*, naissance, race, nous est suggéré par le sanscrit *ganas*, le grec γένος et le latin *genus*. Ce mode de reconstitution a le double avantage de se bien prêter, par sa clarté et par sa brièveté, à l'enseignement, et d'imposer aux conjectures une forme précise. »

Eh bien, dans notre système de reconstitution tout franchit

les bornes des *conjectures* pour conduire le lecteur devant la source, non d'une langue hypothétique, sans monuments, sans caractère authentique, mais d'une langue réelle ou plutôt de la langue par excellence, nous ne cesserons de le répéter, du phénicien. En effet, au *ganas* fantaisiste de M. Michel Bréal, nous substituons tout simplement גו GU et גויה, GUIE, le *corps humain*, l'être qui *engendre*. Il est facile de revoir (pages 139-141, *Ling. Dévoil.*) notre étude si concluante relative à la GÉN*ération* produite par GU et GUIE, spécialement pour le grec. On sait d'ailleurs à quelle quantité d'autres mots indo-européens cet élément a donné naissance.

Nous continuons à apprécier la théorie de M. Michel Bréal appliquée au primitif, encore supposé, *avis* (*Mélanges*, etc., p. 379-380) : « S'agit-il, par exemple, du mot *avi-s*, brebis? Ce substantif a existé dans la langue mère, puisque nous le rencontrons en sanscrit sous la forme *avi-s*, en grec ὄϊς, latin *ovis*, lithuanien *avis*, irlandais *oi*, Mais s'il n'est nullement téméraire d'affirmer l'existence du mot dans un temps antérieur à la séparation de nos idiomes, la recherche de l'étymologie nous transporterait dans une période beaucoup plus reculée et sur un terrain moins solide : l'Indo-Européen qui nommait *avis* la brebis pensait probablement, en la nommant, à une brebis, et à nulle autre chose. Si nous voulons connaître la racine renfermée dans ce substantif, nous franchissons une nouvelle série de siècles et nous faisons de l'étymologie anté-indo-européenne. C'est ce que nous parait faire M. G. Curtius quand il suppose que la brebis est nommée d'après sa douceur, et quand il identifie son nom avec l'adjectif sanscrit *avi*, bienveillant, favorable ; c'est ce que fait M. Auguste Fick, quand il rattache le mot à une racine *av*, marcher, dont l'existence, pour le dire en passant, nous paraît bien problématique. »

Le savant professeur aurait pu ajouter le russe *ovtza*, brebis, mouton.

Ni M. Michel Bréal, ni M. G. Curtius, ni M. Auguste Fick, cités par lui, n'ont trouvé l'étymologie du nom de la brebis, et voici cette étymologie : un des caractères particuliers, sinon essentiel et exclusif, de cet animal, c'est d'être *gras*; et ce caractère s'applique à la laine elle-même de la brebis. Or, en phénicien עבה OBE ou ABE, signifie *engraisser*, *être gras* (*Deutéronome*, XXXII, 15). En syriaque, עבי *obi* ou *abi*, comme en arabe ועב *uob*, ont la même valeur que עבה *obe* phénicien.

En vérité on demeure stupéfait en présence de la facilité avec laquelle des philologues célèbres se laissent entraîner à la conviction que les esprits sérieux et libres se contenteront de la seule proposition d'une racine génératrice de mots indo-européens et qui appartiendrait au vocabulaire d'une langue primitive perdue, mais qui a dû exister. Et nous ne pouvons nous empêcher de faire saisir mieux encore l'inanité de ce système, en empruntant à M. Michel Bréal une dernière reconstitution de mots dérivés au moyen d'un élément supposé. D'ailleurs, nous ne faisons ici que nous acquitter envers nos lecteurs, puisque nous leur avons promis, chapitre VII, p. 261, de nous expliquer plus tard sur le mot *vagh*, celui-là même dont il va être question à cette place :

« Il existe, par exemple, dans toute notre famille de langues une racine *vagh* « transporter », qui a donné au sanscrit le verbe *vahâmi*, au latin *veho*, au grec ἔχω, au lithuanien *wezu*, au gothique *viga* (*Mélanges*, etc., p. 282). »

A la page 376 du *même livre*, nous lisons :

« Reconstruire une forme *vaghanti*, ils transportent, comme prototype du latin *vehunt* et du sanscrit *vahanti*, est une hypothèse permise. »

Commençons par une rectification considérable, car elle a trait aux éléments constitutifs mêmes du mot *vagh*. Ce mot, d'après le savant professeur, serait la racine de *vahàmi*, transporter : or, la partie essentielle de *vahàmi* est contenue dans *vahê*, porter ; et *vahê* ne contient pas l'articulation *g*.

Il y a bien un mot sanscrit *vag*, mais qui n'est pas terminé par la lettre *h*; il signifie *voix*, il est pour *vàk*, qui provient lui-même de *vàć*. Le verbe issu de ce mot est *vać-mi*, *parler*, *réciter*, *dire*, *in*-VOQ-*uer*, *appeler*. Il est vrai que cette distinction essentielle entre *vag* et *vâhê* — qui a échappé à M. Michel Bréal — va cesser aussitôt que nous aurons produit l'origine phénicienne commune à ces deux mots qui pourtant se trouvent, pour ainsi dire, confondus dans le mot *viĉĉ-ayâmi,* qui veut dire à la fois *tendre vers*, *s'approcher*, *briller*, PARLER.

En effet, le mot phénicien בקע BQO, signifie proprement *scinder*, *briser*, *déchirer*, *fendre*, *diviser*, *faire irruption*, *traverser*, *pénétrer*, *éclater*, *éclore*, *jaillir*, *ébranler*, *retentir* :

Examinons d'abord quelques textes des différents auteurs qui ont attribué à בקע BQO le sens d'*éclater*, de *retentir :*

אז יבקע כשחר אורך (*Isaïe,* LVIII, 8.) Alors ta lumière *éclatera*
az i-BQO *c-chhr aur-c* comme l'aurore.

ותבקע הארץ בקולם (I. *Rois*, I, 40.) Et la terre *retentit* de leurs
u-t-BQO *e-artz b-qul-m* voix.

ובקעתי רוח סערות (*Ezéch.* XIII, 13.) Et je ferai *éclater* la tem-
u-BQO-*ti ruh sor-ut.* pête.

N'est-il pas évident que la lumière et la tempête ne peuvent *éclater*, que la voix ne peut *retentir*, sans *fendre*, *déchirer*, *ébranler*, *briser* l'air? On ne peut donc raisonnablement nous contester l'étymologie phénicienne du sanscrit *vag* et *vâk*.

Le latin voc-*are* et tous les dérivés qu'il a produits dans son propre sein et dans les langues qui en sont issues, se rattachent directement à בקע *bqo*.

De la même source découlent les mots sanscrits *vâc-ê, vagir*, *crier*, *hurler ; vâçita*, *cri* d'oiseau, d'enfant, de femme. Le latin nous offre encore *vagire*, *vagir*, *crier* comme les enfants nouveau-nés, comme les chèvres ou les lièvres; au figuré, *vagire* signifie *retentir*.

Parmi les diverses significations de בקע *bqo*, nous devons signaler celles de *faire irruption*, *traverser*, *pénétrer*.

Voici d'autres autorités à l'appui de cette acception :

ויעלו ביהודה ויבקעוה (II *Chron*. XXI, 17). Ils montèrent contre
u-i-ol-u b-ieude u-i-BQO-*u-e* la Judée et y *firent irruption*.

ויבקעו במחנה פלשתים (II *Sam.*, XXIII, 16.) Ils *pénétrèrent de*
*u-i-*BQO*-u b-mhne plcht-im* *de vive force* dans le camp des Philistins.

על בקעם הרות הגלעד (*Amos*, I, 13.) Pour avoir *pénétré* dans
ol BQO*-m er-ut e-glod* les montagnes.

Faire irruption dans un pays, pénétrer de vive force dans un camp, c'est évidemment s'y TRANSPORTER.

Il a été vu que *vahê,* primitif de *vahâmi*, transporter, ne renferme pas la consonne *c* ou *g;* cependant le *c* se retrouve dans *vic̈c-ayâmi* qui pourtant comprend l'idée de *mouvement* et celle de *parole*. En latin, le verbe *veho*, *transporter*, revêt au supin la forme *vec-tum*, qui contient l'articulation *c*. Cette même articulation se retrouve dans *voc-are*, *appeler*, et *vox*, *voc-is*, *voix*. Assurément l'idée de mouvement renfermée dans *veho* ne se transmet pas immédiatement à *vocare;* mais, par contre, selon César, Virgile, Tite-Live, Cicéron, etc., *vocare* veut dire aussi *appeler à soi*, *amener*, *faire venir*, *convoquer*, « *quocumque vocâsset spes*... Partout où (les) appellerait l'espoir... Liv.» Le seul sens de *convoquer* indique bien que *vocare* exprime aussi le *mouvement*.

Dans le même groupe vient se ranger le sanscrit *vak*, *vakâmi*, *vaguer*, *aller çà et là*. De là nous passons facilement au latin *vagari* qui a le même sens, et a produit le français *vaguer*, *vagabond*. Ajoutons *veg-ere*, exciter, animer, d'où *végéter*, *végétation;* *vex-are* (*vec-sare*), agiter, pousser; dans notre langue, *vexer*, *vexation*. N'oublions pas l'adj. *vague;* le subst. *vagues*, le verbe *vaguer* ; *vig-ere*, être en *vigueur*, en *vogue* ; *vig-ilare*, veiller, s'appliquer à, et les mots de la même famille en latin et dans les langues issues du latin ; *via*, de *vehere* par *vehendo*, « quasi *vehia* », selon le Dict. Facciolati. La contraction de *vehia* en *via* n'étonnera personne. En français, *via-tique* est apparenté directement à *via*, et le mot *voie* ne défigure pas plus *via* ou *vehia* que *cognoistre* ne défigure *cognoscere*. Il serait aisé de citer des milliers de mots qui, dans les langues romanes, reproduisent le type de בקע *bǫo*. Ceux qui paraissent le plus éloignés sont au contraire les plus conformes à l'origine.

Nous avons établi ci-dessus que בקע *bqo* signifie également *scinder*, *ouvrir*, *fendre*, *diviser*, etc.; voici des textes qui le constatent.

בוקע מים מפניהם (*Isaïe*, LXIII, 12.) *Fendant* les eaux devant
BUQO *mim m-pn-i-em* eux.

ונבקע הר הזיתים מחציו (*Zachar.*, XIV, 4.) La montagne des
u-n-BQO *er e-zit-im m-htzi-u* Oliviers se *divisa* en deux parties.

בצורות יארים בקע (*Job*, XXVIII, 10.) Il a *ouvert* des tranchées
b-tzur-ut iar-im BQO dans les rochers.

הבקעה העיר (*Jérém.*, XXXIX, 2.) La ville fut *battue en brèche*.
e-BQO-*e e-oir*

Le latin *buc-ca*, bouche (c'est-à-dire *ouverture*) reproduit exactement l'un des sens de בקע BQO, *fendre*, *ouvrir* ; il a aussi donné naissance à l'italien *boc-ca*, à l'espagnol *boc-a;* de là en français, les mots *bouc-he*, *bouc-her*, *bouc-hon*, *bec*, *becq-uée*, etc.

En allemand, la filiation est immense, et nous indiquerons un certain nombre des mots qui reconstituent notre racine phénicienne dans le sens de *mouvement :*

WAC-HE (en goth. *waht* (*s*) ; en isl. *vak-a;* dan. *vag-t;* angl. *watc-h*; holl. *wag-t;* suéd. *wak-t*), *veillée*, *faire guet*, *patrouille*.

WAC-HEN, *veiller*, *être vigilant*.

WAG-E (isl. *vog;* dan. *weg-t*; holl. *waag*), *balance*, *équilibre*, *risque*.

WAG-EN 1 (isl. *vog-a;* holl. *waag-en;* angl. *wag-e*), *hasarder*, *aventurer*, *risquer*.

WAG-EN 2 (goth. *wag-hen*; isl. *vag-en;* angl. *wag-gon* ou *wain*), *voiture*, *charrette*.

WÄG-EN (isl. *veg-a;* suéd. *wœg-a*; holl. *weeg-en;* angl. *to weigh*), *peser*, *balancer*.

WEC-HSEL (suéd. et dan. *vex-el* (*vec-sel*) ; holl. *wis-sel*), *changement*, échange, *vicissitude*, *lettre de change*.

WEC-HSELN, *changer*, *varier*, *atténuer*, etc.

WEG : adv. (dan. *vek ;* holl. *weg ;* angl. *a-way*), *au loin.*

WEG : adj. *parti*, *absent.*

WEG : subst. (goth. *wig (s)*; isl. *veg (r)*; suéd. *væg ;* dan. *veg* ; holl. *weg ;* angl. *way*), *voie*, *route*, *chemin*, *passage.*

WEG possède aussi le sens de *mouvement pour séparer*, *éloigner*, *entraîner :* de *gehen*, aller, vient *weggehen*, *s'en aller ;* de *führen*, conduire, on a fait *wegführen*, *emmener ;* de *nehmen*, prendre, s'est formé *weg-nehmen*, *ravir*, etc., etc.

WEG-EN n'existe qu'à l'état de préposition, comme manque de rapport; avec le préfixe *be*, il a formé *be-weg-en*, *mouvoir*, *déplacer*, *agiter*, *émouvoir*, etc., etc.

WEIC-H (isl. *vek* ou *veik-r* ; suéd. *wek* ; dan. *weeg* ou *waeg ;* holl. *week* ou *z-wak* ; ang. *weak*), *mou*, *flexible*, *ductile*, *plastique*, etc.

WEIC-HEN (suéd. *vik-a* ; dan. *vig-e ;* holl. *wyk-en* ou *weik-en*), *céder*, *fléchir*, *amollir*, etc.

WEIG-ERN (suéd. *waeg-ra*). *chercher à éviter*, *refuser.*

WECK-EN (goth. *wak-jan* ; isl. *vek-ia* ; suéd. *wæck-e* ; dan. *vaek-k ;* holl. *wek-ken* ; angl. *wak-a* ou *a-wake*), *agiter*, *éveiller.*

WIEG-E, *berceau*, et *wieg-en* (isl. et dan. *vug-ge* ; suéd. *vagga* ou *wag-a* ; holl. *wieg-en* ; angl. *wedg-e*), *balancer*, *bercer*, etc.

WOG-EN, *ondoyer*, *être houleux*, *palpiter*, *voguer.*

Les dérivés de ces mots sont, à leur tour, très nombreux.

La racine allemande *vac* est rare dans le sens de *voix*, de *cri* ; pourtant on la trouve dans le substantif *wac-htel*, c'est-à-dire l'oiseau qui *crie*, qui *appelle* ; en suéd. *wack-tel* ; en dan. *wac-htel.*

Nous aurions pu étendre la nomenclature des mots primitifs allemands, si nous avions pu craindre que le lecteur ne dût pas être suffisamment convaincu.

Avant de clore ce chapitre, nous croyons devoir faire entrer dans notre cadre — un peu dépassé — deux mots encore dont l'origine est très intéressante : *Nom*, *Calice*.

Le mot phénicien נאם NAM, signifie *dire*, *prononcer*, *parole*; en arabe נאם NAM, *nam* (a) *parler bas*, *murmurer*, *prononcer*. Il a engendré le sanscrit NÂM*an*, *nom*; le zend NÂM*an*; le latin NOM*en*, NOM*inare*, NUN*tiare*; l'allemand NAM*en*, NEN*nen*; l'anglais NAM*e* et *to* NAM*e*; le français, NOM, NOM*mer*, *pro*-NONC*er*, *an*-NONC*er*. Quant au grec ὄνομα, *nom*; ὀνομάζειν *nommer*; ils offrent un ο initial paragogique que l'on retrouve, par exemple, dans ὀδους, οἶνος, et que les Latins ont rejeté dans les dérivés *dens* et *vinum*. Le choix des Indo-Européens a été parfaitement raisonnable : qu'est-ce qu'un nom, si ce n'est la *parole prononcée* par laquelle on désigne un être ?

En phénicien, כלי CLI veut dire *vase*, *vaisseau*; il a produit le sanscrit *kalaça*, le latin *calix*, le grec κύλιξ et κύλη, l'allemand *kelch*; et ces divers mots correspondent, pour la signification, au français *calice*. Voilà pour la parenté directe. Voyons maintenant la génération collatérale : כלי *cli*, dérive de כול *kul*, *contenir*; il a créé κοῖλος, *creux*, *concave*; *cœlum*, voûte céleste qui *contient* les dieux, ce qui *couvre* la terre « *quod tegit omnia cœlum*, 60. »; l'italien et l'espagnol *cielo*; le français *ciel*; l'allemand *kehle*, *creux*. Le mot כלא *cla* est de la même famille : כלא *cla*, en chaldéen comme en phénicien; כאא *caa*, en syriaque; כאל *cal*, en arabe, ont le sens de *enfermer*, *retenir*, *enclore*, *emprisonner*. Les Doriens emploient κλάζειν dans l'acception de *fermer*; en latin CLA*udere* signifie CLO*re*, CLA*ssis*, l'ensemble de *vaisseaux* ou seulement *vaisseau*, ce qui *contient*; nos mots CLA*sse*, CLO*ître*, CLO*ture*, *con*CLA*ve*, CLE*f*, de CLA*vis*, expriment aussi l'idée d'un *contenant* et d'un moyen d'*enfermer*.

On a vu avec quelle méthode rationnelle, conséquemment avec quelles autorités et quels arguments nous nous sommes engagé

(a) Nous avons figuré — et nous continuerons à le faire — les mots arabes et syriaques par des caractères phéniciens.

sur ce terrain. Nous livrons à la parfaite sagacité du lecteur, à sa justice notre étude sur l'onomatopée, sur le rapport entre le concret et l'abstrait, et aussi sur la parenté des langues primitivement alphabétiques ; et nous espérons que ce travail n'aura pas été sans résultat pour la science, dégagée enfin de ses incertitudes et des préjugés qu'elle a subis jusqu'à présent (*a*).

(*a*) Dans la nombreuse nomenclature des mots dérivés, il s'est glissé (pages 163, 166 et 170) des explications inexactes que nous tenons à rétablir ici : *manus*, *la main*, a été engendré non par מנה *mne*, mais bien par ימן *imn*, *la main* droite (page 163) ; les Romains n'ont pas admis la lettre initiale *i* et ont constitué leur radical *man* avec *i-mn* (voir notre *Dictionnaire de la Langue française* au mot MAIN).

Le mot composé *method* (page 166) ne provient pas de מדד *mdd;* il a été engendré 1° par מוט *muth*, dont les diverses acceptions se rapportent toutes à l'idée de *mouvement* et de *déplacement* ; c'est dans מוט *muth*, que les Grecs ont puisé leur μετά qui a le même sens ; 2° par עדה, *ode*, *cheminer* ; en grec ὁδός, *chemin*. Les deux éléments μετά et ὁδός se sont combinés en μέθοδος, *method* en anglais, *méthode* en français.

Quant à l'expression *mathématiques* (page 170), il n'y a pas lieu de redoubler מדע *mdo* ou *mde* pour former la seconde partie du membre du mot ; *mathique*, n'est qu'un développement attribué à la forme adjective issue du radical verbal : car le véritable radical verbal de μανθάνω est μαθ, comme on le voit au futur μαθ-ήσομαι, j'apprendrai, et mieux encore à l'aoriste ἔ-μαθ-ον, j'appris.

CHAPITRE X

LA DÉCOUVERTE DU SANSCRIT

De tous les témoignages cités et soumis à l'appréciation du lecteur, il est facile de conclure que les efforts communs des philologues tentent perpétuellement à la découverte de la langue primitive. Quelques-uns, désespérant de la trouver jamais, ont cru que le langage avait été divinement révélé aux hommes; nous n'avons pas à discuter un acte de foi. Les linguistes qui ont pris résolument possession du domaine scientifique se sont plus ou moins égarés dans des systèmes dont aucun ne peut résister à un examen attentif, et nous avons eu facilement raison de cette reconstitution arbitraire de racines premières attribuées à la langue d'un peuple sans histoire, qui n'a laissé aucun monument littéraire.

La Société Asiatique, fondée à Calcutta en 1784, a-t-elle, en somme, résolu le problème de l'unité linguistique? Elle l'a compliqué, voilà tout : car le sanscrit, après sa brillante fortune, s'est vu replacé unanimement à son rang de langue dérivée au même titre, par exemple, que le grec et le latin, avec lesquels il présente, en effet, de frappantes identités. Mais il est, comme les autres langues indo-européennes, ses sœurs, compris dans le système phonétique à l'aide duquel on est arrivé à le rattacher aussi, toujours comme dérivé, à des types qui auraient fait partie de cette fameuse langue primitive que l'on ne connaît pas encore.

M. Max Müller nous fournit, à ce sujet, des considérations tout à fait concluantes :

« Les différents idiomes semblaient flotter comme des îles sur l'océan du langage humain ; ils ne s'agglomèraient pas pour se former en plus vastes continents. C'est là une période fort critique dans l'histoire de toute science ; et s'il n'était pas survenu un heureux accident qui, comme une étincelle électrique, fit cristalliser en formes régulières tous ces éléments flottants, il est plus que douteux que ces longues listes de langues et de dialectes énumérés et décrits dans les ouvrages d'Hervas et d'Adelung eussent pu continuer à exciter longtemps l'intérêt des philologues. Cette étincelle électrique fut la découverte du sanscrit.

« Le sanscrit est l'antique langue des Hindous, qui cessa d'être parlée au moins trois cents ans avant Jésus-Christ.........

« L'histoire de la philologie sanscrite chez les Européens date de la fondation de la Société Asiatique à Calcutta en 1784. Ce furent les travaux de William Jones, de Carey, de Wilkins, de Forster, de Colebrooke, et d'autres membres de cette illustre Compagnie, qui ouvrirent aux savants de l'Europe l'accès de la langue et de la littérature des brahmanes, et il serait difficile de dire si ce fut la langue ou bien la littérature qui excita l'intérêt le plus profond et le plus durable......

« Aucun philologue, dit William Jones, ne saurait examiner le sanscrit, le grec et le latin, sans penser qu'ils sont issus d'une source commune, laquelle, peut-être, n'existe plus. Il y a une raison du même genre, quoique moins évidente, pour supposer que le gothique et le celtique ont eu la même origine que le sanscrit. Nous pouvons aussi comprendre l'ancien persan dans cette famille.

« Le premier qui osa regarder en face les faits nouveaux et toutes leurs conséquences fut le poëte allemand Frédéric Schegel. S'étant rendu en Angleterre pendant la paix d'Amiens (1801-1802), il avait reçu les premières notions de sanscrit de M. Alexandre Hamilton. Après avoir poursuivi ses études à Paris, il publia, en 1808, son livre sur *La Langue et la Sagesse des Indiens*, qui devint la base de la science du langage. Quoique publié deux ans seulement après le premier volume du *Mithridate* d'Adelung, l'ouvrage de Schlegel en est séparé de toute la distance qu'il y a entre le système de Copernic et celui de Ptolémée. Schlegel n'était pas un grand savant; beaucoup de ses assertions étaient erronées, et rien ne serait plus facile que d'analyser son essai et de le tourner en ridicule; mais c'était un homme de génie, et quand il s'agit de créer une science nouvelle, l'imagination du poëte y est encore plus nécessaire que l'exactitude du savant. Il fallait assurément le regard du génie pour embrasser d'un seul coup d'œil les langues de l'Inde, de la Perse, de la Grèce, de l'Italie, de l'Allemagne, et pour les comprendre toutes sous la simple dénomination d'indo-germaniques. Telle fut l'œuvre de Schlegel, et dans l'histoire de l'intelligence, on l'a appelée en toute vérité « la découverte d'un nouveau monde (1). »

En vérité, nous ne voyons pas bien que le philologue allemand, M. Frédéric Schlegel, soit un homme de génie, qu'il ait découvert un nouveau monde. Sans doute, il a su dessiner les traits communs qui ramènent le sanscrit à la physionomie des autres langues avec lesquelles il est apparenté : l'essai de ce linguiste, qui offre « beaucoup d'assertions erronées, qu'il serait facile de tourner en ridicule, » ne nous paraît pas avoir contribué à « la création d'une science nouvelle. »

Continuons à citer l'illustre professeur d'Oxford qui, dans sa cinquième leçon, venait de comparer l'apparition de l'œuvre de Frédéric Schlegel à « une baguette magique », qui « indiqua l'endroit où l'on devait ouvrir une mine nouvelle. » Après avoir cité les noms de Lassen, de Rosen, de Burnouf, il dit :

« C'est à François Bopp que l'on dut, en 1816, la première comparaison détaillée et vraiment scientifique qui ait été établie entre la grammaire du sanscrit et celle du grec, du latin, du persan et de l'allemand. Ce travail fut suivi d'autres essais

(1) Max Müller, *La Science du Langage*, 4e Leçon, p. 151-152.

du même savant, et en 1833 parut le premier volume de sa *Grammaire Comparée du sanscrit, du zend, du grec, du latin, du lithuanien, du slavon, du gothique et de l'allemand*, qui ne fut terminée que près de vingt ans plus tard, en 1852, et qui restera toujours la base solide et inattaquable sur laquelle repose l'édifice de la philologie comparée (1). »

Nous ne contestons pas que les études de Bopp et de tant d'autres érudits aient été fort utiles au point de vue de la grammaire comparée : tout cela a pu multiplier les constatations de rapports incontestables entre les mots et les syntaxes de toutes les langues alphabétiques dérivées. En ce qui concerne l'étymologie réelle, la cause première de ces mots, le résultat reste encore, ce qu'il devait être, absolument nul.

Cela n'empêche pas M. Max Müller d'insister de nouveau sur l'importance du sanscrit :

« Ici on peut fort naturellement se demander comment il se fait que la découverte du sanscrit ait opéré un changement aussi complet dans l'étude de la classification des langues. Si le sanscrit avait été la langue primitive de l'humanité ou, au moins, la source du grec, du latin et de l'allemand, on comprendrait que la découverte de cette langue ait dû amener les savants à classer ces idiomes autrement qu'ils ne l'avaient fait jusqu'alors. Mais la langue sanscrite n'est pas au grec, au latin, au gothique, au celtique et au slavon ce qu'est le latin au français, à l'italien, à l'espagnol ; elle ne saurait être appelée leur mère, mais seulement leur sœur aînée, et elle occupe à l'égard des langues classiques une situation analogue à celle qu'occupe le provençal à l'égard des dialectes romans modernes. Toutes ces observations sont parfaitement justes, mais il est facile d'y répondre : ce fut précisément la nécessité de déterminer d'une manière nette et exacte les rapports du sanscrit avec les autres membres de la même famille, qui produisit ces importants résultats, et qui fit découvrir, en particulier, les lois des changements phonétiques,

(1) Max Müller, *La Science du Langage*, 5e Leçon, p. 174.

par lesquelles seules nous pouvons constater sûrement les degrés exacts de parenté entre des dialectes congénères, et rétablir de la sorte l'arbre généalogique du langage humain. Une fois qu'on eut déterminé la vraie place que le sanscrit doit occuper dans la série, et qu'on se fut familiarisé avec cette idée qu'il a dû exister un idiome plus ancien que le sanscrit, que le grec et que le latin dont cet idiome primitif avait été la souche commune ainsi que des branches teutonique, celtique et slave, toutes les langues semblèrent prendre, comme d'elles-mêmes, leur rang véritable. La clef de la difficulté était trouvée; tout le reste n'était plus qu'affaire de temps et de patience. On comprit que les arguments par lesquels on avait prouvé que le sanscrit et le grec s'étaient développés parallèlement, s'appliquaient avec non moins de force à la position relative du latin et du grec; quand on eut montré que dans bien des cas le latin avait un caractère plus primitif que le grec, il était facile de voir que les langues teutoniques, celtiques et slaves contenaient aussi nombre de formes qu'il était impossible de faire dériver du sanscrit, du grec ou du latin. Il devenait dès lors manifeste que toutes ces langues devaient être regardées comme des branches collatérales issues d'une seule et même tige.

« Le premier service que la découverte du sanscrit rendit à l'étude de la classification des langues, fut donc d'empêcher les savants de se contenter, comme ils l'avaient fait jusqu'alors d'une certaine affinité vague et générale, et de leur faire préciser les divers degrés de parenté entre les différents membres d'une même classe. Au lieu de *classes* de langues, on entendit parler, pour la première fois, de *familles* bien déterminées.

» Ce premier progrès fut suivi par un autre qui en était la conséquence naturelle. Tandis que pour constater, d'une manière générale, l'origine commune de plusieurs langues, il avait suffi de comparer entre eux les noms de nombre, les pronoms, les prépositions, les adverbes, les substantifs et les verbes les plus usités, on prouva bientôt qu'il fallait un criterium plus exact pour reconnaître tous les degrés de parenté de ces langues entre elles. Ce criterium fut la grammaire comparée, c'est-à-dire la comparaison des formes grammaticales des langues qu'on supposait être congénères, cette comparaison étant faite d'après certaines lois qui régissent les permutations phonétiques des lettres (1). »

Quelle est donc *la clef* trouvée par M. Schlegel ? Serait-ce par hasard la dénomination de langues indo-germaniques, dans lesquelles, bien entendu, était comprise la langue sanscrite ? Pour nous, pour tout homme de sens, ce n'est là qu'une question de népotisme, de vanité nationale. Et que penser de cet *arbre généalogique* retrouvé par le sanscrit qui n'en est qu'un des rameaux, et dont la tige principale et les racines n'ont point encore été découvertes ?

D'ailleurs, M. Max Müller ne tient pas en très haute estime les résultats obtenus par la comparaison des grammaires indo-européennes.

Il dit, en effet :

« Il serait déraisonnable de s'attendre à trouver des ressemblances entre les terminaisons grammaticales de ces langues, après que la corruption phonétique a réduit les termes précités à n'être plus que des exposants de pluralité. Mais on serait tout aussi peu en droit d'induire de telles dissemblances que ces langues n'ont pu avoir une même origine : car il est manifeste que, si des dialectes ayant une origine commune ont adopté, dès leur première séparation de la langue mère, des mots différents pour expliquer les cas, les nombres, les personnes, les temps et les modes, la philologie comparée aura beau analyser leurs désinences grammaticales ; elle n'en pourra jamais tirer aucune preuve de fraternité de ces dialectes. Leur classification est donc, par la nature même des choses, tout simplement une impossibilité, du moins si cette classification doit reposer principalement sur les formes grammaticales (2). »

(1) Max Müller, *liv. cit.*, 5e Leçon, p. 176-178.
(2) *id.* *ibid.* 5e Leçon, p. 182-183.

M. G. Curtius (*Principes de l'Etymologie grecque*, page 26) ne cède pas aux entraînements des philologues, admirateurs outrés du sanscrit :

« D'abord, il n'est pas douteux que, dans les premiers moments de l'enthousiasme causé par la précieuse découverte de la langue sanscrite, on ait parfois exagéré la valeur de cette langue, et qu'on lui ait attribué une prépondérance excessive dans la comparaison des autres langues apparentées. Sans doute, aucun savant, méritant ce nom, n'a jamais prétendu que le sanscrit fût la langue mère de ces langues ; il fallait être dépourvu d'intelligence pour s'imaginer que la recherche du langage comparé pouvait se baser sur l'idée de l'intrusion des mots latins et grecs comme éléments « étrangers ». Mais comme ceux qui, les premiers, ont dirigé leurs travaux dans ce sens, sont tous partis du sanscrit et se sont de préférence établis dans le sanscrit, il était naturel qu'ils se demandassent avant tout ce que les racines et les mots, pris à part, pouvaient avoir de ressemblant avec les mots des autres langues ; ils devaient donc considérer trop exclusivement le sanscrit comme le type essentiel au système du son et de la forme. »

Il a ajouté (*même livre*, page 32) :

« Sous d'autres rapports encore on a injustement fait du sanscrit le régulateur des autres langues. Malgré la vérité, parfaitement reconnue, que le sanscrit ne devait être considéré que comme une sœur, aux traits de famille fortement accusés, on ne l'a que trop souvent oublié dans l'application de cette vérité. Que l'on considère donc comme parfaitement avéré que ni le sanscrit, ni cette langue indo-germanique primitive, dont l'existence ne repose que sur un système de combinaisons, ne se trouvent dans le même rapport que le latin avec les langues romanes. »

Nous ne pouvons assurément suivre en aveugle M. Michel Bréal dans toutes les voies où il nous conduit : nous avons même eu l'occasion de combattre les idées de l'éminent philologue ; mais quand il lutte lui-même contre l'erreur et qu'il en triomphe par l'excellence de sa brillante dialectique, nous aimons à profiter de sa victoire :

« C'est du trésor inépuisable de la langue sanscrite que nos philologues ont habituellement tiré la matière de leurs comparaisons. Nous sommes conduits de la sorte à une troisième critique qu'il est permis de leur adresser. Par un entraînement très facile à comprendre, ils font la part trop grande au sanscrit. Non pas qu'aucun d'eux ait jamais prétendu que nos idiomes de l'Europe fussent dérivés de la langue de l'Inde; une assertion aussi aisée à réfuter ne s'est jamais trouvée dans le livre d'aucun linguiste de profession. Mais comme le sanscrit est, de tous les idiomes indo-européens, le plus archaïque et le plus transparent, comme il a sur ses frères l'avantage inappréciable d'avoir été soumis de bonne heure à l'analyse, comme il se présentait aux savants européens avec des listes de racines et de suffixes toutes préparées par les grammairiens indigènes, comme c'est la découverte du sanscrit qui a donné naissance à la philologie comparative, et que la plupart de nos grammairiens étaient en même temps des indianistes, il n'est pas étonnant que, sans y penser, ils aient quelquefois accordé trop de poids au témoignage, d'ailleurs si considérable, de la langue de l'Inde. Bopp, par exemple, qui ne manque jamais, quand l'occasion s'en présente, de faire remarquer, avec une sorte de satisfaction, que le grec, ou le latin, ou le lithuanien, ou l'allemand, s'est maintenu sur tel ou tel point *dans un état de conservation plus parfait que le sanscrit* (a), n'en donne pas moins, à certains moments, dans l'excès que nous venons de signaler (1). »

M. A. Hovelacque (*La Linguistique*, page 302), déclare nettement ce que vaut le sanscrit, et il en revient, comme tant d'autres, à une mère commune de tous les idiomes indo-européens :

« Ce fut précisément un des résultats de la grande œuvre de Bopp de montrer que le latin ne procédait pas plus du grec que

(a) Nous avons souligné ces dix derniers mots. Que devient, dès lors, le droit d'aînesse de la langue sanscrite dans la famille indo-européenne ?

(1) Michel Bréal, *Mélanges de Mythologie et de Linguistique*, p. 279 280.

celui-ci ne procédait du sanscrit, et que tous les trois descendaient d'une mère commune, de la langue qui avait donné naissance aux idiomes éraniens, slaves, leftiques, germaniques et celtiques. »

Quant à M. E. Renan (*Histoire des Langues Sémitiques*, page 263), il reconnaît que les Sémites, par conséquent les Phéniciens, ont aussi donné leur alphabet aux peuples de l'Asie jusqu'au PENDJAB :

« Les alphabets zend, pehlvi, arien, bactrien, paraissent aussi d'origine sémitique. On peut affirmer que toute l'Asie, jusqu'au Pendjab, a reçu l'alphabet cursif de l'Aramée, comme toute l'Europe, jusqu'au fond de l'Occident, l'a reçu de la Phénicie ; c'est-à-dire que, d'un bout du monde à l'autre, l'écriture alphabétique a été un bienfait des Sémites. »

Nous trouvons dans le livre de M. L. Geiger (L'*Origine du Langage*, pages 16-18), un double document très précieux. Voici comment il apprécie le rôle des Indiens dans l'histoire des langues :

« Ce qui a le plus contribué au progrès de la linguistique, c'est le secours que lui a apporté le génie des Indiens qui, sur ce terrain, sont devenus les véritables instituteurs de l'Europe, et par la source nouvelle qu'ils ont ouverte sur la construction de leur ancienne langue, le sanscrit, nous ont transmis en même temps, pour l'intelligence de la formation de notre propre langue, intimement liée à la leur, le plus précieux travail préparatoire. »

Mais l'illustre érudit a jeté, à son insu, une toute autre lumière sur la question, quand il dit :

« C'est au commencement de ce siècle que la science du langage est apparue dans toute son indépendance, dégagée de tout élément étranger. Il s'agissait de l'état des peuples préhistoriques, et c'était là pour l'histoire de l'humanité un événement d'une importance capitale. Le langage comparé renversa complètement les idées qui régnaient alors sur la formation et les migrations des peuples peu connus. On apprit à distinguer les peuples en apparentés et en non apparentés, et l'on obtint un moyen bien autrement puissant et sûr pour le partage de l'humanité en familles; c'étaient autant de marques distinctives naturelles et historiques. On espéra, en remontant vers les temps primitifs, trouver le moyen d'acquérir des notions positives sur l'antiquité dont les historiens ne s'étaient point occupés jusque-là; des rapports de conformité, signalés entre des langues séparées par de vastes espaces, forcèrent la conviction publique à admettre que les Indiens, les Perses, les Grecs, les Slaves, les Germains, les Romains et les Celtes, ne formaient autrefois qu'un seul peuple, ne parlant qu'une seule langue; le fond des mots, commun à toutes ces langues, constate bien l'existence de ce peuple. On reconnut qu'il était occupé de culture et d'élevage de bétail, qu'il a connu la plupart de nos animaux domestiques, qu'il possédait des vaisseaux à rames. Il fut gouverné par des rois, puisque le latin *rex*, le gothique *reiks*, l'indien *radscha*, et dans les formes allemandes *reich* et *Reich*, à côté de la syllabe *rich* dans Hein*rich*, Friede*rich* et *Ri-ch*ard, dans Gäns*rich*, Wütte*rich*, etc., sont fortement apparentés et appartiennent visiblement pour le fond et pour la forme à la langue primitive de ce peuple. »

M. Geiger va plus loin que les ethnologues qui supposent simplement l'existence d'un peuple inconnu qui aurait donné son langage à tous les Indo-Européens; il indique parfaitement les caractères particuliers de ce peuple, selon lui, primitivement unique, et qui plus tard est devenu les Indiens, les Persans, les Grecs, les Slaves, les Germains, les Romains et les Celtes. Mais s'il se trompe, avec tous les philologues, en disant que les peuples indo-européens ne formaient qu'une seule nation; s'il n'a pas vu que ces sept peuples étaient les seuls autrefois en rapport avec les Phéniciens qui leur ont donné les éléments de leurs langages, il n'en désigne pas moins, à son insu, le peuple phénicien « occupé de culture et d'élevage de bétail, qui a connu la plupart de nos animaux domestiques et POSSÉDAIT DES VAISSEAUX A RAMES et qui fut gouverné par des ROIS. »

Nous avons donné l'origine phénicienne du mot latin *rex* (p. 181-182).

Sous le titre de *Standard Alphabet*, M. C. R. Lepsius, professeur à l'Université de Berlin et membre de l'Académie royale de cette ville, a publié un travail très considérable, écrit en anglais, et justement apprécié, sur un système graphique universel destiné à représenter, par des signes uniformes, les mots de toutes les langues.

Nous apprécierons, dans notre chapitre suivant, le *Standard Alphabet*. Mais il nous importe déjà de rattacher à la découverte du sanscrit certaines considérations du philologue allemand :

« Aucun langage ne possède un système de sons plus riche et plus régulièrement développé que le sanscrit, ou ne les exprime aussi parfaitement par ses alphabets. Les anciens grammairiens de l'Inde, il est vrai, *n'ont pas inventé les caractères du Dêvanâgari* (a), mais ils les ont amenés à un état de perfection qu'ils possèdent aujourd'hui. Avec un génie admirable, avec la connaissance physiologique et linguistique plus exacte que celle de tout autre peuple, les grammairiens sanscrits ont pénétré si profondément dans les relations des sons de leur propre langage, qu'aujourd'hui nous pouvons nous instruire à leur école pour avoir une meilleure intelligence des sons de nos propres langues. Sous ce rapport, la langue et l'alphabet de l'Inde ancienne sont les plus propres à servir, sinon de base absolue, au moins de modèle élémentaire pour la constitution d'un *alphabet linguistique universel*.

« Il résulte de là que le dernier progrès, quant à la solution du problème alphabétique, fut associé, en Europe, comme antérieurement dans l'Inde, aux études du sanscrit, notamment depuis que ces études sont devenues le fondement de la science nouvelle de la philologie comparée. C'est Bopp qui s'est mis à la tête de ce mouvement. Dans les premières éditions de

(a) Nous avons souligné ces huit derniers mots.

sa *Grammaire Sanscrite*, il employait encore (*a*) les sons allemands, composés de *tsch*, *tschh*, *dsch*, *dschh*, *sch*, *ng*, *kh* , etc. Mais plus tard, dans sa *Grammaire Comparée*, publiée en 1833, il introduisit des lettres simples pour tous ces sons, et distingua les classes variées de sons par de certaines marques diacritiques uniformes. Cette orthographe fut bientôt adoptée par l'école importante d'Allemagne, et par d'autres linguistes, et peut désormais être considérée comme la base historique sur laquelle, tant au point de vue de sa valeur intrinsèque que sous le rapport de sa vaste extension dans le domaine de la science, doit être élevé le grand édifice de l'avenir. C'est ainsi que *H. Brockhaus*, *Benary*, *Gonesio*, *Roth*, *Benfey*, *Böthlingk*, *Müller*, *Stentzler*, *Lassen*, *Weber* et beaucoup d'autres, ont adopté ce principe, bien que dans des cas particuliers ils aient souvent adopté des signes diacritiques différents. Mais tous ces hommes n'avaient en vue que la seule langue sanscrite ou du moins celles de la même famille.

« D'un autre côté, l'écolc sémitique (*b*) était également exclusive, et maintenait généralement l'usage de *sh*, *kh*, *gh*, *th*, *dh*, pour s̰̃ X, γ, θ, δ. Mais quelques-uns d'entre eux connaissent le principe de *caractères uniques pour simples sons*, parmi lesquels nous citerons spécialement *Caspari* et *Fleischer*. Ce dernier, disciple distingué de l'école sémitique, et lui-même autrefois partisan de l'ancienne méthode d'écriture, adopta dans sa *Grammaire Persane*, publiée en 1847, les signes ǵ, ć, ḥ, ḫ, gᶜ, s̒, j̈, au lieu de lettres doubles, de même qu'à une époque antérieure, il avait choisi le cacactère grec θ pour l'anglais *th*. Aprés les progrès qui furent ainsi faits par chacune des parties agissant indépendamment l'une de l'autre, il devint nécessaire de découvrir un système général qui pût comprendre les deux groupes les plus importants, mais en même temps les groupes *les plus complètement distincts* (*c*) des principales langues connues. Et

(*a*) Pour la transcription du sanscrit en lettres européennes.
(*b*) Toujours au point de vue de la transcription.
(*c*) Nous soulignons encore ces quatre mots.

il était évident qu'un système d'une si grande compréhension exigeait une base plus large que toutes celles proposées jusqu'alors. Cette base devait être tirée du fonds commun qui a produit ces deux systèmes, c'est-à-dire de la *physiologie de la voix humaine*, qui est en même temps le fondement de toutes les langues du globe (1). »

Ainsi, d'après M. Lepsius, le sanscrit est la langue dont l'alphabet possède les ressources les plus complètes pour exprimer tous les sons et toutes les articulations; par suite, si l'on avait à choisir un alphabet modèle qui pût s'appliquer à l'expression des mots de tous les langages, c'est au sanscrit qu'il faudrait recourir.

Mais observons que le sanscrit, pour remplir ce rôle de transcription universelle, doit être figuré lui-même par des signes empruntés aux langues européennes. Or, l'alphabet de ces langues est considérablement moins étendu que celui des Indiens; de sorte que, pour représenter les sons du sanscrit en lettres européennes, il devient nécessaire, si l'on ne veut pas créer de nouveaux caractères, d'y ajouter des signes diacritiques.

L'alphabet sanscrit renferme des signes représentant des lettres doubles, triples, quadruples et quintuples qui constituent, comme M. Lepsius le reconnaît lui-même, à la page 16 de son livre (« *Sanskrit and other syllabic languages* »), des signes syllabiques. Les Indiens sont donc, dans la situation phonétique, inférieurs au même degré que les Assyriens et les Chinois. Par conséquent nous ne voyons pas que le sanscrit soit conforme à « la physiologie de la voix humaine ». Seuls, les inventeurs de l'alphabet, les Phéniciens, se trouvent dans la condition la plus parfaite de cette « physiologie de la voix humaine » qui est en même temps le fondement de toutes les langues du globe.

Si l'alphabet phénicien — supposons-le un instant — était substitué à l'alphabet sanscrit, il aurait toutes les ressources

(1) C. R. Lepsius, *Standard Alphabet*, p. 37-38.

nécessaires pour représenter, par exemple, *b'a*, *p'a*, *kta*, *kna*, *tma*, *dgra*, *ddra*, *knya*, *ktrya*, qu'il exprimerait par les deux, les trois, les quatre et les cinq lettres. Nous avons cité, page 72, M. Wuttké, un philologue allemand d'une autorité très considérable; et notre meilleure réponse à M. Lepsius est encore dans cette reproduction : «... Si l'on considère que les prétendues améliorations qu'on y a introduites (dans l'alphabet primitif) n'ont abouti, pour la plupart, qu'à des DÉTÉRIORATIONS. »

Le sanscrit a 47 lettres simples, dont 14 voyelles et 33 consonnes sans compter les *groupes* qui s'élèvent à la somme de 162, bien qu'ils soient représentés par des signes uniques en apparence.

Parlerons-nous des signes diacritiques dont est compliqué le système vocal des Indiens? Quelques indications empruntées à Bopp, traduit par M. Michel Bréal, suffiront pour nous édifier :

« L'*anusvara* (—̇), c'est-à-dire le *son qui vient après,* est un son nasal qu'on entend après les voyelles, et qui répond *probablement* (*a*) à un *n* français à la fin des mots, ou au milieu des mots devant des consonnes. Nous le transcrirons *ṅ*. Sous le rapport étymologique, il remplace toujours, à la fin des mots, un *m* primitif, lequel doit être nécessairement transformé en anousvâra devant une sifflante initiale, etc. (*Gram. Comp.* vol. I, p. 41-42). »

« L'*anounâsika* ᵕ *n̈* (appelée aussi *anounâsiya*) ne paraît guère que comme transformation euphonique d'un *n* devant une sifflante. Dans le dialecte védique, on le trouve aussi devant un *r*, quand celui-ci provient d'un *s* primitif; nous reviendrons plus tard sur ce point. Dans la langue des Védas, quand l'anounâsika paraît à la fin d'un mot, à la suite d'un *â* long, il faut admettre que, après le ᵕ *n̈*, il y avait d'abord encore un *r* (*Gram. Comp.*, vol. I, p. 42). »

Voici venir maintenant le *Visarga* (:) : « l'aspiration finale, appelée par les grammairiens indiens visarga, c'est-à-dire émis-

(*a*) Nous soulignons *probablement*.

sion, est toujours la transformation euphonique d'un *s* et d'un *r* : ces deux lettres sont très sujettes au changement à la fin des mots, et se transforment en visarga (:) devant une pause ainsi que devant *k*, *k̀*, *p*, *p̀*, etc. (*Gram. Comp*. vol. I, p. 43-44). »

Enfin, il est bon d'être au courant de la complication, produite par deux lois de gradation auxquelles sont soumises les voyelles sanscrites et qui sont fort en usage dans la formation des mots et dans le développement des formes grammaticales. Bopp, dans son système phonique et graphique, dit : « Il y a *gouna*, quand un *a* bref, *vriddhi*, quand un *a* long est inséré devant une voyelle ; dans les deux cas, l'*a* se fond avec la voyelle, d'après des lois euphoniques déterminées, et forme avec elles une diphthongue, *i* et *î* se fondent avec l'*a* du gouna pour former un *ê*; *u* et *û*, pour former un *ô*. Mais ces diphthongues, quand elles sont placées devant les voyelles, se résolvent à leur tour en *ay* et en *av*. (Gram. Comp. vol. I, p. 69). »

Voilà, ce nous semble, bien des artifices pour un alphabet *modèle*, et en présence de ces complications de signes de *transformation* ou de *gradation*, il est impossible de ne pas s'étonner qu'on ait pu indiquer le sanscrit pour transcrire tous les mots contenus dans toutes les langues de l'univers.

Nous aurons prochainement l'occasion d'examiner à fond le *Standard Alphabet*. Disons, en attendant, que comme il a voulu fonder un système vocal capable de représenter tous les sons et toutes les articulations en usage chez tous les peuples, même les plus sauvages, il s'est vu contraint de créer un alphabet qui ne contient pas moins de cent quatre-vingts lettres, grâce aux signes diacritiques dont il surcharge presque toutes les lettres des alphabets européens.

Il nous reste, pour terminer ce chapitre, à indiquer le sens reconnu par tous les philologues de l'expression *Dêvanâgari* par lequel les Indiens désignent leur langue écrite.

Dêvanagâri signifie *divine écriture* ; et voici comment se décompose ce mot : *deva* signifie divine, et *nâgari* écriture ; mais *nâgari* lui-même renferme deux éléments. En effet, *nâ* est une négation et *ga* est le radical de gâ-*mi*, marcher. Quant à la finale *ri*, elle n'est qu'un suffixe euphonique; de sorte que le mot entier se décompose essentiellement en *deva* et *nàga*. Nous n'avons pas à revenir sur la signification de *deva*; *nàga* exprime, dans le langage des Indiens, l'idée de ce qui est *sans mouvement*, *immobile*, comme un arbre, une montagne, une *ville*. Par extension, *nàga* s'applique à tout ce qui est relatif à une *ville*, et il a le sens de *urbain*, *citadin*, *poli*, *policé*. De là on est arrivé à une acception beaucoup plus éloignée, à celle d'ÉCRITURE et même de *lecture*, sans doute par cette raison — qui nous semble ingénieuse — que les seuls citadins avaient le privilège de *lire* et d'*écrire*.

M. Lepsius, M. Renan, M. Hovelacque et tant d'autres savants ont, à plusieurs reprises, déclaré unanimement, bien qu'aucun d'eux ne l'ait démontré, qu'il y avait un *abîme* entre les langues dites aryennes et les langues dites sémitiques. Et pourtant nous allons reconnaître aisément que le mot *Dêvanàgari*, au même titre que tous les autres mots des langues indo-européennes, est originaire du phénicien.

Les trois mots essentiels de *dêvanàgari* sont *deva*, *nâ* et *ga*. *Deva* procède de דאה DAE. Or, דאה veut dire proprement *voler*, *planer*, *fendre l'air*. Avant de citer quelques textes qui le prouvent, remarquons qu'en sanscrit *div* et *diva* signifient l'*air*, c'est-à-dire l'espace où l'on *vole*, où l'on *plane*, que l'on *fend*. En grec Ζεύς διός, Jupiter, signifie aussi le *ciel*, l'*air*; le latin *divus* ou *divum* a le même sens : *Sub dio*, *en plein air*. Hor. et Virg. De l'idée de *air* les Indiens se sont élevés à celle de *lumière éthérée*, d'*empyrée*, de *région lumineuse*, exprimée spécialement par *div*, *briller*, ils sont parvenus à *deva*, *Dieu* et à *dœva*, *divin*.

Justifions maintenant la signification de דאה *dae*.

Après avoir parlé d'un peuple féroce qui fond sur Israël, Moïse ajoute :

כאשר ידאה הנשר (*Deuter.*, XXVIII, 49) semblable à l'aigle qui prend
c-achr i-DAE *e-nchr* SON VOL.

Jérémie fait allusion à Moab envahi :

הנה כנשר **ידאה** ויפרש כנפיו אל מואב *ene c-nchr i-*DAE *u-prch* *cnp-i-u al Muab*	(*Jérém.*, XLVIII, 40)	Tel que l'aigle (l'ennemi) VOLE et étend ses ailes vers Moab.

Le même auteur accentue ainsi l'essor de l'aigle :

כנשר יעלה **וידאה** ויפרש כנפיו *c-nchr i-ole u-i-*DAE *u-i-prch cnp-i-u*	(*Jérém.*, XLIX, 22)	Comme l'aigle s'élève, prend son VOL et étend ses *ailes*.

Dans les Psaumes, nous voyons le mot דאה *dae*, précédé de de עוף *oup*, *voler* (ἵπ-τασθαι)..... Or, dans cette citation il s'agit de Jéhovah ; c'est Jéhovah qui *vole*, qui *plane* sur les *aîles* du vent :

וירכב על כרוב ויעף **וידא** על כנפי רוח *u-i-rcb ol-crub u-i-op* *u-i-*DA *ol cnp-i ruh*	(*Psaum.* XVIII, 11)	Porté par un chérubin il (Jéhovah) *vole*, il PLANE sur les *aîles* du vent.

Le second élément *nâ* est originaire de **נוא** NUA, ***refuser***, *annuler*, *annihiler :* C'est bien là assurément l'expression la plus précise de la *négation*.

Le troisième élément *ga* s'est formé de **גאה** GAE, **גא** GA, ***s'élever***, *croître*, *pousser en hauteur*; les autres acceptions de גאה *gae*, ainsi que de celles de שגא *chga* et de שגה *chge* (composés du relatif ש *ch* et de גא *ga* et גה *ge*) se rapportent à l'idée physique ou morale de *errare*, *aller ça et là*, de *ducere*, *mener*, *conduire* dans une *voie*.

Par conséquent *Dêvanâga-ri* signifie proprement, en en rapprochant les trois parties constitutives, *divin*, *ne pas*, *aller*. Mais nous venons de voir que les Indiens ont réuni les deux dernières parties principales de ces mots pour en composer le mot *nâga* auquel ils ont donné le sens de ce qui ne marche pas, de ce qui est immobile; de là *nâga* a été appliqué à l'idée de montagne, d'arbre, de *ville*, de *citadin*, de *policé*; et il s'est généralisé jusqu'à signifier, en sanscrit, l'*écriture* et même la lecture.

Il est inutile de faire remarquer par quelle route laborieuse les Indiens sont arrivés à créer le *nà-ga* de *Dêva-nà-ga-ri*. Notre seul but était de ramener ce mot à sa source véritable, et si le phénicien correspond, élément pour élément, au sens *propre* de *dêva-nà-ga...ri*, on ne peut le rendre responsable de la signification exagérée que le sanscrit a attaché à *nâga*.

En résultat, nous ne voyons pas bien pourquoi, suivant quelle dialectique, les philologues, tout en reconnaissant que la langue sanscrite doit prendre place, à titre de sœur, parmi les langues indo-européennes, ont pensé que la découverte du sanscrit procurait la clef au moyen de laquelle, par le procédé de la phonétique, on pouvait ouvrir le sanctuaire où était caché la véritable langue primitive. On a vu, par les diverses citations de ces princes de la science, que cette langue mère est *absolument* SUPPOSÉE ; donc le sanscrit ne pouvait contribuer en aucune façon à la manifestation de cette langue.

CHAPITRE X

STANDARD ALPHABET

Il existe spécialement à Londres, il y a à Paris, en Amérique, en Allemagne, en Suisse des Sociétés de Missions. Émues des difficultés que présente la notation des langues non encore écrites, à cause de la variété des alphabets connus, les Sociétés de Londres ont recherché le moyen de créer un ALPHABET UNIFORME qui pût représenter tous les mots de ces langues et même de toutes les langues. Elles se sont mises en rapport avec deux grands professeurs anglais, et notamment avec M. Lepsius, de Berlin. Cet éminent philologue a fait, à cette occasion, un ouvrage intitulé STANDARD ALPHABET (ALPHABET MODÈLE).

La Société des Missions ecclésiastiques de Londres indique suffisamment le but de ce livre par ces lignes, extraites de l'avertissement de la première édition :

« Le besoin d'un système fixe d'orthographe a engagé, il y a quelques années, plusieurs sociétés de missionnaires de Londres à se concerter sur « des règles qui permissent d'appliquer pour les langues non écrites un alphabet composé de caractères romains. » Ces règles, quoique imparfaites, ont déjà été employées avec succès pour plusieurs langues d'Afrique. Ces Sociétés furent aidées dans ce travail par le dernier professeur de Cambridge, M. Lee, par M. Norris de Londres et par M. le professeur Lepsius de Berlin. Mais ces érudits comprirent que, si l'on voulait établir un système modèle, il fallait présenter un alphabet plus complet dans sa forme ; qu'il était nécessaire d'expliquer les principes sur lesquels reposait la constitution même de cet alphabet. Voilà pourquoi, à la prière de ses collègues, M. Lepsius voulut bien entreprendre cette tâche ; et il a composé cet admirable traité, qui, il faut l'espérer, sera d'un secours considérable aux missionnaires. Le système parfaitement net et scientifique de sons vocaux que renferme cette œuvre épargnera aux missionnaires une foule des difficultés premières qu'ils ont rencontrées dans l'étude des langues étrangères ; pour les traducteurs à venir il n'y aura plus désormais de ces pénibles incertitudes à l'égard de la valeur des lettres employées par eux. Tels sont les motifs qui ont déterminé la Société des Missions ecclésiastiques à adopter cette combinaison comme *Alphabet Modèle* (*Standard Alphabet*) (1). »

Voici la classification des langues appelées par M. Lepsius « LITERARY LANGUAGES » :

« Les langues japhétiques ou indo-germaniques.
Les langues sémitiques.
Les langues hamitiques (2). »

Aux premières pages de son livre, l'auteur parle ainsi :

« *Objet scientifique de cet alphabet.* »

« Parmi les objectifs les plus importants de la science moderne, il en est un vers lequel elle n'a été en mesure de se diriger que dans ces derniers temps : il s'agissait pour elle d'acquérir la connaissance exacte de tous les langages de la terre. Cette connaissance des langues est le guide le plus sûr pour nous faire connaître les nations elles-mêmes, car non seulement le langage est l'agent de toute communication intellectuelle entre les nations, mais il est aussi pour chaque peuple l'expression de son caractère la plus directe, la plus riche, la plus durable.

« Les rapports constatés entre des langues employées par des peuples différents, ou les groupes de langues nous permettent de découvrir les affinités originelles et plus ou moins intimes de ces peuples eux-mêmes. Nous apprenons, par exemple, au moyen de ces rapprochements, que les Indiens, les Perses, les Grecs, les Romains, les Slaves et les Germains forment une chaîne conti-

(1) C. R. Lepsius, *Standard Alphabet*, 2e édit. Londres, Berlin, 1863, p. III.
(2) Id., *ibid.* p. 301.

nue dont les anneaux sont bien plus étroitement attachés les uns aux autres qu'ils ne le sont avec les anneaux de la chaîne qui relie les Babyloniens, les Hébreux, les Phéniciens, les Arabes, les Abyssiniens; que les Egyptiens et les tribus africaines, dans leurs limites nord-ouest et sud-est, sont beaucoup plus intimement alliées à l'un et à l'autre de ces groupes qu'au reste des nations africaines, parmi lesquelles celles qui habitent le continent du sud de l'Équateur, forment un autre groupe de nations, toutes étroitement reliées entre elles.

« C'est ainsi que l'ordre se fera dans le chaos des nations en Asie, en Amérique et en Polynesie, grâce à la science de la linguistique qui a pour but final la recherche et la comparaison de toutes les langues de l'humanité.

« Pour apprendre une langue quelconque, il nous faut être capables d'en lire et d'en écrire les éléments primitifs : *les sons.* Nous ne pourrons y parvenir qu'autant que nous serons à même de les exprimer dans nos propres caractères alphabétiques ; les sons qui n'existent pas dans notre langue doivent être représentés selon d'autres systèmes. Il faut que toute grammaire d'une langue étrangère offre la solution de ces problèmes dès ses premières pages. Mais les orthographes des nations européennes varient considérablement entre elles ; les grammairiens divers représentent les sons d'une même langue par des lettres différentes.

Par exemple, pour des sons identiques :

Les Germains écrivent		*u*,	*dsch*,	*sch*,	*ch*.
Les Anglais	—	*oo*,	*j*,	*sh*,	—
Les Français	—	*ou*,	*dj*,	*ch*,	—
Les Italiens	—	*u*,	*g*,	*sc*,	—
Les Espagnols	—	*u*,	—	*j* ou *x*,	—
Les Hollandais	—	*oe*,	—	—	*ch*.

« Cependant la grande difficulté que nous rencontrons, c'est lorsque nous cherchons des sons qui n'ont aucun signe correspondant dans notre alphabet, et lorsque, par conséquent, nous avons à introduire de nouveaux caractères ou à appliquer des signes diacritiques à nos propres lettres. Les langues française et allemande ne possèdent que 20 consonnes, la langue anglaise 22. Il est évident que ces alphabets ne sont pas assez étendus pour représenter les sons des langues asiatiques, parmi lesquelles l'arabe distingue 28 consonnes, le turc 33, le sanscrit 34, l'hindoustâni 35, ou, en y comprenant les aspirées, 47. L'alphabet européen est encore moins capable de fournir un système intelligent qui embrasse toutes les différences essentielles de sons qui se montent au nombre de plus de 50, dans tous ces langages variés.

« En général, jusqu'ici chaque grammairien s'est uniquement occupé d'une seule langue ou d'un cercle étroit de langues ; il s'est contenté d'expliquer les signes qu'il a employés et les raisons du choix qu'il en a fait, sans se rendre compte du travail du même genre d'autres linguistes présents ou passés ; cette abstraction doit surtout être attribuée aux grammairiens appartenant à des nations européennes différentes, ayant chacun son point de vue.

« Il résulte de là que la diversité de signes pour un seul et même son dans des langues différentes, et même dans une seule langue, augmente constamment ; cette diversité a atteint de telles proportions, que le traducteur d'ouvrages orientaux, le touriste, le géographe, le cartographe, le naturaliste, l'ethnographe, l'historien enfin, c'est-à-dire tous ceux qui ont à s'occuper de noms et de mots des langues étrangères, et spécialement le *linguiste* qui étudie et compare les langues, les trouvent enveloppées dans d'intolérables confusions de systèmes orthographiques de signes, dont on ne peut se dégager.

« Ce n'est donc que dans une vue générale de la question que la solution du problème peut être trouvée. Il nous faut partir de ce qui est commun à tous les systèmes, en suivant leur direction d'ensemble, en excluant toute expérience arbitraire et isolée, en considérant toutes les difficultés théoriques et pratiques, en dirigeant toute notre attention sur la construction d'un système complet et défini, fondé sur la nature de l'organisme phonétique, pour arriver au problème scientifique d'un alphabet universel.

« Il est à peine besoin d'ajouter que nous ne plaidons pas ici en vue d'un changement d'orthographe des langues européennes. Des tentatives isolées pour altérer les orthographes établies ne peuvent amener à aucun résultat pratique, ni rendre aucun service à la science (1). »

Ces premières indications du système de M. Lepsius suffiraient à la rigueur pour nous mettre en défiance; déjà on pressent des complications alphabétiques très embarrassantes. Mais l'auteur de cette méthode de transcription, encouragé par quelques succès que des missionnaires ont obtenus au bout de cinq ans, espère que toutes les sociétés ecclésiastiques au moins adopteront le *Standard Alphabet.*

Nous regrettons d'avoir à citer encore M. Lepsius; mais il importe que nos lecteurs soient entièrement instruits de son système, qu'ils en connaissent tous les rouages, afin de pouvoir déclarer si réellement ce système peut être mis en pratique. Toutefois nous nous bornerons, dans nos citations, aux passages tout à fait indispensables.

« OBJET PRATIQUE DE CET ALPHABET. »

« Les tribus primitives d'Afrique, d'Amérique, d'Australie et de Polynésie sont presque complètement dépourvues de langage écrit. Ce seul fait leur donne le caractère de barbares et de peuples non civilisés.

« Quelle vocation plus belle pour le monde civilisé et chrétien que d'apporter à l'humanité entière les trésors des connaissances religieuses et de la culture humaine qui lui sont si libéralement départies par la divine Providence? Et si le besoin de cette vocation se fait sentir aujourd'hui plus vivement que jamais, il intéresse surtout ces associations d'hommes dévoués et chré-

(1) C. R. Lepsius, *Standard Alphabet*, p. 23-26.

tiens, qui ont pris justement le nom de Sociétés de Missionnaires, car il s'agit là de la plus grande des missions. En effet, leur devoir immédiat c'est de pourvoir les nations privées de culture intellectuelle, morale et religieuse, d'un *langage écrit*. L'expérience générale a prouvé qu'il ne suffit pas aux missionnaires d'apprendre le langage des naturels d'un pays pour introduire parmi eux le christianisme. Il faut que la parole de Dieu soit lue par les peuples eux-mêmes ; il faut qu'un peuple tout entier soit rendu capable de l'esprit chrétien par une distribution de Bibles et de livres chrétiens ; ce n'est qu'à cette condition qu'on peut espérer une œuvre rapide, profonde et durable. Les Sociétés Bibliques doivent marcher la main dans la main avec les Sociétés de Missionnaires.

« C'est en conséquence de cette vérité, qu'il y a plusieurs années, les comités des principales sociétés de missionnaires ont considéré comme un objet important de ramener à une écriture le langage de toutes les nations où leurs envoyés ont pénétré, et de préparer des traductions dans toutes ces langues de l'Écriture sacrée, aussi bien que de récits chrétiens. Ceci suppose une étude exacte et scientifique de ces langages et la création de grammaires et de dictionnaires qui, afin d'être parfaitement compris, doivent être fondés sur la comparaison des langues étrangères avec les langues européennes, et sur les dernières perfections de la science linguistique.

« Inspirée par la nécessité des études linguistiques, la Société des Missionnaires ecclésiastiques a songé à envoyer le Rév. S. W. Kölle — mission spéciale à cette œuvre — à Sierra Leone, principalement pour étudier les langages des milliers d'esclaves affranchis, amenés là de tous les points de l'Afrique. Les résultats de cette mission linguistique extrêmement importante, consistent en un vocabulaire comparatif, comprenant plus de cent langues africaines distinctes, deux grammaires soigneusement établies, celle de *Vai* (*Vei*) et de *Bornu*. Ces ouvrages sont aujourd'hui publiés par la même société de missionnaires pour former le fonds destiné à la traduction future dans ces langues, de la Bible et d'autres livres utiles.

« Les différentes sociétés bibliques ont fait des efforts dans la plus large mesure, pour réaliser le même objet. *La Société Biblique Britannique et Étrangère* de Londres a publié pendant le milieu de l'année dernière (1854) 26 millions de Bibles ou des parties de Bible, en 177 traductions différentes. Ces traductions s'étendaient à 150 langues diverses, dont 108 appartiennent à des pays d'au-delà des frontières de l'Europe, par exemple, 70 pour l'Asie, 17 pour la Polynésie, 8 pour l'Amérique, et 13 pour l'Afrique.

« Il était naturel que le système européen fût mis en usage pour tous ces langages qui n'avaient pas de système à eux. Mais ici surgit la même question que dans la science linguistique : à quelle orthographe doit-on recourir ? Etait-il convenable de forcer ces nations à qui on présentait la Bible comme livre de lecture première, d'adopter l'orthographe anglaise qui est compliquée, irrégulière, et singulière même en Europe ? Etait-il bon que ces nations fussent contraintes d'apprendre à lire et à écrire de cette façon à tout jamais ? Et d'après quels principes exprimerait-on les sons qui ne se trouvent ni dans l'alphabet anglais ni dans aucun autre système européen ?

« Comme à cet égard il n'y avait nulle loi générale, ni autorité, chaque missionnaire avait à étudier et cherchait à résoudre la difficulté selon sa propre fantaisie, ou selon une vue étroite de la question. Si nous examinons ce long catalogue de Bibles imprimées en caractères latins, nous y trouvons employés les systèmes de lettres les plus multiformes, souvent dans la transcription des langues apparentées, et même dans une seule et même langue. On rencontre parfois des groupes de consonnes difficiles à admettre et inintelligibles pour représenter des sons simples, d'autrefois, des signes diacritiques nouveaux et inexplicables ; souvent aussi, on a cherché un refuge dans le rejet complet de toutes marques diacritiques, et c'est ainsi que l'expression correcte du langage a été sacrifiée. On voit la confusion croissante qui a dû résulter de cette manière tout arbitraire de procéder.

« Lorsque récemment fut complétée par la Société des Missionnaires de Londres la publication du Nouveau-Testament et des Psaumes dans la langue africaine *Tšuana* (Betchuana, Betjuana, Sechuana), le Secrétaire de la Société des Missionnaires ecclésiastiques exprimait à son collègue de la Société des Missionnaires de Paris la joie qu'il ressentait en pensant aux riches bénédictions qui désormais viendraient s'ajouter pour le peuple ainsi que pour les laborieux missionnaires français répandus dans cette nation. Mais, répliqua son sympathique ami, n'est-il pas triste de voir que ces milliers de copies déjà publiées sont complètement voilées et cachées pour nos missionnaires français qui opèrent chez ce même peuple et *pour tous ceux* qui ont reçu d'eux l'instruction, tout simplement parce qu'ils font usage d'une autre orthographe ? Pour couper court à un mal si palpable dans l'avenir, il faut s'arrêter au *Standard Alphabet* proposé.

« En Asie, pays où l'alphabet a pris naissance, les principales nations possèdent déjà une littérature écrite dans leurs propres caractères, ce qui a fourni aux colons européens, aux gouverneurs et aux missionnaires les moyens d'exercer une influence intellectuelle sur ces nations. Le gouvernement anglais, dans l'Inde, se sert constamment des alphabets les plus généralement usités dans ces régions, c'est-à-dire des lettres persanes et de celles du dêvanâgari, afin de gouverner et d'instruire les nations soumises à son autorité. Les Sociétés Bibliques ont publié plus de 40 traductions de l'Écriture sainte dans ces caractères étrangers. Mais néanmoins — cela est évident — des avantages sérieux peuvent résulter d'un alphabet européen substitué à tous ces alphabets natifs, car, à part la supériorité que la division uniforme de la syllabe en voyelle et en consonne donne à l'alphabet européen sur les grossiers alphabets syllabiques d'Asie, et plus encore sur l'alphabet-mots des Chinois avec ses milliers de symboles, chaque alphabet nouveau constitue une naturelle et infranchissable barrière entre les civilisations étrangère et européenne par la difficulté de plus en plus grande de se rendre maître de ces langues et de se familiariser avec leur littérature.

« C'est pour cela que le gouvernement a admis l'introduction des caractères européens pour les langues indiennes, et des sociétés bibliques ont déjà publié un certain nombre de traductions au moyen du même système. Des missionnaires ont commencé à agir dans ce sens en Chine, et paraissent devoir réussir.

« Dans chacune de ces occasions se dressait cette question : quelle orthographe européenne adopter ? Quel système alphabétique harmonise le mieux les différentes orthographes européennes, et permet le mieux l'application de signes diacritiques pour représenter les sons non contenus dans les langues de l'Europe ?

» A cette question pratique nous avons le devoir de donner une réponse.

« *Qu'a-t-il été fait par la science pour la solution de ce problème jusqu'au temps présent?* »

« Le besoin d'une orthographe uniforme fut, pour la première fois, sérieusement éprouvé à l'égard des langues orientales dans les possessions anglaises de l'Inde, où l'étude de ces langues devint une nécessité pratique. A ce moment, aucun autre pays ne pouvait mieux soulever une discussion intellectuelle sur cette question ; car là se rencontrèrent les deux systèmes phoniques et graphiques les plus parfaits et en même temps les plus opposés ; le sanscrit et l'arabe se sont trouvés en présence et ont été mêlés dans l'alphabet hindoustâni. Cet alphabet étant essentiellement arabe, et exprimant les différents sons sanscrits par des signes diacritiques, nous trouvons ici le problème que nous nous proposons à nous-même, relativement au système graphique européen déjà complètement résolu dans l'arabe.

» La première personne qui se rendit un compte sérieux de ces difficultés et en entreprit la solution, comme étant un problème digne de tous les soins, fut M. William Jones, homme très instruit et d'un esprit cultivé. Il était le président de la Société Asiatique dans le Bengale; il donna le premier volume de ses *Transactions*, publié à Calcutta en 1788, avec un essai sur l'orthographe de mots asiatiques en lettres romanes.

« Il indiqua le *desideratum* en mots très simples, et exposa, comme premier principe, que *l'orthographe d'une langue quelconque ne doit jamais employer la même lettre pour des sons différents, ni différentes lettres pour le même son.* Il se plaint, par conséquent, de la grande complication, de la perplexité de l'orthographe anglaise actuelle. Il se déclare opposé au redoublement d'une voyelle pour représenter sa longueur, et quant au système des *voyelles*, il adopte la notation italienne ou allemande. C'était là un des pas les plus importants vers le moyen d'appliquer les alphabets européens à des langues étrangères et d'arriver à une orthographe uniforme.

« En ce qui concerne les *consonnes*, il déplorait surtout le mélange des lettres *romanes* et des lettres *italiques* dans les mêmes mots.

« Il admit avec raison que les alphabets sanscrit et arabe représentent les sons de leurs langues avec une telle perfection, qu'aucun caractère ne peut en être enlevé, ni y être ajouté sans produire une choquante violence ; et, sans hésiter, il prit le parti de protester non seulement contre la vaine tentative de représenter les sons étrangers par des lettres anglaises, mais aussi bien contre l'introduction de caractères entièrement nouveaux. »

» *En conséquence, il recommande comme seule méthode convenable, le principe de certains signes diacritiques*, spécialement ceux qui ont été déjà adoptés par plusieurs savants de France et d'Angleterre.

« Ces vues sont tellement saines et si bien fondées dans toutes leurs parties, pratiquement parlant, qu'aujourd'hui encore elles commandent notre entier assentiment. Si néanmoins l'alphabet proposé par lui ne fut pas parfait, cela est dû, en partie, à sa connaissance incomplète de l'organisme général des sons et des sons distincts qu'il fallait représenter, et en partie aussi à l'application défectueuse de ses propres principes (1). »

M. Lepsius regrette que le savant Gilchrist, auteur de travaux considérables sur le langage hindoustâni, et qui avait ainsi acquis une grande influence dans l'Inde, n'ait pas eu connaissance de l'essai de M. William Jones. Gilchrist lui-même déclare qu'il aurait voulu le connaître.

« C'est à la même époque », ajoute l'auteur, « que survint en France un événement qui attira l'attention du monde savant sur la nécessité d'établir un système fixe de transcription d'alphabets étrangers en lettres européennes.

» Les résultats scientifiques de la fameuse expédition d'Egypte étaient destinés à être publiés par une commission des érudits les plus spéciaux. L'Atlas Géographique, consistant en 47 cartes de la plus grande dimension, renfermait près de 5,000 mots arabes. Il s'agissait de les transcrire en lettres latines par un système des plus exacts et des plus intelligibles. A cet effet, des conférences spéciales furent instituées en l'année 1803, auxquelles prirent part Millet, Volney, Monge, Bertholet, Langles, Sylvestre de Sacy, Caussin, Lacroix, Baudeuf, Marcel et Michel Aboyd. Le premier d'entre eux, Volney, qui à cause de ses services politiques dans une période ultérieure fut créé comte par Napoléon et pair par Louis XVIII, avait, en 1795, écrit une grammaire arabe, sous ce titre : *Simplification des langues orientales ou méthode nouvelle et facile d'apprendre les langues arabe, persane et turque, avec des caractères européens, Paris, an III.* Il parle ici de l'avantage des lettres européennes pour l'étude de l'arabe ; et propose une méthode pour représenter l'alphabet arabe en caractères latins. Cette transcription fut fondée sur des principes non définis, mais elle fut guidée par le très juste sentiment que chaque son simple fût représenté par un signe ou caractère simple. Il ne dévia de cette règle qu'en écrivant *ai* pour *e*. Ceci, naturelle-

(1) C. R. Lepsius, *liv. cit.*, p. 33-35.

ment, le conduisit à chercher quelques signes simples pour représenter les trois sons simples qui ne se trouvent pas dans l'alphabet latin, comme, par exemple, *ch* allemand et français, *th* et *sh* anglais. Pour les deux premiers il choisit les lettres grecques χ et θ, et pour le troisième, il inventa un caractère entièrement neuf φ. Quant aux autres sons étrangers, il cherchait à les représenter par des modifications graphiques des lettres qui se rapprochaient le plus de l'expression de ces sons, non pas par des marques de distinction séparées, mais par un changement dans les caractères eux-mêmes.

« La commission de 1803 fut opposée à ce principe, et adopta le système pour les cartes géographiques, mais avec le changement de presque tous les caractères simples. Ce changement qui tendait à la simplification, n'a fait que substituer un système arbitraire à un autre ; Volney renonça même à quelques avantages matériels du plan primitif. On écarta les caractères χ et θ pour préférer *'k* et *'t*; de là il arriva que ces lettres furent, par erreur, placées au nombre des lettres *explosives*, et la représentation du *sch* allemand par le simple caractère φ qui, sans inconvénient, était juste en principe, fut abandonnée pour le composé inexact *ch*..... Mais la commission ne s'arrêta pas là : elle introduisit pour la *Description de l'Egypte* une orthographe qui dispensait complètement de tous signes diacritiques ; cette innovation avait le double inconvénient d'être incorrecte et décidément opposée au principe de l'usage général d'un caractère simple pour un son simple. C'est ainsi qu'on écrivait *ou, ey, kh, gh, ch* pour notre *u, e,* χ, γ *š*.

« Volney lui-même ne pouvait se contenter de cette méthode. Il reprit donc le même sujet quelques années plus tard, et publia, en 1818, son traité bien connu : L'*Alphabet Européen appliqué aux Langues Asiatiques*. Ce titre exprime plus que le livre ne contient (1). »

(1) C. R. Lepsius, *liv. cit.*, p. 33-35.

Volney, d'ailleurs, recourt à de nombreux signes diacritiques.

Voici *in extenso* le système de M. Lepsius.

« LE SYSTÈME PROPOSÉ. »

« Une explication détaillée de la *base physiologique* ne serait pas ici à sa place. Nous devons nous limiter pour faciliter l'intelligence du système. Ceci ne saurait mieux s'accomplir qu'en ne séparant pas le système phonique du graphique, mais plutôt qu'en présentant aussitôt le premier de ces systèmes dans son application au second. Nous ne nous étendrons pas, par conséquent, sur la définition de la *voix* et du *son*, de la *voyelle* et de la *consonne* et sur d'autres explications physiologiques, et nous n'y recourrons que lorsqu'il y aura nécessité.

« LE SYSTÈME DES VOYELLES. »

« Il y a trois voyelles primitives, comme il y a trois couleurs primitives. De même que les couleurs, les voyelles ne peuvent être mieux représentées que par l'analogie d'un triangle en tête duquel on placerait un *a*, et à la base un *i* et un *u* (prononcé à la manière des Allemands et des Italiens).

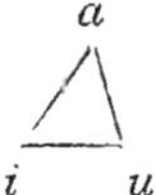

« Les autres voyelles sont formées entre ces trois voyelles, comme toutes les couleurs le sont entre le rouge, le jaune et le bleu. Dans les langues les plus anciennes, ces trois voyelles primitives seules étaient suffisamment distinctes pour être marquées dans l'écriture, même quand elles étaient brèves. Les systèmes d'écriture hiéroglyphiques indiens, du plus ancien hébreu, du gothique, n'admettaient en général aucune autre voyelle ou, tout au moins, aucune autre voyelle brève. Dans l'écriture arabe, même à présent, on ne distingue aucune voyelle autre que les trois dont nous venons de parler.

« Bientôt on forma les voyelles intermédiaires : *e* entre *a* et *i*, *o* entre *a* et *u*, et le son allemand *ü* (français *u*) entre *i* et *u*, ainsi que *ö* de l'allemand (français *eu*) entre *e* et *o*. C'est ainsi que s'éleva cette pyramide :

a
e *ö* *o*
i *ü* *u*

« La distance entre *a* et *i*, entre *a* et *u* est plus grande que celle qui existe entre *i* et *u*. Les voyelles intermédiaires *e* et *o* étaient dès lors divisées chacune en *deux* voyelles, dont l'une était plus près de *a*, l'autre plus près de *i* ou *u*; et de la même manière deux sons furent formés par le moyen de *ö*. Toutes ces voyelles existent dans les langues européennes et composent la pyramide ci-après :

All. *a*
Franç. *è* Fr. *eu* *ò* Ital.
(dans peur)
Franç. *é* Fr. *eu* *au* Franç.
(dans peu)
All. *i* All. *ü* *u* All.

« Nous aurions souhaité de maintenir pour les séries médiales de voyelles les deux points placés sur l'*u* et l'*o*, à cause de l'usage généralement pratiqué dans l'orthographe allemande, et de la double lettre française *eu* qui ne répond pas à la simple nature du son. Cependant, on peut objecter à cette manière de faire qu'occasionnellement au-dessus de chaque voyelle le signe de longue ‒ et de brève ˘ et par conséquent, celui de l'accent du mot ' est nécessaire, pour lequel tout l'espace au-dessus de la lettre est exigé. Nous avons, dès lors, préféré réserver les deux points et les placer au-dessous de la voyelle, comme *o̤* et *ṳ*.

« Les deux manières de prononcer *e* et *o* ne peuvent être marquées par les accents français, en partie parce que l'espace supérieur manque pour d'autres signes trop généralement en usage pour qu'on puisse s'en dispenser, et, en partie parce l'accent aigu ne se distinguerait pas de l'accent du mot. Nous ajoutons donc, comme d'autres l'ont fait avant nous, un trait au-dessous pour marquer les voyelles largement ouvertes e̲ o̲, et un point au-dessous, pour désigner les voyelles aiguës fermées ẹ, ọ; la forme de ces signes offre une certaine analogie pour la prononciation elle-même.

« De cette combinaison, résulte le système suivant :

a
e̲ o̤̲ o̲
ẹ o̤ ọ
i *ṳ* *u*

« Il nous faut mentionner cependant une autre voyelle qui existe dans presque toutes les langues, et ne doit pas être négligée par les linguistes. C'est le *son vocal indistinct*, dont, selon l'opinion de quelques savants, les autres voyelles sont sorties pour acquérir une individualité, et auxquelles correspondent quelquefois les voyelles non accentuées de nos langues non européennes à leur origine, comme, par exemple, dans les mots anglais *nation*, *velvet;* l'allemand *lieben*, *Verstand;* le français *sabr*E, *t*E*nir*. Cette voyelle rentre dans les voyelles nettement sonores ọ, étant elle-même un mélange de toutes les autres; mais elle est susceptible de nuances différentes, et souvent approche davantage de *a* et quelquefois de *i* ou *u*. Pourtant, elle est distinguée de toutes ces voyelles, de même qu'elle l'est de ọ, par l'absence de la résonnance claire et nette commune aux autres voyelles, et qui est perdue par la contraction partielle de la bouche ou par sa fermeture complète : dans ces derniers cas, elle retentit à travers le nez. Cette voyelle est inhérente à toutes les consonnes douces prolongées (*fricatives*), aussi bien qu'aux sons *nasaux explosifs*; il arrive de là que toutes ces lettres, comme *z̥*, *n̥*, *m̥*, paraissent quelquefois produire des syllabes. Cette même voyelle suppose la plus forte résonnance, comme cela s'explique aisément par l'état physiologique en combinaison avec *r* et *l*, qui, cela est bien connu, se présente, en sanscrit, sous la forme de *r̥* et *l̥*, avec toutes les qualités des autres voyelles. Nous inclinerions à représenter ce son par la lettre grecque ε, afin de la distinguer plus complètement de toutes les autres voyelles, et de nous accorder avec la pratique de Ludolf, Isenberg, Piccolomini et d'autres. Néanmoins, il y a contre ce système des objections considérables : car il n'est pas seulement désirable de nous renfermer autant que possible dans l'usage de caractères latins, mais l'ancienne et moderne prononciation de l'ε grec est aussi différente du son que nous voulons représenter que de ẹ latin. A part cela, nous figurons le même son dans les consonnes vocalisées par un petit cercle (par exemple l̥, r̥, n̥), et ainsi il paraît tout naturel de transporter ce signe aux voyelles. Nous prenons, par conséquent, la lettre *e*, usitée dans la plupart des orthographes européennes comme voyelle indéfinie, et nous y souscrivons le petit cercle (e̥). Nous acquérons par là l'avantage de pouvoir aisément fournir des signes pour les cas où la voyelle indéfinie approche de plus près de n'importe quelles voyelles communes, par l'addition d'un cercle souscrit (comme ḁ, i̥, o̥, u̥). Le même cas se rencontre dans le langage Kanouri ou Bornu, dans lequel M. Kölle trouve nécessaire de distinguer entre e̥ et ḁ.

« Si nous comparons ici le système vocal de la langue anglaise et certaines nuances dialectiques de voyelles dans d'autres langues *européennes*, cette pyramide de voyelles, il est vrai, n'est pas suffisante pour leur notation complète. Dans la langue anglaise, une nouvelle rangée s'introduit entre le haut de la pyramide formée par l'*a* pur, et le premier rang en est *e*, o̱, o̱. Il n'est peut-être pas inutile d'ajouter quelques observations sur ce point. Mais ces sons, autant que nous sachions, ne sont pas développés dans les langues étrangères qui forment notre objet spécial, et dès lors il devient à peu près inutile de les transcrire (1). »

Nous choisissons quelques mots seulement, transcrits pour les voyelles, selon le *Standard Alphabet*, en anglais, en français et en allemand : on aura ainsi une idée suffisante des com-

(1) C. R. Lepsius, *liv cit.*, p. 46-49.

plications extraordinaires que présente ce système. D'ailleurs, ont peut s'identifier complètement avec la méthode de M. Lepsius en lisant surtout la série des pages 50-59 de son livre. C'est là qu'on verra la continuation de cet arrangement bizarre des pyramides plus complètes.

Le sanscrit possède un *a* bref et un *a* long, un *i* bref et un *i* long, un *u* bref et un *u* long, un *r* bref et un *r* long, un *l* bref et un *l* long, un *e* bref et un *e* long. Pour les distinguer, dans son alphabet modèle, l'auteur écrit « *a* bref *a* et *a* long *ā*; *i* bref *i* et *i* long *ī*; *u* bref, *u* et *u* long *ū*; *r* bref, *r* et *r* long *r̄*; *l* bref, *l̥* et *l* long *l̤*; *e* bref *ä* et *e* long *i* » (Voilà un *e* représenté par un *a* et par un *i*).

Ce système s'applique à toutes les langues dans cet alphabet modèle, et souvent les lettres changent selon le besoin de la cause, comme on vient de le voir. Ainsi en anglais, pour écrire le mot *past* (passé), on emploie la lettre ā; pour écrire *naught* (méchant), *a* prend la forme de a̤; dans *hat* (chapeau), *a* s'écrit ā; *hate* (haine) voit son *a* transformé en ē; dans le mot *heat* (chaleur), les lettres *ea* sont remplacées par la lettre ē, tandis que le mot *hit* (coup) s'écrit par ï. Dans *swear* (jurer), *ear* devient ër; dans *heart* (cœur), *ear* est représenté par a̤r; dans *hood* (bois), *oo* par *u*; dans *hoot* (huée), *oo* se figurent par ū, etc.

En français, *mâle* s'écrit avec un ā, et *mal* ä; *être* a pour première lettre ē, et le mot *nette* a pour seconde lettre e̊; *lin* s'écrit par un ë; *cime* par un ī, et *vite* par un ĭ. *Peur* a ses deux lettres médiales remplacées par ō̤; dans *heurter*, ö̤ est substitué à *eu*.

En allemand, *that* (fait) s'écrit par ā; *hat* (*a*), par ă; dans *bär* (ours) *a* est changé en ē; *fett* (gras) s'écrit avec e̊, *weh* (mal), avec ē; dans *mir* (à moi), *i* est remplacé par ī, et dans *mit* (avec) par i̊; *hörner* (cornes) s'écrit avec o̊, et *Kœnig* (roi), avec ö; dans *thür* (porte), *ü* est représenté par ü,et dans *dürr* (sec), par ủ,etc. (Voir *Standard Alphabet*, pages 52-53).

Nous allons maintenant passer en revue les consonnes.

« LE SYSTÈME DES CONSONNES. »

« *De la division des consonnes.* »

« Les consonnes peuvent être divisées selon différents principes. Cependant deux principes de division doivent prévaloir, et, par conséquent, être adoptés par nous, bien qu'il ne soit possible d'assigner la place exacte de chaque son, dans le système physiologique, qu'après en avoir minutieusement recherché les qualités.

« La première et la plus importante division est celle qui est déterminée par la place de la bouche, où les sons se forment. L'air qui engendre les sons arrive du larynx dans la bouche, où ils se modifient de beaucoup de manières avant de franchir les lèvres. De cette façon, l'air, dans son parcours, peut être intercepté en divers endroits et par les lèvres et par la langue. Nous sommes habitués, dans nos langues, comme les Grecs et les Romains, à distinguer *trois* de ces interceptions, et dès lors à diviser les consonnes en trois classes, en *gutturales*, en *dentales*, en *labiales*, selon quelles sont formées par la gorge, par les dents ou par les lèvres.

« Il y a une autre manière essentielle de différencier les consonnes : ou bien selon qu'elles se forment aux différentes places, ci-dessus mentionnées, de la bouche fermée et rouverte ; ou bien selon que le passage de l'air est seulement rétréci, sans être pour cela entièrement intercepté par la fermeture des organes. Les consonnes formées par le premier procédé, nous les appelons *explosives* ou *divisibles*, parce que le moment du contact divise le son en deux parties ; les autres consonnes prendront le nom de *fricatives*, parce que leur son est déterminé par friction, ou bien encore nous les nommerons *continues*, parce que leur friction n'est pas interrompue par la fermeture de l'organe. Les sons *r* et *l* participent à ces deux qualités : ils sont, en effet, continus et en même temps formés par *un contact* qui est vibrant dans *r*, et partiel dans *l*.

« Nous pouvons ainsi donner le tableau synoptique des consonnes simples les plus connues.

« TABLEAU DES CONSONNES »

« Les consonnes simples dans les Alphabets européens.

	EXPLOSIVES OU DIVISÉES	FRICATIVES OU CONTINUES	ANTICIPÉES
GUTTURALES	fortes. douces. nasales. *K* All. *g* All. *ng*	fortes. douces. semivoy. All. *ch*, *h* Mod. Gr. *γ* All. *j*.	gutt. *r*
DENTALES	*t* *d* *n*	Angl. *sh* Fr. *j* *s* aigu Fr. *z* Angl.*th*(-in) Angl*th*(-ine)	dent. *r* *l*
LABIALES	*p* *b* *m*	*f* Angl. *v* Angl. *w*	

« *Sur quels principes ces sons* (a) *peuvent-ils être rendus dans un Alphabet Général ?*

« De ces sons, 11 seulement, *k*, *h*, *t*, *d*, *n*, *r*, *l*, *p*, *b*, *m*, *f*, dans les alphabets européens, ont une valeur unique, la même uni-

(a) Le mot son ne devrait pas être appliqué aux consonnes, bien que consonne signifie qui sonne avec. En général, les grammairiens se sont plus attachés au nom qu'à la nature et au rôle de la consonne. C'est ainsi que pour le grec, on dit qu'il y a neuf consonnes appelées muettes parce qu'elles ne peuvent se *prononcer* sans êtres suivies

versellement reconnue, si l'on écarte quelques minimes différences. Les autres demandent à être spécialement définies. Même parmi ces dernières, les signes simples, *g*, *s*, *z*, *v* et *w*, sont déjà tellement introduits dans les livres linguistiques, avec la valeur ci-dessus indiquée, que nous pouvons en user sans crainte de controverse.

« Cependant, nous rencontrons quelque difficulté à l'égard du *ng*, *ch* et *j* allemand, des *j* et *ch* français (ou du *sh* anglais), du *th* dur ou faible anglais, du moderne grec *γ*, et du guttural *r*. Ces neuf sons ont été représentés de différentes manières dans les écrits linguistiques.

« L'inconvénient de les écrire d'après la manière ordinaire est évident, si nous nous reportons aux principes sur lesquels tout alphabet qui aspire à une application générale, doit être fondé.

« Ces principes consistent :

I. *Tout son simple doit être représenté par un signe simple.* Ceci exclut les combinaisons *ng*, *ch*, *th*.

II. *Les sons différents ne doivent pas être exprimés par un seul et même signe*; contre ce principe *ch*, *j*, *th* ont été employés avec une valeur double.

III. *Les lettres explosives ne doivent pas être employées pour exprimer des sons fricatifs et vice versâ.* Au contraire, les caractères (ou bases) simples doivent former une série à part dans chacune des deux grandes divisions, si l'on veut échapper à une confusion inextricable qui en serait l'inévitable conséquence.

» Si donc, nous nous préoccupons de signes qui peuvent être appliqués aux sons que nous venons d'indiquer, afin de ne pas violer ces principes très importants, nous trouverons un choix de lettres plus circonscrits qu'il ne paraîtrait au premier abord.

d'une voyelle. — Observons : 1° que toutes les consonnes initiales des syllabes sont muettes; 2° que dans ces conditions elles n'ont rien de commun avec un son, n'étant que le geste, l'articulation des voyelles : ΓΙνοσ, *Genus*; 3° qu'elles complètent le son des voyelles à la fin de certaines syllabes et à la fin des mots ΓΙΓνοθκω, γένΟΣ.

M. Lepsius, après s'être longuement étendu (pages 62-78) sur la figuration, au moyen des signes de son alphabet de plusieurs consonnes des divers idiomes, divise les consonnes en Faucales, Gutturales, Palatales, Cérébrales, Linguales, Dentales et Labiales. Nous ne le suivrons pas sur ce terrain, au milieu de ces complications inextricables, et nous arrivons avec lui à la pratique de son système.

« *De l'application de l'Alphabet général à l'alphabet de langues particulières.* »

« On a vu plus haut que l'alphabet général lorsqu'il est appliqué à des langues particulières, doit être capable de simplification aussi bien que d'amplification. Tous les signes diacritiques spéciaux sont inutiles dans les langues où aucun des caractères n'a de valeur double. Dès lors nous nous servons de caractères simples, sans les marques diacritiques *e, o, s*. Partout où deux sons appartiennent au même caractère, il ne manquera souvent que l'un des signes, spécialement pour les voyelles longues ou brèves.

« Si, ensuite, l'on rencontre des différences essentielles qui ne sont pas encore représentées dans l'alphabet général, et ne peuvent être exprimées par la modification des caractères déjà adoptés, rien n'empêche la sélection (l'adoption), ou, au besoin, l'invention de signes diacritiques nouveaux, sans pour cela dévier des principes développés ci-dessus.

« Au nombre de ces derniers cas, nous pouvons, par exemple, compter les *claquets* de la plupart des langues du sud de l'Afrique, qui ne sont pas formées par l'expiration de l'air, mais plutôt par l'inspiration. Souvent nous produisons les mêmes claquets par les mêmes mouvements de la langue, mais nous ne nous en servons pas comme éléments articulés de la parole.

« Dans la langue des *Hottentots* il y a quatre claquets, dans celles des *Zoulous* et dans quelques autres langues voisines, trois seulement.

« Le premier, qui jusqu'ici avait été écrit *q*, est produit par la pression étroite du bout de la langue sur le milieu du palais et en la retirant soudainement, et à cause du lieu de sa formation, on peut le compter parmi les *cérébraux*. Le second (qui se trouve principalement chez les Hottentots, mais aussi, selon Boyce, dans quelques mots de la langue Kafir), est produit par le placement de la largeur de la langue dans la position *palatale*, et en la retirant avec un claquement. Le troisième, écrit généralement *c*, est de la même manière compté dans les *dentales*, parce que le bout de la langue claque contre les dents supérieures et le haut des gencives. Le quatrième est formé par le côté de la langue, en attirant l'air vers le milieu de la bouche du côté droit ou du côté gauche. Voilà pourquoi on l'a appelé *latéral*, et il est généralement rendu par *x*.

« La prononciation de ces mots ne devient difficile que lorsqu'ils sont liés à d'autres sons. Pendant que la partie antérieure de la langue produit un claquement, la gorge peut s'ouvrir pour former un *g* ou un *n*, de sorte que ces derniers sons sont prononcés presque en même temps avec le claquet, ou immédiatement après.

« En même temps, le choix de *c*, *q* et *x*, comme signes de *claquets*, n'est pas convenable, parce que ces lettres sont empruntées aux alphabets européens, dans lesquels elles expriment des sons bien connus qui ne présentent aucun rapport avec les *claquets*. Quant au dernier, la particularité essentielle est celle qui provient de l'interception partielle de l'air et même de sa compression ; il en résulte que ce son peut être plus aisément exprimé par une simple barre ǀ. Si nous rapprochons de ceci nos signes ordinaires pour les célébrales ou les palatales, il se trouve qu'on manque d'une notation spéciale, mais seulement pour les latérales, qui sont les sons les plus forts. Nous proposons d'exprimer le son latéral par deux barres ǁ. Comme les gutturales, évidemment, ne s'unissent pas aux *claquets*, dans un même son, mais plutôt comme elles forment un son composé, nous pouvons simplement les mettre à la suite, de même que les diphthongues.

» C'est ainsi que nous obtenons le tableau :

Palatales	(*qc*)	/	—	—
Cérébrales	(*q*)	!	!*g*	/*n*
Dentales	(*c*)	/	/*g*	/*n*
Latérales	(*x*)	//	//*g*	//*n*

« La difficulté de transcription très grande dans ces systèmes d'écriture qui remonte à une période plus primitive du langage, et pleinement développée, sont restés sans altérations, tandis que la prononciation s'est modifiée. Cette difficulté n'est pas moins grande pour les systèmes d'écriture qui portent en eux des traces de plusieurs réformes. Nous en avons donné un exemple en parlant des palatales sanscrites. Les différences de l'orthographe européenne proviennent en grande partie de ces circonstances similaires. Quelques-unes de ces difficultés, néanmoins, se retrouvent dans presque tous les alphabets qui ne sont pas de formation moderne. Comme l'objet d'une transcription modèle est de relier, autant que possible, de réaliser le rapport de convenance entre le son et le signe, le seul moyen qui nous reste en ces circonstances, c'est de nous arrêter à une période distincte du langage en question, et de le transcrire selon ce que nous nous proposons, soit que nous nous conformions à la prononciation *actuelle*, soit que nous adoptions l'*ancienne*, qui a été exprimée par l'alphabet, ou qui peut être déduite par les recherches de la linguistique. On trouve généralement une plus grande différence dans les voyelles que dans les consonnes, parce que les premières, dans toutes les langues, sont l'élément le plus variable.

« Les Arabes n'écrivent que trois voyelles, mais ils prononcent ces trois lettres d'une manière différente dans différentes localités, selon des règles distinctes : de même aussi, un certain nombre de consonnes ont une prononciation différente dans différents dialectes, bien qu'en littérature elles soient exprimées au moyen d'une seule et même lettre. Eli Smith et Robinson (dans son ouvrage sur la Palestine) proposent de représenter la prononciation actuelle dans le pays, et leurs efforts sont très louables, mais les linguistes préfèreront suivre le système d'écriture fixé par la littérature, et négliger les déviations variées et les nuances de la prononciation moderne. Dans le système hébreu, il y a de grandes difficultés pour la transcription de la ponctuation : *Cette ponctuation a été greffée sur l'alphabet que les Hébreux avaient reçu de leurs aïeux et semble imcompatible avec cet alphabet lui-même* (*a*).

« Comme conclusion, nous présentons au lecteur un certain nombre d'alphabets transcrits d'après notre propre système. Nous désirons que de nouvelles recherches soient faites plus tard, et que dans beaucoup de cas nos travaux soient corrigés et complétés. Nous avons suivi les meilleures et les dernières investigations qui étaient à notre portée, dans chaque langue particulière. Nous avions surtout pour but de montrer la facile application de notre alphabet aux langues qui diffèrent le plus entre elles, et de diriger nos successeurs dans la même voie ; éventuellement, nous leur demandons de nous corriger et de nous perfectionner (1). »

Ainsi, on le voit, cet alphabet modèle contient 186 lettres, plus 15 signes-lettres : ce qui forme 201 caractères de transcription ! (Voir *Standard Alphabet*, page 18.)

Nous donnons ci-après le tableau très exact proposé par

M. Lepsius : *a, ā, ă, ã, ā̃, å, a̧, ʾa, ʿa; b, b́, b', b̄; č, c̄, c̆, ċ; ḍ, ď, d', ḍ, ḍ́, ḏ̣, ḏ, d̦, d̨; δ, δ̱; e, ē, ĕ, ẽ, ē̃, e̱, ȩ, ḝ, ę, ė, ę, ȩ, ȩ̃; f, f'; g, ǵ, ǵ, g̋, ḡ, ġ; γ, γ́, γ̇; h, ȟ; i, ī, ĭ, ĩ, ī̃, i̱, ī̱, i̥, ï; j, ǰ, j̀, j̃; k, ḱ, ḱ, ·ḱ, k', ḱ', ḵ, ḱ, k'; χ, χ́, χ̇; l, l̄, l', ḷ, ł, ḷ̥, l̥̄; m, ṁ, ḿ, m̥; n, ṅ, ń, ṅ, ń, ń, ṇ, ṇ̇, n̈, n̥; o, ō, ŏ, õ, ō̃, o̱, ō̱, ŏ̱, ọ, ọ̄, o̤, ọ́; p, ṕ, ṕ, p'; q, q'; r, ŕ, ŕ, ṙ, ṛ; ř, r̄, r̥, r̥̄; s, ś, s̱, š, ṣ̌, š, ṡ; t, ť, t', ṭ, ṭ́, ṯ, t', ţ, ţ̄, ţ', ţ́, ţ; θ; u, ū, ŭ, ũ, ū̃, u̥, ụ, ů, ṳ, ṳ̄; v, v́, v́; w, ẃ, w̱; y, ỹ; z, ź, ẕ, ž, ž, ż,; ž, z̈; ', '', !, '; -', -', -', -', -', -', -', -', -'.*

(*a*) Ce passage souligné par nous à dessein.

(1) C. R. Lepsius, *liv. cit.*, p. 59-62 et 79-83.

Nous ne pensons pas qu'il y ait même lieu de faire remarquer sur quelle complication déplorable est fondé ce système de transcription universelle, et tout ce qu'il présente de difficultés ou plutôt d'impossibilité.

Cependant, M. Lepsius est, comme nous allons le voir, profondément convaincu de la supériorité de son système, et il raconte avec une certaine complaisance les succès qu'il a obtenus en Angleterre et à Berlin :

« L'auteur de cet ouvrage se trouvait à Londres pendant l'automne de 1852 ; il eut l'occasion de discuter sur ce sujet, qui le préoccupait depuis plusieurs années, avec quelques membres les plus influents des Comités de Missions. Il fut invité par le Rév. Henry Venn, Secrétaire de la Société des Missions ecclésiastiques, à lui donner des explications de son alphabet ; et cet alphabet parut propre à être adopté généralement et conforme en tout à l'esprit de l'ouvrage que le même M. Venn avait publié sous le titre de *Rules for reducing unwritten languages to alphabetical writting in roman Characters, with reference to the language spoken in Africa.* (*Règles pour ramener les langages non écrits à l'écriture alphabétique en lettres romanes, avec application spéciale aux langues parlées en Afrique*). D'ailleurs le Rév. J. Venn inséra le *Standard Alphabet* dans la seconde édition de ses « Rules », en 1853 (1). »

Puis M. Lepsius continue ainsi :

« L'auteur, dès lors, résolut d'expliquer les principes de son plan dans un essai qui serait lu dans une séance générale de l'*Académie de Berlin*, et de proposer en même temps que l'Académie voulût bien examiner l'alphabet en question, et s'il était approuvé, d'obtenir les types en taille douce et des caractères fondus pour les faire imprimer. La proposition fut soumise à la classe historico-philologique, et un Comité fut nommé, composé des professeurs Bopp, Jacob Grimm, Pertz, Gerhard, Buschmann avec l'assistance du professeur J. Müller de la classe de

(1) C. R. Lepsius, *liv. cit.*, p. 42.

physique. Le Comité approuva le plan, à l'exception de l'un des membres qui, d'une manière générale, se refusa à reconnaître l'utilité de tous ces efforts, et le 23 janvier, la classe commanda l'exécution des types en taille douce et en typographie qui avaient été proposés ; ce sont ces types qui ont servi à l'impression de ces pages (1). »

A propos du prix de linguistique fondé par Volney, M. Lepsius dit :

« Aucune des trois éditions du système de Volney ne fut approuvée ou adoptée, parce que sa proposition était fondée sur des principes qui n'étaient ni scientifiques, ni pratiques, que son système n'embrassait que l'alphabet arabe, et qu'il n'admit aucune application à d'autres langues, à celles de l'Inde surtout.

« Ses efforts, cependant, n'ont pas été oubliés ; il fonda, de par sa volonté, un prix annuel à accorder par l'Institut de France. Ce legs fut ainsi désigné : *Pour le meilleur ouvrage relatif à l'étude philosophique des langues;* il exprima, en même temps, le vœu d'encourager *tout travail tendant à donner suite et exécution à une méthode de transcrire les langues asiatiques en lettres européennes.* Cette fondation, qui fut reconnue par une ordonnance de 1820, a produit beaucoup de bons résultats pour l'avancement de la science du langage, mais elle a si peu contribué à la solution du problème en question, que l'Académie française se détermina enfin à omettre cet objet dans son programme et de se borner à proposer des exercices sur la grammaire comparative. (2) ».

Dans son introduction de la seconde édition du *Standard Alphabet*, M. Lepsius dit :

« Une relation intime existe entre la science du langage et les travaux des missionnaires. Pour les langues nouvelles, jusqu'ici non encore écrites, ces travaux suppléent à l'œuvre de cette

(1) C. R. Lepsius, *liv. cit.*, p. 42.
(2) *id.* *ibid.* p. 36.

science, principalement par le moyen de traductions, par la création de vocabulaires, de grammaires et de spécimens. Ces productions importantes sont de précieux matériaux, et, dans la plupart des cas, les seuls matériaux pour de nouvelles recherches et de nouvelles comparaisons.

« En considérant cette relation étroite, nous sommes en droit d'espérer que la science, elle aussi, fera de plus en plus usage de notre système, dont le principe fondamental n'a pas été controversé jusqu'à présent (1). »

Qu'à cette époque le système proposé par M. Lepsius ait pu jouir d'une certaine faveur qui s'est continuée jusqu'à ce jour, cela tient sans doute à ce que ni l'auteur du *Standard Alphabet*, ni ses partisans n'ont songé qu'il était bien plus simple, plus rationnel et plus équitable d'emprunter à l'alphabet phénicien, — qui a créé tous les autres — les sons et les articulations nécessaires à la transcription des langues non écrites. L'alphabet phénicien a les ressources nécessaires pour suffire aisément à toutes les transcriptions : il n'est pas une voyelle ou une consonne qu'il ne puisse exprimer très exactement.

Nous devons faire à ce sujet une remarque capitale. Il y a dans les langues non écrites, des articulations et des sons auxquels ne correspondent pas identiquement des articulations et des sons phéniciens. Ainsi, le son représenté par ευ *eu*, n'existe pas dans la langue phénicienne (le son *eu* est un son incomplet, par conséquent faux) ; pour ce son, de même que pour quelques autres en très petit nombre, nous ne créons pas de caractères en dehors du phénicien, mais, par exemple, ευ ou *eu* est transcrit par les lettres וה, composée en réalité de l'ה et de l'ו surmontant à gauche l'ה accidentellement, il se combine afin de représenter concuremment avec lui le son ευ, *eu* ; ainsi en serait-il pour le son *u* ; la lettre correspondante phénicienne ו a le son *ou* ; pour donner à cette lettre la valeur transcriptive de notre *u*,

(1) C. R. Lepsius, *liv. cit.*, p. 1.

nous nous contenterons de la retourner de gauche à droite, de cette façon ɾ *u*.

L'articulation ꜱ TS existe en allemand et elle est figurée par un seul signe 3.

D'ailleurs, nous n'avons pas à nous occuper encore de la transcription par les caractères phéniciens des langues indo-européennes : ce que nous voulons, c'est la transcription si facile des langues non écrites au moyen des lettres phéniciennes, substituées à la transcription de ces mêmes langues par le *Standard Alphabet* (ALPHABET MODÈLE DE 201 LETTRES!)

Mais, dira-t-on, les caractères qui composent les mots phéniciens s'écrivent de droite à gauche. Assurément, et dans notre système de transcription il n'y a pas lieu de renoncer à cet usage, qui a été suivi longtemps par les Grecs et par les Latins. Nous avons dit, page 44, que selon la méthode Βουστροφηδόν les Grecs ont retourné de gauche à droite leurs lettres issues des lettres phéniciennes archaïques, que chez eux la marche de l'écriture de gauche à droite a prévalu, tandis que les Persans, par exemple, ont conservé la marche phénicienne de droite à gauche.

Le *Journal officiel de la République française* a publié, le 6 mars 1882, le compte rendu de la séance de l'Académie des Inscriptions et Belles Lettres (3 mars 1882). Dans cette séance très importante, l'éminent professeur M. Michel Bréal a eu l'occasion de montrer une fois de plus toutes les sérieuses et brillantes qualités qui le distinguent parmi les autres linguistes. Avec *une sagacité rare, une logique et une clarté qui entraînent la persuasion*, il a dévoilé le mystère jusqu'alors impénétrable contenu dans une inscription latine archaïque trouvée à Rome au mois d'avril 1880. L'écriture de cette inscription se lit de droite à gauche. Sans doute, remarque-t-on, « l'Italie tout entière écrivait anciennement de la sorte ; mais on n'avait jamais trouvé rien de pareil à Rome, où les Grecs avaient de bonne heure apporté les lettres d'Euclide. »

Nous terminons notre critique du *Standard Alphabet* en regrettant que M. Lepsius ait omis de parler des lettres majuscules. Or, parmi les quatre grands principes de Port royal (voir *Ling. Dév.*, page 97), rappelons celui-ci : « Qu'un même son ne fût point marqué par différentes figures (critique des majuscules capitales, etc.) ».

D'un autre côté, l'auteur du *Standard Alphabet* sait bien qu'il est indispensable de distinguer les lettres majuscules des lettres minuscules.

Il aurait dû songer, en cette circonstance, au phénicien, où les lettres majuscules, d'un emploi très rare, conservent exactement la forme des lettres minuscules, mais ont une plus grande dimension.

Nous avons déclaré dès les premières pages de la *Linguistique Dévoilée* que nous suivrons, dans le cours de notre œuvre la méthode scientifique, et l'on a pu voir jusqu'ici que nous avons scrupuleusement tenu notre promesse. Cependant ni les Israélites, ni les Chrétiens ne pourront nous blâmer de citer ici des textes de l'Ancien-Testament qui se rapportent précisément à l'objet important de ce chapitre. Nous lisons dans Isaïe, parlant au nom de Jéhovah :

האיים הרחקים אשר לא שמעו את שמעי
ולא ראו אה כבודי והגידו את כבודי בגוים

« Les iles lointaines qui n'ont pas entendu mon renom et qui n'ont pas vu ma gloire, répandront ma gloire parmi les nations (*Isaïe*, LXVI, 19). »

Ainsi, le grand prophète en disant que les peuplades restées étrangères à la civilisation, connaîtraient le nom et la gloire de Dieu, semblait annoncer qu'un jour des Missionnaires de Dieu entreraient en relation avec les barbares, transcriraient leurs langages divers et pourraient leur révéler les plus grandes vérités. Isaïe, d'ailleurs (Chap. XIX, v. 18), appelle la langue sacrée שפת כנען Langue de Chanaan, c'est-à-dire Phénicienne. Surtout il prévoyait sans doute que cette langue de *Chanaan* serait un jour considérée comme la plus belle et la plus propre à communiquer aux nations les plus éloignées la parole de Dieu.

CHAPITRE XII

BARBARE, MLETCHHA, WELSCH, BELUTCH, NIEMIEC

M. E. Renan, dans son *Origine du Langage* (1), M. Max Müller dans sa *Science du Langage* (2) et M. A. Pictet dans ses *Origines Indo-Européennes* (3), racontent cet étrange phénomène du mépris que les peuples affectent les uns pour les autres à cause de leur langage et que chacun d'eux traduit par une expression peu respectueuse.

Les Indiens et les Grecs appellent les étrangers *Varvara* et et Βάρβαρος. Les anciens Hindous ont employé aussi les mots *Mletchha* et *Belutch* dans le même sens. Dans une pensée identique les Germains, disent les deux premiers de ces auteurs, se servent du mot *Walh* ou *Welsch* pour toute langue qui n'est pas la leur parce que ce mot veut dire *qui parle confusément*.

M. Max Müller, dans une note, à la même page, signale un mot analogue dont font usage les Polonais, toujours dans un même esprit : *niemiec* qui signifierait *être muet*. Ces expressions de dédain seraient synonymes de *bégayer*, *balbutier*, *être barbare*, *être muet*.

Où ces auteurs se trompent, c'est quand ils identifient les racines *welsch* et *mletchha*. Ces deux mots tirent leur origine de deux mots phéniciens différents et ne signifient pas la même chose.

Quant à *niemiec*, voici la note textuelle de M. Max Müller :

« Les Turcs appliquaient aux Autrichiens le nom polonais de

(1) E. Renan, *L'Origine du Langage*, éd. de 1858, p. 177-181.
(2) Max Müller, *La Science du Langage*, 3e Leçon, p. 90 91.
(3) A. Pictet, *Origines Indo-Européennes*, I vol. p. 73-75.

nemiec. Dès le temps de Constantin Porphyrogénète, Νεμετζιοι était le nom usité pour la race allemande des Bavarois (Pott, *Indo-Germ.* Sp., p. 44 ; Leo *Zeitschrift für vergleichende sprachforschung*, liv. II, p. 253), le russe *njemez*, le slavonien *nemée*, le bulgare *némec*, le polonais *niemiec*, le lustanien *njême*, sont autant de termes qui, dans chacune de ces langues, désignent les Allemands ; et le russe *njemo* signifie *indistinct*. *Muet* se dit en russe *njemi*, en slavonien *nèm*, en bulgare *nêm*, en polonais *njemy*, en lustanien *njemy*. *Belutch* est le nom que l'on a donné dans l'Inde aux tribus qui en occupent la frontière occidentale, au sud de l'Afghanistan ; or, on a trouvé qu'il fallait encore reconnaître dans ce mot le sanscrit *Mlechha*. »

De même que M. Renan. M. Max Müller, s'appuyant sur un on-dit, confond à tort *mletchha* ou *mlechha* avec *welsch*, comme il confond *mlechha* et *belutch*. Nous allons successivement constater l'origine des cinq mots qui forment le titre de ce chapitre.

Varvara, βάρϐαρος : Le mot phénicien ברבר BRBR, veut dire oiseau de basse cour.

Voici la seule application de ce mot dans la Bible :

וברברים אבוסים, (I *Rois*, IV, 23.) Et des *Oiseaux* engraissés. *u*-BRBR-*im-abus-im*.

Quelle peut être l'analogie entre ce double mot ברבר *br-br*, dont le simple mot בר *br* signifie pur, grain, fils, et le mot oiseau? Les dictionnaires nous la fourniront. Nous ouvrons celui de Bensew (1) et nous trouvons ברבר signifiant oiseaux gras, et citant, lui aussi, le verset du livre des *Rois*, il le traduit par « poules ou chapons engraissés, ce qui doit être compris (dit-il) parce que ce sont des oies (*sic*), ainsi appelées à cause de leur *voix brouillée* על קול הברתם *ol qul e*-BR-*tm*.

(1) Le *Trésor des racines*, Dict. hébreu-allemand et allemand-hébreu, écrit en lettres hébraïques, chez Anton von Schmid, à Vienne, 1816.

Nous recourons aussitôt au même lexique pour le mot הבר *ebr* : « en langage talmudique, l'entente d'un son, d'un *son inorganisé* (*a*), *voix confuse*, *sans définition de lettres*, et, par conséquent, *sans qu'on puisse comprendre le sens des paroles; des voix sans distinction*, *de manière à les interpréter comme on le voudrait*; et les derniers commentateurs appellent cela *émission d'un son incomplet*, proféré *par une seule ouverture de la bouche.* »

Sous la forme הבר *e-br*, on ne rencontre également, pour ce mot, qu'un seul exemple dans la Bible ; c'est celui-ci :

הברי שמים החזים בכוכבים *e-BRi chmim e-hzim b-cucb-im*	(Isaie, XLVII, 13)	Les astrologues (fendant le ciel) les voyants (lisant) dans les étoiles.

Si nous consultons le Dict. de Gesenius, nous voyons qu'il traduit ainsi la première partie de ce verset d'Isaïe : « *Qui Cœlum dissecant* ». Le Dict. de Fürst rapproche davantage les sens de *confusion*, de *voix indistincte* et de *couper*. Ce mot, dit-il, signifie aussi *découper*, *entrecouper*, *partager*, c'est-à-dire qu'il s'agit de *sons de voix coupés* ou *mal articulés.* »

Varvara, en sanscrit, signifie nègre, hôte, *étranger*, *barbare;* en grec, βάρβαρος veut dire également *barbare*, *non civilisé*, féroce, *grossier*, *ignorant*. βαρβαρίζειν signifie *agir en barbare*, *parler mal sa langue*, *faire des barbarismes*.

Nous avons donc une idée nette du mot *barbare*, dont *varvara* est déjà un affaiblissement dans l'articulation, puisque le *b* est devenu *v*.

Passons au mot *mletchha*. Le sens n'en est pas le même. Il ne s'agit plus de mal parler, mais d'agir *servilement* de s'occuper d'œuvres *serviles*, par conséquent *grossières*. « *Mlêĉĉ-â* »(3e manière de transcrire ce mot), dit le Dict. Leupol et Burnouf,

(*a*) C'est-à-dire un *son coupé*, selon Fürst, comme on va le voir.

TABLE DES MATIÈRES

PREMIÈRE PARTIE

DEUXIÈME PARTIE

FIN DE LA TABLE DES MATIÈRES

TABLE DES MATIÈRES

PREMIÈRE PARTIE

DEUXIÈME PARTIE

FIN DE LA TABLE DES MATIÈRES

TABLE DES MATIÈRES

PREMIÈRE PARTIE

DEUXIÈME PARTIE

FIN DE LA TABLE DES MATIÈRES

TABLE DES MATIÈRES

PREMIÈRE PARTIE

DEUXIÈME PARTIE

FIN DE LA TABLE DES MATIÈRES

ERRATA.

Page 160, lig. 13,	au lieu de	De là dans le *Cratyle*........	lisez « De là dans le *Cratyle*.
— 173, — 13,	—	*mattus*	— *mattas*.
— 184, — 10-11,	—	abstraction faite de la finale *r*.	— abstraction faite, pour le féminin, de la finale *r*.
— 188, — 11,	—	*qe* dans *que*	— *qe* dans *qu*.
— 191, — 30,	—	ἄλλος.	— ἄλλος. De là aussi *ali*-quis et qu-*alis*
— 204, — 26,	—	*E Yaa*	— *E Yao*.
— 213, — 15,	—	et nous le retrouverons	— nous le retrouvons.
— 213, — 29,	—	Les verbes attributifs, ...	— Les verbes attributifs
— 224, — 14,	—	Voici, en quels termes, il formule son ignorance,	— Voici en quels termes il formule son ignorance
— 225, — 23,	—	contenu אבא, *aba*	— contenu dans אבא *aba*.
— 227, — 19,	—	tu enseigne	— tu enseignes.
— 227, — 28,	—	leur ת *t* originel	— le ת *t* originel.
— 231, — 12,	—	subtiles, ...	— subtils.
— 233, — 17,	—	si t'en souviens	— si tu t'en souviens.
— 239, — 23,	—	*qui ait été ainsi formulée*....	— *qui ait été ainsi formée*.

ERRATA

Page 160,	lig. 13,	au lieu de	De là dans le *Cratyle*..........	lisez	« De là dans le *Cratyle*.
— 173,	— 13,	—	*mattus*........................	—	*mattas*.
— 184,	— 10-11,	—	abstraction faite de la finale *r*.	—	abstraction faite, pour le féminin, de la finale *r*.
— 188,	— 11,	—	*qe* dans *que*...................	—	*qu* dans *qu*.
— 191,	— 30,	—	*ἄλλος*..........................	—	*ἄλλος*. De là aussi *ali*-quis et qu-*alis*.
— 204,	— 26,	—	*E Yaa*..........................	—	*E Yao*.
— 213,	— 15,	—	et nous le retrouverons.......	—	nous le retrouvons.
— 213,	— 29,	—	Les verbes attributifs, ...	—	Les verbes attributifs
— 224,	— 14,	—	Voici, en quels termes, il formule son ignorance,	—	Voici en quels termes il formule son ignorance.
— 225,	— 23.	—	contenu אבא, *aba*	—	contenu dans אבא *aba*.
— 227,	— 19,	—	tu enseigne	—	tu enseignes.
— 227,	— 28,	—	leur ת *t* originel	—	le ת *t* originel.
— 231,	— 12,	—	subtiles, ...	—	subtils.
— 233,	— 17,	—	si t'en souviens, ...	—	si tu t'en souviens.
— 239,	— 23,	—	*qui ait été ainsi formulee*	—	*qui ait été ainsi formée*.
— 261,	— 18,	—	*αἰδόμαι*	—	*αἰδέομαι*.
— 265,	— 31,	—	onomatopie	—	onomatopée.
— 363,	— 30,	—	concuremment...............	—	concurremment.

www.ingramcontent.com/pod-product-compliance
Ingram Content Group UK Ltd.
Pitfield, Milton Keynes, MK11 3LW, UK
UKHW012007240726
13965UKWH00001B/211

9 782013 361545